東洋古典譯註叢書 87

譯註 荀子集解 2

集解 王先謙
譯註 宋基采

전통문화연구회

國譯委員

譯註　宋基采
潤文　南賢熙 朴勝珠
校訂　南賢熙 田炳秀
出版　金主賢 金曉東
管理　咸明淑
普及　徐源英

東洋古典譯註叢書를 발간하면서

우리의 古典國譯事業은 민족문화 진흥의 기초사업으로 1960년대부터 政府 支援으로 古文獻 現代化 작업을 추진하여 많은 成果를 거두었다. 당시 이 사업 추진의 先行課題로 東洋古典이라 일컬어지는 중국의 基本古典을 먼저 飜譯하여야 한다는 學界의 주장이 있었음에도 불구하고 우리 고전이 아니라는 일부의 偏狹한 視角과 財政 事情 등으로 인하여 배제되어 왔다.

전통적으로 중국의 기본고전은 우리 歷史와 함께 숨쉬며 각종 교육기관의 教科書로 활용됨은 물론이고 지식인들의 必讀書가 되어 왔으며, 우리 文化의 基底에 자리잡고 거의 모든 방면의 體系와 根幹을 형성하여 왔다. 그래서 학문연구의 기본서 역할을 해 왔을 뿐만 아니라 오늘날에도 우리의 國學徒 및 東洋學 研究者들에게 같은 역할을 하고 있음은 주지의 사실이다. 그럼에도 불구하고 中國古典은 우리 것이 아니라 하여 專門機關의 飜譯對象에 포함하지 않음으로써, 대부분 原典에서의 직접 번역이 아닌 重譯이나 拔萃譯의 방식이 주를 이루면서 教養水準으로 出版되어 왔다.

오늘날 東洋 三國 중에서 우리의 東洋學 연구가 가장 부진한 이유는, 東洋基本古典에 대한 폭넓은 이해의 부족과 漢文古典 讀解力의 저하에 기인함을 우리는 솔직히 인정하여야 한다. 따라서 이들 중국고전에 대한 신뢰할 만한 國譯이 이루어지는 것이 한국학 연구를 촉진시키는 시급한 先行課題라 할 수 있다.

이에 韓國學 및 東洋學의 연구와 古典現代化의 基盤構築을 위해서는, 전문기관으로 하여금 동양고전을 단기간에 각 분야의 專門 研究者와 漢學者가 상호 협동하여 연구번역하여 飜譯의 傳統性과 效率性, 研究의 專門性을 높일 수 있도록 政策的 配慮가 있어야 한다.

이에 本會에서는 元老 및 中堅 漢學者와 斯界의 專攻者로 하여금 協同硏究飜譯하여 공부하는 사람들이 믿고 引用하거나 깊이 있는 註釋 등을 활용할 수 있게 하고, 知識人들의 教養을 증진시켜 줄 수 있는 東洋古典의 國譯書 간행을 지속적으로 추진해 왔다. 근래에 다행히 이 사업에 대하여 각계 지도층의 폭넓은 이해와 지원에 힘입어 2001년도부터 國庫補助를 받아 東洋古典譯註叢書를 간행하게 되었다. 이를 계기로 우리 先學의 註釋과 見解를 반영하는 등 국역사업의 內實을 기하게 되었음을 이 자리를 빌어 衷心으로 감사드리며, 아울러 國譯에 參與하신 관계자 여러분의 勞苦에 깊은 謝意를 표한다.

끝으로 우리의 이러한 작업은 오랜 역사 위에 축적된 先賢들의 業績과 現代學問을 이어주는 튼튼한 架橋와 礎石이 되어 진정한 韓國學과 東洋學 발전에 기여할 것을 굳게 믿으며, 21세기를 우리 文化의 世紀로 열어 가는 밑거름이 되도록 우리의 力量을 本 事業에 경주하고자 한다. 江湖諸賢의 부단한 관심과 지원을 기대해 마지않는다.

社團法人 傳統文化硏究會 會長 李啓晃

凡 例

1. 본서는 ≪譯註 荀子集解≫의 제2책이다.
2. 본서의 底本은 ≪荀子集解≫(王先謙, 中華書局, 1998)로 하되, ≪荀子今註今譯≫(熊公哲, 臺灣商務印書館, 1975), ≪荀子全譯≫(蔣南華 등, 貴州人民出版社, 1995), ≪荀子校釋≫(王天海, 上海古籍出版社, 2005), ≪荀子詁譯≫(楊柳橋, 齊魯書社, 1985) 등을 참고하였다.
3. 본서는 원전의 傳統性과 번역의 現代性을 구현하기 위해 노력하였다.
4. 原文에는 우리나라 전통방식의 懸吐를 하였다.
5. 原文은 저본의 體制에 따라 단락을 구분하고, 각 단락마다 일련번호를 부여하였다
6. 飜譯은 原義에 충실하게 하되, 이해가 어려운 부분은 意譯 또는 補充譯을 하였다.
7. 飜譯文은 한글과 漢字를 混用하였으며, 맞춤법과 띄어쓰기는 한글 맞춤법과 표준어 규정을 따르는 것을 원칙으로 하였다.
8. 譯註는 校勘, 異說, 인용문의 出典, 故事, 역사적 사건, 전문용어, 難解語, 人物, 制度, 官職 등에 관한 사항을 밝혔다.
9. 校勘은 원문의 誤字, 脫字, 衍字, 倒文 등을 대상으로 하였다.
10. 각 篇마다 간략한 해설을 달아 독자의 이해를 돕고자 하였다.
11. ≪荀子集解≫에서 諸家들이 참고한 書目의 略稱과 槪要는 다음과 같다.
    - 宋本 : 南宋의 呂夏卿(1018? ~1070)이 神宗 熙寧 연간(1068~1077)에 간행한 大字本이다. 呂本이라고도 한다.
    - 宋台州本 : 南宋의 唐仲友(1136~1188)가 台州의 지방관으로 재직할 때 간행한 판본이다. 台本 혹은 監本이라고도 한다.
    - 建本 : 福建 建陽府 建陽縣에서 간행한 판본이다. 閩本이라고도 한다.

- 監本 : 일반적으로 각 朝代의 國子監에서 간행한 판본을 말하는데, 여기서는 唐仲友의 台州本을 말한다.
- 錢佃本 : 宋의 錢佃이 편찬한 ≪荀子考異≫를 가리킨다. 錢本이라고도 한다.
- 蜀本 : 宋나라 때 四川에서 간행한 판본이다.
- 元刻 : 元나라 때 민간에서 간행한 ≪纂圖分門類題註荀子≫ 10책이다.
- 世德堂本 : 明의 顧春이 嘉靖 12년(1533)에 校刻한 ≪六子全書≫본이다.
- 謝本 : 淸나라 盧文弨(1717~1795)의 교감에 謝墉(?~1795)이 자기의 교감을 합쳐 간행한 ≪荀子箋釋≫을 가리킨다. 謝刻이라고도 한다. 盧本 혹은 盧校本이라고도 한다.

12. ≪荀子集解≫에서 王先謙이 인용한 주요 註釋家는 다음과 같다. 맨 뒤 ( ) 안의 숫자는 ≪荀子集解≫에 인용된 횟수이다.
    - 劉向(B.C. 77~B.C. 6) : 西漢 沛邑 사람으로, 본명은 更生, 자는 子政. 楚元王 劉交의 4대손이며 劉歆의 부친이다. 황궁의 서적을 교열하고 ≪別錄≫을 편찬하여 중국 目錄學의 시조로 불린다. 본래 ≪孫卿書≫는 333편이었는데, 중복된 290편을 刪削하고 32편으로 확정하였다. (7건)
    - 楊倞 : 생졸년 미상. 唐 虢州 弘農 사람으로 楊汝士의 아들이다. 憲宗 元和 13년(818)에 大理評事, 穆宗 長慶 3년(823)에 大理司直, 武宗 會昌 연간(841~846)에 汾州刺史를 지냈으며, 主客郎中을 역임하였다. ≪荀子注≫를 편찬하였다. (3,413건)
    - 王應麟(1223~1296) : 宋 慶元 鄞縣 사람으로, 자는 伯厚, 호는 深寧居士, 별호는 厚齋. 浙西安撫司干辦公事 등을 역임하고, 禮部尙書 兼給事中까지 지냈다. 관직을 떠난 뒤 20년 동안 저술에만 전념하였으며, ≪玉海≫, ≪困學紀聞≫, ≪玉堂類稿≫, ≪掖垣類稿≫, ≪通鑑地理考≫, ≪漢藝文志考≫, ≪深寧集≫ 등이 유명하다. (3건)
    - 盧文弨(1717~1795) : 淸 浙江 仁和 사람으로, 저명한 校勘學者이다. 자는 紹弓, 호는 磯漁, 室名은 抱經堂. ≪荀子箋釋≫을 편찬하였다. 淸 乾隆 嘉慶 연간에 餘姚盧氏 刊本으로 ≪抱經堂叢書≫가 있는데, 그가 교감한 21종의 서적을 모아 263권으로 간행하였다. (578건)
    - 謝墉(1719~1795) : 淸 浙江 嘉善 사람으로, 자는 昆城, 호는 金圃・東墅. 吏部左侍

郎을 역임하였고 文衡을 아홉 번이나 맡았다. 그가 《荀子》를 교감한 내용은 盧文弨의 《荀子箋釋》에 포함되어 있다. 《荀子集解》에 그가 직접 거론되지는 않았다.

- 郝懿行(1755~1823) : 淸 山東 棲霞 사람으로, 자는 恂九, 호는 蘭皐. 하급관리인 戶部主事로 21년간 재직하며 곤궁하였으나 訓詁學과 考證學에 조예가 깊었다. 《荀子補注》, 《爾雅義疏》, 《山海經箋疏》, 《竹書紀年校正》, 《晉宋書故》, 《曬書堂集》 등이 있다. (372건)
- 郭嵩燾(1818~1891) : 淸 湖南 湘陰 사람으로, 자는 筠仙, 호는 伯琛·玉池老人. 光緖 元年(1875)에 兵部左侍郎으로 駐英公使를 역임하였으며, 《禮記質疑》, 《養知書屋集》 및 외국에서의 견문을 기록한 日記와 奏疏가 있다. (24건)
- 王念孫(1744~1832) : 淸 江蘇 高郵 사람으로, 자는 懷祖, 호는 石臞. 戴震에게 수학하였다. 工部主事, 永定河道 등을 지냈다. 音韻學, 文字學, 訓詁學에 조예가 깊었으며, 校勘을 잘하였다. 그의 저서 《讀書雜志》에 《荀子》 교감이 있다. (556건)
- 王引之(1766~1834) : 王念孫의 아들로, 자는 伯申, 호는 曼卿. 編修 등을 역임하고 宣宗 때 工部尙書까지 지냈다. 부친의 학통을 이어받아 訓詁學의 높은 경지에 이르렀고, 《經義述聞》, 《經傳釋辭》 등을 저술하였다. (106건)
- 顧廣圻(1766~1835) : 淸 江蘇 元和 사람으로, 자는 千里, 호는 澗薲·思適居士. 당대의 저명한 校勘學者로, 阮元·胡克家·孫星衍의 초빙을 받아 고서를 교감하였다. 《思適寓齋記》를 저술하였으며, 王念孫의 《讀書雜志》의 《荀子雜志》 8권에 그의 교감이 있다. (27건)
- 兪樾(1821~1907) : 淸 浙江 德淸 사람으로, 자는 蔭甫, 호는 曲園. 編修, 河南學政 등을 지냈다. 관직을 그만둔 뒤 蘇州 紫陽書院, 上海 求志書院, 杭州 詁經精舍 등에서 후학을 가르쳤다. 王念孫 부자의 학문경향을 추종하여 당대의 큰 스승으로 추앙받았다. 《群經平議》, 《諸子平議》, 《古書疑義學例》, 《春在堂隨筆》, 《茶香室叢鈔》, 《詁經精舍自課文》, 《賓萌集》, 《春在堂詩編》 등 많은 저술을 남겼다. 그의 《荀子平議》 4권은 《諸子平議》에 들어 있다. (246건)
- 汪中(1744~1794) : 淸 江蘇 江都 사람으로, 자는 容甫. 어릴 적에 가난하여 서점에서 서적을 빌려 보았는데, 한 번 보면 암기하였다. 經學에 밝았고 諸子도 함께 연구

하였다. 같은 고장의 王念孫・劉台拱과 교제하였다. ≪荀卿子通論≫, ≪廣陵通典≫, ≪春秋後傳≫, ≪容甫先生遺詩≫, ≪述學內外篇≫을 저술하였다. (8건)

- 洪頤煊(1765~1833) : 淸 浙江 臨海 사람으로, 자는 筠軒. 경전의 訓詁에 밝았고 天文과 地理에도 조예가 있었다. ≪禮經宮室答問≫, ≪漢志水道疏證≫, ≪平津館讀碑記≫ 등을 저술하였다. (4건)
- 劉台拱(1751~1805) : 淸 江蘇 寶應 사람으로, 자는 端臨. 天文, 音樂, 文字에 이르기까지 두루 관통하였다. ≪荀子補注≫, ≪論語駢枝經傳小記≫, ≪國語補校≫, ≪漢學拾遺≫ 등을 저술하였다. (49건)
- 郭慶藩(1844~1896) : 淸 湖南 湘陰 사람으로, 자는 孟純, 호는 子靜. 郭嵩燾의 조카로, 音韻・文字學에 조예가 깊었다. ≪許書轉注說例≫, ≪說文經字正誼≫, ≪合校方言≫, ≪莊子集釋≫ 등을 저술하였다. (2건)

13. 본서에 사용된 주요 符號는 다음과 같다.

“　” : 對話, 각종 引用

‘　’ : “　” 안에서 再引用, 强調

「　」 : ‘　’ 안에서 再引用, 强調

(　) : 원문에서는 讀音이 특수한 글자나 僻字의 音
번역문에서는 간단한 譯註

〔　〕 : 번역문과 뜻은 같으나 音이 다른 漢字나 句節, 譯註에서 인용한 原文.

≪ ≫ : 書名이나 典據

〈　〉 : 篇章名, 作品名, 補充譯

○ : 저본에 사용된 楊倞의 注와 王先謙의 集解 구분 표시 遵用

14. 본서의 校勘에 사용된 符號는 다음과 같다.

( )〔 〕 : (저본의 誤字)〔교감한 正字〕

〔　〕 : 저본의 脫字 補充

(　) : 저본의 衍字

參考書目

1. 저본 및 교감주해서

• ≪荀子集解≫, 王先謙 集解, 中華書局, 1988.
• ≪漢文大系 第15 荀子集解≫, 富山房編輯部 編輯, 富山房, 1913.
• ≪荀子≫, 楊倞 注. 明 顧春 編, 嘉靖 12年(1533) 世德堂刊, 吉林出版集團公司 영인본, 2010.
• ≪荀子補注≫, 郝懿行 撰, 齊魯先喆遺書本.
• ≪荀註訂補≫, 鍾泰 撰, 上海商務印書館出版社, 1936.
• ≪荀子箋釋≫, 盧文弨 校, 謝墉 輯校, 上海古籍出版社, 1986.
• ≪荀子≫, 楊倞 注, 王鵬 整理, 上海世紀出版集團, 2010.
• ≪荀子校釋≫, 王天海 校釋, 上海古籍出版社, 2005.
• ≪荀子簡釋≫, 梁啓雄 著, 中華書局, 2010.

2. 역주서

• ≪荀子今註今譯≫, 熊公哲 註譯, 臺灣商務印書館, 1975.
• ≪新釋漢文大系 第5, 6 荀子≫ 藤井專英 著, 明治書院, 1983.
• ≪荀子詁譯≫, 楊柳橋 著, 齊魯書社, 1985.
• ≪荀子全譯≫, 蔣南華等 注譯, 貴州人民出版社, 1995.
• ≪荀子譯注≫, 高長山 譯注, 黑龍江人民出版社, 2003.
• ≪순자≫, 김학주 옮김, 을유문화사, 2003.
• ≪순자≫, 이운구 옮김, 한길사, 2006.
• ≪荀子讀本≫, 王忠林 注譯, 三民書局, 2009.
• ≪순자≫, 장현근 옮김, 책세상, 2010.

• ≪荀子譯注≫, 張覺 譯注, 上海古籍出版社, 2012.

3. 중국문헌

〔經部〕

• ≪經典釋文≫, 陸德明 撰, 文淵閣四庫全書, 臺灣商務印書館, 1986.
• ≪廣雅≫, 魏 張揖 撰, 文淵閣四庫全書, 臺灣商務印書館, 1986.
• ≪群經音辨≫, 賈昌朝 撰, 文淵閣四庫全書, 臺灣商務印書館, 1986.
• ≪唐韻正≫, 顧炎武 撰, 文淵閣四庫全書, 臺灣商務印書館, 1986.
• ≪大戴禮記詳解≫, 王聘珍 撰, 中華書局, 1989.
• ≪呂氏家塾讀詩記≫, 呂祖謙 撰, 文淵閣四庫全書, 臺灣商務印書館, 1986.
• ≪禮記正義≫, 鄭玄 注, 孔穎達 正義, 北京大學出版社, 1999.
• ≪論語注疏≫, 何晏 注, 邢昺 疏, 北京大學出版社, 1999.
• ≪龍龕手鑑≫, 釋行均 撰, 潘重規 編, 中華書局, 1988.
• ≪六書正譌≫, 周伯琦 撰, 文淵閣四庫全書, 臺灣商務印書館, 1986.
• ≪孟子注疏≫, 趙岐 注, 孫奭 疏, 焦循 正義, 北京大學出版社, 1999.
• ≪毛詩正義≫, 毛公 傳, 鄭玄 箋, 孔穎達 正義, 北京大學出版社, 1999.
• ≪方言≫, 楊雄 撰, 文淵閣四庫全書, 臺灣商務印書館, 1986.
• ≪尙書正義≫, 孔安國 傳, 孔穎達等 正義, 北京大學出版社, 1999.
• ≪說文解字≫, 許愼 撰, 文淵閣四庫全書, 臺灣商務印書館, 1986.
• ≪說文解字注≫, 段玉裁 撰, 文淵閣四庫全書, 臺灣商務印書館, 1986.
• ≪詩三家義集疏≫, 王先謙 撰, 中華書局, 1987.
• ≪玉篇≫, 顧野王 撰, 文淵閣四庫全書, 臺灣商務印書館, 1986.
• ≪韻補≫, 吳棫 撰, 文淵閣四庫全書, 臺灣商務印書館, 1986.
• ≪儀禮注疏≫, 鄭玄 注, 賈公彦 疏, 北京大學出版社, 1999.
• ≪爾雅注疏≫, 郭璞 注, 邢昺 疏, 北京大學出版社, 1999.
• ≪一切經音義≫, 釋元應 撰, 文淵閣四庫全書, 臺灣商務印書館, 1986.
• ≪周禮注疏≫, 鄭玄 注, 賈公彦 疏, 北京大學出版社, 1999.
• ≪周易正義≫, 王弼・韓伯康 注, 孔穎達 正義, 北京大學出版社, 1999.

- ≪春秋穀梁傳注疏≫, 范寧 注, 楊士勛 疏, 北京大學出版社, 1999.
- ≪春秋公羊傳注疏≫, 何休 注, 徐彦 疏 北京大學出版社, 1999.
- ≪春秋左傳正義≫, 杜預 注, 孔穎達 疏, 北京大學出版社, 1999.
- ≪孝經注疏≫, 唐玄宗 注, 邢昺 疏, 北京大學出版社, 1999.

〔史部〕

- ≪國語≫, 韋昭注, 文淵閣四庫全書, 臺灣商務印書館, 1986.
- ≪東觀漢記≫, 劉珍等 撰, 文淵閣四庫全書, 臺灣商務印書館, 1986.
- ≪隷釋≫, 洪适 撰, 文淵閣四庫全書, 臺灣商務印書館, 1986.
- ≪史記≫, 司馬遷 撰, 裴駰 集解, 中華書局, 1959.
- ≪水經注≫, 後魏 酈道元 撰, 文淵閣四庫全書, 臺灣商務印書館, 1986.
- ≪晏子春秋≫, 晏嬰 撰, 文淵閣四庫全書, 臺灣商務印書館, 1986.
- ≪戰國策≫, 高誘 注, 文淵閣四庫全書, 臺灣商務印書館, 1986.
- ≪漢書≫, 班固 撰, 中華書局, 1962.
- ≪後漢書≫, 范曄 司馬彪 撰, 中華書局. 1965.

〔子部〕

- ≪賈子新書≫, 賈誼 撰, 文淵閣四庫全書, 臺灣商務印書館, 1986.
- ≪鶡冠子≫, 無名氏 撰, 文淵閣四庫全書, 臺灣商務印書館, 1986.
- ≪敬齋古今黈≫, 李治 撰, 文淵閣四庫全書, 臺灣商務印書館, 1986.
- ≪古今譚概≫, 明 馮夢龍 撰, 文淵閣四庫全書, 臺灣商務印書館, 1986.
- ≪古今事文類聚≫, 祝穆 撰, 文淵閣四庫全書, 臺灣商務印書館, 1986.
- ≪困學紀聞≫, 王應麟 撰, 文淵閣四庫全書, 臺灣商務印書館, 1986.
- ≪公孫龍子≫, 公孫龍 撰, 文淵閣四庫全書, 臺灣商務印書館, 1986.
- ≪孔子家語≫, 王肅 注, 文淵閣四庫全書, 臺灣商務印書館, 1986.
- ≪管子≫, 管仲 撰, 文淵閣四庫全書, 臺灣商務印書館, 1986.
- ≪老子≫, 王弼 注, 文淵閣四庫全書, 臺灣商務印書館, 1986.
- ≪獨異志≫, 唐 李冘 撰, 文淵閣四庫全書, 臺灣商務印書館, 1986.

- 《呂氏春秋》, 呂不韋 編, 高誘 注, 文淵閣四庫全書, 臺灣商務印書館, 1986.
- 《列子》, 張湛 注, 文淵閣四庫全書, 臺灣商務印書館, 1986.
- 《論衡》, 王充 撰, 文淵閣四庫全書, 臺灣商務印書館, 1986.
- 《墨子》, 墨翟 撰, 文淵閣四庫全書, 臺灣商務印書館, 1986.
- 《白虎通義》, 班固 撰, 文淵閣四庫全書, 臺灣商務印書館, 1986.
- 《法言》, 揚雄 撰, 李軌・柳宗元 注, 文淵閣四庫全書, 臺灣商務印書館, 1986.
- 《本草綱目》, 李時珍 撰, 文淵閣四庫全書, 臺灣商務印書館, 1986.
- 《山海經》, 郭璞 注, 文淵閣四庫全書, 臺灣商務印書館, 1986.
- 《說苑》, 劉向 撰, 文淵閣四庫全書, 臺灣商務印書館, 1986.
- 《世說新語》, 劉義慶 撰, 文淵閣四庫全書, 臺灣商務印書館, 1986.
- 《尸子》, 尸佼 撰, 李守奎 譯注, 黑龍江人民出版社, 2003.
- 《新序》, 劉向 撰, 文淵閣四庫全書, 臺灣商務印書館, 1986.
- 《愼子》, 愼到 撰, 文淵閣四庫全書, 臺灣商務印書館, 1986.
- 《申子》, 申不害 撰, 文淵閣四庫全書, 臺灣商務印書館, 1986.
- 《鹽鐵論》, 漢 桓寬 撰, 文淵閣四庫全書, 臺灣商務印書館, 1986.
- 《藝文類聚》, 歐陽詢 撰, 文淵閣四庫全書, 臺灣商務印書館, 1986.
- 《日知錄》, 顧炎武 撰, 文淵閣四庫全書, 臺灣商務印書館, 1986.
- 《莊子集釋》, 莊周 撰, 郭象 注, 陸德明 釋文, 成玄英 疏, 郭慶藩 輯, 王孝魚 點校, 中華書局, 1961.
- 《太平御覽》, 宋 李昉等 奉敕 撰, 文淵閣四庫全書, 臺灣商務印書館, 1986.
- 《太玄經》, 揚雄 撰, 文淵閣四庫全書, 臺灣商務印書館, 1986.
- 《通雅》, 方以智 撰, 文淵閣四庫全書, 臺灣商務印書館, 1986.
- 《韓非子》, 韓非 撰, 文淵閣四庫全書, 臺灣商務印書館, 1986.
- 《淮南子》, 劉安 撰, 高誘 注, 文淵閣四庫全書, 臺灣商務印書館, 1986.

〔集部〕

- 《經義述聞》, 王引之 撰, 世界書局, 1975.
- 《經傳釋詞》, 王引之 撰, 黃侃 楊樹達 批本, 岳麓書社, 1982.

• ≪群書治要譯注≫, 魏徵 等 撰, 中國書店出版社, 2012.
• ≪讀書雜志≫, 王念孫 著, 江蘇古籍出版社, 2000
• ≪文選≫, 蕭統 撰, 文淵閣四庫全書, 臺灣商務印書館, 1986.
• ≪諸子平議≫, 兪樾 著, 中華書局, 1954.
• ≪集韻≫, 宋 丁度等 編, 上海古籍出版社, 1985.
• ≪楚詞補註≫, 洪興祖 撰, 文淵閣四庫全書, 臺灣商務印書館, 1986.
• ≪韓詩外傳≫, 韓嬰 撰, 文淵閣四庫全書, 臺灣商務印書館, 1986.

4. 한국자료

• ≪星湖先生僿說≫, 李瀷 著, 驪江出版社, 1984.
• ≪順菴先生文集≫, 安鼎福 著, 韓國文集叢刊, 民族文化推進會, 1999.

5. 일본자료

• ≪讀荀子≫, 物雙松, 寶曆 14년(1764) 京師水玉堂 판각본.
• ≪荀子斷≫, 冢田虎, 寬政 7년(1795) 京師水玉堂刊本.
• ≪荀子增注≫, 久保愛, 文政 3년(1820) 平安書林水玉堂 판각본.
• ≪增評荀子箋釋≫, 村岡良弼, 明治 17년(1884) 東京 판각본.
• ≪荀子標注≫, 帆足萬里, 昭和 2년(1927) 활자본.
• ≪荀子略說≫, 安積信, 昭和 8년(1933) 활자본.
• ≪荀子述≫, 朝川鼎, 昭和 8년(1933) 활자본.

6. 전자자료

• 電子版 文淵閣四庫全書, 迪志文化出版社, 北京, 1999.
• 尙友千古(http : www.s-sangwoo.kr), 宋基采
• 韓國古典綜合DB(http : db.itkc.or.kr)
• 東洋古典綜合DB(http : db.cyberseodang.or.kr)

目 次

非十二子篇 第六　제6편 열두 인물에 대한 비평

정치상의 통일을 이루기 위해서는 반드시 사상의 통일을 실현해야 한다는 인식하에 先秦시대 각 학파의 대표적인 인물들인 它囂·魏牟·陳仲·史鰌·墨翟·宋鈃·愼到·田駢·惠施·鄧析·子思·孟軻 등 12명의 사상을 비평하였다.

它囂와 魏牟는 타고난 性情대로 방임하여 방자하고 거만한 타성에 젖어서 행위가 금수와 같으며, 陳仲과 史鰌는 타고난 性情을 억제하여 큰 길을 떠나 사잇길로 혼자 가며, 墨翟과 宋鈃은 천하를 통일하여 국가를 세울 법도는 모르고 공리와 효용만 높이면서 검약을 숭시하고 차등을 하찮게 여기며, 愼到와 田駢은 법치를 존중하지만 법도가 없고 현능한 사람을 낮게 보면서 다른 수단을 쓰길 좋아하며, 惠施와 鄧析은 고대 성왕을 본보기로 삼지 않고 예법을 찬성하지 않으면서 괴담을 늘어놓고 기이한 말장난하기를 좋아하며, 子思와 孟軻는 고대 성왕을 본보기로 삼으면서도 그 요점을 모르지만 재주가 많고 뜻이 원대하고 문견이 풍부하다고 하였다.

非는 '誹'와 통용하는 글자로, 문제점을 비평한다는 뜻이다.

○ 盧文弨曰 韓詩外傳止十子하고 無子思孟子라 此乃幷非之는 疑出韓非李斯所坿益이라

○ 盧文弨 : ≪韓詩外傳≫에는 열 명의 인물만 있고 子思와 孟子는 없다. 여기에 이들을 아울러 비평한 것은 아마도 韓非나 李斯가 덧붙인 것이 아닌가 싶다.

6-1 假今之世에

시금과 같은 세상에

假如今之世也[1)]라 或曰 假는 借也라 今之世는 謂戰國昏亂之世라 治世則姦言無

1) 假如今之世也 : 久保愛가 "如今 위에 '今之世' 세 글자가 빠진 것 같다."라고 하였다. 이럴 경우 '假今之世 如今之世'가 되는데, 이것이 주석의 형식에 부합되므로 이에 따라 번역하였다.

所容이라 故十二子借亂世以惑衆也라하니라 ○ 王念孫曰 彊國篇云 假今之世에 益地不如益信之務也라하니 則前說爲是라

楊倞注 : 假今之世는 〈'지금 세상과 같은 때'라는 뜻의〉 '如今之世'와 같다. 혹자는 "假는 '借(빌리다)'자의 뜻이다. 지금 세상이란 전국시대의 혼란한 세상을 이른다. 잘 다스려진 세상에는 간교한 말이 용납될 수 없으므로 열두 명의 인물들이 혼란한 세상을 빌려 민중을 현혹하였다는 것이다."라고 하였다.

○ 王念孫 : 〈彊國篇〉에 "지금 같은 세상에는 토지를 늘리는 것이 신의를 돈독하게 다지는 데에 힘쓰는 것보다 못하다."라고 하였으니, 楊氏 注의 앞 설이 옳다.

6-2 飾邪說하고 文姦言하여 以梟亂[2]天下하되

그릇된 설을 분칠하고 간사한 말을 꾸며대 천하를 攪亂하되

梟는 與澆同이라 ○ 盧文弨曰 梟는 宋本作滜하고 注에 滜與僥同이라하되 案滜字無攷하고 僥亦澆之訛라 元刻作鴞하니 亦未是라 莊子繕性篇에 澆醇散樸이라하고 釋文云 澆는 本亦作澆라하니 當從之라

楊倞注 : 梟는 '澆(흐리다)'자와 같다.

○ 盧文弨 : 梟는 宋本에 '滜'로 되어 있고 宋本의 楊氏 注에 "滜는 '僥'와 같다." 하였으나, 살펴보건대 '滜'자는 그 뜻을 알 수 없고 僥 또한 澆의 오자이다. 元刻本에 '鴞'로 되어 있는데 이 또한 옳지 않다. ≪莊子≫ 〈繕性篇〉에 "澆醇散樸(순박한 기풍이 천박하고 해이해졌다.)"이라 하고, ≪經典釋文≫에 "澆는 본디 '澆'자로 쓴다."라고 하였으니 마땅히 이것을 따라야 한다.

6-3 矞宇嵬瑣로

거짓되고 허풍스럽고 기괴하고 자질구레한 말로

矞은 與譎同하니 詭詐也라 又余律反이라 宇는 未詳이라 或曰 宇는 大也니 放蕩恢大也라하니라 嵬는 謂爲狂險之行者也요 瑣者는 謂爲姦細之行者也라 說文云 嵬는 高不平也라하니 今此言嵬者는 其行狂險이 亦猶山之高不平也라 周禮大司樂云 大傀烖

2) 梟亂 : 梟는 '撓(어지럽다)'와 통용되는 글자로, 亂과 어울려 뒤흔들어 어지럽게 한다는 뜻이다.

則去樂에 鄭云 傀는 猶怪也라하고 晏子春秋曰 不以上爲本하고 不以民爲憂하며 內不恤其家하고 外不顧其游하여 夸言傀行으로 自勤於飢寒을 命之曰狂辟之民이라하니 明王之所禁也라하니라 嵬는 當與傀義同이라 音五每反이며 又牛彼反[3]이라 ○ 郝懿行曰 矞은 滿溢也라 宇는 張大也라 嵬者는 崔嵬高不平也라 瑣者는 細碎聲也라 此謂飾邪說하고 文姦言하여 以欺惑人者라 矞宇는 所謂大言炎炎[4]也요 嵬瑣는 所謂小言詹詹[5]也니 此皆謂言矣라 注以行說하니 失之라 嵬瑣는 又見儒效正論篇이라 王念孫曰 元刻無欺惑愚衆四字①하니 元刻是也라 宋本有此四字者는 依韓詩外傳加之也라 楊注但釋矞宇嵬瑣而不釋欺惑愚衆하고 至下文足以欺惑愚衆하여 始釋之云 足以欺惑愚人衆人이라하니 則此處本無欺惑愚衆四字明矣라 外傳有此四字者는 欺惑愚衆下文凡五見이나 而外傳皆無之라 故得移置於此處라 若據外傳增入하면 則旣與下文重複하고 又與楊注不合矣라 兪樾曰 楊讀矞爲譎하니 是矣나 訓宇爲大하니 則與譎誼不倫이라 宇는 當讀爲訏라 說文言部에 訏는 詭譌也라하니 然則矞宇猶言譎詭矣라 先謙案 矞宇는 兪說是라 嵬瑣는 猶委瑣也니 嵬委聲近이라 故相通借라 史記司馬相如傳에 摧崣崫崎라하니 摧崣卽崔嵬異文이라 嵬之爲崣는 猶嵬之爲委矣라 相如傳의 委瑣握齪에 索隱引孔文祥云 委는 曲也[6]라하니 委訓曲이면 則嵬亦訓曲이라 正論篇云 夫是之謂嵬說이라하니 嵬說은 猶曲說也라 下文云 吾語女學者之嵬容하리라하고 又云 是學者之嵬也라하니 謂其容如彼 卽是學者之嵬로 猶史記言曲儒也②[7]라 正論篇又云 堯舜者는 天下之英也요 朱象者는 天下之嵬 一時之瑣也라하여 英與嵬瑣對文하니라 英爲俊選之尤니 則嵬瑣爲委曲瑣細之尤라 言小人極不足道者也라 謝本從盧校하여 此句上有欺惑愚衆四字라 今案컨대 王說是하여

---

3) 音五每反 又牛彼反 : 五每反은 '왜'이고, 牛彼反은 '위'이다.

4) 大言炎炎 : ≪莊子≫ 〈齊物論〉에 보인다.

5) 小言詹詹 : ≪莊子≫ 〈齊物論〉에 보인다.

6) 索隱引孔文祥云 委曲也 : ≪史記≫ 〈司馬相如傳〉의 이 부분의 ≪索隱≫ 주는 "孔文祥이 이르기를 '委瑣는 자질구레하다는 뜻이고, 握齪은 편협하다는 뜻이다.〔委瑣 細碎 握齪 局促也〕'라 하였다."로 되어 있다.

7) 猶史記言曲儒也 : 曲儒는 ≪史記≫ 권43 〈趙世家〉에 "유생이 스승은 같더라도 습속이 서로 다르고 중국이 예법은 같더라도 교화가 서로 다르다."라고 한 뒤에 "궁벽한 고을은 풍속이 많이 다르고 고루한 학식은 궤변이 많다.〔窮鄕多異 曲學多辯〕"라고 한 데서 인용한 것으로, '曲'자의 뜻을 고증하기 위해 임의로 조합한 단어이나.

從元刻刪하니라

① 宋龔本同이라

宋 龔士卨本도 같다.

② 見趙世家라

〈趙世家〉에 보인다.

楊倞注：矞은 '譎(속이다)'과 같으니 속임수이다. 〈음은 본음 이외에〉 또 余와 律의 反切이 있다. 宇는 알 수 없다. 혹자는 "宇는 크다는 뜻으로 거리낌 없이 크게 떠벌리는 것이다."라고 하였다. 嵬는 음험한 행위를 하는 것을 이르고 瑣란 간사한 행위를 하는 것을 이른다. ≪說文解字≫에 "嵬는 높아 고르지 않은 것이다."라고 하였으니, 지금 여기서 嵬라고 말한 것은 그 행위가 음험한 모습이 또한 산이 높아 고르지 않은 것과 같다는 것이다. ≪周禮≫ 〈大司樂〉의 "大傀烖則去樂(매우 괴이한 재해가 발생하면 음악을 취소한다.)"에서 鄭玄이 "傀는 '怪(괴이하다)'와 같다."라 하고, ≪晏子春秋≫에 "군주를 근본으로 여기지 않고 백성의 일을 걱정하지 않으며, 안으로는 자기 가족을 돌보지 못하고 밖으로는 벗들을 돌아보지 못하면서 과장된 말과 기괴한 행위〔夸言傀行〕로 자기 한 몸의 굶주림과 추위에 대해서만 치중하는 자를 지목하여 방자하고 괴벽한 백성이라 하니, 이는 성군이 금기하는 대상이다."라고 하였다. 嵬는 당연히 '傀(괴이하다)'와 뜻이 같은 것으로 보아야 한다. 그 음은 五와 每의 反切이다. 또 牛와 彼의 反切이기도 하다.

○ 郝懿行：矞은 가득 넘친다는 뜻이다. 宇는 과장하고 확대한다는 뜻이다. 嵬란 산세가 험준하고 높아 고르지 않다는 뜻이다. 瑣란 작게 소곤거리는 소리이다. 이것은 그릇된 설을 분칠하고 간사한 말을 꾸며대 사람들을 속이고 현혹하는 것을 이른다. 矞宇는 이른바 '거창한 말은 매우 거만하다.〔大言炎炎〕'라는 것이고 嵬瑣란 이른바 '자질구레한 말은 수다스럽다.〔小言詹詹〕'라는 것이니, 이는 모두 언어에 관해 말한 것이다. 그런데 楊氏의 注는 행위로 설명하였으니 잘못되었다. 嵬瑣는 또 〈儒效篇〉과 〈正論篇〉에 보인다.

王念孫：元刻本에는 '欺惑愚衆' 네 자가 없으니 元刻本이 옳다. 宋本에 이 네 자가 있는 이유는 ≪韓詩外傳≫에 의해 추가한 것이다. 楊氏의 주에 '矞宇嵬瑣'만 풀이하고 '欺惑愚衆'은 풀이하지 않았으며, 아래 글(6-7) '足以欺惑愚衆'에 이르러 비로소 풀이하기를 "충분히 어리석은 사람과 민중을 속이고 현혹시킬 수 있다."라고 하였으니, 이곳에 본디 '欺惑愚衆' 네 자가 없었다는 것이 분명하다. ≪韓詩外傳≫에는 여기 문구에 이 네 자가 있는데 그 이유는 '欺惑愚衆'이 이곳의 아래 글에 모두 다섯 번 보이지만 ≪韓詩外傳≫에는 이것들이 모두 없기 때문에 그것을 이곳에 옮겨둔 것이다. 만약 ≪韓詩外傳≫에 근거하여 보태 끼워 넣는다면 아래 글과 중복되고 또 楊氏의 주와도 부합되지 않을 것이다.

兪樾 : 楊氏가 𤔡을 '謠'로 보았는데 이것은 옳지만 宇의 뜻을 '大'로 풀이하였으니 '謠'의 뜻과 어울리지 않는다. 宇는 마땅히 '訏(속이다)'로 읽어야 한다. ≪說文解字≫ 言部에 "訏는 속인다는 뜻이다."라고 하였으니, 그렇다면 𤔡宇는 '謠詭'라는 말과 같다.

先謙案 : 𤔡宇는 兪氏의 설이 옳다. 嵬瑣는 '委瑣'와 같으니, 嵬와 委는 소리가 비슷하므로 서로 통용한다. ≪史記≫ 〈司馬相如傳〉에 "摧崣崫崎(높고 크며 험준하다.)"라 하였는데, 摧崣는 곧 '崔嵬'의 다른 글자이다. 嵬가 '崣'로 된 것은 嵬가 '委'로 된 것과 같다. 〈司馬相如傳〉의 "委瑣握齪(자질구레하고 편협하다.)"에서 ≪索隱≫에 인용한 孔文祥의 말에 "委는 '曲(굽히다)'의 뜻이다."라 하였으니, 委의 뜻이 굽은 것이라면 嵬 또한 굽었다는 뜻이다. 〈正論篇〉에 "夫是之謂嵬說(대체로 이것을 괴이한 설이라 이른다.)"이라 하였으니, 嵬說은 '曲說'과 같다. 아래 글(6-107)에 "吾語女學者之嵬容(내가 너희에게 학자들의 괴이한 모습을 말해주겠다.)"이라 하고 또(6-112) "是學者之嵬也(곧 저 학자들의 괴이한 행태이다.)"라 하였으니, 그와 같은 모습이 일부 학자들의 괴이한 행태임을 말한 것으로서 ≪史記≫에 말한 '고루한 유생〔曲儒〕'과 같다. 〈正論篇〉에 또 "堯舜者 天下之英也 朱象者 天下之嵬 一時之瑣也(堯와 舜은 천하의 영걸이고 丹朱와 象은 천하의 괴물이자 한시대의 졸부이다.)"라고 하여 '英'과 '嵬'·'瑣'끼리 짝을 맞추었다. '英'은 준수한 자들 가운데 우수한 인물의 뜻이니 그렇다면 '嵬'와 '瑣'는 왜곡되고 자질구레한 자들 가운데 더 심각한 자란 뜻이 될 것이다. 이는 소인은 매우 거론할 가치도 없다는 것을 말한다. 謝本은 盧校本에 따라 이 문구 위에 '欺惑愚衆' 네 자가 있다. 이제 살펴보건대, 王氏의 설이 옳으므로 元刻本에 따라 삭제하였다.

6-4 使天下混然不知是非治亂之所在者 有人矣라

천하 사람들로 하여금 얼떨떨하여 무엇을 옳다 하고 무엇을 그르다 하며 무엇을 다스려졌다 하고 무엇을 어지럽다고 하는지를 모르게 하는 그런 자들이 있다.

混然은 無分別之貌라 存은 在也라

楊倞注 : 混然은 분별이 없는 모양이다. 存은 '在(있다)'자의 뜻이다.

6-5 縱情性[8]하여 安恣睢하여 禽獸行하니

---

8) 情性 : 情은 이익을 좋아하고 해로운 것을 싫어하는 사적인 정이고, 性은 편안한 것을 좋아하고 수고로운 것을 싫어하는 본성을 말한다.

타고난 性情대로 방임하여 방자하고 거만한 타성에 젖어서 禽獸와 같은 행위를 하니,

恣睢는 矜放之貌라 言任情性所爲而不知禮義면 則與禽獸無異라 故曰禽獸行이라 하니라 睢는 許季反[9]이라 ○ 謝本從盧校하여 作禽獸之行이라 盧文弨曰 元刻作香萃反이라 王念孫曰 呂錢本皆無之字하니 是也라 據楊注云與禽獸無異故曰禽獸行하면 則無之字明矣라 性惡篇云 禽獸行과 虎狼貪이라하고 司馬法云 外內〔亂〕[10]하여 禽獸行이라하여 句法幷與此同이라 先謙案 王說是라 今從呂錢本刪之字하니라

楊倞注 : 恣睢는 교만 방자한 모양이다. 性情이 내키는 대로 내맡기고 禮義로 제어할 줄 모르면 금수와 다름없기 때문에 '금수와 같은 행위'라고 말한 것이다. 睢의 음은 許와 季의 反切이다.

○ 謝本은 盧校本에 따라 '禽獸之行'으로 되어 있다.

盧文弨 : 〈'睢'의 음이〉 元刻本에는 香과 萃의 反切로 되어 있다.

王念孫 : 呂・錢本에는 모두 '之'자가 없으니, 그것이 옳다. 楊氏의 주에 "금수와 다름없기 때문에 '금수와 같은 행위'라고 말한 것이다."라고 한 것을 근거로 보면 '之'자가 없는 것이 분명하다. 〈性惡篇〉에 "禽獸行 虎狼貪(금수의 행위와 호랑이의 탐욕)"이라 하고, ≪司馬法≫에 "外內亂 禽獸行(내외의 친족이 음란하여 금수와 같은 행위를 하면)"이라 하여, 글의 구성 방식이 모두 이 경우와 같다.

先謙案 : 王氏의 설이 옳다. 여기서는 呂・錢本에 따라 '之'자를 삭제하였다.

6-6 不足以合文通治라

충분히 예법에 부합되고 나라를 다스리는 도리와 통하지 않는다.

不足合於古之文義하고 通於治道라

楊倞注 : 충분히 고대 예법의 취지에 부합되고 나라를 다스리는 도리와 통하지 않는다는 것이다.

6-7 然而其持之有故하고 其言之成理하여 足以欺惑愚衆하니

9) 許季反 : 반절음은 '혜'이나 우리나라 발음으로는 '휴'이다.

10) 〔亂〕 : 저본에는 '亂'이 없으나, ≪司馬法≫에 의거하여 보충하였다.

그러나 그들이 논조를 세울 때 근거가 있고 또 그들이 논점을 해설할 때 조리가 있어 충분히 어리석은 민중을 속이고 현혹시킬 수 있으니,

妄稱古之人亦有如此者라 故曰 持之有故라하고 又其言論能成文理라 故曰 言之成理하여 足以欺惑愚人衆人矣라하니라 ○ 郝懿行曰 故者는 咨於故實之故니 謂其持論之有本也라 成理는 謂其言能成條理也라 故皆足以欺惑愚衆이라

楊倞注：함부로 고대 사람도 이와 같은 경우가 있었다고 제시하기 때문에 '논조를 세울 때 근거가 있다.'라고 말했고, 또 그 해설이 능히 조리를 형성하기 때문에 '논점을 해설할 때 조리가 있어 충분히 어리석은 사람과 민중을 속이고 현혹시킬 수 있다.'고 말한 것이다.

○ 郝懿行：故란 '咨於故實(기준으로 삼을 만한 옛일을 알아본다.)'의 '故'이니, 그 지론이 근본이 있다는 것을 이른다. 成理는 그 하는 말이 능히 조리를 이루는 것을 이른다. 이 때문에 이것이 다 충분히 어리석은 민중을 속이고 현혹시킬 수 있다는 것이다.

6-8 是它囂魏牟[11]也라

이들이 곧 它囂와 魏牟이다.

它囂는 未詳何代人이라 世本[12]楚平王孫有田公它成하니 豈同族乎아 韓詩外傳作范〔雎〕[13]魏牟하니라 牟는 魏公子로 封於中山이라 漢書藝文志道家有公子牟四篇하니 班固曰 先莊子하여 莊子稱之라하니라 今莊子有公子牟稱莊子之言以折公孫龍하니 據卽與莊子同時也라 又列子稱公子牟解公孫龍之言이라 公孫龍은 平原君之客이어늘 而張湛[14]以爲文侯子라하니 據年代컨대 非也라 說苑曰 公子牟東行할새

11) 它囂魏牟：它囂는 이 책 이외에 보이지 않고 ≪韓詩外傳≫에 '范雎'로 되어 있기 때문에 金德建과 王天海는 范雎와 자형이 비슷하여 생긴 오류라고 주장하였는데, 매우 설득력이 있는 것으로 보인다. 范雎는 전국시대 魏의 변설가이다. 秦 昭王을 섬겨 遠交近攻策을 진언하여 應侯에 봉해졌다. 魏牟는 魏나라 公子牟이다.

12) 世本：전국 때 趙나라 사관이 黃帝 이후 春秋 때까지의 역사사실을 기록한 역사서이다. 본디 〈帝係篇〉·〈王侯世〉·〈卿大夫世〉·〈氏姓篇〉·〈作篇〉·〈居篇〉 등 15편으로 구성되었는데, 후세 사람이 이어 보충하였다.

13) 〔雎〕：저본에는 '雎'가 없으나, ≪韓詩外傳≫에 의거하여 보충하였다.

14) 張湛：≪列子≫의 주를 쓴 東晉 高平 사람으로 자는 處度이나. 武帝 때 中書侍郎을 지냈

穰侯送之라하니 未知何者爲定也라

楊倞注 : 它囂는 어느 시대 사람인지 알 수 없다. ≪世本≫에 의하면 楚 平王의 손자로 田公 它成이 있는데, 혹시 그의 친족인지 모르겠다. ≪韓詩外傳≫에는 '范睢'와 '魏牟'로 되어 있다. 牟는 魏나라 公子로 中山에 봉해졌다. ≪漢書≫ 〈藝文志〉 道家에 ≪公子牟≫ 4편이 있는데, 班固가 "莊子보다 시기가 앞서 莊子가 그를 거론하였다."라고 하였다. 지금 ≪莊子≫에는 公子牟가 莊子가 한 말을 거론하여 公孫龍을 꺾었다는 말이 있으니, 이에 의하면 곧 莊子와 같은 시기의 인물이다. 또 ≪列子≫에 公子牟가 公孫龍이 한 말을 이해하였다는 말이 있다. 公孫龍은 平原君의 문객인데 張湛은 그를 魏 文侯의 아들이라고 하였으니, 연대로 보면 아니다. ≪說苑≫ 〈敬愼〉에 "公子牟가 동쪽 지방으로 떠날 때 穰侯가 그를 전송하였다."라고 하였으니, 어느 것으로 확정할지 알 수 없다.

6-9 忍情性하고 綦谿利跂[15]하여

타고난 性情을 억제하고 매우 심각하게 세상을 떠나 홀로 서서

忍은 謂違矯其性也라 綦谿는 未詳이나 蓋與跂義同也라 利는 與離同이라 離跂는 違俗自絜之貌니 謂離於物而跂足也라 莊子曰 楊墨乃始離跂로 自以爲得이라하니라 離는 力智反이라 跂는 丘氏反이라 ○ 郝懿行曰 此謂矯異於人以爲高者라 綦谿者는 過於深陗하고 利跂者는 便於走趨라 谿는 讀爲雞라 跂音爲企라 四字雙聲疊韻[16]이라

다. 道家의 교리에 밝았고 養生術에 정통하였다.

15) 綦谿利跂 : 이에 관해 여러 학자의 설들이 다양하다. 物雙松은 "谿利는 분명히 '谿刻'의 잘못이다. '跂'는 잘못 덧붙여진 것이니, 아래에 '離蹤而跂訾'가 있기 때문에 잘못되었지 않나 싶다. 谿刻은 ≪世說新語≫ 〈豪爽篇〉에 보인다. 桓公이 ≪高士傳≫을 읽다가 於陵仲子 부분에 이르러 책을 내던지며 '誰能作此溪刻自處(그 누가 이런 가혹한 방식을 만들어 스스로 처할 수 있겠는가.)'라고 했다."라 하였고, 梁啓超는 "谿跂는 雙聲 글자로 谿刻과 통용한다. ≪荀子≫를 읽던 사람이 '刻'자를 '跂'자 곁에 써놓았던 것을 뒤에 옮겨 쓴 사람이 본문 속에 섞어 넣었고 거기에 또 '利'자로 잘못 기재되어 두 글자 사이에 끼어든 것이다."라 하여 두 사람의 견해가 비슷하다. '忍情性'이 앞의 '縱情性'의 대구이므로 다음 구가 앞의 '安恣睢'의 대구가 되는 것이 ≪荀子≫ 문장의 일반적인 형식임을 감안할 때 '綦谿刻'이 옳은 것으로 보인다. 여기서는 본문을 바꾸지 않고 王先謙의 설에 따라 번역하였다.

16) 四字雙聲疊韻 : 雙聲은 두 글자 이상으로 된 단어에서 각 글자의 최초 자음이 같은 것이고, 疊韻은 複音詞가 공통의 韻母를 갖고 있는 것을 말한다. 綦는 음이 qí, 谿는 qī, 利는 lì, 跂는 qí이다. 이 가운데 lì는 나머지 글자와 疊韻만 해당될 뿐, 雙聲이라 하기는 어렵다.

先謙案 荀子多以綦爲極이라 谿之爲言은 深也라 老子爲天下谿의 河上公注云 人能謙下如深谿라하니 是谿有深義라 綦谿는 猶言極深耳라 利는 與離同하니 楊說是也라 離世獨立이라 故曰離跂라하니라 跂는 企同字라 廣雅釋詁에 屴(기)는 立也라하고 曹憲注에 屴는 卽古文企字라하니라

楊倞注 : 忍은 그 본성을 왜곡하는 것을 이른다. 綦谿는 알 수 없으나 아마도 '跂'의 뜻과 같을 것이다. 利는 '離(떠나다)'와 같다. 離跂는 세속을 어기고 자기의 介潔을 추구하는 모양이니, 남들을 떠나 〈더 높은 곳을 향해〉 발돋움하는 것을 이른다. ≪莊子≫ 〈天地〉에 "楊墨乃始離跂 自以爲得(楊朱·墨翟은 도리어 자기를 애써 과시하여 남들을 초월하길 추구하는 것을 가지고 스스로 도를 얻었다고 여긴다.)"이라고 하였다. 離의 음은 力과 智의 反切이다. 跂의 음은 丘와 氏의 反切이다.

○ 郝懿行 : 이 말은 남들과 다르게 하는 것을 고상한 것으로 여기는 자를 말한다. 綦谿는 깊고 험난한 것이 심하고, 利跂는 달리기에 용이하다는 뜻이다. 谿는 '雞'로 읽는다. 跂의 음은 '企'이다. 이 네 자는 雙聲疊韻이다.

先謙案 : ≪荀子≫에서는 대부분 綦를 '極'으로 간주하였다. 谿라고 말한 것은 깊다는 뜻이다. ≪老子≫ "爲天下谿"의 河上公 注에 "人能謙下如深谿(사람이 능히 겸손하고 낮추기를 깊은 계곡처럼 한다면)"라 하였으니, 이로 볼 때 '谿'에는 깊다는 뜻이 있다. 綦谿는 '極深'이라고 말한 것과 같다. 利는 '離'와 같으니, 楊氏의 설이 옳다. 세속을 떠나 홀로 서기 때문에 '離跂'라고 말한 것이다. 跂는 '企'와 같은 글자이다. ≪廣雅≫ 〈釋詁〉에 "屴는 '立(서다)'자의 뜻이다."라 하고, 曹憲의 주에 "屴는 곧 古文의 '企'자이다."라 하였다.

6-10 苟以分異人爲高하니

구차하게 다른 사람과 구별되는 것을 가지고 고상하다 여기니,

苟求分異하여 不同於人으로 以爲高行也라

楊倞注 : 구차하게 구별하여 다른 사람과 같지 않음을 추구하는 것을 가지고 고상한 행위로 삼는다.

6-11 不足以合大衆하고 明大分이라

충분히 일반 대중과 융화되지 않고 大義를 드러내 밝히지 못한다.

卽求分異면 則不足合大衆이요 苟立小節이라 故不足明大分이라 大分은 謂忠孝之大義也라

楊倞注 : 일단 남들과 구별되기를 추구하면 충분히 대중과 융화될 수 없고 구차하게 사소한 지조나 세우기 때문에 충분히 大義를 드러내 밝히지 못한다. 大分은 忠孝의 大義를 이른다.

6-12 **然而其持之有故**하고 **其言之成理**하여 **足以欺惑愚衆**하니 **是陳仲史鰌也**라

그러나 그들이 논조를 세울 때 근거가 있고 또 그들이 논점을 해설할 때 조리가 있어 충분히 어리석은 민중을 속이고 현혹시킬 수 있으니, 이들이 곧 陳仲과 史鰌이다.

已解上이라 ○ 盧文弨曰 解見不苟篇이라 彼作田仲하니 田與陳通이라

楊倞注 : 이미 위에서 풀이하였다.

○ 盧文弨 : 〈陳仲과 史鰌에 대해〉 그 풀이는 〈不苟篇〉에 보인다. 그곳에서는 〈陳仲이〉 '田仲'으로 되어 있으니, '田'과 '陳'은 통용한다.

6-13 **不知壹天下**하여 **建國家之權稱**하고

천하를 통일하여 국가의 법도를 세울 줄은 모르고

不知齊一天下하여 建立國家之權稱은 言不知輕重이라 稱은 尺證反이라

楊倞注 : 천하를 통일하여 국가의 법도를 세울 줄은 모른다는 것은 일의 輕重을 모르는 것을 말한다. 稱은 음이 尺과 證의 反切이다.

6-14 **上功用**하고 **大儉約而僈差等**하여

성과와 노동을 숭상하고 검약을 중시하면서 차별과 등급이 없어

功用은 功力也라 大는 讀曰太라 言以功力爲上而過儉約也라 僈은 輕也라 輕僈差等은 謂欲使君臣上下同勞苦也라 ○ 王念孫曰 上은 與尙同이라 大亦尙也니 謂尊尙儉約也라 表記君子不自大其事하고 不自尙其功이라하여 亦以大與尙幷言之라 性

惡篇大齊信而輕貨財와 隱三年公羊傳故君子大居正이 幷與此大字同義라 楊讀大爲太하여 而以爲過儉約이라하니 失之라 僈은 讀爲曼이라 廣雅曰 曼은 無也와 法言寡見篇曼是爲也와 五百篇行有之也病曼之也 皆謂無爲曼이라 文選四子講德論空柯無刃이면 公輸不能以斲하고 但懸曼矰이면 蒲苴不能以射라하니 曼亦無也①라 曼差等은 卽無差等이라 作僈者는 借字耳라 富國篇曰 墨子將上功勞苦하여 與百姓均事業하고 齊功勞하리라하니 正所謂無差等也라 故下文云 曾不足以容辨異하고 縣君臣이라하니라 楊以僈爲輕慢하니 亦失之라

① 李善注訓曼爲長하니 失之라

李善 주에는 '曼'을 '長(길다)'자의 뜻이라고 하였으니, 이는 잘못되었다.

楊倞注：功用은 성과와 노동이다. 大는 '太'로 읽는다. 성과와 노동을 최상으로 여기면서 지나치게 검약하는 것을 말한다. 僈은 '輕(가볍다)'의 뜻이다. 차별과 등급을 경시하는 것은 君臣 上下가 똑같이 노동하기를 추구하는 것을 이른다.

○ 王念孫：上은 '尙(숭상하다)'과 같다. 大 또한 '尙'의 뜻이니, 검약을 존중하는 것을 이른다. ≪禮記≫ 〈表記〉에 "君子不自大其事 不自尙其功(군자는 그가 한 일을 스스로 과시하지 않고 그의 성과를 스스로 자랑하지 않는다.)"이라고 하여, '大'와 '尙'을 또한 아울러 말하였다. 〈性惡篇〉의 "大齊信而輕貨財(中正과 신의를 중시하고 재물을 하찮게 여긴다.)"와, ≪春秋公羊傳≫ 隱公 3년의 "故君子大居正(그러므로 군자는 정도를 따르는 것을 중시한다.)" 등이 모두 이 '大'자와 같은 뜻이다. 楊氏는 大를 '太'로 읽어 검약을 지나치게 하는 것이라고 하였으니, 잘못되었다. 僈은 '曼'으로 읽는다. ≪廣雅≫에 "曼은 '無(없다)'의 뜻이다."라고 한 것과, ≪法言≫ 〈寡見篇〉의 "曼是爲也(이와 같은 행위는 없어야 한다.)"와, 〈五百篇〉의 "行有之也 病曼之也(행동이 자유로워 덕이 있고 행동이 통제를 받아 덕이 없다.)" 등은 모두 '無'가 '曼'으로 표기된 것들이다. ≪文選≫ 〈四子講德論〉에 "空柯無刃 公輸不能以斲 但懸曼矰 蒲苴不能以射(도끼자루만 있고 도끼날이 없다면 솜씨 좋은 公輸般도 목재를 깎아낼 수 없고 시위만 걸려 있고 화살이 없다면 명사수 蒲苴子도 나는 새를 쏠 수 없다.)"라고 하였는데, 그곳의 '曼' 또한 '無'의 뜻이다. '曼差等'은 곧 '無差等'이다. '僈'으로 된 것은 假借한 것일 뿐이다. 〈富國篇〉에 "墨子將上功勞苦 與百姓均事業 齊功勞(墨子는 성과와 노동을 중시하여 백성들과 평등하게 일하고 성과와 노동을 똑같이 적용할 것이다.)"라고 하였으니, 곧 이른바 '無差等'이다. 그러므로 아래 글에 "애당초 사람들 상호간이 다른 점이 허용되지 않고 군신간의 등급이 차이 나지 않는다."라 하였다. 楊氏는 '僈'을 경시한다는 뜻으로 풀이하였으니, 이 또한 잘못되었다.

6-15 曾不足以容辨異하고 縣君臣이라

애당초 사람들 상호간의 다른 점이 허용되지 않고 군신간의 등급이 차이 나지 않는다.

上下同等하면 則其中不容分別而縣隔君臣也라 ○ 先謙案 富國篇云 群衆未縣이면 則君臣未立也라 無君以制臣하고 無上以制下라하니 卽〔不〕[17]縣君臣之義라

楊倞注 : 위아래가 등급이 같으면 그 사이에 구별이 허용되지 않아 군신간의 등급이 크게 달라지지 않는다.

○ 先謙案 : 〈富國篇〉에 "군중의 상하 등급이 차별이 없으면 군주와 신하의 지위가 확립될 수 없다. 군주가 신하를 통제하는 일이 없고 윗사람이 아랫사람을 통제하는 일이 없다."라고 하였으니, 이는 곧 군신간의 등급이 차이 나지 않는다는 뜻이다.

6-16 然而其持之有故하고 其言之成理하여 足以欺惑愚衆하니 是墨翟宋鈃(경)也라

그러나 그들이 논조를 세울 때 근거가 있고 또 그들이 논점을 해설할 때 조리가 있어 충분히 어리석은 민중을 속이고 현혹시킬 수 있으니, 이들이 곧 墨翟과 宋鈃이다.

宋鈃은 宋人이니 與孟子尹文子彭蒙愼到同時라 孟子作宋牼하니라 牼與鈃同이라 音口莖反이라

楊倞注 : 宋鈃은 宋나라 사람이니, 孟子·尹文子·彭蒙·愼到와 같은 시기이다. ≪孟子≫ 〈告子 下〉에 '宋牼'으로 되어 있다. 牼과 鈃은 같다. 그 음은 口와 莖의 反切이다.

6-17 尙法而無法하고 下修而好作하며

법치를 존중하지만 예법을 무시하고 현능한 자람을 천시하면서 독자적인 방법을 쓰길 좋아하며

尙은 上也라 言所著書 雖以法爲上而自無法하고 以脩立爲下而好作爲하여 言自相

17) 〔不〕: 저본에는 '不'이 없으나, 文勢로 볼 때 빠진 것으로 보여 추가하였다.

矛盾也라 ○ 王念孫曰 下修而好作은 義不可通이라 下修는 當爲不循이니 謂不循舊法也라 墨子非儒篇道儒者之言曰 君子循而不作이라하니 此則反乎君子之所爲라 故曰不循而好作也라하니라 不與下 循與脩는 字相似而誤①라 楊注云以修立爲下而好作爲라하니 失之라

① 隸書循脩二字相亂하니 說見管子形勢篇하니라
隸書는 '循'과 '脩' 두 자끼리 서로 혼동되는데, 이에 관한 설명은 ≪管子≫ 〈形勢篇〉에 보인다.

楊倞注 : 尙은 '上'자의 뜻이다. 저술한 책의 내용이, 비록 법치를 으뜸으로 삼지만 본디 법이 없고 덕을 닦아 인재가 되는 것을 하찮게 여기면서 창작하길 좋아함으로써, 하는 말들이 자가당착임을 말한 것이다.

○ 王念孫 : '下修而好作'은 뜻이 통할 수 없다. '下修'는 마땅히 '不循'이 되어야 하니 옛 법을 따르지 않는 것을 이른다. ≪墨子≫ 〈非儒篇〉에 儒者가 하는 말을 거론하기를 "君子循而不作(군자는 옛사람이 만든 것을 따르고 새 것을 창조하지 않는다.)"이라 하였으니, 〈이로 볼 때〉 여기서는 군자가 하는 일과는 반대로 하기 때문에 "不循而好作(옛 법을 따르지 않고 창작하길 좋아한다.)"이라고 말한 것이다. '不'과 '下', '循'과 '脩'는 글자가 서로 비슷하여 잘못된 것이다. 楊氏의 주는 "덕을 닦아 인재가 되는 것을 하찮게 여기면서 창작하길 좋아한다."라 하였으니, 잘못된 것이다.

6-18 上則取[18)]聽於上하고 下則取從於俗하며

위로는 군주에게 달려가 그의 말을 듣고 아래로는 세속으로 달려가 그 뜻을 따르며

言苟順上下意也라 ○ 王念孫曰 取聽取從은 言能使上下皆聽從之耳라 楊云言苟順上下意라하니 失之라

楊倞注 : 위아래의 뜻을 구차하게 순응하는 것을 말한나.

○ 王念孫 : 取聽과 取從은 능히 위아래 사람으로 하여금 자신의 말을 받아들이고 따르게 하는 것을 말한다. 楊氏는 "위아래의 뜻을 구차하게 순응하는 것을 말한다."라고 하였

18) 取 : '趨(달려가다)'자와 같다. ≪釋名≫ 〈釋言語〉에 "取는 '趣'이다."라 하고, 王先謙의 ≪釋名疏證補≫에 "趣와 取는 글자가 같다. 어떤 일이 취할 만한 점이 있으면 사람들이 앞을 다투어 달려가기 때문에 '取'자가 '趣'의 뜻이 된다. '趣'와 '趨'는 같다."라고 하였다.

으니, 잘못되었다.

6-19 終日言成文典이나 反紃察之면 則偶然無所歸宿하여

종일토록 하는 말이 법조문에 들어맞지만 반복하여 살펴보면 오활하여 귀결점이 없어

紃은 與循同이라 偶然은 疏遠貌라 宿은 止也라 雖言成文典이나 若反覆紃察하면 則疏遠無所指歸也라 ○ 謝本從盧校作及紃察之라 盧文弨曰 注反覆二字는 宋本無라 王引之曰 元刻及作反하니 是也라 反은 復(복)也니 謂復紃察之也라 楊注云 雖言成文典이나 若反復紃察하면 則疏遠無所歸라하니 則及爲反之誤明矣라 榮辱篇反鉛察之하니 其字正作反이라 紃鉛古聲相近이라 故字亦相通이라 禮論篇則必反鉛이 三年問鉛作巡하고 祭義終始相巡의 注에 巡讀如沿漢之沿이 皆其例矣라 先謙案 王說是라 今依元刻作反하니라

楊倞注 : 紃은 '循(따르다)'과 같다. 偶然은 거리가 먼 모양이다. 宿은 멈춘다는 뜻이다. 비록 하는 말이 법조문에는 들어맞지만 만일 반복하여 살펴본다면 법과는 거리가 멀어 귀결점이 없다는 뜻이다.

○ 謝本은 盧校本에 따라 '及紃察之'로 되어 있다.

盧文弨 : 楊氏 주의 '反覆' 두 자가 宋本에는 없다

王引之 : 元刻本에는 '及'이 '反'으로 되어 있으니, 옳다. 反은 '復(반복하다)'의 뜻이니, 반복하여 이리저리 살펴보는 것을 이른다. 楊氏의 주에 "비록 하는 말이 법조문에는 들어맞지만 만일 반복하여 살펴본다면〔反復紃察〕 법과는 거리가 멀어 귀결점이 없는 것이다."라고 하였으니, 及이 '反'의 잘못이라는 것이 분명하다. 〈榮辱篇〉에 "反鉛察之"라 하였는데, 거기서는 글자가 '反'으로 바르게 되어 있다. 紃과 鉛은 고대에 소리가 서로 비슷하였으므로 글자도 서로 통용하였다. 〈禮論篇〉의 "則必反鉛"이 ≪禮記≫ 〈三年問〉에는 '鉛'이 '巡'으로 되어 있고, ≪禮記≫ 〈祭義〉의 "終始相巡"이라 한 곳의 주에 "巡은 '沿漢(漢水를 거슬러 올라간다.)'의 '沿'자처럼 읽어야 한다."라고 한 것들이 모두 그 사례이다.

先謙案 : 王氏의 설이 옳다. 여기서는 元刻本에 의해 '反'으로 고쳤다.

6-20 不可以經國定分이라

나라를 다스리고 명분을 확정할 수 없다.

取聽於上하고 取從於俗이라 故法度不立也라

楊倞注 : 군주에게 달려가 그의 말을 듣고 세속으로 달려가 그 뜻을 따르기 때문에 법도가 서지 않는 것이다.

6-21 然而其持之有故하고 其言之成理하여 足以欺惑愚衆하니 是愼到田駢也라

그러나 그들이 논조를 세울 때 근거가 있고 또 그들이 논점을 해설할 때 조리가 있어 충분히 어리석은 민중을 속이고 현혹시킬 수 있으니, 이들이 곧 愼到와 田駢이다.

田駢은 齊人으로 遊稷下하고 著書十五篇이라 其學本黃老나 大歸名法[19)]이라 愼到는 已解上이라

楊倞注 : 田駢은 齊나라 사람으로 稷下에서 활동하였고 글 15편을 저술하였다. 그의 학문은 黃帝와 老子에 근본을 두었으나 방향은 名家와 法家 쪽으로 크게 돌아갔다. 愼到에 관해서는 이미 위에서 설명하였다.

6-22 不法先王하고 不是禮義하여

고대 聖王을 본보기로 삼지 않고 禮義를 옳게 여기지 않아

不以禮義爲是라

楊倞注 : 禮義를 옳은 것으로 여기지 않았다는 것이다.

6-23 而好治怪說하고 玩琦辭하며

---

19) 名法 : 名家와 法家로 모두 先秦 시기에 성행했던 여러 사상파벌 가운데 일부이다. 名家는 鄧析・尹文子・惠施・孔孫龍이 주축이 되어 명실문제를 논변하였는데, 그 특징은 비교적 엄격하게 추리하는 형식을 취했으나 경우에 따라서는 궤변으로 흐르는 경향이 있었다. 法家는 申不害・商鞅・韓非가 주축이 되어 법치를 주장하고 禮治를 반대하였는데, 당시 신흥 지주계급의 이익을 대변한 것이었다.

괴상한 이야기를 연구하고 기이한 말을 익히기를 좋아하며

玩은 與翫同이라 琦는 讀爲奇異之奇라

楊倞注 : 玩은 '翫(익히다)'자와 같다. 琦는 '奇異'의 '奇'로 읽는다.

6-24 甚察而不惠하고

매우 분명하지만 요긴하지 않고

惠는 順이라 ○ 王念孫曰 惠는 當爲急이니 字之誤也라 甚察而不急은 謂其言雖甚察而不急於用이라 故下句云辯[20]而無用也라하니라 下文無用而辯 不急而察의 急字亦誤作惠라 天論篇云無用之辯 不急之察과 性惡篇云雜能旁魄而無用 析速粹孰而不急이 皆其明證也라 楊訓惠爲順하니 失之라

楊倞注 : 惠는 '順(순하다)'의 뜻이다.

○ 王念孫 : 惠는 마땅히 '急'이 되어야 하니 글자가 잘못된 것이다. '甚察而不急'은, 그 논변이 비록 매우 분명하지만 실제에 적용하기에는 요긴하지 않음을 말한 것이기 때문에 아래 문구(6-25)에 "辯而無用(지혜롭지만 쓸모가 없다.)"이라고 하였다. 아래 글(6-56, 57)에 말한 "無用而辯 不急而察(쓸모가 없지만 지혜롭고 요긴하지 않지만 분명하다.)"의 '急'자 또한 '惠'로 잘못되어 있다. 〈天論篇〉에 "無用之辯 不急之察(쓸모없는 지혜와 요긴하지 않은 분명한 말)"이라 한 것과, 〈性惡篇〉에 "雜能旁魄而無用 析速粹孰而不急(특이한 기술이 많고 광범위하더라도 쓸 데가 없으며 문제를 분석하는 것이 빠르고 복잡한 말을 전개하는 것이 능숙하더라도 요긴하지 않다.)"이라고 한 경우가 모두 그 분명한 증거이다. 楊氏는 '惠'의 뜻을 '順'이라 하였으니, 잘못되었다.

6-25 辯而無用하고 多事而寡功하여 不可以爲治綱紀라 然而其持之有故하고 其言之成理하여 足以欺惑愚衆하니 是惠施鄧析也라

지혜롭지만 쓸모가 없고 일을 많이 하지만 실효가 적어 국가를 다스리는 綱領으로 삼을 수 없다. 그러나 그들이 논조를 세울 때 근거가 있고 그들이 논점을 해설할 때 조리가 있어 충분히 어리석은 민중을 속이고 현혹시킬 수 있으니, 이들이

20) 辯 : 여기서는 '지혜롭다'는 뜻이다.

곧 惠施와 鄧析이다.

6-26 略法先王[21]而不知其統이라

대충 고대 聖王을 법으로 삼았으나 그 강령을 알지 못한다.

言其大略雖法先王이나 而不知體統이라 統은 謂紀綱也라

楊倞注 : 그 대략은 비록 고대 성왕을 법으로 삼았지만 그 대체와 강령을 모른다는 것을 말한다. 統은 기강을 이른다.

6-27 猶然而材劇志大하고 聞見雜博이라

그러나 오히려 재주가 많고 뜻이 원대하며 聞見이 풍부하고 넓다.

猶然은 舒遲貌라 禮記曰 君子蓋猶猶爾라하니라 劇은 繁多也라 ○ 盧文弨曰 宋本正文作然而猶하고 材劇志大는 無注라 郝懿行曰 猶然而는 當依宋本作然而猶니 此誤本也라

楊倞注 : 猶然은 느긋한 모양이다. 《禮記》 〈檀弓 上〉에 "君子蓋猶猶爾(군자는 대체로 여유롭다.)"라 하였다. 劇은 대단히 많다는 뜻이다.

○ 盧文弨 : 宋本의 본문에는 '然而猶'로 되어 있고, 材劇志大는 楊氏의 주가 없다.

郝懿行 : 猶然而는 마땅히 宋本에 따라 '然而猶'로 되어야 하니, 여기 이렇게 된 것은 잘못된 판본이다.

6-28 案往舊造說하여 謂之五行[22]이나

지나간 옛 설을 근거로 또 다른 설을 만들어 그것을 五行이라고 말하지만

---

21) 先王 : 唐堯 · 虞舜 · 夏禹를 가리킨다.

22) 五行 : 楊倞이 仁 · 義 · 禮 · 智 · 信이라고 말한 것 이외에, 物雙松은 《易經》과 《書經》 〈洪範〉을 근거로 陰陽五行이라 하고, 冢田虎는 父 · 母 · 兄 · 弟 · 子라 하고, 久保愛는 《中庸》의 '天下之達道五'와 《孟子》의 親 · 義 · 別 · 序 · 信이라 하고, 帆足萬里는 木 · 火 · 土 · 金 · 水라고 하는 등 여러 설이 있다. 또 桃源藏은 '五'는 '王'의 잘못이고 '行'은 '道'의 옛 문자 '衜'가 잘못된 것이므로 '王道'가 옳다고 하였는데, 王天海가 이에 동의하였다. 역자도 桃源藏의 설이 매우 일리가 있는 것으로 보이나 번역에서는 반영하지 않았다.

案前古之事而自造其說하여 謂之五行이라 五行은 五常이니 仁義禮智信이 是也라

楊倞注 : 전대의 일을 살펴 나름대로 자기 설을 만들어 五行이라 말한다는 것이다. 五行은 '五常'이니 仁·義·禮·智·信이 그것이다.

6-29 甚僻違而無類하고 幽隱而無說하고 閉約而無解라

매우 간사하여 예법에 맞지 않고 애매하여 설명할 수 없고 답답하게 막혀 해석할 수 없다.

約은 結也라 解는 說也라 僻違無類는 謂乖僻違戾而不知善類也라 幽隱無說하고 閉約無解는 謂其言幽隱閉結而不能自解說이니 謂但言堯舜之道而不知其興作方略也라 荀卿常言法後王하고 治當世나 而孟軻子思以爲必行堯舜文武之道 然後爲治라하여 不知隨時設教하여 救當世之弊라 故言僻違無類라 孟子曰 管仲은 曾西之所不爲라하니라 解는 佳買反이라 ○ 王念孫曰 楊說非也라 僻違는 皆邪也①라 類者는 法也니 言邪僻而無法也라 方言에 類는 法也②니 齊曰類라하니라 楚辭九章 吾將以爲類兮의 王注與方言同이라 太玄毅[23]에 次七은 觥(굉)羊之毅니 鳴不類라하고 測曰 觥羊之毅는 言不法也라하니 是古謂法爲類라 儒效篇의 其言有類하고 其行有禮는 謂言有法也③라 王制篇의 飾動以禮義하고 聽斷以類는 謂聽斷以法也④라 富國篇의 誅賞而不類는 謂誅賞不法也⑤라 類之言은 律也니 律亦法也라 故樂記에 律小大之稱이라하고 史記樂書에 律作類하니라 王制篇曰 其有法者以法行하고 無法者以類擧라하니 蓋法與類는 對文則異나 散文則通矣라

① 說見修身篇이라
이에 관한 설명은 〈修身篇〉에 보인다.

② 廣雅同이라

23) 太玄毅 : 太玄은 後漢 揚雄이 ≪易經≫의 체제를 모방하여 지은 ≪太玄經≫이다. 陰陽 二元論 대신에 始·中·終 三元論으로 우주 만물의 근원을 논하고 이것에 易法을 가미하였다. 모두 10권이다. ≪易經≫은 8卦를 기본으로 한 64卦가 있고 각 卦마다 6爻가 있으며 각 爻마다 그 뜻을 설명한 爻辭가 있다. 그리고 爻辭마다 그 뜻을 부연 설명한 象辭가 있는데, 이것이 '象曰'로 되어 있다. ≪太玄經≫은 9首를 기본으로 한 81首가 있고 각 首마다 그 뜻을 설명한 9개의 贊辭가 있다. 그리고 각 贊辭마다 그 뜻을 부연 설명한 729개의 測辭가 있는데 이것이 '測曰'로 되어 있다. '毅'는 81首 가운데 제30首이다.

≪廣雅≫도 같다.

③ 楊注에 類는 善也니 謂比類於善이라하니 失之라

양씨의 주에 "類는 '善(착하다)'의 뜻이니 善人과 한 부류가 됨을 이른다."라고 하였으니, 잘못되었다.

④ 楊注에 所聽斷之事皆得其善類라하니 失之라

양씨의 주에 "처리하는 일들이 모두 그 선한 부류를 얻어서 한 것이다."라고 하였으니, 잘못되었다.

⑤ 楊注에 不以其類라하니 失之라

양씨의 주에 "그 부류에 맞게 하지 않는다는 뜻이다."라고 하였으니, 잘못되었다.

楊倞注 : 約은 '結(맺다)'의 뜻이다. 解는 '說(말하다)'의 뜻이다. 僻違無類는 괴벽하고 어긋나 善의 부류가 무엇인지 알지 못한 것을 이른다. '幽隱無說 閉約無解'는 그 하는 말이 애매하고 답답하게 막혀 스스로 해석하고 설명하지 못하는 것을 이르니, 堯·舜의 도를 거론하기만 할 뿐 그 도를 일으키는 계책을 모른다는 것을 말한다. 荀卿은 항상 후대의 제왕을 법으로 삼고 당대를 다스릴 것을 말했으나, 孟軻와 子思는 반드시 堯·舜·文·武의 도를 행한 다음에 국가를 잘 다스릴 수 있다고 생각하여 그때그때 달라진 상황에 따라 교화를 시행하여 당대의 폐단을 구제할 줄을 몰랐으므로 괴벽하고 어긋나 훌륭한 법을 알지 못한 것이라고 말한 것이다. ≪孟子≫ 〈公孫丑 上〉에 "管仲에 대해서는 曾西조차도 그를 따라하기를 원치 않았다."라고 하였다. 解의 음은 佳와 買의 反切이다.

○ 王念孫 : 楊氏의 설은 틀렸다. 僻과 違는 모두 간사하다는 뜻이다. 類란 '法'자의 뜻이니, 간사하여 법이 없음을 말한 것이다. ≪方言≫에 "類는 '法'이니 齊 지방에서는 '類'라 말한다."라고 하였다. ≪楚辭≫ 〈九章〉의 "吾將以爲類兮(나를 장차 법도로 삼아야 하리.)"에 대한 王逸 주도 ≪方言≫과 같다. ≪太玄經≫ 〈毅首〉에 "次七 觥羊之毅 鳴不類 測曰 觥羊之毅 言不法也(次七은 큰 양이 사나우니 법도가 없음을 울릴 뿐이다. 測辭에 '큰 양이 사납다는 것은 법도가 없음을 말한 것이다.'라 했다.)"라고 하였으니, 이는 옛날에 '法'을 '類'라고 했다는 증거이다. 〈儒效篇〉의 "其言有類 其行有禮(그 말은 법도가 있고 그 행동은 예법이 있다.)"라는 말이 법도가 있음을 말한 것이다. 〈王制篇〉의 "飾動以禮義 聽斷以類(禮義로 행동을 단정히 하고 법도에 비추어 정사를 처리한다.)"는 법도로써 처리하는 것을 말한다. 〈富國篇〉의 "誅賞而不類(징벌과 포상을 행하더라도 일정한 기준이 없다.)"는 벌과 상이 법에 맞지 않음을 말한 것이다. 類라는 말은 '律'을 말하니 律 또한 '法'이다. 그러므로 ≪禮記≫ 〈樂記〉에 "律小大之稱(음률도수의 균형을 비교하여 맞춘다.)"이라고 하고, ≪史記≫ 〈樂書〉에 '律'을 '類'로 표기하였다. 〈王制篇〉에 "其有法者以法行 無法者以類擧(근거할 만한 법률이 있

는 경우에는 법률에 비추어 처리하고 근거할 만한 법률이 없는 경우에는 유추하는 방법에 비추어 처리하는 것이다.)"라고 하였으니, 대체로 '法'과 '類'는 對句일 경우는 다르지만 散文일 경우에는 서로 통용하는 것이다.

6-30 案飾其辭而祇敬之曰 此眞先君子之言也라하니라

그러면서 자신들의 말을 꾸며 정중하게 말하기를 "이것이 참다운 先師 군자의 말씀이다."라고 한다.

言自敬其辭說이라 先君子는 孔子也라

楊倞注 : 스스로 그들의 말을 정중하게 하는 것을 말한다. 先君子는 孔子이다.

6-31 子思唱之하고 孟軻和之라

子思가 이를 제창하고 孟軻가 여기에 동조하였다.

子思는 孔子之孫이니 名伋이요 字子思라 孟軻는 鄒人이니 字子輿로 皆著書七篇하니라

楊倞注 : 子思는 공자의 손자이니 이름은 伋이고 자가 子思이다. 孟軻는 鄒나라 사람이니 자가 子輿로 모두 7편의 글을 지었다.

子思

孟軻

6-32 世俗之溝猶瞀儒는 嚾嚾然不知其所非也하고

세상의 어리석은 俗儒들은 시끌벅적 떠들어대면서 이들의 잘못이 무엇인지 알지 못하고

溝는 讀爲怐니 怐는 愚也라 猶는 猶豫也니 不定之貌라 瞀는 闇也라 漢書五行志에 作區瞀하니 與此義同이라 嚾嚾은 喧囂之貌니 謂爭辯也라 怐音寇라 猶音柚라 ○ 盧文弨曰 注怐舊訛作拘라 案怐愗는 愚貌라 楚辭九辯에 直怐愗以自苦라하고 五行志에 又作傋瞀하여 與此書儒效篇同이라 許愼作穀瞀하고 又作婁務하니 皆一物也라 今改正하니라 溝猶瞀儒는 合四字爲疊韻이라 郝懿行曰 儒效篇云 愚陋溝瞀라하고 注云 溝音寇라하니 是也라 溝猶瞀儒四字疊韻이니 其義則皆謂愚蒙也라 漢五行志作傋霿①하고 楚辭九辯作怐愗하고 說文作穀瞀하며 廣韻既作怐愗하고 又作嫯瞀하며 又作瞉瞀하니 并上音寇요 下音茂라 此等皆以聲爲義요 不以字爲義也라 嚾者는 呼也라 玉篇廣韻音渙이니 義與喚同이라 集韻或作讙하고 音歡이니 則其義當爲讙譁矣라 先謙案 溝猶瞀儒者는 溝瞀儒也라 溝瞀訓愚闇이니 中不當有猶字라 溝猶疊韻이니 語助耳라 儒效篇愚陋溝瞀에 無猶字하니 是其明證이라 楊釋猶爲猶豫하니 非也라

① 楊注引作區瞀라
양씨의 주에 인용된 것은 '區瞀'로 되어 있다.

楊倞注 : 溝는 '怐'로 읽어야 하니, 怐는 어리석다는 뜻이다. 猶는 망설인다〔猶豫〕는 뜻이니, 결정을 내리지 못하는 모양이다. 瞀는 어둡다는 뜻이다. ≪漢書≫ 〈五行志〉에 '區瞀'로 되어 있으니, 여기의 뜻과 같다. 嚾嚾은 시끄럽게 떠드는 모양이니, 논쟁하는 것을 이른다. 怐는 음이 寇이다. 猶는 음이 柚이다.

○ 盧文弨 : 楊氏 주의 '怐'가 이전 판본에는 '拘'로 잘못되어 있다. 살펴보건대, 怐愗는 어리석은 모양이다. ≪楚辭≫ 〈九辯〉에 "直怐愗以自苦(그야말로 어리석어 고생스럽네.)"라 하고, ≪漢書≫ 〈五行志〉에 또 '傋瞀'로 되어 있어 이 책의 〈儒效篇〉에 보이는 글자와 같다. 許愼은 '穀瞀'로 쓰고 또 '婁務'로도 썼으니, 모두 같은 것이다. 이제 바로잡았다. '溝猶瞀儒'는 네 글자가 합쳐져 疊韻이 되었다.

郝懿行 : 〈儒效篇〉에 "愚陋溝瞀(어리석고 고루하고 어둡다.)"라 하고, 楊氏의 주에 "溝는 음이 寇이다."라고 하였으니, 옳다. '溝猶瞀儒' 네 글자는 疊韻이니, 그 뜻은 모두 무지몽매한 것을 이른다. ≪漢書≫ 〈五行志〉에는 '傋霿'로 되어 있고, ≪楚辭≫ 〈九辯〉에는 '怐

愗'로 되어 있고, ≪說文解字≫에는 '㲉瞀'로 되어 있으며, ≪廣韻≫에는 이미 '怐愗'로 되어 있고, 또 '㲉瞀'로 되어 있기도 하며 또 '瞉瞀'로 되어 있기도 하니, 모두 윗글자는 음이 寇이고 아래 글자는 음이 茂이다. 이것들은 모두 발음하는 소리로 뜻을 나타낸 것이지, 글자로 뜻을 삼은 것이 아니다. 嚾이란 '呼(부르다)'의 뜻이다. ≪玉篇≫과 ≪廣韻≫에 그 음이 渙으로 되어 있는데, 뜻은 '喚(부르다)'과 같다. ≪集韻≫에는 혹 '讙'으로 되어 있기도 하고 음이 '歡'이니, 그렇다면 그 뜻은 당연히 〈큰소리로 담소하거나 고함을 친다는 뜻의〉 '讙譁'가 될 것이다.

先謙案 : '溝猶瞀儒'란 '溝瞀儒'이다. 溝瞀는 어리석고 어둡다는 뜻이니, 그 중간에 '猶'자가 있는 것은 타당하지 않다. 溝猶는 疊韻으로 〈'猶'자는〉 조사일 뿐이다. 〈儒效篇〉의 '愚陋溝瞀'에 '猶'자가 없으니, 이것이 그 분명한 증거이다. 楊氏는 '猶'를 '猶豫'로 풀이하였으니, 틀렸다.

6-33 遂受而傳之하여 以爲仲尼子游爲茲厚於後世라

마침내 그 학설을 받아들여 전수하면서 仲尼와 子游가 이들로 인해 후세에 존중받게 되었다고 생각한다.

仲尼子游爲此言하여 垂德厚於後世也라 ○ 郝懿行曰 茲者는 益也며 多也니 與滋義同이라 兪樾曰 楊注에 仲尼子游爲此言하여 垂德厚於後世라하니 則爲茲厚三字於文未足하니 殆非也라 厚는 猶重也라 戰國策秦策曰 其於敝邑之王甚厚라하고 注曰 厚는 重也라하니 爲茲厚於後世者의 茲卽指子思孟子而言이라 蓋荀子之意는 謂仲尼子游之道는 不待子思孟子而重이어늘 而世俗不知하여 以爲仲尼子游因此而後에 得重於後世라 故曰 是則子思孟軻之罪也라하니라 郭嵩燾曰 荀子屢言仲尼子弓하고 不及子游라 本篇後云子游氏之賤儒라하여 與子張子夏同譏하니 則此子游必子弓之誤라

楊倞注 : 仲尼와 子游가 이와 같은 말을 하여 후세에 후한 은덕을 남겼다고 생각한다는 것이다.

○ 郝懿行 : 茲란 '보태다'는 뜻이며 '많다'는 뜻이니, '滋(불어나다)'와 뜻이 같다.

兪樾 : 楊氏의 주에 "仲尼와 子游가 이와 같은 말을 하여 후세에 후한 은덕을 남겼다고 생각한다는 것이다."라고 하였는데, 이대로라면 '爲茲厚' 세 글자가 문리로 보아 원만하지 못하니, 아마도 틀렸다고 본다. 厚는 '重'과 같다. ≪戰國策≫ 〈秦策〉에 "其於敝邑之王

甚厚(우리나라 왕의 입장에서는 매우 중대하다.)"라 하고 그 주에 "厚는 '重'의 뜻이다."라고 하였으니, '爲玆厚於後世'의 '玆'는 곧 子思와 孟子를 가리켜 말한 것이다. 대체로 荀子의 뜻은 '仲尼와 子游의 도는 子思와 孟子를 기다리지 않아도 중대한데도 세속에서는 그런 줄을 모르고 仲尼와 子游의 그 도가 이들이 어떤 역할을 한 뒤에 후세에 중시된 것으로 여기고 있다.'는 것이다. 그러므로 "이는 곧 子思와 孟軻의 죄이다."라고 말한 것이다.

郭嵩燾 : 荀子가 여러 차례 仲尼와 子弓을 말하고 子游에 관해서는 언급하지 않았다. 本篇의 뒤쪽에 "이는 곧 子游氏 일파의 賤儒들이다."라고 하여 子張·子夏를 싸잡아 함께 비난하였으니, 이곳의 '子游'는 분명히 '子弓'의 잘못일 것이다.

子游

6-34 **是則子思孟軻之罪也**라

이는 곧 子思와 孟軻의 죄이다.

6-35 **若夫總方略**하고 **齊言行**하며 **壹統類**하여 **而群天下之英傑**하여 **而告之以大古**[24]하고 **敎之以至順**하면

이를테면 국가를 다스리는 방책을 총괄하고 자기의 언행을 단정하게 하며 국가를 다스리는 줄거리와 세목을 통일한 뒤에 천하의 영웅호걸을 모아 그들에게 근본적인 원칙을 일러주고 정확한 도리를 가르친다면

總은 **領也**라 **統**은 **謂綱紀**요 **類**는 **謂比類**라 **大謂之統**이요 **分別謂之類**라 **群**은 **會合也**라 **大**는 **讀曰太**라

楊倞注 : 總은 '領(거느리다)'의 뜻이다. 統은 줄거리를 말하고, 類는 세목을 말한다. 큰 것은 '統'이라 하고, 구분된 것은 '類'라 한다. 群은 모으고 합친다는 뜻이다. 大는 '太'로

24) 大古 : ≪韓詩外傳≫ 권24 제22장에는 '大道'로 되어 있어 그에 따라 번역하였다.

읽는다.

6-36 奧窔(요)之間과 簟席之上에 斂然聖王之文章具焉하고 佛(발)然平世之俗起焉하리니

방구석 사이와 대자리 위에서 저 성왕의 예법이 하나로 모여 갖추어지고 저 태평시대의 풍속이 활기차게 일어날 것이니,

西南隅謂之奧요 東南隅謂之窔니 言不出室堂之內也라 斂然은 聚集之貌라 佛은 讀爲勃이라 勃然은 興起貌라 窔는 一弔反이라 ○ 王引之曰 古無以斂然二字連文者라 斂當爲歙이니 字之誤也라 歙然者는 聚集之貌라 言聖王之文章이 歙然皆聚於此也라 漢書韓延壽傳曰 郡中歙然하여 莫不傳相敕厲라하고 匡衡傳曰 學士歙然歸仁이라하니라 字亦作翕이라 史記自序曰 天下翕然하여 大安殷富라하니 義幷同也라 楊注亦當作歙然聚集之貌라 今隨正文而誤라

楊倞注 : 방 안의 서남쪽 귀퉁이를 '奧'라 이르고 동남쪽 귀퉁이를 '窔'라 이르니, 거실과 대청마루를 벗어나지 않는 것을 말한다. 斂然은 모이는 모양이다. 佛은 '勃'로 읽어야 한다. 勃然은 일어나는 모양이다. 窔의 음은 一과 弔의 反切이다.

○ 王引之 : 옛날에 '斂然' 두 자가 서로 이어진 글은 없다. '斂'은 마땅히 '歙'이 되어야 하니, 글자가 잘못된 것이다. 歙然이란 모이는 모양이다. 성왕의 예법이 빠짐없이 모두 여기에 모이는 것을 말한다. ≪漢書≫ 〈韓延壽傳〉에 "郡中歙然 莫不傳相敕厲(고을 안이 마음이 하나로 모여 서로서로 격려하지 않는 자가 없었다.)"라 하고, 〈匡衡傳〉에 "學士歙然歸仁(학사들이 마음이 하나로 모여 그를 따랐다.)"이라 하였다. 글자가 '翕'으로 된 경우도 있다. ≪史記≫ 〈太史公自序〉에 "天下翕然 大安殷富(천하가 하나로 모여 태평하고 부유하였다.)"라 하였는데, 그 뜻이 모두 같다. 楊氏의 주도 마땅히 '歙然聚集之貌'로 되어야 한다. 지금은 본문에 따라 잘못되었다.

6-37 六說者不能入也하고 十二子者不能親也리라

〈위에서 말한〉 여섯 가지 학설이 이 講堂으로 침입할 수 없고 저 열두 사람도 이 講席에 접근할 수 없을 것이다.

○ 謝本從盧校하여 六上有則字라 王念孫曰 元刻無則字[①]하니 是也라 上文若夫二字는 總領下文十九句하고 而結之曰是聖人之不得勢者也라 此二十句皆一氣貫注하니 若第十一句上加一則字면 則隔斷上下語脈矣리라 韓詩外傳에 無則字[②]라 先謙案 王說是라 今從元刻刪則字하니라

① 宋龔本同이라
宋 龔士卨本도 같다.

② 下文六說者立息하고 十二子者遷化의 六說上亦無則字라
아래 글(6-43) '六說者立息 十二子者遷化(여섯 가지 학설이 즉시 사라지고 열두 사람도 달라질 것이다.)'의 '六說' 위에도 '則'자가 없다.

○ 謝本은 盧校本에 따라 '六' 위에 '則'자가 있다.
王念孫 : 元刻本에는 '則'자가 없으니, 옳다. 윗글의 '若夫' 두 자는 아래 글 19구를 총괄하고 '이는 성인 가운데 권세를 얻지 못한 사람이다.〔是聖人之不得勢者也〕'라는 말로 마무리를 지은 것이다. 이 20구는 모두 일맥상통하니, 만약 제11구 위에 '則' 한 자를 추가한다면 위아래 문맥이 단절될 것이다. ≪韓詩外傳≫에는 '則'자가 없다.
先謙案 : 王氏의 설이 옳다. 여기서는 元刻本에 따라 '則'자를 삭제하였다.

6-38 無置錐之地라도 而王公不能與之爭名하며 在一大夫之位라도 則一君不能獨畜하고 一國不能獨容하니

그들은 송곳을 꽂을 땅이 없더라도 천자나 제후가 그들과 명성을 다툴 수 없으며, 일개 大夫 자리에 있더라도 한 제후국의 군주가 단독으로 임용할 수 없고 한 제후국이 단독으로 수용할 수 없으니,

言王者之佐 雖在下位나 非諸侯所能畜이며 一國所能容이라 或曰 時君不知其賢하여 無一君一國能畜者라 故仲尼所至輕去也라하니라

楊倞注 : 성군을 보좌할 만한 인재는 비록 낮은 지위에 있더라도 제후가 임용할 수 있거나 한 제후국이 수용할 수 있는 대상이 아님을 말한 것이다. 혹자는 말하기를 "당대의 군주가 그의 현능함을 알지 못하여 능히 임용할 수 있는 어떤 군주나 어떤 제후국이 없기 때문에 仲尼가 가는 곳마다 금방 떠났던 것이다."라고 하였다.

6-39 成名況乎諸侯하여 莫不願以爲臣이라

그들의 명성이 제후에게 보탬이 되므로 제후들이 자기의 신하로 삼기를 원하지 않는 이가 없다.

況은 比也라 言其所成之名을 比況於人에 莫與爲偶라 故諸侯莫不願得以爲臣이라 或曰 旣成名之後엔 則王者之輔佐也라 況諸侯莫不願得以爲臣乎아 未知其賢이면 則無國能容也라하니라 或曰 況은 猶益也라하니 國語에 驪姬曰 衆況厚之라하다하니라 ○ 盧文弨曰 成名句는 卽上文王公不能與之爭名이라 注冗而未當이라 郝懿行曰 況은 古作兄하니 其訓滋也며 益也며 長[①]也라 此言聖人之名有所埤益增長於諸侯라 故莫不願得以爲臣也라 儒效篇亦有此言이라 楊注不得其解라 王引之曰 成名況乎下有脫文이나 不可考니 楊注非라 儒效篇願下有得字라 彼文因此而衍하니 則此文當有得字也[②]라 非相篇婦人莫不願得以爲夫하고 處女莫不願得以爲士라하여 文義正與此同이라 據楊注亦當有得字라 兪樾曰 楊注讀諸侯莫不願以爲臣作一句하니 則成名況乎四字文不成義하고 又載或說하여 以況乎屬下句하니 則成名二字更不成義하여 皆非也라 此當以成名況乎諸侯爲句니 成與盛通이라 周易繫辭傳成象之謂乾이라하니 蜀才本成作盛하고 史記封禪書에 (曰)〔日〕[25]主祠成山이라하니 漢書郊祀志에 成作盛이라 然則成名猶盛名也라 況者는 賜也니 言以盛名爲諸侯賜也라 大賢所至에 莫不以爲榮幸하니 若受其賜然이라 漢書灌夫傳에 將軍迺肯幸臨하여 況魏其侯라하니 卽此況字之義라

① 讀上聲이라
〈長은〉 上聲으로 읽는다.

② 宋龔本有라
宋 龔士卨本에도 〈'願' 밑에 '得'자가〉 있다.

楊倞注 : 況은 견준다는 뜻이다. 그가 이룬 명성을 일반인과 견줘볼 때 필적할 만한 대상이 없기 때문에 제후들이 그를 얻어 자기의 신하로 삼기를 원하지 않는 이가 없음을 말한 것이다. 혹자는 "이미 명성을 이룬 뒤에는 성왕을 보좌할 인물이다. 게다가 제후들이 그를 얻어 자기 신하로 삼기를 원하지 않는 자가 없는 경우이겠는가. 하지만 그가 현능한 줄을 모르면 그를 능히 수용할 나라가 없다."라 하였다. 혹자는 "況은 '益(더하다)'과

25) (曰)〔日〕: 저본에는 '曰'로 되어 있으나, ≪史記≫에 의거하여 '日'로 바로잡았다.

같은 뜻이다."라고 하였으니, ≪國語≫ 〈晉語〉에 "驪姬가 말하기를 '衆況厚之(민중이 더욱 후덕하게 생각할 것이다.)'라 했다."라고 하였다.

○ 盧文弨 : '成名' 구는 곧 윗글의 '천자나 제후가 그들과 명성을 다툴 수 없다.'고 한 명성이다. 楊氏의 주는 번잡하여 타당하지 않다.

郝懿行 : 況은 옛날에는 '兄'으로 썼는데, 그 뜻은 '滋(불어나다)', '益(더하다)', '長(자라다)'이다. 여기서는 성인의 명성이 제후에게 보탬이 될 소지가 있기 때문에 그를 얻어 자기 신하로 삼기를 원하지 않는 이가 없음을 말한 것이다. 〈儒效篇〉에도 이와 같은 말이 있는데, 楊氏의 주는 제대로 풀이하지 못했다.

王引之 : '成名況乎' 밑에 빠진 글이 있을 것이나 알 길이 없으니, 楊氏의 주는 틀렸다. 〈儒效篇〉에는 '願' 밑에 '得'자가 있다. 저곳의 글은 여기의 글로 인해 잘못 덧붙여진 것이니, 이로 보면 여기 글에 마땅히 '得'자가 있어야 한다. 〈非相篇〉에 "婦人莫不願得以爲夫處女莫不願得以爲士(부인은 이런 사람을 얻어 지아비로 삼기를 원하지 않는 이가 없고 아가씨는 이런 사람을 얻어 연인으로 삼기를 원하지 않는 이가 없다.)"라고 하여 글 뜻이 정확히 여기의 경우와 같다. 楊氏의 주에 의하더라도 마땅히 '得'자가 있어야 한다.

兪樾 : 楊氏의 주는 '諸侯莫不願以爲臣'을 하나의 문구로 읽었는데, 이렇게 되면 '成名況乎' 4자가 글 뜻이 이뤄지지 않고, 또 혹자의 설을 실어 '況乎'를 아래 구에 붙였는데, 이렇게 되면 '成名' 두 자가 또 뜻이 이뤄지지 않아 모두 틀렸다. 여기는 마땅히 '成名況乎諸侯'로 구가 되어야 하니 '成'과 '盛'은 통용한다. ≪周易≫ 〈繫辭傳〉에 "成象之謂乾(物象을 생성하는 것을 乾이라 이른다.)"이라 하였는데 蜀才本에 '成'이 '盛'으로 되어 있고, ≪史記≫ 〈封禪書〉에 "日主祠成山(日主에 대해서는 成山에서 제사 지낸다.)"이라 하였는데 ≪漢書≫ 〈郊祀志〉에 '成'이 '盛'으로 되어 있다. 그렇다면 '成名'은 '盛名'과 같은 것이다. 況이란 은혜를 끼친다는 뜻이니, 그 명성을 가지고 제후 자신에게 은혜를 끼치는 것으로 여기는 것을 말한다. 大賢이 찾아오는 곳에는 영광으로 여기지 않는 이가 없으니, 마치 그 은혜를 받는 것과 같은 것이다. ≪漢書≫ 〈灌夫傳〉에 "將軍迺肯幸臨 況魏其侯(장군께서 뜻밖에 왕림하신다면 魏其侯에게 은혜를 끼치는 것입니다.)"라 하였으니, 곧 이 '況'자의 뜻이다.

6-40 是聖人之不得勢者也니 仲尼子弓是也라

이는 성인 가운데 권세를 얻지 못한 사람이니, 仲尼와 子弓이 곧 이런 사람들이다.

6-41 一天下하여 財萬物하고

천하를 통일하여 만물을 이뤄주고

財는 與裁同이라 ○ 王念孫曰 財는 如泰象傳財成天地之道之財라 財亦成也①라 財萬物은 與長養人民하고 兼利天下連文이니 是財萬物卽成萬物이라 繫辭傳曰 曲成萬物而不遺是也라 儒效篇曰 通乎財萬物하고 養百姓之經紀라하고 王制篇曰 等賦政事하며 財萬物하니 所以養萬民也②라하고 又曰 序四時하고 裁萬物③하여 兼利天下라하고 富國篇曰 財萬物하고 養萬民이라하니 義并與此同이라

① 說見經義述聞이라
이에 관한 설명은 ≪經義述聞≫에 보인다.

② 楊云裁制萬物이라하니 失之라
楊氏는 만물을 안배한다는 뜻이라고 하였으니, 잘못되었다.

③ 裁는 與財同이라
裁는 '財'와 같다.

楊倞注 : 財는 '裁(마름질하다)'와 같다.

○ 王念孫 : 財는 ≪周易≫ 泰卦 〈象傳〉의 "財成天地之道(천지의 도를 헤아려 이룬다.)"의 '財'와 같다. 財 또한 이룬다는 뜻이다. '財萬物'은 아래의 '長養人民 兼利天下'와 이어진 글이니, '財萬物'은 곧 '成萬物'이다. 〈繫辭傳〉에 "曲成萬物而不遺(만물을 곡진하게 이뤄주어 빠뜨림이 없다.)"라고 한 것이 이것이다. 〈儒效篇〉에 "通乎財萬物養百姓之經紀(만물을 이뤄주고 백성을 기르는 요령을 잘 안다.)"라 하고, 〈王制篇〉에 "等賦政事 財萬物 所以養萬民也(부세를 균등하게 부과하고 부역하는 사람을 징발하며 만물을 이뤄주니, 이는 만백성을 기르기 위한 것이다.)"라 하고, 또 "序四時 裁萬物 兼利天下(사계절에 순응하여 만물을 이뤄주어 천하를 두루 이롭게 한다.)"라 하고, 〈富國篇〉에 "財萬物 養萬民(만물을 이뤄주고 만백성을 길러준다.)"이라 하였는데, 그 뜻이 모두 여기의 경우와 같다.

6-42 長養人民하여 兼利天下하여 通達之屬이 莫不從服하여

백성을 길러주어 천하를 두루 이롭게 함으로써 사람의 발길이 닿는 곳이면 어디든 복종하지 않는 이가 없어

通達之屬은 謂舟車所至와 人力所通者也라

楊倞注 : 通達之屬은 배와 수레가 닿고 인력이 통하는 곳을 이른다.

6-43 六說者立息하고 十二子者遷化라

저 여섯 가지 학설이 즉시 사라지고 저들 열두 사람도 잘못을 고치고 따를 것이다.

遷而從化라

楊倞注 : 잘못을 고치고 따라서 변한다는 뜻이다.

6-44 則聖人之得勢者니 舜禹是也라

이는 곧 성인 가운데 권세를 얻은 사람이니, 舜과 禹가 그 경우이다.

舜

禹

6-45 今夫仁人也는 將何務哉아 上則法舜禹之制하고 下則法仲尼子弓之義하여 以務息十二子之說이라 如是則天下之害除하고 仁人之事畢하며 聖王之跡著矣리라

지금 仁을 강구하는 사람은 장차 무엇을 힘써야 할 것인가? 위로는 舜과 禹의

정치제도를 본받고 아래로는 仲尼와 子弓의 도의를 본받아 〈앞서 말한〉 열두 사람의 학설을 종식시키는 데에 힘써야 한다. 이렇게 한다면 천하의 해악이 제거되고 仁을 강구하는 사람의 임무가 완성되며 성왕의 행적도 드러날 것이다.

○ 盧文弨曰 著는 宋本從竹作箸하니 下幷同이라

○ 盧文弨 : '著'는 宋本에 竹이 붙어 '箸'로 되어 있는데, 아래도 모두 같다.

6-46 信信은 信也며 疑疑도 亦信也라

믿을 만한 것을 믿는 것은 信이고 의심할 만한 것을 의심하는 것 또한 信이다.

信可信者하고 疑可疑者면 意雖不同이나 皆歸於信也라

楊倞注 : 믿을 만한 것을 믿고 의심할 만한 것을 의심하면 그 마음이야 다르지만 모두 信에 속한다.

6-47 貴賢은 仁也며 賤不肖도 亦仁也라 言而當은 知也며 默而當도 亦知也라 故知默猶知言也라

현능한 사람을 존중하는 것은 仁이고 현능하지 못한 사람을 천시하는 것 또한 仁이다. 하는 말이 합당한 것은 지혜이고 침묵하는 것이 합당한 것 또한 지혜이다. 그래서 어떤 상황에 침묵해야 할 줄 아는 것은 어떻게 말을 해야 할 줄을 아는 것과 같다.

論語曰 知之爲知之하고 不知爲不知 是知也라하니라 當은 丁浪反이라

楊倞注 : ≪論語≫ 〈爲政〉에 "아는 것을 안다 하고 모르는 것을 모른다 하는 것이 곧 아는 것이다."라고 하였다. 當은 음이 丁과 浪의 反切이다.

6-48 故多言而類면 聖人也며 少言而法이면 君子也며

그러므로 말이 많더라도 조리에 맞으면 성인이고 말이 적더라도 법도에 맞으면 군자이며,

言雖多而不流湎이면 皆類於禮義니 是聖人制作者也라 少言而法은 謂不敢自造言說하여 所言皆守典法也라

楊倞注 : 말이 비록 많더라도 아무렇게나 하지 않는다면 모두 禮義에 속할 것이니, 이는 성인이 하는 일이다. 말이 적더라도 법도에 맞는다는 것은 감히 스스로 엉뚱한 말을 만들지 않음으로써 하는 말들이 모두 법도를 지킨다는 것을 말한다.

6-49 多少無法而流면 湎然雖辯이라도 小人也[26)]라

말이 많건 적건 법도가 없어 제멋대로라면 뻔뻔스레 비록 말은 잘하더라도 소인이다.

湎은 沈也며 流者不復返이니 沈者不復出이라 ○ 盧文弨曰 此數語는 又見大略篇이라 彼作多言無法하니 此少字似訛라 王念孫曰 而는 與如同이라 先謙案 流湎은 猶沈湎이니 說見勸學篇이라

楊倞注 : 湎은 '沈(가라앉다)'의 뜻이고, 流란 다시 돌아오지 않는다는 뜻이니, 깊이 가라앉은 것은 다시 떠오르지 않는다.

○ 盧文弨 : 이 몇 마디는 또 〈大略篇〉에 보인다. 저곳에는 '多言無法'으로 되어 있으니, 이곳의 '少'자는 잘못된 것 같다.

王念孫 : 而는 '如'와 같다.

先謙案 : 流湎은 '沈湎'과 같으니, 이에 관한 설명은 〈勸學篇〉에 보인다.

6-50 故勞力而不當民務면 謂之姦事라하고

26) 多少無法而流……小人也 : 이 문장의 구두점을 楊倞과 盧文弨・王念孫・王先謙 등은 모두 '多少言無法 而流湎然 雖辯'으로 떼어 풀이하였으나 久保愛와 龍宇純은 〈大略篇〉에 "말이 많건 적건 법도가 없어 제멋대로라면 영리하여 비록 말을 잘하더라도 소인이다.〔多言無法而流喆然雖辯 小人也〕"라고 한 것을 근거로 들어 이의를 제기하였고 王天海도 이 설에 동의하였는데, 매우 타당한 것으로 보여 이대로 따랐다. 龍宇純과 王天海는 또 〈大略篇〉 '多言無法'의 '言'은 여기처럼 '少'자가 되는 것이 옳다고 하여 盧文弨의 설을 부정하였다. 喆이 '湎'자가 된 것은 久保愛의 설에 의하면, 음의 착오로 인해 '靦'으로 되었고 이것이 다시 모양의 착오로 인해 '湎'으로 바뀐 것이라고 하였다. 喆은 '哲(총명하다)'과 같다. 그러나 번역에서는 뻔뻔한 낯이란 뜻인 '靦'자를 따랐다.

그러므로 있는 힘을 다 쓰더라도 백성을 위하는 정무에 합당하지 않다면 이를 간악한 정사라 이르고

民務는 四民之務라

楊倞注：民務는 〈士·農·工·商의〉 四民을 위하는 정무이다.

6-51 勞知而不律先王이면 謂之姦心이라하며

있는 지혜를 다 쓰더라도 고대 聖王을 준칙으로 삼지 않는다면 이를 간악한 심술이라 이르며

律은 法이라

楊倞注：律은 법이란 뜻이다.

6-52 辯說譬諭齊給便利라도 而不順禮義면 謂之姦說이라하니

변론하고 비유하는 것이 민첩하더라도 禮義를 따르지 않는다면 이를 간악한 언설이라 이르는 것이니,

齊는 疾也며 給은 急也라 便利는 亦謂言辭敏捷也라

楊倞注：齊는 빠르다는 뜻이며, 給은 급하다는 뜻이다. 便利는 이 또한 언변이 민첩한 것을 이른다.

6-53 此三姦者는 聖王之所禁也라

이 세 가지 간사한 것은 성왕이 금하는 것이다.

6-54 知而險하고 賊而神하며

교묘하면서도 험악하고 남을 해치되 귀신같으며

用智於險하고 又賊害不測如神也라 ○ 郝懿行曰 小人雖有才智而其心險如山川하고 賊害於物而其機變若鬼神하니 如曹孟德司馬仲達[27]之類라 楊注未了라 王念孫曰

知而險與賊而神對文이니 則知非美稱이라 知者는 巧也①라 故下句卽云爲詐而巧라하니 言旣智巧而又險巇也라

① 淮南覽冥篇注智故巧詐也[28]와 莊子胠篋篇知詐漸毒과 淮南原道篇偶𥈞智故 曲巧僞詐는 幷與此知字同義라

≪淮南子≫ 〈覽冥篇〉 주의 "智故 巧詐也(智故는 교묘하게 속인다는 뜻이다.)"와, ≪莊子≫ 〈胠篋篇〉의 "知詐漸毒(교활한 심술로 속인다.)"과, ≪淮南子≫ 〈原道篇≫의 "偶𥈞智故 曲巧僞詐(들쭉날쭉하여 교활하며 바르지 않고 간사하다.)"라고 한 것은 모두 이 곳의 '知(智)'자와 같은 뜻이다.

楊倞注 : 지혜를 험악한 곳에 쓰고 또 남을 해치는 것이 귀신같아 측량할 수 없다는 것이다.

○ 郝懿行 : 소인은 비록 재수와 지혜가 있더라도 그 마음이 산천처럼 험악하고 사람들을 해치되 그 간교한 속임수가 귀신같으니, 이를테면 曹孟德과 司馬仲達 같은 부류이다. 楊氏의 주는 분명치 않다.

王念孫 : '知而險'과 '賊而神'은 대구이니 칭찬이 아님을 알 수 있다. 知란 교묘하다는 뜻이다. 그러므로 아래 구에서 곧 '爲詐而巧'라 하였으니, 이미 지혜가 교묘하고 또 험악함을 말한 것이다.

6-55 爲詐而巧하고

거짓을 행하되 교묘하고

巧於爲詐라 ○ 兪樾曰 爲는 與僞通하니 爲詐卽僞詐也라 管子兵法篇不可數則僞

27) 曹孟德司馬仲達 : 중국 삼국시대 魏나라 사람인 曹操(155~220)와 司馬懿(179~251)를 말한다. 孟德은 曹操의 자이고, 仲達은 司馬懿의 자이다. 모두 권모술수에 능했다

28) 淮南覽冥篇注智故巧詐也 : ≪淮南子≫ 〈覽冥訓〉에는 '智故巧詐也'라는 주가 없다. 다만 이와 비슷한 문구가 두 군데 보인다. 하나는 〈原道訓〉의 "대체로 거울과 수면이 사물의 형상과 접촉할 때 교활하고 간사한 의도를 품지 않음으로 인해 각이 졌거나 둥글거나 굽어졌거나 곧은 원형이 도망갈 수 없다.〔夫鏡水之與形接也 不設智故 而方圓曲直弗能逃也〕"라고 한 곳의 주에 "智故는 교묘하게 꾸민다는 뜻이다.〔智故 巧飾也〕"라고 한 것이 그것이고, 하나는 〈修務訓〉의 "자연의 형세에 맞춰 교활하고 간사하여 그 속에 끼어들 수 없다.〔權自然之勢 而曲故不得容〕"라고 한 곳의 주에 "曲故는 교묘하게 속인다는 뜻이다.〔曲故 巧詐也〕"라고 한 것이 그것이다. 故는 '巧'와 음이 비슷하여 통용한다. 원문대로 번역하였다.

詐不敢嚮이 幼官篇作爲詐不敢鄕하니 正與此同이라 楊注非是라

楊倞注 : 거짓을 행하는 데 교묘하다는 것이다.

○ 兪樾 : 爲는 '僞'와 통하니, 爲詐는 곧 '僞詐'이다. ≪管子≫ 〈兵法篇〉에 "不可數 則僞詐不敢嚮(측량할 수 없으므로 적군이 거짓술수를 부리더라도 감히 아군에게 대항하지 못한다.)"이라고 한 것이 ≪管子≫ 〈幼官篇〉에 '爲詐不敢鄕'으로 되어 있으니, 정확히 여기의 경우와 같다. 楊氏의 주는 옳지 않다.

6-56 言無用而辯하고

말이 쓸모가 없지만 지혜롭고

言辯而無用也라

楊倞注 : 말은 잘하지만 쓸모가 없다는 것이다.

6-57 辯不惠而察은

말이 지혜롭고 요긴하지 않지만 분명하게 하는 것은

惠는 順也라 辭辯不順道理(不)〔而〕[29]聽察也라 ○ 王念孫曰 此本作無用而辯하고 不急而察이라 辯者는 智也慧也①요 非辯論之辯이라 下文言辯而逆이 乃及言論耳라 無用而辯은 卽辯而無用이요 非謂言無用而辯也②며 不急而察은 卽察而不急이요 非謂辯不惠而察也③라 上文云甚察而不急④하고 辯而無用이라하니 是其明證矣라 楊說皆失之라

① 廣雅에 辯은 慧也라하니 慧는 通作惠라 晉語曰 巧文辯惠則賢이라하고 逸周書寶典篇曰 辯惠于智라하고 商子說民篇曰 辯慧는 亂之贊也라하니 辯通作辨이라 大戴記文王官人篇曰 不學而性辯이라하고 荀子性惡篇曰 性質美而心辯知라하고 東周策曰 兩周辯知之士라하니 是辯與智慧同義라

≪廣雅≫에 "辯은 '慧(슬기롭다)'의 뜻이다."라 하였으니, 慧는 '惠'로 통용해 쓴다. ≪國語≫ 〈晉語〉에 "巧文辯惠則賢(문장이 정교하고 말이 지혜로우면 훌륭하다.)"이라 하고, ≪逸周書≫ 〈寶典篇〉에 "辯惠于智(지혜로워 말이 재치가 있다.)"라 하고, ≪商子≫

29) (不)〔而〕 : 저본에는 '不'로 되어 있으나, 謝墉의 ≪荀子箋釋≫과 王天海의 ≪荀子校釋≫에 의거하여 '而'로 바로잡았다.

〈說民篇〉에 "辯慧 亂之贊也(말이 재치가 있는 것은 혼란을 돕는 것이다.)"라 하였는데, 이 경우의 辯은 '辨'과 통용해 쓴다. 그리고 ≪大戴禮記≫ 〈文王官人篇〉에 "不學而性辯(배우지 않았으나 자질은 지혜롭다.)"이라 하고, ≪荀子≫ 〈性惡篇〉에 "性質美而心辯知(자질이 뛰어나고 마음이 지혜롭다.)"라 하고, ≪戰國策≫ 〈東周策〉에 "兩周辯知之士(東周와 西周의 지혜로운 인물)"라 하였는데, 이 경우의 辯은 '智慧'와 같은 뜻이다.

② 今本言字涉下文言辯而衍이라

지금 통행본의 '言'자는 아래 글 '言辯'과 연관되어 잘못 덧붙여진 것이다.

③ 今本辯字涉上句而衍이라

지금 통행본의 '辯'자는 위 문구와 연관되어 잘못 덧붙여진 것이다.

④ 今本急字亦誤作惠라 辯은 見前甚察而不惠下라

지금 통행본의 '急'자 또한 '惠'자로 잘못되었다. 辯은 그 설명이 앞서(6-24) "甚察而不惠(매우 분명하지만 요긴하지 않다.)" 아래에 보인다.

楊倞注 : 惠는 '順(순하다)'의 뜻이다. 논변이 도리를 따르지 않으면서도 분명하다는 것이다.

○ 王念孫 : 여기는 본디 '無用而辯 不急而察'로 되어 있다. 辯이란 슬기롭고 지혜롭다는 뜻이고 辯論의 '辯'은 아니다. 아래 글(6-62)의 "言辯而逆(말을 잘하면서도 이치를 거스른다.)"이라는 문구가 비로소 언어의 뜻으로 썼을 뿐이다. '無用而辯'은 곧 총명하지만 쓸모가 없다는 것이지 '하는 말이 쓸모가 없는데도 말은 잘하는 것〔言無用而辯〕'을 이른 것이 아니며, '不急而察'은 곧 말이 분명하지만 실제에는 요긴하지 않다는 것이지 '말이 순리롭지 않으면서도 분명한 것〔辯不惠而察〕'을 이른 것은 아니다. 윗글(6-24, 25)에 "甚察而不急 辯而無用(매우 분명하지만 요긴하지 않고 지혜롭지만 쓸모가 없다.)"이라고 하였으니, 이것이 그 분명한 증거이다. 楊氏의 설은 모두 잘못되었다.

6-58 治之大殃也라

정치에 있어 큰 재앙이 되는 것이다.

6-59 行辟而堅하고

괴벽한 짓을 행하면서 고집부리고

辟은 讀爲僻이라

楊倞注 : 辟은 '僻'으로 읽는다.

6-60 飾非而好하며

잘못을 꾸미되 교묘하게 잘하며,

好飾非也라 ○ 王念孫曰 飾非而好는 言其飾之工也라 好字는 當讀上聲이니 不當讀去聲[30)]이라 楊說非라

楊倞注 : 잘못을 꾸미기를 좋아한다는 것이다.

○ 王念孫 : 飾非而好는 그 잘못을 꾸미기를 잘함을 말한 것이다. '好'자는 마땅히 上聲으로 읽어야 하니, 去聲으로 읽는 것은 옳지 않다. 楊氏의 설은 틀렸다.

6-61 玩姦而澤하고

간사한 짓을 부리되 자연스럽게 하고

玩은 與翫同하니 習姦而使有潤澤也라

楊倞注 : 玩은 '翫'과 같으니, 간사한 짓을 익혀 자연스런 느낌이 있게 한다는 것이다.

6-62 言辯而逆은 古之大禁也라

말을 잘하면서도 도리를 거스르는 행위는 옛날부터 크게 금지했던 것이다.

逆者는 乖於常理라

楊倞注 : 逆이란 상식적인 도리에 어긋난다는 뜻이다.

6-63 知而無法하고

지혜로우면서도 법도가 없고

騁其異見也라 知는 如字[31)]라

30) 好字……不當讀去聲 : '好'자가 上聲일 때는 '아름답다', '양호하다'는 뜻이고, 去聲일 때는 '좋아한다'는 뜻이 된다.

楊倞注 : 괴이한 소견을 표출한다는 뜻이다. 知는 본음대로 읽는다.

6-64 勇而無憚하며

용감하면서도 거리낌이 없으며

輕死라

楊倞注 : 죽는 것을 가볍게 여긴다는 것이다.

6-65 察辯而操僻[32]하고

시비를 잘 살피고 말을 지혜롭게 하더라도 지론이 괴벽하고

爲察察之辯이나 而操持僻淫之事라 操는 七刀反이라 ○ 王念孫曰 察辯二字平列①이니 言能察能辯이나 而所操皆僻淫之術也라 勸學篇曰 不隆禮면 雖察辯이나 散儒也라하고 不苟篇曰 君子辯而不爭하고 察而不激이라하여 荀子書皆以察辯對文하니 不可枚擧라

① 辯字義見上이라
'辯'자의 뜻은 위에 보인다.

楊倞注 : 치밀하게 말을 잘하더라도 괴벽하고 음란한 일을 견지한다는 뜻이다. 操의 음은 七과 刀의 反切이다.

○ 王念孫 : '察辯' 두 자는 나란히 배열한 것이니, 잘 살피고 말을 잘하지만 지론은 모두 괴벽하고 음란한 술수라는 것을 말한다. 〈勸學篇〉에 "不隆禮 雖察辯 散儒也(예법을 존중하지 않는다면 비록 시비를 잘 살피고 논변을 잘하더라도 쓸모없는 儒者일 뿐이다.)"라 하고, 〈不苟篇〉에 "君子辯而不爭 察而不激(군자는 언변이 좋더라도 고집을 부리지 않고 시비를 살피더라도 각박하게 하지 않는다.)"이라고 하는 등 ≪荀子≫의 글 여러 곳에서 '察'과 '辯'을 대구로 썼으니, 그 사례를 일일이 다 제시할 수 없다.

---

31) 知 如字 : 如字는 중국어 注音 방법의 하나로, 한 글자에 두 가지 이상의 발음이 있을 때 통상적인 발음으로 읽는 것을 말한다. '知'자는 平聲과 去聲 두 성조가 있는데, 平聲일 때는 '알다'의 뜻이고 去聲일 때는 '智'와 통용되어 '지혜롭다'는 뜻이 된다. 楊倞은 '知'자의 통상적인 발음인 '알다'의 뜻으로 읽어야 한다고 한 것이다. 그러나 여기서는 '智'자로 읽는 것이 옳다.

32) 察辯而操僻 : 楊倞과 王念孫은 '操僻' 뒤에 다음 구의 '淫'자를 붙여 구두를 끊어 풀이하였으나, 여기서는 兪樾의 설에 따라 그렇게 하지 않았다.

6-66 淫大(태)而用(之)〔乏〕[33]하며

방탕하고 사치하여 써야 할 재물이 모자라며

以前數事爲大而用之라 ○ 兪樾曰 楊注讀察辯而操僻淫爲句하니 誤也라 當以察辯而操僻五字爲句라 大略篇亦云 察辯而操僻이라하니 是其證이라 大는 讀爲汰니 淫汰連文이라 仲尼篇曰 若是其險汙淫汰也라하니 是其證이라 之者는 乏之壞字라 襄十四年左傳曰 匱神乏祀라하고 釋文曰 本或作之祀라하니 蓋之乏形似라 故易誤耳라 淫汰而用乏은 與察辯而操僻相對成文이라 此文自知而無法勇而無憚으로 至利足而迷負石而隊히 凡七句니 語皆一律이며 而總之曰 是天下之所弃也라하니라 楊以大而用之四字爲句하여 而釋之曰 以前數事爲大而用之라하니 則上下文氣隔矣라

楊倞注 : 앞서의 몇 가지 일을 대단하게 여겨 자기 멋대로 한다는 것이다.

○ 兪樾 : 楊氏의 주는 '察辯而操僻淫'을 한 구로 삼았으니, 잘못되었다. 마땅히 '察辯而操僻' 다섯 자로 한 구를 삼아야 한다. 〈大略篇〉에도 '察辯而操僻'이라 하였으니, 이것이 그 증거이다. 大는 '汰'로 읽어야 하니, '淫汰'는 서로 이어진 글이다. 〈仲尼篇〉에 "若是其險汙淫汰也(이처럼 음험하고 비열하며 방자하고 사치스러웠다.)"라 하였으니, 이것이 그 증거이다. 之는 '乏'의 획이 탈락된 글자이다. ≪春秋左氏傳≫ 襄公 14년에 "匱神乏祀(祭物이 모자라 신령이 제사를 흠향하지 못한다.)"라 하고 ≪經典釋文≫에 "판본에 따라 간혹 '之祀'로 되어 있기도 한다."라 하였으니, '之'와 '乏'이 모양이 비슷하기 때문에 잘못되기 쉬운 것일 뿐이다. '淫汰而用乏'은 '察辯而操僻'과 상대하여 글이 이뤄진 것이다. 이곳의 글은 '知而無法勇而無憚'으로부터 '利足而迷負石而隊'까지 모두 일곱 구인데 말의 뜻이 모두 동일하며, 마무리하기를 "이런 것은 모두 천하 사람이 버리는 것이다."라고 하였다. 楊氏는 '大而用之' 네 자를 한 구로 삼아 풀이하기를 "앞서의 몇 가지 일을 대단하게 여겨 자기 멋대로 한다는 것이다."라고 하였는데, 이렇게 하면 위아래 문장의 기세가 막히게 된다.

6-67 好姦而與衆은

간악한 일을 좋아하면서 많은 사람과 함께 어울리는 것은

好姦而與衆人共之니 謂使人同之也라

33) (之)〔乏〕: 저본에는 '之'로 되어 있으나, 兪樾의 설에 의거하여 '乏'으로 바로잡았다.

楊倞注 : 간악한 일을 꾸미기를 좋아하면서 많은 사람과 함께 어울린다는 것이니, 사람들에게 그런 일을 함께하도록 하는 것을 이른다.

6-68 利足而迷하고

발은 빠르지만 길을 헤매고

苟求利足而迷惑不顧禍患也라

楊倞注 : 빨리 달리는 것만 함부로 추구하다가 갈피를 못 잡으면서 재앙을 돌아보지 않는다는 것이다.

6-69 負石而墜하니

돌을 짊어지고 물로 추락한 것과 같으니,

謂申徒狄負石投河[34)]니 言好名以至此也라 亦利足而迷者之類也라 ○ 郝懿行曰 利足而迷는 所謂捷徑以窘步[35)]也며 負石而墜는 所謂力小而任重[36)]과 高位實疾顚[37)]也라 二句皆譬況之詞라 先謙案 郝說是라

楊倞注 : 申徒狄이 돌을 짊어지고 河水에 몸을 던진 경우를 이른 것이니, 명예를 좋아하다가 이와 같은 상황에 이른 것을 말한다. 이 또한 발은 빠르지만 길을 헤매는 부류이다.

○ 郝懿行 : 利足而迷는 이른바 "빠른 길 탐내다가 궁색하게 걸었다네."라는 경우이며, 負石而墜는 이른바 "힘은 작은데 짐은 무겁다."와 "높은 자리는 실로 빨리 넘어진다."라는 경우이다. 두 구는 모두 비유하는 말이다.

先謙案 : 郝氏의 설이 옳다.

---

34) 申徒狄負石投河 : 申徒狄은 商나라 사람이다. 湯이 일찍이 그에게 천하를 넘겨주려고 하사, 자기에게 의로운 일을 말해주지는 않고 천하를 넘겨주려고 한 것을 수치로 여긴 끝에 돌을 짊어지고 雍州의 河水에 투신자살하였다고 한다. 흔히 명예를 중시하여 죽는 것도 불사하는 어처구니없는 사례에 비유한다.

35) 捷徑以窘步 : ≪楚辭≫ 〈離騷經〉의 구절이다.

36) 力小而任重 : ≪子夏易傳≫ 권8 〈繫辭 下〉에 보인다.

37) 高位實疾顚 : ≪漢書≫ 권27 〈五行志〉에 보인다.

6-70 是天下之所弃也라

이런 것은 모두 천하 사람이 버리는 것이다.

6-71 兼服天下之心은

천하 사람의 마음을 모두 다 복종하게 하는 방법은

○ 先謙案 宋台州本分段하고 謝本它刻同이라 浙局本誤連上일새 今正하니라

○ 先謙案：宋 台州本은 문단을 나눴고 謝本의 다른 각본도 동일하다. 浙局本은 윗부분과 잘못 연결되어 있으므로 여기서는 바로잡았다.

6-72 高上尊貴不以驕人하고

신분이 높아 존귀하더라도 남에게 교만하지 아니하고

在貴位不驕人이라

楊倞注：높은 지위에 있더라도 남에게 교만하지 않는다는 것이다.

6-73 聰明聖知不以窮人하며

총명하고 지혜로워 사리를 통달하더라도 남을 곤란하게 하지 아니하며,

○ 盧文弨曰 元刻知作智라

○ 盧文弨：元刻本에는 '知'가 '智'로 되어 있다.

6-74 齊給速通不爭先人하고

민첩하고 영리하더라도 남과 앞을 다투지 아니하고

○ 王念孫曰 不爭先人은 當依上下文作不以先人이라 今本以作爭은 涉下文與人爭而誤也라 韓詩外傳作不以欺誣人하고 說苑敬愼篇作無以先人하니 文雖不同이나 而以字則同이라 先謙案 群書治要作爭하여 與本書合이라

○ 王念孫 : '不爭先人'은 마땅히 위아래 문구에 따라 '不以先人'이 되어야 한다. 지금 통행본에 '以'가 '爭'으로 되어 있는 것은 아래 글 '與人爭'과 연관되어 잘못된 것이다. ≪韓詩外傳≫에는 '不以欺誣人'으로 되어 있고, ≪說苑≫ 〈敬愼篇〉에는 '無以先人'으로 되어 있으니, 글은 비록 같지 않으나 '以'자는 같다.

先謙案 : ≪群書治要≫에는 '爭'으로 되어 있어 本書와 합치된다.

6-75 **剛毅勇敢不以傷人**하며 **不知則問**하고 **不能則學**하며 **雖能必讓**이니 **然後爲德**이니라

강직하고 용감하더라도 남을 해치지 아니하며, 알지 못하면 묻고 하지 못하면 배우며 비록 할 수 있더라도 반드시 겸양해야 하니, 이렇게 한 뒤에 비로소 덕을 지녔다고 할 수 있다.

然後爲聖賢之德也라

楊倞注 : 이런 뒤에 聖賢의 덕을 지닌 것이 된다.

6-76 **遇君則修臣下之義**하고 **遇鄕則修長幼之義**하며

군주에 대해서는 신하의 도리를 행하고 고향 사람에 대해서는 연장자와 연소자 사이의 도리를 행하며,

在鄕黨之中也라

楊倞注 : 〈遇鄕은〉 고향 안에 있을 때의 경우이다.

6-77 **遇長則修子弟之義**하고 **遇友則修禮節辭讓之義**하며 **遇賤而少者則修告導寬容之義**니라 **無不愛也**하고 **無不敬也**하며 **無與人爭也**하여 **恢然如天地之苞萬物**이니 **如是則賢者貴之**하고 **不肖者親之**니라 **如是而不服者**는 **則可謂訞怪狡猾之人矣**리니

부형에 대해서는 자제의 도리를 행하고 벗에 대해서는 禮節과 辭讓하는 도리를 행하며, 미천하고 나이 어린 사람에 대해서는 타이르고 관용하는 도리를 행해야

한다. 모두를 사랑하지 않는 일이 없고 공경하지 않는 일이 없으며 남과 다투는 일이 없어서 그 마음이 넓기가 마치 천지가 만물을 감싸는 것 같아야 한다. 이렇게 한다면 賢能한 자가 자기를 존중하고 현능하지 못한 자도 자기를 가까이할 것이다. 이처럼 하는데도 자기를 충심으로 심복하지 않는 자는 곧 요괴스럽고 교활한 사람이라고 말할 수 있으니,

訞는 與妖同이라

楊倞注：訞는 '妖'와 같다.

6-78 雖則子弟之中이라도 刑及之而宜라

그가 비록 자기의 자제 속에 들어 있더라도 형벌이 그에게 가해지는 것은 당연한 일이다.

妖怪狡猾之人은 雖在家人子弟之中이라도 亦宜刑戮及之어든 況公法乎아

楊倞注：요괴스럽고 교활한 사람은 비록 한 집안 자제 속에 있더라도 마땅히 형벌이 가해져야 옳은데, 하물며 公法에 있어서야 더 말할 게 있겠는가.

6-79 詩云 匪上帝不時[38)]라 殷不用舊니라 雖無老成人이나 尙有典刑이어늘 曾是莫聽하여 大命以傾이라하니 此之謂也니라

≪詩經≫에 "上帝께서 선하지 않음 아니라 殷나라가 옛 법을 아니 따랐네. 나라에 원로대신 비록 없어도 오히려 기준 삼을 법이 있건만 일찍이 그 법도를 따르지 않아 국운이 이로 인해 기울었다네."라고 하였으니, 이를 두고 하는 말이다.

詩는 大雅蕩之篇이라 鄭云 老成人은 伊尹伊陟臣扈之屬也라하니라 典刑은 常事故法也라

楊倞注：≪詩經≫은 〈大雅 蕩〉편이다. 鄭玄이 "老成人은 伊尹·伊陟·臣扈 등이다."라고 하였다. 典刑은 관례와 옛 법도이다.

38) 時：善의 뜻이다.

6-80 古之所謂士仕者는 厚敦者也며 合群者也며

옛날의 이른바 벼슬한다는 자는 온후하고 진솔한 자이며 群衆과 화합하는 자이며

士仕는 謂士之入仕라 合은 謂和合群衆也라 ○ 王念孫曰 士仕는 當爲仕士니 與下處士對文이라 今本仕士二字倒轉[①]하여 楊曲爲之說하니 非라

① 下文同이라
아래 글도 같다.

楊倞注 : 士仕는 선비가 조정에 들어가 벼슬살이하는 것을 이른다. 合은 군중과 화합하는 것을 이른다.

○ 王念孫 : 士仕는 마땅히 '仕士'가 되어야 하니, 아래의 '處士'와 대구이다. 지금 통행본에는 '仕士' 두 자가 바뀌어져 있어 楊氏가 이것을 바르지 않게 설명하였으니, 틀렸다.

6-81 樂富貴者也며

귀하게 여길 만한 것을 즐기는 자이며

樂其道也라 ○ 兪樾曰 樂富貴 豈得爲樂其道리오 正文樂字는 疑涉注文而誤라 下云羞獨富者也라하여 以獨富爲羞하니 必不以富貴爲樂이라 今雖不知爲何字之誤나 大要是不慕富貴之意라 故注以樂道說之也라 先謙案 富字當是可字之誤라 正文言樂可貴者也라 故注以樂其道釋之하니 惟道爲可貴也라 下文君子能爲可貴의 注云可貴는 謂道德也라하니 可互證이라

楊倞注 : 그 도를 즐기는 것이다.

○ 兪樾 : '부귀를 즐거워하는 것'이 어찌 '그 도를 즐기는 것'이 될 수 있겠는가. 본문의 '樂'자는 아마도 楊氏 주의 문구와 연관되어 잘못되었을 것이다. 아래(6-85)에 "혼자만 부유한 것을 수치로 여기는 자이다.〔羞獨富者也〕"라고 하여 혼자만 부유한 것을 부끄럽게 여긴다고 했으니, 분명히 부귀를 즐겁다고 여기지 않을 것이다. 지금 비록 무슨 글자가 이 글자로 잘못되었는지는 알 수 없지만 대체로 부귀를 흠모하지 않는다는 뜻일 것이다. 그러므로 楊氏의 주에 '도를 즐기는 것'이라고 설명하였다.

先謙案 : '富'자는 분명히 '可'자의 잘못일 것이다. 본문에 '樂可貴者也'라고 말했으므로

楊氏의 주에 '그 도를 즐기는 것'이라고 풀이하였으니, 오직 도만이 존귀하게 여길 만한 것이 되는 것이다. 아래 글(6-97) "군자는 덕이 능히 남에게 존중받을 수 있다.〔君子能爲可貴〕"의 주에 "존중받을 수 있다는 것은 도덕을 이른다.〔可貴 謂道德也〕"라고 하였으니, 그 말과 서로 증명할 수 있다.

6-82 樂分施者也며

은덕을 고루 베풀기를 좋아하는 자이며

施는 或所宜反이라 ○ 先謙案 君道篇云 以禮分施하되 均徧而不偏이라하니 均徧不偏은 卽分施之義라

楊倞注 : 施는 음을 간혹 所와 宜의 反切로 읽는 경우도 있다.

○ 先謙案 : 〈君道篇〉에 "예법에 따라 은덕을 베풀되 균등하게 하고 치우치지 않는다.〔以禮分施 均徧而不偏〕"라고 하였는데, 균등하게 하고 치우치지 않는다는 것은 곧 고루 베푼다는 뜻이다.

6-83 遠罪過者也며

죄악을 멀리하는 자이며

遠은 于願反이라

楊倞注 : 遠은 음이 于와 願의 反切이다.

6-84 務事理者也며

일처리를 바르게 하길 힘쓰는 자이며

務使事有條理라

楊倞注 : 일처리를 조리 있게 하길 힘쓴다는 것이다.

6-85 羞獨富者也니라

혼자만 부유한 것을 수치로 여기는 자이다.

使家給人足也라

楊倞注 : 집집마다 살림이 넉넉하고 사람마다 衣食이 풍족하게 한다는 것이다.

6-86 今之所謂士仕者는 汙漫者也며 賊亂者也며

오늘날의 이른바 벼슬한다는 자는 마음이 더러운 자이며 사회 풍기를 해치고 어지럽히는 자이며

汙漫은 已解在上榮辱篇이라

楊倞注 : 汙漫은 위(4-66) 〈榮辱篇〉에서 이미 풀이하였다.

6-87 恣睢者也며

방자하고 거만한 자이며

恣睢는 已解於上이라

楊倞注 : 恣睢는 이미 위(6-5)에서 풀이하였다.

6-88 貪利者也며 觸抵者也며

명리를 탐내는 자이며 법령을 범하는 자이며

恃權勢而忤人이라 ○ 王念孫曰 觸抵는 謂觸罪過也라 此對上文遠罪過而言이어늘 楊云恃權勢而忤人이라하니 失之라

楊倞注 : 권세를 믿고 남에게 거슬리는 행위를 한다는 것이다.

○ 王念孫 : 觸抵는 죄악을 범하는 것을 이른다. 이는 윗글의 '遠罪過'에 상대하여 말한 것인데, 楊氏는 "권세를 믿고 남에게 거슬리는 행위를 하는 것이다."라고 하였으니, 잘못되었다.

6-89 無禮義而唯權勢之嗜者也니라

禮義를 무시하고 오직 권세만을 좋아하는 자이다.

6-90 古之所謂處士者는 德盛者也며 能靜者也며

옛날의 이른바 處士라 하는 자는 덕이 높은 자이며 안정할 수 있는 자이며

處士는 不仕者也라 易曰 或出或處라하니라 能靜은 謂安時處順也라

楊倞注 : 處士는 벼슬하지 않은 자이다. ≪易經≫ 〈繫辭上傳〉에 "혹은 세상에 나가 벼슬하기도 하고 혹은 은거하기도 한다."라고 하였다. 能靜은 시대의 운수에 편안하고 변화에 순응하는 것을 이른다.

6-91 修正者也며 知命者也며 著是者也니라

선량하고 정직한 자이며 天命을 아는 자이며 뜻을 확고하게 지키는 자이다.

明著其時是之事하여 不使人疑其姦詐也라 ○ 劉台拱曰 著是는 疑當作著定이니 與上文盛靜等字爲韻이라 言有定守不流移也라

楊倞注 : 그 당시 상황에 맞는 옳은 일을 드러내어 사람들로 하여금 그가 간교한 것으로 의심하게 하지 않는다는 것이다.

○ 劉台拱 : 著是는 아마도 마땅히 '著定'으로 되어야 할 것 같으니, 〈'定'자는〉 윗글의 '盛'·'靜' 등의 글자와 함께 韻이 된다. 뜻을 확고하게 지키고 변하지 않는다는 것을 말한다.

6-92 今之所謂處士者는 無能而云能者也며

오늘날의 이른바 처사라 하는 자는 재능이 없으면서도 재능이 있다고 말하는 자이며

云能은 自言其能也라 愼子曰 勁而害能이면 則亂也요 云能[39]而害無能이면 則亂也라하니라 蓋戰國時以言能爲云能하여 當時之語也라

楊倞注 : 云能은 스스로 자기에게 재능이 있음을 말한다는 뜻이다. ≪愼子≫에 "勁而害

39) 云能 : 楊倞이 본문의 '云能'이 자기가 재능이 있음을 말한다는 뜻이라는 것을 증명하기 위해 ≪愼子≫의 이 말을 인용하였으나, ≪愼子≫의 '云能'은 사실 '有能'과 같은 글로 '재능이 있다'는 뜻이다. 번역에서는 楊倞의 생각을 따르지 않았다.

能 則亂也 云能而害無能 則亂也(힘이 센 사람이 재능이 있는 사람을 해치면 국가가 어지러워지고 재능 있는 사람이 재능이 없는 사람을 해치면 국가가 어지러워진다.)"라고 하였다. 대체로 전국 때에는 '言能'을 '云能'이라 한 것으로서 당시에 통용한 말일 것이다.

6-93 **無知而云知者也**며 **利心無足而佯無欲者也**며

지혜가 없으면서도 지혜가 있다고 말하는 자이며 탐욕이 한이 없으면서도 욕심이 없는 체하는 자이며

好利不知足而詐爲無欲者也라

楊倞注 : 이익을 좋아하여 만족할 줄을 모르면서도 욕심이 없는 것처럼 가장하는 자이니다.

6-94 **行僞[40]險穢而彊高言謹愨者也**며 **以不俗爲俗**하여

행위가 음험하고 더러우면서도 신중하고 성실하다고 억지로 장담하는 자이며 일반 풍속이 아닌 것을 자기의 습속으로 여겨

以不合俗人自爲其俗也라

楊倞注 : 세속 사람과 합치되지 않는 행위를 스스로 자기의 습속으로 삼는다는 것이다.

6-95 **離縱而跂訾**(기자)**者也**라

정상적인 방법을 떠나 특이하게 행동하는 자이다.

訾는 讀爲恣라 離縱은 謂離於俗而放縱하고 跂恣는 謂跂足違俗而恣其志意니 皆違俗自高之貌라 或曰 縱當爲縰(시)니 傳寫誤耳라하니라 縰는 與纚同하니 步也라 離縰는 謂離於俗而步去요 跂訾는 亦謂跂足自高而訾毁於人이라 離는 力智反이라 跂는 丘氏反이라 縰는 所綺反이라 ○ 郝懿行曰 縱은 與蹤同이라 本作蹤하니 謂車迹也라 俗作蹤하니 假借作縱耳라 離縱者는 謂離其尋常蹤迹而令人敬異也라 擧足望曰跂라 訾訓思也며 量也라 跂訾者는 謂跂望有所思量而示人意遠也라 此皆絶俗離群하여

---

40) 僞 : '爲'자와 통용한다.

矯爲名高之事라 故曰士君子所不能爲也라하니라 王念孫曰 楊有前後二說이라 前說讀訾爲恣하여 以離縱爲離於俗而放縱하고 跂訾爲跂足違俗而恣其志意하니 皆非也라 後說謂縱爲縰之誤라하니 是也라 莊子在宥篇儒墨乃始離跂攘背乎桎梏之間의 離跂는 疊韻字요 荀子云離縰而跂訾의 離縰跂訾亦疊韻字라 大抵皆自異於衆之意也라 楊訓縰爲步하여 而以離縰爲離於俗而步去하고 跂訾爲跂足自高而訾毁於人도 亦非라 凡疊韻之字는 其意卽存乎聲하니 求諸其聲則得하고 求諸其文則惑矣라

楊倞注 : 訾는 '恣(방자하다)'로 읽는다. 離縱은 세속을 떠나 방종한 것을 이르고, 跂恣는 곧추서서 세속을 어기면서 제멋대로 행동하는 것을 이르니, 모두 세속을 어기며 스스로 고상한 체하는 모양이다. 혹자는 "'縱'은 마땅히 '縰'가 되어야 하니, 옮겨 쓰는 과정에서 잘못된 것일 뿐이다."라고 하였다. '縰'는 '纚'와 같으니, 걷는다는 뜻이다. 離縰는 세속을 떠나 걸어가는 것을 이르고, 跂訾도 곧추서서 스스로 고상한 체하며 사람들을 비방하는 것을 이른다. 離는 음이 力과 智의 反切이다. 跂는 음이 丘와 氏의 反切이다. 縰는 음이 所와 綺의 反切이다.

○ 郝懿行 : 縱은 '蹤'과 같다. 본디 '蹤'으로 되어 있었으니, 수레의 자취를 이른다. 속자에서 '蹤'으로 쓰는데, 이것을 假借하여 '縱'으로 쓴 것일 뿐이다. 離縱은 일반적인 행적을 떠나 달리 행동함으로서 사람들에게 자기를 존경하게 하는 것을 이른다. 발꿈치를 들고 바라보는 것을 '跂'라고 말한다. 訾는 사색하고 헤아린다는 뜻이다. 跂訾는 발꿈치를 들고 바라보아 뭔가를 사색하는 것이 있는 것처럼 하여 사람들에게 자기 뜻이 深遠함을 보이는 것을 이른다. 이것은 모두 세속을 초월하고 일반 대중을 떠나 명예가 높은 일을 가장해서 하는 행위이다. 그러므로 "士君子는 능히 할 수 없는 일이다."라고 말한 것이다.

王念孫 : 楊氏는 앞뒤 두 가지 설이 있다. 앞의 설은, 訾를 '恣'로 읽어야 한다 하면서 離縱은 세속을 떠나 방종한 것이고 跂恣는 곧추서서 세속을 어기면서 제멋대로 행동하는 것이라고 하였는데, 모두 틀렸다. 뒤의 설은, 縱을 '縰'의 잘못이라고 하였는데, 옳다. ≪莊子≫ 〈在宥篇〉에 "儒墨乃始離跂攘背乎桎梏之間(儒家와 墨家는 마침내 곧추서서 온 힘을 다해 형틀 사이에서 떠들어댄다.)"의 '離跂'는 疊韻 글자이고, ≪荀子≫에 '離縰而跂訾'라고 말한 '離縰'와 '跂訾' 또한 疊韻 글자이다. 대체로 모두 스스로 일반 대중과 다르게 한다는 뜻이다. 楊氏는 縰를 걷는다는 뜻으로 간주하여 離縰를 세속을 떠나 걸어가는 것이라 하고, 跂訾를 곧추서서 스스로 고상한 체하며 사람들을 비방하는 것이라고 하였으니, 이

또한 틀린 것이다. 대체로 疊韻으로 된 글자는 그 뜻이 聲音에 있으니, 뜻을 그 성음에서 찾으면 맞고 그 글자에서 찾으면 잘못되는 것이다.

6-96 士君子之所能不能爲라

士君子가 할 수 있는 일과 할 수 없는 일은 〈다음과 같다.〉

○ 謝本從盧校作士君子之所不能爲하여 劃屬上段이라 盧文弨曰 宋本之所下衍一能字하니 今從元刻刪이라 或疑此句因下文首句而誤衍하니라 王念孫曰 呂錢本幷作士君子之所能不能爲하고 世德堂本同이라 案此文本作士君子之所能爲不能爲하니 乃總冒下文之詞라 下文君子能爲可貴나 不能使人必貴己六句는 皆承此文而言이라 宋本脫上爲字하고 元刻又脫上能字라 盧既依元刻刪能字하고 又不知此句爲冒下之詞하여 而以爲承上之詞라하여 遂劃出此句爲上段之末句하니 誤矣라 又疑此句因下文而衍하니 則誤之又誤也라 先謙案 宋台州本此句連上이라 台州本卽祖呂本이니 是分段之誤不自盧始也라 然王說自是하니 今分屬下段하니라

○ 謝本은 盧校本에 따라 '士君子之所不能爲'로 되어 위 단락에 붙여져 있다.

盧文弨 : 宋本에는 '之所' 밑에 '能' 한 자가 잘못 덧붙여져 있으니, 여기서는 元刻本에 따라 삭제하였다. 혹시 이 문구는 아래 글 첫 구로 인해 잘못 덧붙여진 것은 아닐까 의심된다.

王念孫 : 呂・錢本에는 모두 '士君子之所能不能爲'로 되어 있고 世德堂本도 이와 같다. 살펴보건대, 이 글은 본디 '士君子之所能爲不能爲'로 되어 있었으니, 곧 아래 글을 총괄하는 문구이다. 아래 글의 "군자는 덕이 능히 남에게 존중받을 수 있으나 남이 반드시 자기를 존중하게 하지는 못한다.〔君子能爲可貴 不能使人必貴己〕"라는 등의 여섯 구는 모두 이 글을 이어받아 말한 것이다. 宋本에는 위의 '爲'자가 빠졌고 元刻本에는 또 위의 '能'자가 빠졌다. 盧氏는 이미 元刻本에 따라 '能'자를 삭제하고 또 이 문구가 아래 글을 총괄하는 글임을 알지 못해 윗글을 받는 말이라고 생각하여 마침내 이 문구를 끊어내 위 단락의 끝구로 만들었으니, 잘못되었다. 게다가 또 이 문구가 아래 글로 인해 잘못 덧붙여진 것으로 의심하였으니, 잘못한 가운데 또 잘못하였다.

先謙案 : 宋 台州本에는 이 문구가 위에 이어져 있다. 台州本은 곧 呂本을 따른 것이니, 이로 볼 때 단락이 잘못된 것은 盧氏에게서 시작된 것이 아니다. 그러나 王氏의 설이 본디 옳으므로 지금 이것을 분리하여 아래 단락에 붙였다.

6-97 **君子能爲可貴**나 **而不能使人必貴己**하고

군자는 덕이 능히 남에게 존중받을 수 있으나 남이 반드시 자기를 존중하게 하지는 못하고

可貴는 **謂道德也**라

楊倞注 : 존중받을 수 있다는 것은 도덕을 이른다.

6-98 **能爲可信**이나 **不能使人必信己**하며 **能爲可用**이나 **不能使人必用己**라

〈진실하여〉 능히 남에게 신임을 받을 수 있으나 남이 반드시 자기를 신임하게 하지는 못하며, 〈재주가 많아〉 능히 남에게 임용될 수 있으나 남이 반드시 자기를 임용하게 하지는 못한다.

可用은 **謂才能也**라

楊倞注 : 임용될 수 있다는 것은 재능을 이른다.

6-99 **故君子恥不修**하고 **不恥見汙**하며

그러므로 군자는 〈자신의 덕이〉 닦이지 않는 것을 부끄러워하고 남에게 모욕을 당하는 것은 부끄러워하지 않으며,

見汙는 **爲人所汙穢也**라

楊倞注 : 모욕당한다는 것은 남으로부터 모욕을 당하는 것이다.

6-100 **恥不信**하고 **不恥不見信**하며 **恥不能**하고 **不恥不見用**이라 **是以不誘於譽**하고 **不恐於誹**하며

성실하지 못한 것을 부끄러워하고 남에게 신임을 못 받는 것을 부끄러워하지 않으며, 자신의 무능을 부끄러워하고 남에게 임용되지 못하는 것을 부끄러워하지 않는다. 이 때문에 명예에 이끌리지 않고 비방을 두려워하지 않으며,

虛譽不能誘하고 毁謗不能動이라

楊倞注 : 헛된 명예가 유혹하지 못하고 비방이 동요시키지 못한다는 것이다.

6-101 率道而行하고 端然正己하여 不爲物傾側이라 夫是之謂誠君子니라

도를 따라 일을 행하고 단정하게 자신을 바로잡아 외적인 사물이 정신을 쓰러뜨리지 못한다. 이것을 참다운 군자라고 말하는 것이다.

誠은 實也니 謂無虛僞也라

楊倞注 : 誠은 진실하다는 뜻이니, 거짓이 없는 것을 이른다.

6-102 詩云 溫溫恭人은 維德之基라하니 此之謂也니라

≪詩經≫에 "온순하고 공손한 사람 오직 덕의 기반이라네."라고 하였으니, 곧 이를 두고 하는 말이다.

已解在不苟篇이라

楊倞注 : 〈不苟篇〉에 이미 풀이되어 있다.

6-103 士君子之容이라 其冠進하고 其衣逢하고 其容良하며

士君子의 모습은 〈다음과 같다.〉 그 갓이 높고 그 옷이 큼직하고 그 얼굴이 온화하며,

進은 謂冠在前也라 逢은 大也니 謂逢掖也라 良은 謂樂易(이)也라 ○ 兪樾曰 楊注以冠在前爲進하니 不詞甚矣라 進은 讀爲峻이니 峻은 高也라 言其冠高也라 下云其衣逢하고 注曰 逢은 大也라하니 於冠言高하고 於衣言大하여 義正相類라 進峻音近이라 故得通用이라 禮記祭統篇百官進徹之에 鄭注曰 進은 當爲餕이라하니 然則峻之爲進은 猶餕之爲進矣라

楊倞注 : 進은 갓이 앞에 있는 것을 이른다. 逢은 크다는 뜻이니, 소매가 넓은 옷을 이른다. 良은 화락한 것을 이른다.

○ 兪樾：楊氏의 주는 갓이 앞에 있는 것을 '進'이라고 하였으니, 말이 안 되는 정도가 심하다. 進은 '峻'으로 읽어야 하니, 峻은 높다는 뜻이다. 이는 그 갓이 높은 것을 말한다. 아래에 '其衣逢'이라 하고 주에 "逢은 크다는 뜻이다."라 하였으니, 갓에 대해서는 높다고 말하고 옷에 대해서는 크다고 말하여 뜻이 정말 서로 비슷하다. 進과 峻은 음이 서로 가까우므로 통용할 수 있다. ≪禮記≫ 〈祭統篇〉의 "百官進徹之(여러 집사들이 대궁밥을 먹은 뒤에 그것을 철수한다.)"에서 鄭玄의 주에 "進은 마땅히 '餕(대궁밥)'이 되어야 한다."라고 하였으니, 그렇다면 '峻'자가 '進'이 되는 것은 '餕'자가 '進'이 된 경우와 같은 것이다.

6-104 儼然하고 壯然하고 祺然하고 蕼然하며 恢恢然하고 廣廣然하고 昭昭然하고 蕩蕩然은 是父兄之容也라

위엄 있고 장중하고 편안하고 느긋하며, 여유롭고 툭 트이고 분명하고 거리낌이 없는 것은, 곧 父兄의 모습이다.

儼然은 矜莊之貌라 壯然은 不可犯之貌라 或當爲莊이라 祺然蕼然은 未詳이라 或曰 祺는 祥也며 吉也니 謂安泰不憂懼之貌라하니라 蕼는 當爲肆니 謂寬舒之貌라 恢恢廣廣은 皆容衆之貌라 昭昭는 明顯之貌라 蕩蕩은 恢夷之貌라

楊倞注：儼然은 엄숙한 모양이다. 壯然은 범할 수 없는 모양이다. 〈壯은〉 어쩌면 마땅히 '莊(장중하다)'으로 되는 것이 옳을 것 같다. 祺然과 蕼然은 알 수 없다. 혹자는 "祺는 상서롭고 길하다는 뜻이니, 편안하여 걱정하거나 두려워하지 않는 모양을 이른다."라고 하였다. 蕼는 마땅히 '肆'가 되어야 하니, 여유로운 모양을 이른다. 恢恢와 廣廣은 모두 일반 대중을 포용하는 모양이다. 昭昭는 분명하게 드러나는 모양이다. 蕩蕩은 넓고 평탄한 모양이다.

6-105 其冠進하고 其衣逢하고 其容慤하며

그 갓이 높고 그 옷이 큼직하고 그 얼굴이 성실해 보이며,

謹敬이라

楊倞注：〈慤은〉 성실하고 근엄하다는 뜻이다.

6-106 儉然하고 恀然하고 輔然하고 端然하고 訾然하고 洞然하며 綴綴然하고 瞀瞀然은 是子弟之容也라

겸손하고 온순하고 친근하고 단정하고 부드럽고 공경하며, 뒤좇아 따르고 감히 똑바로 보지 못하는 것은, 곧 子弟의 모습이다.

儉然은 自卑謙之貌라 恀然은 恃尊長之貌라 爾雅曰 恀는 恃也라하고 郭云 江東呼母爲恀라하니라 音紙라 輔然은 相親附之貌라 端然은 不傾倚之貌라 訾然은 未詳이라 或曰 與孶同하니 柔弱之貌라하니라 洞然은 恭敬之貌라 禮記曰 洞洞乎其敬也라하니라 綴綴然은 不乖離之貌니 謂相連綴也라 瞀瞀然은 不敢正視之貌라 ○ 兪樾曰 漢書敍傳姼姼公主에 師古曰 姼姼는 好貌라하니 恀卽姼之叚字라 嚴威儼恪은 成人之道니 非所以事親이라 故子弟之容必姼姼然好也라 楊注失之迂曲이라

楊倞注 : 儉然은 스스로 낮추고 겸손해하는 모양이다. 恀然은 웃어른을 믿는 모양이다. ≪爾雅≫에 "恀는 믿는다는 뜻이다."라 하고, 郭璞의 주에 "강동 지방에서는 어머니를 부를 때 '恀'라 한다."라고 하였다. 음은 紙이다. 輔然은 서로 친하고 붙는 모양이다. 端然은 어느 한쪽으로 기울거나 의지하지 않는 모양이다. 訾然은 알 수 없다. 혹자는 "'孶(새끼치다)'와 같으니, 여리고 약한 모양이다."라고 하였다. 洞然은 공경하는 모양이다. ≪禮記≫ 〈禮器〉에 "洞洞乎其敬也(조심조심 매우 경건하게 한다.)"라고 하였다. 綴綴然은 배반하지 않는 모양이니, 서로 연결되어 있는 것을 이른다. 瞀瞀然은 감히 눈을 들어 똑바로 쳐다보지 못하는 모양이다.

○ 兪樾 : ≪漢書≫ 〈敍傳〉의 "姼姼公主(아름다운 공주)"에서 顔師古가 "姼姼는 고운 모양이다."라고 하였으니, 恀는 곧 '姼'의 假借字이다. 엄숙하여 위엄이 있는 것은 어른의 도리이니, 이와 같은 태도로 어버이를 섬기지 않는다. 그러므로 자제의 모습은 반드시 온순하여 고와야 한다. 楊氏의 주는 왜곡되어 틀렸다.

6-107 吾語汝學者之嵬容하리라

내가 너희에게 학자들의 괴이한 모습을 말해주겠다.

說學者爲嵬行之形狀이라 嵬는 已解於上이라 ○ 盧文弨曰 元刻正文無容字하니 今從宋本增이라 郝懿行曰 上嵬瑣注嵬與傀義同이라하고 引大司樂鄭注 傀은 猶怪

也라하니 然則嵬容者는 怪異之容이라 故其下遂以重文疊句寫貌之라 先謙案 學者之嵬容은 猶言學者之嵬之容耳라 嵬容二字不連하니 下文言是學者之嵬也 卽其明證이라 楊注說學者爲嵬行之形狀이라하여 亦不以嵬容連文이라 郝說誤라

楊倞注 : 학자들이 괴이한 행동을 하는 형상을 설명한다는 것이다. 嵬는 이미 위(6-3)에서 풀이하였다.

○ 盧文弨 : 元刻本의 본문에는 '容'자가 없으니, 지금 宋本에 의해 추가하였다.

郝懿行 : 위 '嵬瑣'의 주에 "傀는 '怪(괴이하다)'와 뜻이 같다."라 하고, ≪周禮≫ 〈大司樂〉의 鄭玄 주에 "傀는 '怪(괴이하다)'와 같다."라고 한 것을 인용하였으니, 그렇다면 '嵬容'이란 괴이한 모습이다. 그러므로 그 아래에서 마침내 말뜻과 형식이 같은 문구로 반복하여 그 형상을 묘사한 것이다.

先謙案 : '學者之嵬容'은 '학자의 괴이하게 행동하는 모습'이라고 말한 것과 같다. '嵬容' 두 자는 서로 이어진 것이 아니니, 아래 글(6-112)에 "是學者之嵬也(곧 저 학자들의 괴이한 행태이다.)"라고 한 것이 곧 그 분명한 증거이다. 楊氏의 주에 "說學者爲嵬行之形狀(학자들이 괴이한 행동을 하는 형상을 설명한다는 것이다.)"이라고 한 것도 '嵬'와 '容'을 이어진 글로 본 것이 아니다. 郝氏의 설은 잘못되었다.

6-108 其冠絻(면)하고 其纓禁緩하고 其容簡連[41]하며

그 갓은 앞쪽으로 너무 숙여지고 그 갓끈과 옷깃은 헐렁하고 그 얼굴은 거만하며,

絻은 當爲俛이니 謂太向前而低俯也라 纓은 冠之繫也라 禁緩은 未詳이라 或曰 讀爲紟이니 紟은 帶也라 言其纓大如帶而緩也라하니라 簡連은 傲慢不前之貌라 紟은 其禁反이라 連은 讀如往蹇來連[42]之連이라

楊倞注 : 絻은 마땅히 '俛(고개 숙이다)'이 되어야 하니, 너무 앞쪽으로 향해 낮게 숙여진 것을 이른다. 纓은 갓을 매는 끈이다. 禁緩은 알 수 없다. 혹자는 "'紟'으로 읽어야 하니, 紟은 띠란 뜻이다. 그 갓끈이 허리띠처럼 커서 헐렁한 것을 말한다."라고 하였다. 簡連은 오만하여 앞으로 나서지 않는 모양이다. 紟은 음이 其와 禁의 反切이다. 連은 〈진퇴

41) 其冠絻(면)……其容簡連 : 王天海는 絻은 '免(면하다)'과 같은 것으로 갓을 쓰지 않고 벗었다는 뜻이고, 禁은 '襟(옷깃)'의 假借字이므로 갓끈과 별개인 옷깃이며, 簡連은 '簡慢'과 같은 것으로 오만하고 태만하다는 뜻이라고 하면서 楊倞의 注를 모두 반박하였다.

42) 往蹇來連 : ≪周易≫ 蹇卦 六四의 爻辭이다.

양난이란 뜻인〉 '往蹇來連'의 '連(어렵다)'자처럼 읽는다.

6-109 **塡塡然**하고 **狄狄然**하고 **莫莫然**하고 **瞡瞡然**하고 **瞿瞿然**하고 **盡盡然**하고 **盱盱然**[43)]하며

자만에 차 있고 들떠 있고, 어리석어 사리에 어둡고, 흘깃흘깃 곁눈질하고 불안해하고, 생기를 잃어 낙담하고 눈은 부릅떠 주시하며,

塡塡然은 滿足之貌라 狄은 讀爲趯이니 跳躍之貌라 莫은 讀爲貊이니 貊은 靜也며 不吉之貌라 或動而跳躍하고 或靜而不言은 皆謂擧止無恒也라 瞡瞡는 未詳이라 或曰 瞡는 與規同이라하니라 規規는 小見之貌라 瞿瞿는 瞪視之貌라 盡盡은 極視盡物之貌라 盱盱는 張目之貌라 皆謂視瞻不平이어나 或大察也라 盱는 許于反이라 ○ 郝懿行曰 狄은 與逖同이니 遠也라 塡塡者는 盈滿之容이라 狄狄者는 疏散之容也라 莫者는 大也라 瞡는 疑與嫢同하니 嫢①者는 細也라 方言에 細而有容謂之嫢라하니 然則莫莫者는 矜大之容이요 瞡瞡者는 鄙細之容이요 瞿瞿者는 左右顧望之容이요 盡盡者는 閉藏消沮之容이요 盱盱者는 張目直視之容也라 凡此皆以相反相儷爲義라 兪樾曰 盡盡은 猶津津也라 莊子庚桑楚篇曰 津津乎猶有(忍)〔惡〕[44)]也라하니 此作盡盡者는 聲近이라 故叚用耳라 周官大司徒職曰 其民黑而津이라하니 釋文云 津은 本作濜이라하니라 然則津津之爲盡盡은 猶津之爲濜矣라

① 羌箠切이라
〈嫢는 음이〉 羌과 箠의 反切이다.

楊倞注 : 塡塡然은 만족한 모양이다. 狄은 '趯(뛰다)'으로 읽어야 하니, 뛰어오르는 모양이다. 莫은 '貊'으로 읽어야 하니, 貊은 적막하고 상서롭지 않은 모양이다. 어떤 때는 움직여서 뛰어오르고 어떤 때는 적막하여 말을 꺼내지 않는다는 것은 모두 행동거지가 일정하지 않다는 것을 이른다. 瞡瞡는 알 수 없다. 혹자는 "瞡는 '規'와 같다."라고 하였다.

43) 塡塡然……盱盱然 : 楊倞 · 郝懿行 · 兪樾을 비롯하여 久保愛 · 帆足萬里 · 朝川鼎 · 劉師培 · 章詩同 · 楊柳橋 · 王天海 등의 설이 각기 다르다. 이 가운데 王天海의 설이 가장 우세한 것으로 보여 그의 설에 따라 번역하였다.

44) (忍)〔惡〕: 저본에는 '忍'으로 되어 있으나, ≪莊子≫ 〈庚桑楚篇〉에 의거하여 '惡'으로 바로잡았다.

規規는 눈을 가늘게 뜨고 보는 모양이다. 瞿瞿는 눈을 크게 뜨고 보는 모양이다. 盡盡은 시력을 다해 사물을 빠짐없이 보는 모양이다. 盱盱는 눈을 부릅뜬 모양이다. 이 모두 둘러보는 눈짓이 고르지 않거나 혹은 지나치게 크게 살피는 것을 이른다. 盱는 음이 許와 于의 反切이다.

○ 郝懿行 : 狄은 '逖'과 같으니, 멀다는 뜻이다. 塡塡이란 가득 찬 모양이다. 狄狄이란 산만한 모양이다. 莫이란 크다는 뜻이다. 瞡는 아마도 '嫢'와 같을 것이니, 嫢란 가늘다는 뜻이다. ≪方言≫에 "가늘면서 자태가 있는 것을 '嫢'라 이른다."라고 하였으니, 그렇다면 莫莫이란 도도한 모양이고 瞡瞡란 너절한 모양이고 瞿瞿란 이리저리 돌아보는 모양이고 盡盡이란 생기를 잃어 낙담한 모양이고 盱盱란 눈을 부릅떠 주시하는 모양이다. 대체로 이것들은 모두 상반되거나 상응하는 것으로 뜻이 이루어졌다.

俞樾 : 盡盡은 '津津'과 같다. ≪莊子≫ 〈庚桑楚篇〉에 "津津乎猶有惡也(마음속이 넘실넘실 오히려 나쁜 생각이 있다.)"라고 하였으니, 여기에 '盡盡'으로 된 것은 발음이 비슷하기 때문에 假借하여 쓴 것일 뿐이다. ≪周禮≫ 〈地官 大司徒職〉에 "其民黑而津(그곳의 백성들은 피부가 검고 윤이 난다.)"이라 하였는데, ≪經典釋文≫에 "津은 본디 '濜'으로 되어 있다."라고 하였다. 그렇다면 津津이 '盡盡'으로 된 것은 津이 '濜'으로 된 것과 같은 경우이다.

6-110 酒食聲色之中엔 則瞞瞞然하고 瞑瞑然하며

술과 음식, 노래와 여색을 즐기는 중에는 눈이 감긴 척하고 눈이 어두운 척하며,

瞞瞞은 閉目之貌요 瞑瞑은 視不審之貌니 謂好悅之甚하여 佯若不視也라 瞞은 莫干反이라 瞑은 母丁反이라

楊倞注 : 瞞瞞은 눈을 감은 모양이고 瞑瞑은 분명하게 보지 못하는 모양이니, 즐기고 좋아하는 정도가 심하여 사리가 보이지 않는 것처럼 가장하는 것을 이른다. 瞞은 음이 莫과 干의 反切이다. 瞑은 음이 母와 丁의 反切이다.

6-111 禮節之中엔 則疾疾然하고 訾訾然하며

예절을 차리는 중에는 원망하는 기색이 있고 불만스러운 말을 하며,

謂憎疾毁訾也라

楊倞注 : 증오하고 비난하는 것을 이른다.

6-112 勞苦事業之中엔 則儢儢然하고 離離然하고 偸儒而罔하고 無廉恥而忍謑詬(혜후)는 是學者之嵬也니라

힘든 일을 수행하는 중에는 애써 노력하지 않고 요리조리 겉돌고 게을러 남의 말을 아랑곳하지 않고 염치가 없어 남의 모욕과 꾸지람을 감내하는 등, 이와 같은 것들은 곧 저 학자들의 괴이한 행태이다.

事業은 謂作業也라 儢儢는 不勉彊之貌라 離離는 不親事之貌라 陸法言云 儢는 心不力也며 音呂라하니라 偸儒는 謂苟避事之勞苦也라 罔은 謂罔冒不畏人之言也라 謑詬는 詈辱也라 此一章은 皆明視其狀貌而辨善惡也라 今之所解는 或取聲韻假借어나 或推傳寫錯誤 因隨所見而通之也라 ○ 盧文弨曰 正文謑詬는 元刻作謨詬라 案說文에 謨는 胡禮切이라하니라 重文謑하니 實一字也라 洪興祖楚辭補注九思篇謨詬下에 引荀子作謑詬(혈후)하여 正與宋本合하고 其引注罵辱也도 又與元刻同이라 案漢書賈誼傳에 有㛮詬亡節語하니 同此라 彼㛮音絜이라 元刻罵辱也下有謨音奚三字나 宋本無라 郝懿行曰 此言學者之嵬容也라 瞞瞞瞑瞑①은 謂耽於酒食聲色하여 惛瞀迷亂之容也라 疾疾訾訾는 謂苦於禮節拘迫하여 畏憚惰窳之容也라 儢儢離離는 謂不耐煩苦勞頓하여 嬾散疏脫之容也라 皆以四字合爲雙聲하여 狀其醜態하여 爲學者戒라 偸儒는 已見修身篇이라 謑詬는 楊注以爲詈辱하니 是也라 本或作謨詬하니 賈誼書所謂㛮詬亡節도 亦其義也라

① 與眠同이라
〈瞑은〉 '眠(잠자다)'과 같다.

楊倞注 : 事業은 어떤 일을 수행하는 것을 이른다. 儢儢는 힘쓰지 않는 모양이다. 離離는 일을 적극적으로 하지 않는 모양이다. 陸法言이 "儢는 마음에 하기 싫어한다는 뜻이며, 음은 呂이다."라고 하였다. 偸儒는 수고로운 일을 구차하게 피하는 것을 이른다. 罔은 속이고 가장하여 남의 말을 두려워하지 않는 것을 이른다. 謑詬는 꾸짖고 욕한다는 뜻이다. 이 한 章은 모두 그 모양을 분명하게 보고 善惡을 구분한 것이다. 지금 풀이한 주들은 聲韻을 假借한 것을 취하거나 혹은 옮겨 쓸 때 잘못되었을 것이라고 추리하는 등 나의 견해에 따라 뜻을 풀이하였다.

○ 盧文弨 : 본문의 '謑詬'는 元刻本에 '謨詬'로 되어 있다. 살펴보건대, ≪說文解字≫에 "謨의 음은 胡와 禮의 反切이다."라고 하였다. 이체자가 '謑'이니, 사실은 같은 글자이다.

洪興祖의 ≪楚辭補注≫ 〈九思篇〉 '謑訽' 아래에 ≪荀子≫를 인용하여 '謨訽'로 되어 있어 정확히 宋本과 합치되고 주의 '罵辱也'를 인용한 것도 元刻本과 동일하다. 살펴보건대, ≪漢書≫ 〈賈誼傳〉에 "奊詬亡節(큰 뜻이 없고 절조가 없다.)"이라는 말이 있는데, 이것과 같다. 저곳의 奊은 음이 '絜'이다. 元刻本에는 '罵辱也' 아래에 '謑音奚' 세 자가 있으나 宋本에는 없다.

郝懿行 : 여기서는 학자들의 괴이한 행태를 말한 것이다. 瞞瞞瞑瞑은 술과 음식, 음악과 여색을 탐닉하여 사리에 어둡고 정신이 어지러운 모습을 이른다. 疾疾訾訾는 예절에 구애받는 것이 괴로워 꺼리고 태만해하는 모양을 이른다. 儢儢離離는 고생스럽고 피곤한 것을 견디지 못해 산만하고 데면데면한 것을 이른다. 이들은 모두 네 글자를 합쳐서 雙聲으로 만들어 그 추태를 형용함으로써 학자가 경계할 거리로 삼은 것이다. 偸儒는 이미 〈修身篇〉에 나와 있다. 謨訽는 楊氏의 주에 꾸짖고 모욕하는 것이라고 했는데, 옳다. 판본에 따라 간혹 '謑訽'로 되어 있기도 하니, 〈賈誼傳〉의 이른바 '奊詬亡節' 또한 그 뜻이다.

6-113 弟佗其冠[45)]하고 神禫其辭나

그가 쓴 갓은 갸우뚱 땅에 떨어질 것만 같고 그가 하는 말은 무미건조하지만

弟佗其冠은 未詳이라 神禫은 當爲沖澹이니 謂其言淡薄也라 ○ 盧文弨曰 弟는 本或作帇(퇴)니 集韻音徒回反이라 莊子應帝王篇에 有帇靡하니 此帇佗義當近之요 與上所云其冠絻 亦頗相似라 俗間本俱作第作이라 先謙案 虞王本[46)]作第作하여 與盧說合이라 浙局本[47)]妄改作爲非라

楊倞注 : 弟佗其冠은 알 수 없다. 神禫은 마땅히 '沖澹'이 되어야 하니, 그가 하는 말이 무미건조한 것을 이른다.

○ 盧文弨 : 弟는 판본에 따라 간혹 '帇'로 되어 있기도 하니, ≪集韻≫에는 그 음이 徒와 回의 反切로 되어 있다. ≪莊子≫ 〈應帝王篇〉에 '帇靡'가 있으니, 이곳의 '帇佗'의 뜻과

---

45) 弟佗其冠 : 弟佗는 넘어진다는 뜻인 '頽墮'와 같다. 음이 비슷하여 통용한 것이다. 머리에 쓴 갓이 갸우뚱하여 땅바닥에 떨어질 것 같다는 뜻으로, 의관행색이 단정치 않은 것을 말한다.

46) 虞王本 : 明나라 虞九章과 王震亨이 교정한 것으로, 盧文弨가 교감할 때 근거로 삼은 옛 저본 가운데 하나이다.

47) 浙局本 : 光緖 2년(1876)에 浙江書局에서 謝墉(1719~1795)의 ≪荀子箋釋≫을 저본으로 삼은 校刻本이다.

분명히 가까울 것이고 위에서 말한 '其冠絻'과도 매우 비슷하다. 세간의 판본에는 모두 '第作'으로 되어 있다.

先謙案 : 虞・王本에는 '第作'으로 되어 있어 盧氏의 설과 합치된다. 浙局本에는 함부로 '作'을 고쳐 '非'로 되어 있다.

子張

6-114 禹行而舜趨는 是子張氏之賤儒也라

禹처럼 절뚝거리면서 걷고 舜처럼 성큼성큼 걷는 것은, 곧 子張氏 일파의 賤儒들이다.

但宗聖人之威儀而已矣라

楊倞注 : 성인의 태도만을 존중할 뿐이다.

6-115 正其衣冠하고 齊其顔色하여 嗛然而終日不言은 是子夏氏之賤儒也라

그 의관을 바르게 하고 그 얼굴 표정을 엄숙하게 지으면서 겸허하게 종일토록 말을 하지 않는 것은, 곧 子夏氏 일파의 賤儒들이다.

嗛은 與慊同하니 快也라 謂自得之貌라 終日不言은 謂務於沈默이라 史記樂毅與燕惠王書曰 先王以爲嗛於志也라하니라 ○ 郝懿行曰 嗛은 猶謙也니 抑退之貌라 楊注非라 仲尼篇云 滿則慮嗛이라하고 注云 嗛은 不足也라하니 與此嗛同이라

楊倞注 : 嗛은 '慊'과 같으니, 통쾌하다는 뜻이다. 스스로 만족해하는 모양을 이른다. 종일토록 말을 하지 않는다는 것은 침묵에 치력하는 것을 이른다. ≪史記≫ 〈樂毅列傳〉에서 樂毅가 燕 惠王에게 보낸 글에 "先王以爲嗛於志(고대 聖王이 자기 마음에 만족하다고 여겼다.)"라고 하였다.

子夏

○ 郝懿行：嗛은 '謙'과 같으니, 억제하고 물러나는 모양이다. 楊氏의 주는 틀렸다. 〈仲尼篇〉에 "滿則慮嗛(충분하면 부족할 경우를 생각한다.)"이라 하고, 그 주에 "嗛은 부족하다는 뜻이다."라고 하였으니, 여기의 '嗛'과 같다.

6-116 偸儒憚事하고 無廉恥而耆飮食하여 必曰君子固不用力은 是子游氏之賤儒也라

게을러서 일을 꺼리고 염치없이 마시고 먹는 것만 즐기면서 반드시 말하기를 "군자는 본디 힘든 일을 하지 않는다."라고 하는 것은, 곧 子游氏 일파의 賤儒들이다.

偸儒는 已解上이라 耆는 與嗜同이라 此皆言先儒性有所偏이어늘 愚者效而慕之라 故有此蔽也라 ○ 郝懿行曰 此三儒者는 徒似子游子夏子張之貌而不似其眞하니 正前篇所謂陋儒腐儒者라 故統謂之賤儒라 言在三子之門爲可賤이요 非賤三子也라

楊倞注：偸儒는 이미 위(6-112)에서 풀이하였다. 耆는 '嗜'와 같다. 여기서는 모두 先儒들의 성품이 한쪽으로 치우친 점이 있는데 어리석은 자들이 그것을 본받고 흠모하기 때문에 이와 같은 폐단이 있다는 것을 말한다.

○ 郝懿行：이 세 종류의 儒者는 그저 子游・子夏・子張의 겉모습만 같을 뿐 그 참모습은 같지 않으니, 곧 앞 편의 이른바 '陋儒'니 '腐儒'니 하는 자들이다. 그러므로 이들을 통틀어 '賤儒'라고 이른 것이다. 세 사람의 문하에 있는 저들을 천하게 여길 만하다고 말한 것이지, 저 세 사람을 천시한 것은 아니다.

6-117 彼君子則不然이라 佚而不惰하고 勞而不優하며

저 군자는 그렇지 않다. 그들은 편안하더라도 나태하지 않고 수고롭더라도 게으름을 피우지 않으며,

雖逸而不懈惰하고 雖勞而不弛慢이라

楊倞注：비록 편안하더라도 게으르지 않고 비록 수고롭더라도 해이해지지 않는다는 것이다.

6-118 宗原應變이 曲得其宜하니 如是然後聖人也니라

근본인 예법을 으뜸으로 삼고 변화에 대응하는 처사가 모두 사리에 합당하니, 이렇게 한 뒤에야 성인이 될 수 있는 것이다.

宗原은 根本也라 言根本及應變皆曲得其宜也라 ○ 先謙案 王制篇云 擧措應變而不窮을 夫是之謂有原이라하고 注云 原은 本也라하니라 宗原者는 以本原爲宗也라 應萬變而不離其宗하여 各得其宜하니 是謂聖人이라 注以宗原爲根本이라하고 又云根本應變皆得其宜라하니 失之라

楊倞注：宗原은 근본이다. 근본과 변화에 대응하는 처사가 모두 그 사리에 합당하다는 것을 말한다.

○ 先謙案：〈王制篇〉에 "擧措應變而不窮 夫是之謂有原(각종 변화에 따라 상응한 조치를 취하여 막히지 않으니, 이를 두고 근본이 있다고 말하는 것이다.)"이라 하고, 그 주에 "原은 근본이다."라고 하였다. 宗原이란 本原으로 으뜸을 삼는다는 뜻이다. 온갖 변화에 대응하되 그 으뜸으로 삼는 것을 떠나지 않아 모든 처사마다 그 사리에 합당하게 하니, 이것을 聖人이라 이른다. 주에 宗原을 根本이라 하고, 또 "근본과 변화에 대응하는 처사가 모두 그 사리에 합당하다는 것이다."라고 하였으니, 잘못되었다.

仲尼篇 第七 제7편 仲尼

본문 첫머리의 두 글자를 따서 편명으로 붙였다. 통일천하를 성취하는 위업에 관해 중점적으로 천명하였으며, 아울러 王道를 존중하자는 것과 총애를 받는 지위를 공고히 하고 몸을 보전하는 방법, 출세하여 세상에 이름을 날리는 방법 등 세 가지를 설명하였다.

7-1 仲尼之門人에 五尺之豎子[1)]도 言羞稱乎五伯(패)[2)]하니

仲尼(孔子)의 문하에 五尺의 동자조차도 말을 할 적에 五伯를 거론하는 것을 부끄럽게 생각하였으니,

○ 王念孫曰 仲尼之門人의 人字는 後人所加也①라 下文兩言曷足稱乎大君子之門도 皆與此門字相應하니 則無人字明矣라 春秋繁露對膠西王篇의 仲尼之門에 五尺之童子도 言羞稱五伯는 爲其詐以成功하여 苟爲而已也라 故不足稱於大君子之門②과 風俗通義窮通篇의 孫卿小五伯하여 以爲仲尼之門에 羞稱其功은 語皆本於荀子而亦無人字라 文選陳情事表注와 解嘲注兩引荀子에도 皆無人字라

① 下文同이라
아래 글도 같다.

② 漢書董仲舒傳同이라
≪漢書≫ 〈董仲舒傳〉도 같다.

○ 王念孫 : '仲尼之門人'의 '人'자는 후세 사람이 추가한 것이다. 아래 글 두 군데에서 "曷足稱乎大君子之門(어찌 위대한 군자의 문하에서 거론하잘 것이 있겠는가.)"이라고 말한 것

---

1) 五尺之豎子 : 아직 어른이 되지 않은 아동을 가리킨다. 豎子는 童子와 같다.

2) 五伯(패) : 곧 五霸이다. 伯는 '霸'와 통용한다. 춘추시대에 제후의 맹주로서 霸業을 이룩한 다섯 사람으로, 齊 桓公·晉 文公·秦 穆公·宋 襄公·楚 莊王 등을 가리킨다. 일설에는 秦 穆公·宋 襄公 대신에 吳 闔閭·越 勾踐을 넣기도 한다.

도 모두 여기의 '門'자와 서로 응하니, '人'자가 없었다는 것이 분명하다. ≪春秋繁露≫ 〈對膠西王篇〉의 "仲尼之門 五尺之童子 言羞稱五伯 爲其詐以成功 苟爲而已也 故不足稱於大君子之門(仲尼의 문하에 五尺의 동자도 말을 할 적에 五伯를 거론하는 것을 부끄러워했던 것은 그들이 술수로 공을 이루어 구차스럽게 정치를 했을 뿐이었기 때문이다. 그러므로 위대한 군자의 문하에서는 거론하잘 것이 못 되는 것이다.)"이라고 한 것과, ≪風俗通義≫ 〈窮通篇〉의 "孫卿小五伯 以爲仲尼之門 羞稱其功(孫卿이 五伯를 하찮게 보아 仲尼의 문하에서는 그 공을 거론하는 것을 부끄러워했다.)"이라고 한 것은 그 말이 모두 ≪荀子≫에 근본을 두었으나 역시 '人'자가 없다. ≪文選≫ 〈陳情事表〉의 주와 〈解嘲〉의 주 등 두 곳에서 ≪荀子≫를 인용한 부분에도 다 '人'자가 없다.

孔子

7-2 **是何也**오 **曰 然**하다 **彼誠可羞稱也**라 **齊桓**[3]은 **五伯之盛者也**로되

이것은 무엇 때문인가? 그 대답은 이렇다. "그렇다. 저 五伯는 참으로 거론하기를 부끄러워할 만하다. 齊 桓公은 五伯 중에서 가장 명성이 높은 사람이지만

言盛者猶如此어든 **況其下乎**아하니라 **伯**(패)는 **讀爲霸**라 **或曰 伯**(백)은 **長也**니 **爲諸侯之長**이라 **春秋傳曰 王命內史叔興父**하여 **策命晉侯**하여 **爲侯伯也**[4]라하니라

---

3) 齊桓 : 곧 齊 桓公(?~B.C. 685)이다. 성은 姜이고 이름은 小白이며 襄公의 아우이다. 처음에 莒나라로 망명했다가 襄公이 피살되자 돌아와 즉위하여 管仲을 재상으로 임용하였다. 개혁에 힘써 국력이 부강하였으며 제후를 규합하고 어지러운 천하를 바로잡아 周 왕실을 안정시킴으로써 춘추시대의 으뜸가는 霸主가 되었다.

4) 王命內史叔興父……爲侯伯也 : 王은 周 襄王을 가리킨다. 內史는 爵祿과 생살권을 맡은 周나라 왕조의 관식명이며 叔興父는 왕조의 대부이다. 晉侯는 晉 文公이다. 策命은 竹簡에다 왕

楊倞注 : 명성이 가장 높은 사람도 오히려 이와 같은데, 하물며 그 이하 사람의 경우이겠느냐는 말이다. 伯는 '霸'로 간주해 읽는다. 혹자는 "伯은 首長이란 뜻이니, 제후의 수장이 되었다는 것이다. ≪春秋左氏傳≫ 僖公 28년에 '王命內史叔興父 策命晉侯 爲侯伯(왕이 內史 叔興父에게 명하여 策書로 晉侯를 임명해 제후의 수장으로 삼았다.)'이라 했다."라고 하였다.

7-3 前事則殺兄而爭國[5)]하며

이전의 일을 보면 형을 죽이고 나라를 쟁탈하였으며,

兄은 子糾也라

楊倞注 : 兄은 公子糾이다.

7-4 內行則姑姊妹之不嫁者七人이요 閨門之內는 般樂奢汏(태)하여

집안에서의 행위는 고모와 누나·누이동생 가운데 시집 안 보낸 자가 일곱이나 되었고 궁궐 안은 향락과 사치가 극에 달하여

般도 亦樂也라 汏는 侈也며 音太라 下同이라

楊倞注 : 般도 즐겁다는 뜻이다. 汏는 사치스럽다는 뜻이며 음은 太이다. 아래의 경우도 같다.

7-5 以齊之分奉之而不足하며

제나라 稅收의 절반을 가지고 받들어도 부족하며,

명을 쓴 것으로, 구두가 아닌 서면으로 임명하는 것을 말한다. 천자가 晉 文公의 공로를 인정하여 魯 僖公 28년(B.C. 632)에 卿士인 尹氏와 王子虎 및 叔興父에게 명하여 晉나라로 가서 策書로 晉 文公을 제후의 영수로 임명하게 하였다.

5) 前事則殺兄而爭國 : 前事는 齊 桓公이 霸主가 되기 이전의 일을 가리킨다. 兄은 桓公의 형인 公子糾이다. 맏형인 襄公이 사람들을 부당하게 죽이자, 신변에 위협을 느끼고 魯나라로 망명하였다. 뒤에 公孫無知가 襄公을 죽이고 無知가 또 살해를 당해 齊나라에 군주가 없는 상황에서 莒나라에 있던 小白이 먼저 들어가 즉위하였다. 그러자 魯나라에서 公子糾를 齊나라 군주로 들여 세우기 위해 군대를 동원해 小白에게 도전하였으나 크게 패배한 끝에 齊나라의 요구에 의해 살해되었다.

分은 半也니 用賦稅之半也라 公羊傳曰 師喪分焉이라하니라

楊倞注 : 分은 절반이란 뜻이니, 賦稅의 절반을 사용한다는 것이다. 《春秋公羊傳》 莊公 4년에 "師喪分焉(군사 절반을 잃을 것이다.)"이라고 하였다.

7-6 外事則詐邾하고 襲莒하며 并國三十五하니

밖에서의 행위는 邾나라를 속이고 莒나라를 습격하였으며 35개국을 아울러서 제 것으로 만들었으니,

詐邾는 未聞이라 襲莒는 謂桓公與管仲謀伐莒하여 未發에 爲東郭牙先知之[6]是也라 并國三十五는 謂滅譚滅遂滅項之類라 其餘所未盡聞也라

楊倞注 : 邾나라를 속였다는 것은 그에 관한 사실을 듣지 못했다. 莒나라를 습격했다는 것은 桓公이 管仲과 莒나라를 정벌할 것을 모의하고서 아직 행동을 취하기 전에 東郭牙가 먼저 그 계획을 알아챘다는 고사가 곧 그 일이다. 35개국을 아울러서 제 것으로 만들었다는 것은 譚나라를 멸망시키고 遂나라를 멸망시키고 項나라를 멸망시켰던 사례들을 이른다. 그 나머지 사례는 일일이 들어보지 못했다.

7-7 其事行也若是其險汙淫汏也라

그 일이나 행위가 이처럼 음험하고 비열하며 방자하고 사치스러웠다.

事險而行汙也라 行은 下孟反이라

楊倞注 : 일이 음험하고 행위가 비열하다는 것이다. 行은 음이 下와 孟의 反切이다.

7-8 彼固曷足稱乎大君子之門哉아

저런 사람을 어찌 위대한 군자의 문하에서 거론할 수 있겠는가."

---

6) 桓公與管仲謀伐莒……爲東郭牙先知之 : 東郭牙는 齊나라 사람으로, 東郭郵라고도 한다. 桓公이 管仲과 문을 닫고 비밀리에 莒나라를 정벌하는 문제를 모의하였는데 때마침 그 주변에서 잡무를 보던 東郭牙가 桓公이 말할 때의 입모양과 손으로 가리키는 방향만 보고 莒나라를 정벌하자고 모의한다는 것을 알았다고 한다. 이로 인해 桓公의 인정을 받아 諫官으로 발탁되었다. 《管子 小問 제51》

○ 王念孫曰 呂錢本險汙淫汏也下에 有如彼二字나 元刻無如字하고 以彼字屬下讀하니 元刻是也라 下文云彼固曷足稱乎大君子之門哉아하여 正與此句相應하니 則彼字屬下讀明矣라 呂錢本彼上衍如字면 則以如彼與若是對文하여 與楊注不合矣[①]라 先謙案 宋台州本亦有如彼二字하니 盧氏刪之하고 謝本從盧校라 今依王說하여 從元刻增彼字라

① 錢本及元刻事行作行事하니 亦與楊注不合이라

錢本 및 元刻本에는 '事行'이 '行事'로 되어 있으니, 이 또한 楊氏의 주와 부합되지 않는다.

○ 王念孫 : 呂·錢本에는 '險汙淫汏也' 밑에 '如彼' 두 자가 있으나 元刻本에는 '如'가 없고 '彼'자를 아래로 붙여 읽었는데, 元刻本이 옳다. 아래 글에 "彼固曷足稱乎大君子之門哉"라고 하여 정확히 이 문구와 서로 어울리니, '彼'자를 아래로 붙여 읽는 것이 분명하다. 呂·錢本처럼 '彼' 위에 '如'자가 덧붙여져 있을 경우에는 '如彼'가 '若是'와 대구를 형성하여 楊氏의 주와 부합되지 않는다.

先謙案 : 宋 台州本에도 '如彼' 두 자가 있는데 盧氏가 그것을 삭제하였고 謝本은 盧校本을 따랐다. 지금 王氏의 설을 근거로 元刻本에 따라 '彼'자를 추가하였다.

7-9 若是而不亡하고 乃霸는 何也오 曰 於(오)乎라 夫齊桓公有天下之大節焉하니 夫孰能亡之리오

이런데도 불구하고 멸망하지 않고 마침내 霸者가 된 것은 무엇 때문인가? 그 대답은 이렇다. "어허, 저 齊 桓公은 천하의 큰 절의를 지녔으니 누가 그를 멸망시키겠는가.

於乎는 讀爲嗚呼니 歎美之聲이라 大節은 謂大節義也라

楊倞注 : 於乎는 '嗚呼'로 간주해 읽어야 하니, 감탄하여 크게 칭찬하는 소리이다. 大節은 큰 절의를 이른다.

7-10 倓(담)然見管仲之能足以託國也하니 是天下之大知也라

管仲의 재능이 충분히 나라를 맡길 만하다는 것을 한눈에 알아차렸으니, 이는

천하의 큰 지혜이다.

倓은 安也니 安然不疑也라 大知는 謂知人之大也라 倓은 地坎反이라 ○ 兪樾曰 說文에 覢(섬)은 暫見也라하고 睒(섬)은 暫視貌라하여 二字音義俱近하니 倓卽其叚字也라 倓然은 暫見之謂라 暫見而卽知其足以託國하니 是以謂之大知라 楊注失之라

楊倞注 : 倓은 편안하다는 뜻이니, 평온하여 의심하지 않는다는 것이다. 大知는 인물을 알아보는 큰 지혜를 이른다. 倓의 음은 地와 坎의 反切이다.

○ 兪樾 : ≪說文解字≫에 "覢은 잠깐 본다는 뜻이다."라 하고, "睒은 잠깐 보는 모양이다."라고 하여 이 두 자의 음과 뜻이 다 비슷한데, '倓'은 곧 그 假借字이다. 倓然은 잠깐 보는 것을 이른다. 잠깐 보고서도 그에게 충분히 나라를 맡길 만하다는 것을 알았으니, 이 때문에 큰 지혜라고 이른다는 것이다. 楊氏의 주는 잘못되었다.

管仲

7-11 安忘其怒하고 出忘其讎[7]하며 遂立爲仲父하니 是天下之大決也라

〈管仲에 대해〉 자신의 노여움도 잊고 원한도 떨쳐버리고서 마침내 그를 세워 仲父로 삼았으니, 이는 바로 천하의 큰 결단이다.

安은 猶內也며 出은 猶外也라 言內忘忿恚之怒하고 外忘射鉤之讎라 仲者는 夷吾之

---

7) 安忘其怒 出忘其讎 : 楊柳橋는 '出忘'의 '忘'은 '安忘'의 '忘'과 연관되어 잘못 덧붙여진 것이며 '出'은 '去'의 뜻이라고 하였는데, 王天海도 이에 동의하였다. 楊柳橋의 설에 따라 번역하였다. '安'은 '乃'와 같은 글자로, 조사이다. 其怒와 其讎는 管仲에 대해 小白, 곧 齊 桓公이 처음에 품었던 노여움과 원한을 말한다. 齊 襄公이 피살된 이듬해인 B.C. 687년에 莒나라에서 귀국한 小白이 魯나라가 公子糾를 즉위시키기 위해 파견한 군사들과 접전을 벌일 적에 公子糾를 시종하던 管仲이 쏜 화살이 그의 허리띠쇠를 명중하여 목숨을 잃을 뻔하였다. 그러나 즉위한 뒤에 鮑叔의 권유로 管仲을 용서하고 재상으로 등용하였다.

字요 父者는 事之如父라 故號爲仲父라 大決은 謂斷決之大也라 ○ 王念孫曰 安은 語詞[①]라 忘其怒하고 忘其讎하며 遂立以爲仲父三句는 文義甚明하니 則忘其讎上에 不當有出字라 蓋衍文也라 楊注不得其解而爲之詞라

① 荀子書엔 通以安案二字爲語詞하니 說見釋詞安字下라
《荀子》 책에서는 일반적으로 '安'과 '案' 두 자를 어조사로 사용하였는데, 이에 관한 설명은 《經傳釋詞》의 '安'자 아래에 보인다.

楊倞注 : 安은 '內(안)'와 같고 出은 '外(밖)'와 같다. 안으로는 분개하던 노여움을 잊고 밖으로는 띠쇠를 쏘아 맞힌 원수를 잊은 것을 말한다. 仲이란 夷吾의 자이고 父란 그를 섬기기를 아버지처럼 한다는 것이다. 그러므로 호칭이 仲父가 되었다. 大決은 결단한 일이 큰 것을 이른다.

○ 王念孫 : 安은 어조사이다. '忘其怒 忘其讎 遂立以爲仲父(노여움도 잊고 원한도 잊고서 마침내 그를 세워서 仲父로 삼았다.)'라고 하면 세 구절의 글 뜻이 매우 분명해지니, '忘其讎' 위에 마땅히 '出'자가 있어서는 안 된다. 대체로 잘못 덧붙여진 글자이다. 楊氏의 주는 그것을 이해하지 못하여 그렇게 말한 것이다.

7-12 立以爲仲父라도 而貴戚莫之敢妬也하고

그를 세워 仲父로 삼더라도 군주의 내외 친족들이 감히 질투하지 못하고

不敢妬其親密이라

楊倞注 : 감히 그와 친밀한 것에 대해 질투하지 못한다는 것이다.

7-13 與之高國之位[8)]라도 而本朝之臣[9)]莫之敢惡(오)也하며

8) 與之高國之位 : 《禮記》 〈王制〉에 의하면, 제후국 가운데 大國의 三卿은 모두 천자가 임명하고 次國의 三卿은 천자가 둘을, 그 나라 군주가 하나를 임명하게 되어 있다. 齊나라는 次國이므로 천자가 둘을 임명하였는데, 그가 곧 高氏와 國氏로 上卿이고 하나는 桓公이 임명한 管仲으로 下卿이다. 周 襄王 3년(B.C. 649)에 齊 桓公이 管仲을 周나라에 파견하여 戎과 周가 서로 화해하는 문제를 추진하도록 하였다. 이때 襄王이 管仲을 上卿의 예로 초대하자, 管仲이 사양하면서 말하기를 "신은 신분이 낮은 관원이고 현재 천자의 두 守臣인 國氏와 高氏가 있습니다. 만약 지금 上卿의 예로 저를 대우하신다면 봄가을마다 저 國氏와 高氏가 조정에 들어와 왕명을 받들 때 왕께서는 무슨 예로 그들을 대우하실 겁니까. 신은 감히 사양하겠습니다." 라고 하였는데, 이 일을 말한다. 《春秋左氏傳 僖公 12년》 《史記 권4 周本紀 제4》

그에게 高氏와 國氏의 지위를 부여하더라도 本朝의 신하들이 감히 미워하지 못했으며,

高子國子는 世爲齊上卿이니 今以其位與之라 本朝之臣은 謂舊臣也라 春秋傳에 管仲曰有天子之二守國高在라하니라

楊倞注 : 高子와 國子는 대대로 齊나라 上卿이 되었는데, 지금 그 지위를 부여해줬다는 것이다. 本朝之臣은 옛 신하를 이른다. ≪春秋左氏傳≫ 僖公 12년에 "管仲이 '천자의 두 守臣인 國氏와 高氏가 있습니다.'라 했다."라고 하였다.

7-14 與之書社三百이라도 而富人莫之敢距也하고

그에게 삼백 마을의 호구와 토지를 주더라도 부자들이 감히 거부하지 못하고

書社는 謂以社之戶口書於版圖라 周禮에 二十五家爲社라하니라 距는 與拒同하니 敵也라 言齊之富人이 莫有敢敵管仲者也라 ○ 盧文弨曰 案注所引周禮는 出說文하니 乃古周禮說也라 距는 古字요 拒는 俗字라 論語石經殘字에 其不可者距之라하니라 郝懿行曰 論語에 奪伯氏駢邑三百이어늘 飯疏食하고 沒齒無怨言이라하니 朱子集注援此說之라

楊倞注 : 書社는 마을의 호구를 版圖에 기록한 것을 이른다. ≪周禮≫에 "25개의 가구가 社가 된다."라고 하였다. 距는 '拒'와 같으니, 맞선다는 뜻이다. 齊나라의 부자들이 감히 管仲에게 맞선 자가 없었다는 것을 말한다.

○ 盧文弨 : 살펴보건대, 楊氏의 주에 인용한 ≪周禮≫의 내용은 ≪說文解字≫에 나오니, 곧 옛 ≪周禮≫의 말이다. 距는 옛 글자이고 拒는 속자이다. ≪論語≫ 石經의 殘字에 "其不可者距之(그 옳지 않은 사람을 거부해야 한다.)"라고 하였다.

郝懿行 : ≪論語≫ 〈憲問〉에 "伯氏의 駢 땅 고을 삼백을 빼앗거늘 伯氏는 거친 밥을 먹고 죽을 때까지 원망하는 말이 없었다."라고 하였는데, 朱子의 ≪論語集注≫에 여기 말을 끌어다가 설명하였다.

7-15 貴賤長少 秩秩焉莫不從桓公而貴敬之하니 是天下之大節也라

---

9) 本朝之臣 : 周나라 조정의 대신이란 뜻이다.

존귀한 자와 미천한 자, 연장자와 연소자들이 모두 질서정연하게 桓公에게 순종하여 그를 존경하지 않는 자가 없었으니, 이는 천하의 큰 節義이다.

秩秩은 **順序之貌**라

楊倞注 : 秩秩는 차례를 따르는 모양이다.

7-16 諸侯有一節如是면 **則莫之能亡也**어늘 **桓公兼此數節者而盡有之**하니 **夫又何可亡也**리오 **其霸也 宜哉**라 **非幸也**요 **數也**니라

제후가 이와 같은 관건을 하나라도 갖는다면 그를 멸망시킬 사람이 없을 것인데, 桓公은 이 몇 개의 관건을 전부 가졌으니, 대체로 또 어떻게 멸망당할 수 있겠는가. 그가 제후 중에 霸者가 된 것은 이치상 당연하다. 요행이 아니고 필연인 것이다."

其術數可霸요 **非爲幸遇也**라

楊倞注 : 그 행한 술수가 霸者가 될 수 있었고 요행히 이룬 것은 아니라는 것이다.

7-17 然而仲尼之門人에 **五尺之豎子**도 **言羞稱五伯**는 **是何也**오 **曰 然**하다 **彼非本**[10]**政教也**요

그런데도 仲尼의 문하에서 五尺의 동자도 말을 할 적에 五伯를 거론하는 것을 부끄러워한 것은 무슨 까닭인가? 그 대답은 이렇다. "그렇다. 저 五伯는 정치교화를 근본으로 삼은 것이 아니고

○ 王引之曰 五伯亦有政教하니 不得言五伯非本政教라 本은 當爲平이니 字之誤也①라 致士篇曰 刑政平而百姓歸之라하고 孟子離婁篇曰 君子平其政이라하고 昭二十年左傳曰 是以政平而不干이라하고 周南芣苢序箋曰 天下和하고 政教平이라하니라 五伯猶未能平其政教라 故曰非平政教也라하니라 平政教三字는 本篇一見하고 王制

10) 本 : 王引之는 여러 사례를 들어 '平'이 잘못된 것이라고 증명하였으나, 潘重規・龍宇純・王天海 등 학자들은 그에 동의하지 않고 '本'이 옳다고 하였다. 역자 또한 굳이 오류라고 할 이유가 없는 것으로 보여 저본대로 번역하였다.

篇兩見하고 王霸篇兩見이라 其誤爲本政教者四②에 唯王制篇之一未誤하니 今據以訂正하니라

① 隸書本字與平相似라 故平誤爲本이라
隸書는 '本'자와 '平'이 서로 비슷하기 때문에 '平'이 '本'으로 잘못된 것이다.

② 楊注王霸篇曰 雖有政教나 未盡修其本也라하니 此不得其解而爲之說이라
楊氏의 〈王霸篇〉 주에 "비록 정치교화가 있었으나 그 근본을 완전히 행하지는 못했다.〔雖有政教 未盡修其本也〕"라 하였으니, 이는 그 뜻을 이해하지 못해 그와 같이 말한 것이다.

○ 王引之 : 五伯도 정치교화가 있었으니, 五伯가 정치교화를 근본으로 삼지 않았다고 말할 수 없다. 本은 마땅히 '平'이 되어야 하니, 글자가 잘못된 것이다. 〈致士篇〉에 "刑政平而百姓歸之(법률과 정책이 공평하면 백성들이 모여든다.)"라 하고, ≪孟子≫ 〈離婁篇〉에 "君子平其政(군자가 그 정사를 공평하게 한다.)"이라 하고, ≪春秋左氏傳≫ 昭公 20년에 "是以政平而不干(이 때문에 정치가 화평하여 서로 어긋나지 않는다.)"이라 하고, ≪詩經≫ 〈周南 芣苢 序〉의 〈鄭箋〉에 "天下和 政教平(천하가 화평하고 정치교화가 공평해진 것이다.)"이라고 하였다. 五伯는 오히려 그 정치교화를 공평하게 하지 못했으므로 '정치교화를 공평하게 하지 않았다.〔非平政教也〕'라고 말한 것이다. '平政教' 세 자는 本篇에 한 번 보이고, 〈王制篇〉에 두 번 보이고, 〈王霸篇〉에 두 번 보인다. '本政教'로 잘못된 네 군데 중에 오직 〈王制篇〉의 한 군데만 잘못되지 않았는데, 여기서는 여러 사례를 근거로 정정하였다.

7-18 非致隆高也요

숭고한 禮義의 정치를 온전히 행한 것이 아니고

致는 至極也라

楊倞注 : 致는 지극하다는 뜻이다.

7-19 非綦文理[11)]也요

禮義의 제도를 완비한 것이 아니고

---

11) 綦文理 : 綦는 '極(극진하다)'자와 통용한다. 文理는 ≪荀子≫에 모두 16번 보이는데 대부분 禮義 제도를 가리킨다. 문장과 소리라고 한 楊倞의 注는 틀렸으므로 따르지 않았다.

非極有文章條理也라

楊倞注 : 문장과 조리가 완비되지 않았다는 것이다.

7-20 **非服人之心也**며

민심을 충심으로 심복하게 한 것이 아니며,

非以義服之也라

楊倞注 : 도리로 사람들을 승복시킨 것이 아니라는 것이다.

7-21 **鄉方略**하고 **審勞佚**하고

그들은 책략을 지향하고 백성들의 노동과 휴식을 살피고

鄉은 **讀爲向**이니 **趨也**라 **審勞佚**은 **謂審知使人之勞佚也**라

楊倞注 : 鄉은 '向'으로 간주해 읽어야 하니, 달려간다는 뜻이다. 審勞佚은 사람들을 부릴 적에 그들의 노동과 휴식을 살펴 아는 것을 이른다.

7-22 **畜積修鬭**하여 **而能顚倒其敵者也**니

재물을 축적하고 군비를 보강하여 능히 그들의 적을 쳐서 쓰러뜨린 자들이니,

畜積倉廩하고 **修戰鬭之術**하여 **而能傾覆其敵也**라 ○ **王引之曰 修鬭二字**는 **殊爲不詞**라 **楊注加數字以解之**하니 **其失也迂矣**라 **王霸篇**에 **作鄉方略**하고 **審勞佚**하고 **謹畜積**하고 **修戰備**하니 **疑此亦本作謹畜積**하고 **修鬭備**로되 **而傳寫有脫文也**라 **此篇及王霸篇**이 **自鄉方略以下**는 **皆以三字爲句**하니 **以是明之**라

楊倞注 : 창고에 재물을 축적하고 전투하는 기술을 보강하여 능히 그들의 적을 전복시켰다는 것이다.

○ 王引之 : '修鬭' 두 자는 매우 말이 이루어지지 않는다. 楊氏의 주는 몇 글자를 추가하여 그것을 풀이하였으니, 그 잘못이 터무니없다. 〈王霸篇〉에 "鄉方略 審勞佚 謹畜積 修戰備(책략을 지향하고 백성들의 노동과 휴식을 살피고 재물 축적을 충실히 하고 군비를 보강하였다.)"로 되어 있으니, 아마도 여기 또한 본디 '謹畜積 修鬭備'로 되었을 것인데, 옮겨 쓰는

과정에서 빠진 글자가 있었을 것이다. 이 편과 〈王霸篇〉이 '鄉方略' 이하부터는 모두 세 글자로 문구가 형성되었으니, 이로 인해 그렇다는 것을 알 수 있다.

7-23 詐心以勝矣라 彼以讓飾爭하고 依乎仁而蹈利者也로

이는 속이는 속셈으로 승리를 취한 것이다. 저들은 謙讓을 가지고 쟁탈을 엄폐하고 仁에 기대어 이익을 도모한 자로서

爲讓所以飾爭이요 非眞讓也며 行仁所以蹈利요 非眞仁也라

楊倞注 : 겸양하는 것은 쟁탈을 덮기 위해서이지 진정으로 겸양한 것이 아니고, 仁을 행하는 것은 이익을 도모하기 위해서이지 진정으로 仁한 것이 아니다.

7-24 小人之傑也라 彼固曷足稱乎大君子之門哉아

소인 가운데 뛰어난 존재이다. 저런 사람을 진실로 어찌 위대한 군자의 문하에서 거론할 수 있겠는가."

前章言五霸救時라 故褒美之하고 此章明王者之政이라 故言其失이라 孟子曰 五霸者는 三王之罪人也라하니라

楊倞注 : 앞 章은 五霸가 혼란한 시대를 구제한 것을 말한 것이므로 그들을 찬양하였고, 이 章은 王者의 정치를 말한 것이므로 그 잘못을 말했다. ≪孟子≫ 〈告子 下〉에 "五霸란 三王의 죄인이다."라고 하였다.

7-25 彼王者則不然이라 致賢而能以救不肖하고 致彊而能以寬弱하며 戰必能殆之而羞與之鬬하여

저 王道를 행하는 사람은 그렇지 않다. 매우 현능하면서도 능히 어질지 못한 자를 바로잡고 매우 강대하면서도 능히 약자를 너그럽게 포용하며 전쟁을 하면 능히 상대방을 위태롭게 할 수 있어도 그와 함께 싸우는 것을 부끄럽게 여기면서

必以義服이요 不力服也라

楊倞注 : 반드시 상대국을 의리로 승복하게 하지, 힘으로 굴복시키지 않는다는 것이다.

7-26 委然成文以示之天下하여

여유롭게 제도문물을 이루어 천하에 드러내 보임으로써

委然은 俯就之貌라 言俯就人하여 使成文理하여 以示天下라 ○ 王引之曰 楊說迂回而不可通이라 竊謂委然은 文貌也라 委는 讀如冠緌之緌라 儒效篇綏(유)綏兮其有文章也라하고 楊彼注云 綏는 或爲葳蕤之蕤라하니 蕤與緌同音이라 此云委然成文은 卽所謂綏綏①有文章也라 禮記多以綏爲緌하고 而說文餧(뇌)字 經典多作餒하니 是從委從妥之字 古多相通하니라

① 音蕤라
〈綏는〉 음이 '蕤(유)'이다.

楊倞注 : 委然은 자세를 낮춰 나아가는 모양이다. 남에게 자세를 낮춰 나아가서 문장과 도리를 이루어 천하에 내보이게 하는 것을 말한다.

○ 王引之 : 楊氏의 설은 왜곡되어 뜻이 통해질 수가 없다. 나는 생각건대, 委然은 문채가 있는 모양이다. 委는 '冠緌'의 '緌'자처럼 읽어야 한다. 〈儒效篇〉에 "綏綏兮其有文章也(여유로워 예악법도가 있다.)"라 하고, 楊氏의 그곳 주에 "綏는 간혹 〈무성하다는 뜻인〉 '葳蕤'의 '蕤'로 쓰기도 한다."라고 하였으니, '蕤'와 '緌'는 같은 음이다. 여기서 말한 '委然成文'은 곧 이른바 '綏綏有文章也'라는 뜻이다. ≪禮記≫에 대부분 '綏'가 '緌'로 되어 있기도 하고, ≪說文解字≫의 굶주린다는 뜻인 '餧'자가 경전에는 대부분 '餒'로 되어 있으니, 이는 委가 붙고 妥가 붙는 글자가 옛날에 많이 서로간에 통용되었다는 증거이다.

7-27 而暴(포)國安[12)]自化矣라 有災繆者然後誅之니

포악한 나라도 저절로 따라서 변화하는 것이다. 그런 가운데 백성에게 재앙을 끼치고 잘못을 범하는 자가 있다면 그런 뒤에 비로소 정벌을 행하니,

有災怪繆戾者然後誅之니 非顚倒其敵也라

楊倞注 : 재앙과 잘못을 범한 자가 있다면 그런 뒤에 정벌하는 것이니, 그 적을 쳐서 쓰러뜨리는 것은 아니다.

12) 安 : '乃'와 같다.

7-28 故聖王之誅也는 綦省(생)矣라

그러므로 聖王이 정벌을 행하는 경우는 매우 드물었다.

省은 少也니 所景反이라 ○ 先謙案 群書治要綦作甚하니라

楊倞注 : 省은 적다는 뜻이니, 그 음은 所와 景의 反切이다.
○ 先謙案 : 《群書治要》에는 '綦'가 '甚'으로 되어 있다.

7-29 文王誅四하고

文王은 네 나라를 정벌하였고

四는 謂密也요 阮也요 共也요 崇也라 詩曰 密人不恭하여 敢距大邦하여 侵阮徂共이라하고 春秋傳曰 文王聞崇德亂而伐之에 因壘而降이라하니라 史記亦說文王征伐하니 與此小異라 誅者는 討伐殺戮之通名이라

楊倞注 : 四는 密國·阮國·共國·崇國을 이른다. 《詩經》〈大雅 文王之什〉에 "密國 사람 사나워 공손치 않아 제 감히 큰 나라를 거역하고서 阮國을 침범하고 共國으로 가네."라 하고, 《春秋左氏傳》 僖公 19년에 "文王이 崇國의 덕행이 어지럽다는 말을 듣고 정벌할 적에 이전에 쌓았던 보루 속에 주둔했더니 崇國이 항복하였다."라 하였다. 《史記》에도 文王이 정벌한 일을 말했는데, 여기의 내용과는 조금 다르다. 誅란 정벌과 살육의 통칭이다.

文王

7-30 武王誅二하며

武王은 두 사람을 정벌하였으며,

史記云 武王斬紂與妲己라하고 尸子曰 武王親射惡來[13)]之口하고 親斫殷紂之頸하며 手汙於血이어늘 不溫而食하니 當此之時에 猶猛獸者也라하니라 ○ 盧文弨曰 案溫字有誤니 或是盥字라 兪樾曰 楊注所引은 皆不足以爲二라 所謂誅二者는 殆卽孟子所稱誅紂伐奄與아

楊倞注 : ≪史記≫에 "武王이 紂와 妲己를 참수하였다."라 하고, ≪尸子≫에 "武王이 惡來의 입을 직접 쏘아 맞히고 殷나라 紂의 목을 직접 잘랐으며, 손이 피로 물들었는데 그 손을 씻지 않고 밥을 먹었다. 이 당시에는 〈武王이〉 맹수와 같았다."라고 하였다.

○ 盧文弨 : 살펴보건대, 〈楊氏 주의〉 '溫'자는 오류가 있으니, 어쩌면 '盥'자일 것이다.

兪樾 : 楊氏의 주에 인용한 내용은 모두 충분히 '두 사람'이란 말의 설명이 될 수 없다. 이른바 '誅二'란 어쩌면 ≪孟子≫ 〈滕文公 下〉에서 말한 "紂를 정벌하고 奄나라를 쳤다."라고 한 일이 아닌지 모르겠다.

武王

周公

7-31 周公卒業하여

周公이 王業을 종결하고서

13) 惡來 : 紂王이 총애하던 간신의 이름이다.

周公終王業하고 亦時有小征伐하니 謂三監淮夷商奄[14)]也라

楊倞注：周公이 제왕의 사업을 종결하고 또 가끔 작은 정벌을 행한 일이 있었으니, 三監·淮夷·商奄을 정벌한 것을 이른다.

7-32 至於成王하여는 則安以無誅矣라

成王 때까지는 정벌이 없었다.

言其化行刑措也라 ○ 王念孫曰 安下本無以字하니 此後人不知安爲語詞而誤以爲安定之安이라 故妄加以字耳라 大略篇至成康則案無誅已[①]라하여 案下無以字하니 是其明證이라

成王

① 案亦語詞라
'案' 또한 어조사이다.

楊倞注：교화가 행해져 형벌을 놓아두고 쓰지 않은 것을 말한다.

○ 王念孫：'安' 밑에 본디 '以'자가 없었으니, 이는 후세 사람이 '安'이 어조사임을 몰라 '安定'의 '安'으로 잘못 생각했기 때문에 함부로 '以'자를 추가한 것일 뿐이다. 〈大略篇〉에 "至成康則案無誅已(成王·康王 때까지는 정벌이 없었다.)"라고 하여 '案' 밑에 '以'자가 없으니, 이것이 그 분명한 증거이다.

---

14) 三監淮夷商奄：三監은 세 명의 監國이란 뜻으로, 周 武王의 세 아우인 管叔·蔡叔·霍叔을 말한다. 武王이 商나라를 멸망시킨 뒤에 商나라의 옛 도읍을 紂의 아들 武庚에게 봉해주고 동시에 그 도읍의 동부인 衛나라는 管叔, 서부인 鄘나라는 蔡叔, 북부인 邶나라는 霍叔이 머물러 통치하게 하였는데, 뒤에 이들이 武庚과 연합하여 반란을 일으켰다. 淮夷는 고대에 淮河 유역에 거주하던 부족으로, 管叔·蔡叔을 따라 반란을 일으켰다. 商奄은 '商奄之變'으로, 紂의 아들 武庚이 武王이 죽은 뒤에 奄·徐·薄姑 등 동방 여러 부족과 연합하여 대규모의 반란을 일으켰다. 이들 모두 周公에 의해 진압되었다.

7-33 故道豈不行矣哉아

그러니 도가 어찌 행해지지 않겠는가.

以此言之컨대 道豈不行이리오 人自不行耳라 故又以下事明之라

楊倞注 : 이로써 말하건대, 도가 어찌 행해지지 않겠는가. 사람이 제 스스로 행하지 않은 것일 뿐이다. 그러므로 또 다음의 사례를 가지고 그 이유를 밝혔다.

7-34 文王載百里地而天下一하고

文王은 도를 행했으므로 백 리 땅으로도 천하가 통일되었고

所載之地不過百里而天下一은 以有道也라 ○ 顧千里曰 載下當有之字라 載之舍之對文이니 二之字皆指道也라 富國篇以國載之 是其證이라 楊注載下已脫之字라

楊倞注 : 행한 땅이 백 리를 넘지 않았으나 천하가 통일된 것은 도가 있었기 때문이다. ○ 顧千里 : '載' 밑에 마땅히 '之'자가 있어야 한다. '載之'와 '舍之'는 대구이니, 두 '之'자는 다 도를 가리킨다. 〈富國篇〉의 "以國載之(국가를 그에게 위임한다.)"가 곧 그 증거이다. 楊氏의 주는 '載' 밑에 이미 '之'자의 뜻이 빠져 있다.

7-35 桀紂舍之하여 厚於有天下之勢而不得以匹夫老라

桀·紂는 도를 버렸기에 천하를 통치할 권력을 충분히 지니고서도 서민처럼 늙을 때까지 살지 못했다.

桀紂舍道일새 雖有天下厚重之勢나 而不得如庶人壽終이라

楊倞注 : 桀·紂는 도를 버렸기 때문에 비록 천하에 막강한 권세를 지니고서도 서민처럼 天壽를 누리고 죽지 못했다는 것이다.

7-36 故善用之면 則百里之國足以獨立矣요 不善用之면 則楚六千里而爲讎人役이라

그러므로 도를 잘 이용하면 백 리의 나라로도 충분히 독립할 수 있고, 잘 이용하지 못하면 楚나라처럼 6천 리나 되는 국토를 지녔더라도 원수에게 부림을 당하

는 것이다.

善用은 謂善用道也라 讎人은 秦也라 楚懷王死於秦하고 其子襄王又爲秦所制而役使之也라

楊倞注 : 善用은 도를 잘 이용하는 것을 이른다. 讎人은 秦나라이다. 楚 懷王은 秦나라 땅에서 죽었고 그의 아들 襄王이 또 秦나라에 제어되어 사역을 당하였다.

7-37 故人主不務得道而廣有其勢는 是其所以危也라

이 때문에 군주가 도를 얻는 데에 힘쓰지 않고 그 세력만 확장하는 것은 곧 그가 위태로워지는 원인이다.

7-38 持寵處位終身不厭之術[15)]이라

군주의 총애를 유지하고 높은 관직을 지키며 종신토록 남이 염증을 느끼지 않게 하는 방법은 이렇다.

論人臣處位하여 可終身行之之術이라

楊倞注 : 신하로서 높은 자리에 앉아 종신토록 자기의 도를 행할 수 있는 방법에 관해 논한 것이다.

7-39 主尊貴之면 則恭敬而僔(준)하고

군주가 자기를 존귀하게 대하면 공경하여 자신을 낮추고

僔은 與撙同이니 卑退也라

楊倞注 : 僔은 '撙(억제하다)'과 같으니, 자신을 낮추어 뒤로 물러난다는 뜻이다.

---

15) 持寵處位終身不厭之術 : 安鼎福(1712~1791)이 鄭志儉(1737~1784)에게 답한 편지에 "제가 일찍이 ≪荀子≫ 〈仲尼〉편의 끝부분 持寵處位章을 읽었는데 말투가 너저분한 것 같았으나 人情을 잘 묘사하였습니다. 대체로 春秋戰國 시대 말엽에 벼슬한 사람들이 대부분 세상의 화를 당하였기 때문에 이 편을 저술하여 교훈을 남긴 것이었습니다. 한번 읽어보십시오. 이는 허찮게 여길 글이 아닙니다."라고 하였다. ≪順菴先生文集 권9 答鄭子尙書≫

7-40 主信愛之면 則謹愼而嗛하며

군주가 자기를 믿고 사랑하면 근신하여 겸손해하며,

嗛은 與歉同하니 不足也라 言不敢自滿也라 春秋穀梁傳曰 一穀不升謂之嗛이라하니라 ○ 王引之曰 嗛은 與謙同이라 周易釋文曰 謙은 子夏作嗛이라하니라 故與謹愼連文이라

楊倞注 : 嗛은 '歉'과 같으니, 부족하다는 뜻이다. 감히 스스로 만족해하지 않는 것을 말한다. ≪春秋穀梁傳≫ 襄公 24년에 "한 가지 곡물이 수확이 없는 것을 '嗛'이라 이른다."라고 하였다.

○ 王引之 : 嗛은 '謙'과 같다. ≪周易≫의 ≪經典釋文≫에 "謙은 子夏가 '嗛'으로 썼다."라고 하였다. 그러므로 '謹愼'과 글이 이어진 것이다.

7-41 主專任之면 則拘守而詳하고

군주가 자기에게 관직을 전적으로 맡기면 몸가짐을 근엄하게 지키면서 사무를 세심히 처리하고

謹守職事하고 詳明法度라

楊倞注 : 직무를 신중히 지키고 법도를 자세히 알아야 한다는 것이다.

7-42 主安近之면 則愼比而不邪하며

군주가 자기를 좋아하고 접근하면 순종하여 가까이하되 간사하게 하지 않으며,

謹愼親比於上하되 而不回邪諂佞이라 ○ 王引之曰 愼比卽順比[①]라 言雖順比於君而不諂諛也라 楊分愼比爲二義하니 失之라

① 王制篇曰 天下莫不順比從服이라하니라 順愼古多通用하니 不煩引證이라
〈王制篇〉에 "天下莫不順比從服(천하에 순종하여 가까이하고 복종하지 않는 자가 없게 한다.)"이라고 하였다. '順'과 '愼'은 옛날에 많이 통용하였으니, 번거롭게 인용하여 밝히지 않는다.

楊倞注 : 윗사람에게 조심하고 친근히 하되 간사하고 아첨하지 않는다는 것이다.

○ 王引之 : '愼比'는 곧 '順比'이다. 비록 군주에게 순종하여 가까이하더라도 아첨하지

않는다는 것을 말한다. 楊氏는 '愼比'를 나누어 두 가지 뜻으로 풀이하였으니, 잘못된 것이다.

7-43 主疏遠之면 則全一而不倍하고

군주가 자기를 소원하게 대하면 군주에게 성의를 다하여 배반하지 않고

不以疏遠而懷離貳之心이라

楊倞注 : 소원하게 대한다고 하여 딴마음을 품지 않는다는 것이다.

7-44 主損絀之면 則恐懼而不怨이니라 貴而不爲夸하고

군주가 자기를 강등시키거나 물리치면 두려워하고 원망하지 않아야 한다. 지위가 존귀하더라도 사치하지 않고

夸는 奢侈也라

楊倞注 : 夸는 사치라는 뜻이다.

7-45 信而不處謙하며

군주의 신임을 얻더라도 혐의스러운 입장에 처하지 않으며,

謙은 讀爲嫌이라 得信於主라도 不處嫌疑間하여 使人疑其作威福也라 ○ 謝本依盧校하여 不下有忘字라 盧文弨曰 各本無忘字하고 惟宋本有하니 作不忘處謙下解라도 未嘗不可通이라 但注讀謙爲嫌하여 云不處嫌疑間이라하니 則忘字衍이라 當去之라 王念孫曰 宋呂本如是하고 錢及各本은 俱無忘字라 先謙案 忘字依注不當有니 從各本删하니라

楊倞注 : 謙은 '嫌'으로 간주해 읽는다. 군주에게 신임을 얻더라도 혐의스러운 입장에 처하여 다른 사람이 자기에 대해 위세를 부리지는 않은가 의심하게 하지 않아야 한다는 것이다.

○ 謝本은 盧校本에 따라 '不' 밑에 '忘'자가 있다.

盧文弨 : 각 판본에는 '忘'자가 없고 오직 宋本에만 있는데, '不忘處謙下(겸손하고 자신

을 낮추는 입장에 처하는 것을 잊지 않는다.)'라고 풀이하더라도 뜻이 안 통하지는 않는다. 다만 楊氏의 주에, 謙은 '嫌'으로 간주해 읽어야 한다고 하면서 "不處嫌疑間(혐의스러운 입장에 처하지 않는다.)"이라고 하였으니, '忘'은 잘못 덧붙여진 것이다. 마땅히 삭제하여야 한다.

王念孫 : 宋 呂夏卿本은 이와 같고 錢佃本 및 각 판본에는 모두 '忘'자가 없다.

先謙案 : '忘'자는 楊氏의 주에 의해 마땅히 있어서는 안 되니, 각 판본에 따라 삭제하였다.

7-46 **任重而不敢專**하고 **財利至則善而不及也**어든 **必將盡辭讓之義然後受**니라

중책을 맡기더라도 감히 독단하지 않고 재물이나 이익이 들어오면 자기의 선행이 만일 그것을 차지하기에 충분치 않을 경우에는 반드시 사양하는 도리를 다하고 난 다음에 받아들여야 한다.

善而不及의 而는 如也라 言己之善寡하여 如不合當此財利也라 ○ 謝本從盧校하여 善上有言字라 王念孫曰 元刻無言字하니 是也라 據楊注云 善而不及의 而는 如也라하니 則善上無言字 明矣라 注又云 言己之善寡하여 如不合當此財利也라하니 此言字는 乃申明正文之詞요 非正文所有也라 宋本有言字는 卽涉注文而衍이라 先謙案 王說是하니 今依元刻刪하니라

楊倞注 : 善而不及의 '而'는 '如(만일)'와 같다. '자기의 선행이 적어 만일 그 재물이나 이익을 차지하기에 합당하지 않을 경우에는'이라고 말한 것이다.

○ 謝本은 盧校本에 따라 '善' 위에 '言'자가 있다.

王念孫 : 元刻本에는 '言'자가 없으니, 옳다. 楊氏의 주에 "善而不及의 '而'는 '如'와 같다."라 하였으니, '善' 위에 '言'자가 없는 것이 분명하다. 楊氏의 주에 또 "言己之善寡 如不合當此財利也"라고 하였는데, 이 '言'자는 곧 본문을 분명히 설명하는 말이고 본문에 있는 것은 아니다. 宋本에 '言'자가 있는 것은 곧 楊氏 주의 글과 연관되어 잘못 덧붙여진 것이다.

先謙案 : 王氏의 설이 옳으니, 여기서는 元刻本에 따라 삭제하였다.

7-47 **福事至則和而理**하고 **禍事至則靜而理**하며

행복한 일이 닥쳤을 때는 느긋하게 처리하고 불행한 일이 닥쳤을 때는 차분하게 처리하며,

理는 謂不失其道라 和而理는 謂不充屈이요 靜而理는 謂不隕穫也라

楊倞注 : '理'는 그 도를 잃지 않는 것을 말한다. '和而理'는 마음이 번민하지 않는 것을 이르고, '靜而理'는 기개를 상실하지 않는 것을 이른다.

7-48 富則廣施하고 貧則用節이라 可貴可賤也하고 可富可貧也하며 可殺而不可使爲姦也라

부유하면 널리 베풀고 가난하면 비용을 절약한다. 귀하면 귀한 대로 천하면 천한 대로 그 입장에 맞게 처리하고, 부유하면 부유한 대로 가난하면 가난한 대로 그 입장에 맞게 처리하며, 비록 자기를 군주가 죽일 수는 있더라도 자기가 간악한 짓을 하게 하지는 못한다.

君雖寵榮屈辱之라도 終不可使爲姦也라

楊倞注 : 군주가 비록 자기를 영예롭게 해주거나 굴욕을 가하더라도 결코 자기가 간악한 짓을 하게 하지는 못한다는 것이다.

7-49 是持寵處位終身不厭之術也라 雖在貧窮徒處之勢라도 亦取象於是矣니 夫是之謂吉人이니라

이것이 군주의 총애를 유지하고 높은 관직을 지키며 종신토록 남이 염증을 느끼지 않게 하는 방법이다. 비록 빈궁하고 혼자 지내는 상황에 있더라도 이와 같은 방법에 비추어 행동하여야 하니, 이런 사람을 가리켜 吉人이라고 말한다.

徒處는 徒行이라 或曰 獨處也라하니라 雖貧賤이라도 其所立志亦取法於此也라

楊倞注 : 徒處는 도보로 걸어간다는 '徒行'의 뜻이다. 혹자는 "혼자 처해 있다는 뜻이다."라고 하였다. 비록 가난하고 미천하더라도 그가 뜻을 세우는 것 또한 여기서 취해 모범으로 삼는다는 것이다.

7-50 詩云 媚茲一人에 應侯順德하니 永言孝思하여 昭哉嗣服이라하니 此之謂也니라

≪詩經≫에 “이 한 사람 武王을 사랑했기에 천하가 순한 덕으로 호응했나니, 武王께선 효심이 아니 끊기어 조상의 업적 환히 계승하셨네.”라고 하였으니, 이를 두고 하는 말이다.

詩는 大雅下武之篇이라 一人은 謂君也라 應은 當이라 侯는 維라 服은 事也라 鄭云 媚는 愛라 茲는 此也라 可愛乎武王이 能當此順德은 謂能成其祖考之功也라하고 服은 事也라 明哉武王之嗣行祖考之事는 謂伐紂定天下也라하니라 引此者는 明臣事君이 亦猶武王之繼祖考也라

楊倞注 : ≪詩經≫은 〈大雅 下武〉편이다. 一人은 군주를 이른다. 應은 ‘當’의 뜻이다. 侯는 ‘維(어조사)’의 뜻이다. 服은 ‘事’의 뜻이다. 鄭玄이 “媚는 ‘愛’의 뜻이다. 茲는 ‘此’의 뜻이다. 사랑스러운 武王이 능히 이 순한 덕에 해당된다는 것은 능히 그 祖考의 공을 완성한 것을 이른다.”라 하고, “服은 ‘事’의 뜻이다. 밝으신 武王이 祖考의 일을 이어 행했다는 것은 紂를 정벌하여 천하를 안정시킨 것을 이른다.”라고 하였다. 이 시를 인용한 것은 신하로서 군주를 섬기는 것이 또한 武王이 그의 祖考의 일을 이어 행한 것과 같다는 것을 밝히기 위해서이다.

7-51 求善處大重하고 理任大事하며

중요한 자리를 잘 지키고 큰 임무를 담당하며

大重은 謂大位也라 ○ 兪樾曰 理字衍文이라 處大重하고 任大事相對니 皆蒙善字爲義라 楊注曰 大重은 謂大位也라하고 不釋理字之義하니 知楊氏作注時尙無理字也라 理字는 蓋卽重字之誤而衍者라

楊倞注 : 大重은 큰 벼슬자리를 이른다.

○ 兪樾 : ‘理’자는 잘못 덧붙여진 것이다. ‘處大重’과 ‘任大事’가 서로 대구이니, 모두 ‘善’자를 받아 뜻이 된다. 楊氏의 주에 “大重은 큰 벼슬자리를 이른다.”라고 하고 ‘理’의 뜻을 풀이하지 않았으니, 楊氏가 주를 저술할 그때까지는 ‘理’자가 없었다는 것을 알 수 있다. ‘理’자는 아마도 ‘重’자가 잘못된 것이고 그것이 덧붙여졌을 것이다.

7-52 擅寵於萬乘之國하고 必無後患之術인댄

전차 만 대를 보유한 대국에서 군주의 총애를 독차지하고 반드시 후환이 없도록 하는 방법을 구하려고 한다면

○ 先謙案 求善處之術二十二字爲句하여 與下必無後患之術也相應하여 與前後持寵處位終身不厭之術 天下之行術一律이니 楊失其讀(두)라

○ 先謙案 : '求善處'부터 '之術'까지 22자가 한 구가 되어 아래 '必無後患之術也'와 호응하여 앞뒤의 '持寵處位終身不厭之術' 및 '天下之行術'과 동일한 형식이니, 楊氏는 그 구두를 잘못 떼었다.

7-53 莫若好同之하여

무엇보다 어진 사람을 좋아하여 그와 마음을 함께하여

好賢人하여 與之同者也라

楊倞注 : 어진 사람을 좋아하여 그와 함께하는 것이다.

7-54 援賢博施하며 除怨而無妨害人이라

어진 이를 끌어올리고 널리 은혜를 베풀며 원망을 떨쳐버리고 남을 해롭게 하지 않아야 한다.

除怨은 不念舊惡이라 ○ 盧文弨曰 正文人字는 元刻作之하니라

楊倞注 : 除怨은 이전에 품었던 앙심을 생각지 않는다는 뜻이다.

○ 盧文弨 : 본문의 '人'자는 元刻本에 '之'로 되어 있다.

7-55 能耐任之면 則愼行此道也며

자기가 중임을 맡을 만하면 신중히 위에서 말한 방법을 시행하여야 하며

耐는 忍也라 愼은 讀爲順이라 言人有賢能者면 雖不欲用이라도 必忍而用之니 則順己所行之道라 耐는 乃代反이라 ○ 王念孫曰 能耐任之와 能而不耐任兩能字는 皆

衍文이라 耐는 卽能字也①라 耐任之則愼行此道者는 言能任國家之大事②면 則愼行此道也라 今作能耐任之者는 後人記能字於耐字之旁이어늘 而傳寫者因誤合之也라 而不耐任云云者의 而는 讀爲如니 言如不能任其事면 則莫若推賢讓能也라 今作能而不耐任者는 傳寫者旣能耐幷錄이어늘 而能字又誤在而不二字之上也라 楊氏不得其解라 故曲爲之詞라

① 禮運故聖人耐以天下爲一家하고 以中國爲一人者의 鄭注曰 耐는 古能字라 傳書世異어늘 古字時有存者하니 則亦有今誤矣라하고 樂記故人不耐無樂의 鄭注曰 耐는 古書能字也라 後世變之어늘 此獨存焉이라하고 成七年穀梁傳非人之所能也의 釋文에 能은 亦作耐라하니라 管子入國篇聾盲喑啞跛躄偏枯握遞하여 不耐自生者의 耐卽能字라
≪禮記≫ 〈禮運〉에 "故聖人耐以天下爲一家 以中國爲一人者(그러므로 성인은 능히 천하를 한 집으로 여겼고 중국의 많은 사람을 한 사람으로 여겼다.)"의 鄭玄의 주에 "耐는 옛 '能'자이다. 전해오는 글이 시대에 따라 다른데 옛 글자가 가끔 그대로 남아 있는 경우가 있으니, 이 때문에 또 지금 오류가 있는 것이다."라 하고, 〈樂記〉에 "故人不耐無樂(그러므로 사람이 음악이 없을 수 없다.)"의 鄭玄의 주에 "耐는 옛 서적에서의 '能'자이다. 후세에 이것을 바꿨는데 이곳에만 유독 그대로 남아 있다."라 하고, ≪春秋穀梁傳≫ 成公 7년에 "非人之所能也(사람이 해낼 수 있는 일이 아니다.)"의 ≪經典釋文≫에 "能은 또한 '耐'로 쓰기도 한다."라고 하였다. ≪管子≫ 〈入國篇〉에 "聾盲喑啞跛躄偏枯握遞 不耐自生者(귀머거리・소경・벙어리・절름발이・반신불수 그리고 두 손이 안쪽으로 오그라드는 불구자 등 능히 스스로 살아갈 수 없는 자들)"의 '耐'는 곧 '能'자이다.

② 此承上理任大事而言이라
위의 '理任大事'를 이어 말한 것이다.

楊倞注 : 耐는 '忍(견디다)'의 뜻이다. 愼은 '順'으로 간주해 읽는다. 어떤 사람 중에 현능한 자가 있으면 비록 그를 등용하고 싶지 않더라도 반드시 감내하여 등용해야 할 것이니, 그렇게 되면 자기가 행하는 도가 순리로워질 것이다. 耐의 음은 乃와 代의 反切이다.

○ 王念孫 : '能耐任之'와 '能而不耐任'의 두 '能'자는 모두 잘못 덧붙여진 글자이다. '耐'는 곧 '能'자이다. '耐任之則愼行此道'란 능히 국가의 큰일을 맡을 만하면 이 방법을 신중히 시행해야 함을 만한 것이다. 지금 '能耐任之'로 되어 있는 것은 후세 사람이 '能'자를 '耐'자 곁에 기록하였는데, 옮겨 쓴 자가 그것을 잘못 합친 것이다. '而不耐任' 운운한 것의 '而'는 '如(만일)'로 간주해 읽어야 하니, 만약 그 직무를 맡을 수 없다면 현자나 유능한 사람을 받들어 지위를 양보해주는 것만 못하다는 것을 말한다. 지금 '能而不耐任'으로 되어 있는 것은 옮겨 쓴 자가 이미 '能'과 '耐'를 함께 기록했는데 '能'자가 또 '而不' 두 자

위에 잘못 있게 된 것이다. 楊氏는 그것을 이해하지 못했기 때문에 억지로 그렇게 말한 것이다.

7-56 能而不耐任하고

만약 중책을 맡을 수 없고

有能者不忍急用之라

楊倞注 : 능력이 있는 자를 차마 서둘러 등용하지 못한다는 것이다.

7-57 且恐失寵이면 則莫若早同之하여 推賢讓能而安隨其後라 如是엔 有寵則必榮하고 失寵則必無罪라 是事君者之寶而必無後患之術也니라

또 이로 인해 군주의 총애를 잃을까 두렵다면 무엇보다 빨리 군주와 마음을 함께하면서 현인을 추천하며 유능한 자에게 자리를 양보하고 자기는 기꺼이 그 뒤를 따라가야 한다. 이와 같이 할 경우에는 총애를 받으면 반드시 영달할 것이고 총애를 잃더라도 반드시 벌을 받지는 않을 것이다. 이것이 군주를 섬기는 자의 보배이며 반드시 후환이 없는 방법이다.

或曰 荀子非王道之書라 其言駁雜하니 今此又言以術事君이라하여늘 曰 不然하다 夫荀卿生於衰世하여 意在濟時라 故或論王道하고 或論霸道하고 或論彊國하니 在時君所擇이 同歸於治者也라 若高言堯舜하면 則道必不合하리니 何以拯斯民於塗炭乎아 故反經合義하여 曲成其道니 若得行其志하여 治平之後엔 則亦堯舜之道也라 又荀卿門人多仕於大國이라 故戒以保身推賢之術하니 與大雅旣明且哲로 豈云異哉아하니라 ○ 盧文弨曰 正文也字는 元刻在寶字下라 案推賢讓能은 人臣之正道也라 以此爲固寵之術하니 亦不善於持說矣라 注曲爲之解하니 非是라

楊倞注 : 혹자는 말하기를 "≪荀子≫는 王道를 추구하는 책이 아니라 그 말이 난잡한데 지금 여기서 또 술책으로 군주를 섬기는 방법을 말했다."라고 하기에, 나는 말하기를 "그렇지 않다. 대체로 荀卿은 말세에 태어나 그 뜻이 세상을 구제하자는 데에 있었기 때문에 혹은 王道를 논하기도 하고 혹은 霸道를 논하기도 하고 혹은 국력을 강하게 하는 방법에 관해 논하기도 하였는데, 이는 당시 군주가 선택한 바가 모두 治世로 귀결되게 하

는 데에 있다. 만약 수준을 높여 堯·舜의 법을 말한다면 그 도가 반드시 세상의 상황과 부합되지 않을 것이니, 어떻게 이 백성을 도탄에서 건져낼 것인가. 그러므로 常道를 벗어나더라도 의리에 합치되게 하여 그 도를 완곡하게 이룬 것이다. 만약 그 뜻을 행하게 되어 정치가 청명하고 사회가 안정된 뒤에는 그것이 또한 堯·舜의 도인 것이다. 또 荀卿의 문인으로서 큰 나라에 벼슬살이하는 자가 많았으므로 몸을 보전하고 현인을 추천하는 방법으로 당부하였으니, ≪詩經≫ 〈大雅 烝民〉에 '도리에 이미 밝고 슬기롭다네.〔旣明且哲〕'라고 한 말과 어찌 다르다고 하겠는가."라고 하였다.

○ 盧文弨 : 본문의 '也'자가 元刻本에는 '寶'자 밑에 있다. 살펴보건대, 현인을 추천하고 재능이 있는 자에게 자리를 양보하는 것은 신하의 바른 도리이다. 그런데 이것을 군주의 총애를 공고히 하는 방법으로 삼았으니, 또한 지론이 좋지 않다. 楊氏의 주는 그것을 왜곡되게 풀이하였으니, 옳지 않다.

7-58 **故知者之擧事也**에 **滿則慮**嗛하고

그러므로 슬기로운 자는 일을 처리할 때 충분하면 부족할 경우를 생각하고

嗛은 不足也라 當其盈滿하여는 則思其後不足之時하여 而先防之라

楊倞注 : 嗛은 부족하다는 뜻이다. 가득 찬 때를 만나면 나중에 부족할 때를 생각하여 사전에 미리 예방한다는 것이다.

7-59 **平則慮險**하며 **安則慮危**하여 (曲)〔申〕重[16]**其豫**라도 **猶恐及其**旤라 **是以百擧而不陷也**니라

평탄하면 험난할 경우를 생각하며 편안하면 위태로울 경우를 생각하여 재삼 거듭 예방하더라도 오히려 그 화가 미칠까 봐 두려워한다. 이러므로 백 가지 일을 처리하더라도 잘못될 수 없다.

---

16) (曲)〔申〕重 : 저본에는 '曲'으로 되어 있으나, 龍宇純의 설에 의거하여 '申'으로 바로잡았다. 그의 설에 의하면 본디 '申'의 아랫부분이 떨어져나가 '由'가 되었고, '由'자는 行書와 漢隷 서체의 '曲'과 모양이 비슷하여 '曲'으로 잘못되었다고 하였다. 王天海도 '曲重'은 말이 안 된다고 하면서 龍宇純의 설에 동의하였다. ≪荀子≫에 '申重'은 모두 네 번 보이고 '曲重'은 이곳뿐이다.

委曲重多而備豫之라도 猶恐其及旤라 旤는 與禍同이라

楊倞注 : 빈틈없이 다방면으로 미리 대비하더라도 오히려 화를 당할까 두려워한다는 것이다. 旤는 '禍'와 같다.

7-60 孔子曰 巧而好度必節하고 勇而好同必勝하고 知而好謙必賢이라하니 此之謂也니라

孔子가 말하기를 "재주가 있으면서 법도를 좋아하면 반드시 절도가 있고, 용감하면서 남과 협력하기를 좋아하면 반드시 중임을 맡고, 슬기로우면서 겸양을 좋아하면 반드시 어질다."라고 하였으니, 이를 두고 한 말이다.

巧者好作淫靡라 故好法度者必得其節하고 勇者多陵物이라 故好與人同者必勝之也라 ○ 郭嵩燾曰 勝은 當讀爲識蒸切이라 說文에 勝은 任也라하니 言勇而好同하여 能盡人之力이면 則可以任天下之大事라

楊倞注 : 재주 있는 자는 방자한 짓을 하기를 좋아하기 때문에 〈재주 있으면서〉 법도를 좋아하는 자는 반드시 그 절도를 얻고, 용감한 자는 대부분을 남을 능멸하기 때문에 〈용감하면서〉 남과 협력하기를 좋아하는 자는 반드시 승리한다는 것이다.

○ 郭嵩燾 : 勝은 음을 마땅히 識와 蒸의 反切로 읽어야 한다. ≪說文解字≫에 "勝은 '任(맡다)'의 뜻이다."라고 하였으니, 용감하면서 남과 협력하기를 좋아하여 능히 남의 힘을 모두 얻어낼 수 있다면 천하의 큰일을 맡을 수 있음을 말한 것이다.

7-61 愚者反是라 處重擅權이면 則好專事而妒賢能하고 抑有功而擠有罪하고 志驕盈而輕舊怨하며

어리석은 자는 이와 반대이다. 요직에 앉아 권력을 휘두르게 되면 정사를 독자적으로 처리하길 좋아하여 어질고 유능한 자를 질투하고, 공 있는 자를 익입하면서 벌을 받은 자를 밀어내고, 마음이 교만하여 해묵은 원한이 있는 자를 경시하며,

擠는 推也니 言重傷之也라 輕舊怨은 謂輕報舊怨이라 ○ 王念孫曰 輕는 謂輕忽也라 以其處重擅權①이라 故志驕盈而輕忽舊怨하여 以爲莫如予何也라 楊云輕報舊怨이라하여 於輕下加報字하니 失之라

① 見上文이라
윗글에 보인다.

楊倞注 : 擠는 밀어낸다는 뜻이니, 이미 상처받은 사람을 재차 해치는 것을 말한다. 輕舊怨은 해묵은 원한을 쉽게 갚는 것을 이른다.

○ 王念孫 : 輕은 경시하고 홀대하는 것을 이른다. 요직에 앉아 권력을 독단하기 때문에 마음이 교만하여 해묵은 원한이 있는 자를 경시하여 자기를 어떻게 할 수 없을 것이라고 생각하는 것이다. 楊氏는 "輕報舊怨(해묵은 원한을 쉽게 갚는 것이다.)"이라고 하여 '輕' 밑에 '報'자를 붙였으니, 잘못되었다.

7-62 以忢(린)嗇而不行施道乎上하고 爲重招權於下以妨害人하니 雖欲無危나 得乎哉아

인색하여 윗자리에서 은혜를 베푸는 도리를 행하지 않고 자기 권위를 높이기 위해 아랫자리에서 권세를 부려 남을 해롭게 하니, 이런 사람은 비록 위태로운 일이 없기를 바라더라도 그렇게 될 수 있겠는가.

施道는 施惠之道라 欲重其威福이라 故招權使歸於己라

楊倞注 : 施道는 은혜를 베푸는 도리이다. 자기 권위를 높이려는 마음을 지녔기 때문에 권세를 부려 권세가 자기에게 돌아오게 하는 것이다.

7-63 是以位尊則必危하고 任重則必廢하고 擅寵則必辱하니 可立而待也며 可炊而僓也라

이 때문에 그들은 벼슬자리가 높으면 반드시 위태롭고 중책을 맡으면 반드시 파직되고 총애를 독차지하면 반드시 치욕을 당하는 것이니, 〈이와 같은 결과는〉 즉석에서 기다릴 수 있고 한 끼의 밥을 먹는 사이에도 끝날 수 있다.

炊는 與吹同이라 僓은 當爲僵이라 言可以氣吹之而僵仆라 僓은 音竟이라 ○ 盧文弨曰 元刻作音僵이라 郝懿行曰 洪氏頤煊以僓爲滰하여 引說文滰浙而行하니라 郭慶藩曰 字書無僓字하니 僓은 當讀爲竟이라 說文에 樂曲盡爲竟이라하니 引申之하여 凡終盡之義皆謂之竟이라 炊而竟은 猶言終食之間이니 謂時不久也라

楊倞注 : 炊는 '吹(불다)'와 같다. 僓은 마땅히 '儽(쓰러지다)'이 되어야 한다. 입으로 바람을 불어 쓰러지게 할 수 있음을 말한 것이다. 僓은 음이 竟이다.

○ 盧文弨 : 〈僓은〉 元刻本에 독음이 '儽'으로 되어 있다.

郝懿行 : 洪頤煊은 '僓'은 '滰'이라고 하면서 ≪說文解字≫의 "滰浙而行(물에 담가둔 쌀을 건져 가지고 떠나갔다.)"이라고 한 것을 인용하였다.

郭慶藩 : 字書에는 '僓'자가 없으니, 僓은 마땅히 '竟'으로 간주해 읽어야 한다. ≪說文解字≫에 "악곡이 끝난 것을 竟이라 한다."라고 하였으니, 이것을 확대하여 일반적으로 '終(끝나다)', '盡(다하다)'의 뜻은 모두 '竟'이라고 말한다. 炊而竟은 한 끼의 밥을 먹는 사이라는 말과 같으니, 시간이 오래가지 않은 것을 이른다.

7-64 是何也오 則墮(휴)之者衆而持之者寡矣리

이는 무슨 이유인가? 그를 무너뜨리는 자는 많고 붙들어 돕는 자는 적기 때문이다.

墮는 許規反이라 ○ 先謙案 墮는 毁也요 持는 扶助也라 解蔽篇云 鮑叔寧戚隰朋은 能持管仲하고 召公呂望은 能持周公也라하니라

楊倞注 : 墮는 음이 許와 規의 反切이다.

○ 先謙案 : 墮는 허문다는 뜻이고, 持는 붙들어 돕는다는 뜻이다. 〈解蔽篇〉에 "鮑叔·寧戚·隰朋은 능히 管仲을 붙들어 도왔고〔持〕, 召公과 呂望은 능히 周公을 붙들어 도왔다.〔持〕"라고 하였다.

7-65 天下之行術[17]이라

천하 도처에서 행할 수 있는 방법.

可以行於天下之術이라

楊倞注 : 천하에서 행할 수 있는 방법이란 뜻이다.

7-66 以事君則必通하고 以爲仁則必聖이라 立隆而勿貳也니

17) 天下之行術 : 소제목 성격이다. 術은 禮法을 말한다.

이것으로 군주를 섬기면 반드시 영달하고 이것으로 사람의 도리를 닦으면 반드시 성스러워진다. 中庸의 도를 확립하여 두 마음을 갖지 말아야 하니,

仁은 謂仁人이라 聖은 亦通也라 以事君則必通達하고 以爲仁則必有聖知之名者는 在於所立敦厚而專一也라 此謂可行天下之術也라 ○ 兪樾曰 仁은 當作人이라 言以事君則必通達하고 以爲人則必聖知也라 楊注曰 仁은 仁人이라하니 失之矣라 先謙案 以事君二句上屬爲義니 言行天下之術如此也라 立隆句下屬爲義라 隆은 猶中也라 立中道而無貳心이니 然後從而行之 是乃行術也라 楊注似未晰이라 仁人古通하니 兪說是라

楊倞注 : 仁은 仁한 사람을 이른다. 聖은 또한 〈이치를 통한다는〉 '通'의 뜻이다. 이것으로 군주를 섬기면 반드시 통달하고 이것으로 인을 행하면 반드시 성스럽고 지혜롭다는 이름이 있는 것은 마음속에 확립한 것이 돈독하고 전일하기 때문이다. 이것을 천하에 행할 수 있는 방법이라 이른다.

○ 兪樾 : 仁은 마땅히 '人'으로 되어야 한다. 이것으로 군주를 섬기면 반드시 통달하고 이것으로 사람의 도리를 닦으면 반드시 성스럽고 지혜로워진다는 것을 말한다. 楊氏의 주에 "仁은 仁한 사람이다."라고 했는데, 이는 잘못된 것이다.

先謙案 : '以事君' 두 구는 위로 붙어 뜻이 되니 천하에 행하는 방법이 이렇다는 것을 말한다. '立隆' 구는 아래로 붙어 뜻이 된다. 隆은 〈中庸이란 뜻의〉 '中'과 같다. 中庸의 도를 확립하여 두 마음이 없어야 하니, 그런 다음에 뒤이어 그것을 행하는 것이 곧 천하에 행하는 방법이다. 楊氏의 주는 분명치 못한 것 같다. '仁'과 '人'은 옛날에 통용하였으니, 兪氏의 설이 옳다.

7-67 然後恭敬以先之하고 忠信以統之하며 愼謹以行之하고 端愨以守之하며 頓窮則從之하고 疾力以申重之라

그런 다음에 공경한 태도로 그것을 솔선하고 충성과 성실로 그것을 통솔하며, 신중한 마음으로 그것을 행하고 단정하고 성실함으로 그것을 지키며, 곤궁할 때는 그것을 순종하고 아울러 노력하여 그것을 반복적으로 다진다.

以敦厚不貳爲本이니 然後輔之以恭敬之屬이라 頓은 謂困躓也라 疾力은 勤力也라 困戹之時엔 則尤加勤力而不敢怠惰라 申重은 猶再三也라

楊倞注 : 마음을 돈독하게 지녀 흔들리지 않는 것을 근본으로 삼아야 하니, 그런 다음에 공경하는 등의 행동으로 보완하는 것이다. 頓은 곤경에 처한 것을 이른다. 疾力은 애써 노력한다는 뜻이다. 곤경에 처했을 때에는 더욱 애써 노력하고 감히 게을리하지 않는다는 것이다. 申重은 再三이란 말과 같다.

7-68 **君雖不知**라도 **無怨疾之心**하고 **功雖甚大**라도 **無伐德之色**하며 **省**(생)**求多功**하고 **愛敬不勌**이라 **如是**면 **則常無不順矣**리라

군주가 비록 알아주지 않더라도 원망하거나 미워하는 마음을 갖지 않고 공로가 비록 매우 크더라도 그 공덕을 과시하는 기색이 없으며, 요구를 줄이고 공을 많이 세우며 군주를 사랑하고 공경하기를 게을리하지 않는다. 이처럼 한다면 언제나 순리롭지 않을 때가 없을 것이다.

省은 **少也**라 **少所求**는 **卽多立功勞**라 **省**은 **所景反**이라

楊倞注 : 省은 '少(적다)'의 뜻이다. 요구하는 것이 적은 것은 곧 공로를 많이 세운다는 뜻이다. 省은 음이 所와 景의 反切이다.

7-69 **以事君則必通**하고 **以爲仁則必聖**하니 **夫是之謂天下之行術**이니라 **少事長**하고 **賤事貴**하며 **不肖事賢**은 **是天下之通義也**라 **有人也 勢不在人上而羞爲人下**면 **是姦人之心也**라 **志不免乎姦心**하고 **行不免乎姦道**로되 **而求有君子聖人之名**이면 **辟**(비)**之**컨대 **是猶伏而咶**(지)**天**하고 **救經而引其足也**라

이것으로 군주를 섬기면 반드시 영달하고 이것으로 사람의 도리를 닦으면 반드시 성스러워지니, 이것을 천하 도처에서 행할 수 있는 방법이라 이른다. 젊은이가 어른을 섬기고 미천한 자가 존귀한 자를 섬기며 현능하지 못한 자가 현능한 자를 섬기는 것은 곧 천하에 통용되는 도리이다. 어떤 사람이 자기의 지위가 남의 위에 있지 않으면서 남의 밑에 있는 것을 부끄러워한다면 이는 간사한 사람의 마음이다. 뜻이 간사한 마음을 면치 못하고 행동이 간사한 길을 벗어나지 못하면서 군자나 성인 같은 명예가 있기를 바란다면, 비유하건대, 이는 마치 땅에 엎드려 하늘을 핥고 목맨 사람을 구하면서 그 발을 잡아당기는 것과 같다.

辟는 讀爲譬라 咶는 與舐同이라 經은 縊也라 伏而舐天이면 愈益遠也요 救經而引其足이면 愈益急也라 經은 音徑이라 ○ 兪樾曰 舐天二字는 甚爲無誼라 人豈有能舐天者乎아 以此爲喩는 近於戲矣라 疑荀子原文作眂(시)天이니 眂卽古視字也라 伏而視天이면 則不可見이라 故曰 說必不行也라하니라 眂誤爲舐하고 傳寫者又改爲咶耳라 先謙案 漢書云 湯夢咶天而王[18)]이라하고 後漢和熹鄧后紀에 湯夢及天而咶之라하니 咶天은 古有是語라 故荀子引以爲譬하니 兪說非라 彊國篇亦有此二語라

楊倞注 : 辟는 '譬'로 간주해 읽는다. 咶는 '舐'와 같다. 經은 목을 맨다는 뜻이다. 땅바닥에 엎드려 하늘을 핥으려 하면 그 거리가 더욱 멀어질 것이고, 목을 맨 사람을 구하면서 그 발을 잡아당기면 상황이 더욱 다급해질 것이다. 經은 음이 徑이다.

○ 兪樾 : '舐天' 두 자는 매우 의미가 없는 말이다. 사람이 어찌 하늘을 핥는 자가 있겠는가. 이것을 가지고 비유하는 것은 농담에 가깝다. 아마도 ≪荀子≫ 원문에는 '眂天'으로 되어 있었을 것이니, '眂'는 곧 옛 '視'자이다. 엎드려 하늘을 보려고 하면 볼 수 없기 때문에 '그 학설은 반드시 행해질 수 없다.'고 말한 것이다. '眂'가 '舐'로 잘못되었고 옮겨 쓰는 자가 또 '咶'로 고친 것일 뿐이다.

先謙案 : ≪漢書≫에 "湯夢咶天而王(湯이 꿈에 하늘을 핥고서 왕이 되었다.)"이라 하고, ≪後漢書≫ 〈和熹鄧后紀〉에 "湯夢及天而咶之(湯이 꿈에 하늘 끝에 올라가 하늘을 핥았다.)"라고 하였으니, 咶天은 옛날에 이런 말이 있었다. 그러므로 ≪荀子≫에 그것을 인용하여 비유한 것이니, 兪氏의 설은 틀렸다. 〈彊國篇〉에도 이 두 마디 말이 있다.

7-70 說必不行矣니 兪務而兪遠이라

그 학설은 반드시 행해질 수 없으니, 추구하면 할수록 더욱더 멀어진다.

兪는 讀爲愈라

楊倞注 : 兪는 '愈'로 간주해 읽는다.

7-71 故君子時詘則詘하고 時伸則伸也니라

그러므로 군자는 상황이 굽혀야 할 때는 굽히고 상황이 펴야 할 때는 펴는 것이다.

---

18) 湯夢咶天而王 : ≪漢書≫에 이 내용이 보이지 않는다.

勢在上則爲上하고 **在下則爲下**하여 **必當其分**이니 **安有勢不在上而羞爲下之心哉**리오

楊倞注 : 상황이 윗자리에 있다면 윗사람이 되고 아랫자리에 있다면 아랫사람이 되어 반드시 그 분수에 맞게 처신해야 하는 것이니, 어찌 상황이 윗자리에 있지 않으면서 아랫사람이 되기를 부끄러워하는 마음을 지닐 수 있겠는가.

儒效篇 第八 제8편 儒者의 功效

편명은 이 편 첫 구의 '大儒之效'에서 두 글자를 끌어온 것이다. 大儒는 성인으로, 周公과 孔子를 가리킨다. 대유의 작용을 논한 것 외에 君子·勁士·雅儒·小儒·俗儒·俗人·衆人·鄙夫 등 여러 부류의 행실을 논하고, 아울러 儒者의 법도의 중요성과 그 도리를 수양하는 것에 관해 강조하였다.

效는 功也라

楊倞注:效는 功이란 뜻이다.

8-1 大儒之效라 武王崩에 成王幼하니 周公屛成王而及[1]武王以屬[2]天下하니 惡(오)天下之倍周也라

위대한 儒者의 공효는 이렇다. 武王이 세상을 떠났을 때 成王이 아직 어렸으므로 周公은 成王을 옹호하면서 武王의 뒤를 이어 천하를 통치하였으니, 이는 천하가 周나라를 배반할까 염려해서였다.

屛은 蔽라 及은 繼라 屬은 續也라 屬은 之欲反이라 ○ 王念孫曰 屬은 繫也라 天子者는 天下之所繫라 言周公屛成王而及武王以繫屬天下라 故下句云惡天下之倍周也라하니라 楊訓屬爲續하니 續天下之語不詞라

楊倞注:屛은 〈옹호한다는 뜻의〉 '蔽(가리다)'와 같다. 及은 '繼(잇다)'의 뜻이다. 屬은 '續(잇다)'의 뜻이다. 屬은 음이 之와 欲의 反切이다.

○ 王念孫:屬은 잡아맨다는 뜻이다. 천자란 천하가 매어 있는 존재이다. 周公이 成王을 옹호하면서 武王의 뒤를 이어 천하가 그에게 매어 있게 하였다는 것을 말한다. 그러

---

1) 及:형이 죽어 아우가 그 뒤를 잇는다는 뜻이다.

2) 屬:≪周禮≫의 "州長各屬其州之民(고을의 수장들은 저마다 그 고을 백성을 통솔한다.)"이라는 구절의 '屬'과 같은 것으로, 통솔한다는 뜻이다.

므로 아래 구에 '천하가 周나라를 배반할까 염려해서였다.'라고 말한 것이다. 楊氏는 屬의 뜻을 '續'이라고 하였는데, '천하를 잇는다〔續天下〕'는 말은 말이 안 된다.

8-2 履天子之籍하여

그는 천자의 자리에 올라

籍은 謂天下之圖籍也라 ○ 謝本從盧校作天下之籍이라 王念孫曰 宋本作天子하니 是也①라 文選江淹雜體詩注引此正作履天子之籍이라 淮南氾論篇周公履天子之籍하고 聽天下之政의 語卽本於荀子라 籍者는 位也니 謂履天子之位也라 下文言周公反籍於成王이라하니 是籍與位同義라 彊國篇曰 夫桀紂는 勢籍之所存이며 天下之宗室也라하니 勢籍卽勢位라 故韓詩外傳에 作履天子之位하여 聽天下之政하니라 楊以籍爲天下之圖籍이라하니 非也라 圖籍不可以言履②라 先謙案 王說是하니 今改從宋本하니라

① 世德堂本同이라
世德堂本도 같다.

② 高注淮南以籍爲圖籍하니 誤與楊同이라
≪淮南子≫ 高誘 주에 籍을 圖籍이라 하였으니, 그 잘못이 楊氏와 같다.

楊倞注 : 籍은 천하의 지도와 호적을 이른다.

○ 謝本은 盧校本에 따라 '天下之籍'으로 되어 있다.

王念孫 : 宋本에 '天子'로 되어 있으니, 옳다. ≪文選≫에서 江淹의 〈雜體詩〉 주에 이 문구를 인용하였는데, '履天子之籍'으로 바르게 되어 있다. ≪淮南子≫ 〈氾論篇〉에 "周公履天子之籍 聽天下之政(周公이 천자의 자리에 올라 천하의 정사를 처리하였다.)"이라고 한 말은 곧 ≪荀子≫에 근간을 두고 있다. 籍이란 자리라는 뜻이니, 천자의 자리에 오른 것을 이른다. 아래 글(8-8)에, 周公이 '反籍於成王(왕위를 成王에게 돌려줬다.)'이라고 하였으니, 이로 볼 때 '籍'과 '位'는 같은 뜻이다. 〈彊國篇〉에 "夫桀紂 勢籍之所存 天下之宗室也(저 桀·紂는 권세 있는 왕위를 점유한 자이며 천하 사람이 존중하는 제왕의 집안이다.)"라고 하였는데, '勢籍'은 곧 '勢位'이다. 그러므로 ≪韓詩外傳≫에 "履天子之位 聽天下之政(천자의 자리에 올라 천하의 정사를 처리하였다.)"이라고 되어 있다. 楊氏는 '籍'을 천하의 지도와 호적이라 하였으니, 틀렸다. 지도와 호적을 '오른다〔履〕'고 말할 수 없다.

先謙案 : 王氏의 설이 옳으니, 여기서는 고쳐 宋本을 따랐다.

8-3 **聽天下之斷**하여 **偃然如固有之**하되 **而天下不稱貪焉**하며

천하의 정책을 처리하고 태연한 모습이 마치 그 자리를 본디 보유한 것 같았으나 천하 사람들은 탐욕스럽다고 말하지 않았으며,

偃然은 **猶安然**이라 **固有之**는 **謂如固合有此位也**라

楊倞注 : 偃然은 '安然'과 같다. 固有之는 본디 당연히 그 자리를 보유한 것 같다는 것을 이른다.

8-4 **殺管叔**하고 **虛殷國**[3]하되 **而天下不稱戾焉**하며

管叔을 죽이고 殷나라 도성을 폐허로 만들었으나 천하 사람들은 포악하다고 말하지 않았으며,

虛는 **讀爲墟**라 **戾**는 **暴也**라 **墟殷國**은 **謂殺武庚**하고 **遷殷頑民于洛邑**하여 **朝歌爲墟也**라

楊倞注 : 虛는 '墟'로 간주해 읽는다. 戾는 '暴(사납다)'의 뜻이다. 墟殷國은 武庚을 죽이고 殷나라의 사나운 백성을 洛邑으로 이주시켜 朝歌가 폐허가 된 것을 이른다.

8-5 **兼制天下**하여 **立七十一國**에 **姬姓獨居五十三人**이로되 **而天下不稱偏焉**하니라

천하를 전면적으로 제어하여 71개의 제후국을 설치하였는데, 〈그중에 周왕실의 친족인〉 姬姓의 제후가 유독 53인이나 들어 있었으나 천하 사람들은 사적인 정에 치우쳤다고 말하지 않았다.

左氏傳成鱄對魏獻子曰 昔武王克商하고 **光有天下**하니 **其兄弟之國者十有五人**이요

---

3) 殺管叔 虛殷國 : 管叔은 周 武王의 아우 叔鮮을 가리킨다. 그가 管邑에 봉해졌기 때문에 管叔이라 부른다. 虛殷國의 '國'은 도성이란 뜻으로, 殷나라 도성인 朝歌를 말한다. 武王이 殷나라를 멸망시키고 紂王을 죽인 뒤에 紂의 아들 武庚을 殷에 봉하여 殷의 유민들을 통치하게 하고 管叔·蔡叔·霍叔에게 감독하게 하였는데, 이들을 三監이라 부른다. 武王이 죽은 뒤에 周公이 섭정하자 三監이 복종하지 않고 武庚과 함께 周王朝를 배반하였다. 그러자 周公이 그 반란을 평정하여 管叔과 武庚을 죽이고 殷의 유민들을 洛邑으로 이주시킴으로써 殷의 도성이었던 朝歌가 폐허가 되었다.

姬姓之國者四十人으로 皆擧親也라하니 與此數略同이라 言四十人은 蓋擧成數라 又曰 昔周公弔二叔之不咸이라 故封建親戚以蕃周室이라 管蔡郕霍과 魯衛毛聃과 郜雍曹滕과 畢原酆郇은 文之昭也며 邘晉應韓은 武之穆也며 凡蔣刑茅胙祭는 周公之胤也라하니라 餘國名은 淺學難盡詳究라 ○ 郝懿行曰 此總言之라 左傳①晰言之하여 曰 其兄弟之國者十有五人이요 姬姓之國者四十人이라하니 以校此數컨대 三當爲五라 或三五字形易於混淆라 故轉寫致誤耳라

① 昭廿八年이라
昭公 28년이다.

楊倞注 : ≪春秋左氏傳≫ 昭公 28년에 成鱄이 魏獻子에게 대답하기를 “옛날 武王이 商나라를 이기고 천하를 널리 차지하였는데, 그의 형제로서 나라를 소유한 자가 15인이고 姬姓으로서 나라를 소유한 자가 40인으로, 모두 자기의 친족을 발탁한 것입니다.”라고 하였는데, 이곳의 숫자와 대략 같다. 40인이라 말한 것은 대체로 成數를 든 것이다. 또 僖公 24년에 말하기를 “옛날 周公이 管叔과 蔡叔이 좋게 죽지 못한 것을 한탄하였습니다. 그러므로 토지를 친족들에게 나누어 봉해줌으로써 周王室의 보호벽이 되게 한 것입니다. 管・蔡・郕・霍・魯・衛・毛・聃・郜・雍・曹・滕・畢・原・酆・郇 등의 나라는 文王의 아들들이고, 邘・晉・應・韓 등의 나라는 武王의 아들들이고, 凡・蔣・刑・茅・胙・祭 등의 나라는 周公의 후대입니다.”라고 하였다. 나머지 나라의 이름은 나의 얕은 학식으로는 전부 다 알기 어렵다.

○ 郝懿行 : 이것은 그 숫자를 총괄하여 말한 것이다. ≪春秋左氏傳≫에 자세히 말하여 “그의 형제로서 나라를 소유한 자가 15인이고 姬姓으로서 나라를 소유한 자가 40인이다.”라고 하였으니, 그것으로 이곳의 숫자와 비교해보면 ‘三’은 마땅히 ‘五’가 되어야 한다. 혹시 ‘三’과 ‘五’의 글자 모양이 헷갈리기 쉽기 때문에 옮겨 쓰는 과정에서 잘못되었는지도 모르겠다.

8-6 教誨開導成王하여 使諭於道하여 而能揜迹於文武러

成王을 가르치고 인도하여 천하를 다스리는 큰 도리를 알아서 文王・武王의 사업을 계승할 수 있게 하였다.

開導는 謂開通導達이라 揜은 襲也라

楊倞注 : 開導는 열어주고 인도하는 것을 이른다. 擠은 이어받는다는 뜻이다.

8-7 周公歸周

주공이 周王朝의 천하와

周公所封畿內之國이 亦名周라 春秋周公黑肩은 蓋其後也라 言周公自歸其國也라 ○ 先謙案 歸周者는 以周之天下歸之成王으로 與反籍於成王과 文義一貫이라 故下文又以歸周反籍連言이니 非謂自歸其國이라 周公歸政이라도 身在王朝하여 卽使偶至其采邑이라도 固非事理所重이라 不得以歸周爲詞也라

楊倞注 : 周公이 봉해진 畿內의 나라가 그 이름이 또 周였다. ≪春秋左氏傳≫의 '周公黑肩'은 아마도 그의 후손일 것이다. 周公이 스스로 자기 나라로 돌아온 것을 말한다.

○ 先謙案 : 歸周란 周王朝의 천하를 成王에게 돌려주었다는 뜻으로, '왕위를 成王에게 돌려주었다.〔反籍於成王〕'는 것과 글 뜻이 일치한다. 그러므로 아래 글(8-11)에서 또 '歸周反籍'이라고 연이어 말한 것이니, 스스로 자기 나라로 돌아온 것을 말한 것은 아니다. 周公이 정사를 돌려줬더라도 그 몸은 王朝에 그대로 남아 있으므로 가령 어쩌다가 자기 采邑에 가는 일이 있더라도 그것은 사실 중대한 사안이 아니다. 자기 周國으로 돌아왔다는 것이 말이 될 수는 없다.

8-8 反籍於成王하되 而天下不輟事周라 然而周公北面而朝之하니라

왕위를 成王에게 돌려줬으나 천하 사람이 周王朝를 받들어 섬기기를 멈추지 않았다. 그런 뒤에야 周公은 신하로서 북면하여 成王을 알현하였다.

待其固安之後하여 北面爲臣하니 明攝政非爲己也라

楊倞注 : 상황이 안정되길 기다린 뒤에 북면하여 신하로 섬겼으니, 섭정한 일이 자기를 위한 것이 아니었음을 밝힌 것이다.

8-9 天子也者는 不可以少[4]當也며

천자의 직권이란 나이 어린 사람이 담당하게 할 수 없으며

---

4) 少 : 나이가 어리다는 뜻이다. 楊倞은 잠시라는 뜻의 '少頃'으로 잘못 풀이하였다.

不可少頃當此位也라

楊倞注 : 이 지위를 잠시라도 담당할 수 없다는 것이다.

8-10 不可以假攝[5])爲也라

그렇다고 다른 사람이 대리할 수도 없는 것이다.

周公所以少頃假攝天子之位는 蓋權宜以安周室也라

楊倞注 : 周公이 잠시 천자의 지위를 대리한 이유는 대체로 임시방편의 조치로 周王室을 안정시키기 위해서였다.

8-11 能則天下歸之하고 不能則天下去之라 是以周公屛成王而及武王以屬天下하니 惡天下之離周也라 成王冠하고 成人에 周公歸周反籍焉하니 明不滅主之義也라 周公無天下矣라 鄕有天下라가 今無天下는 非擅也며

능히 이 중책을 수행할 수 있으면 천하 사람이 돌아오고 그렇지 못하면 천하 사람이 떠나게 되어 있다. 이 때문에 周公은 成王을 옹호하면서 武王의 뒤를 이어 천하를 통치하였으니, 이는 천하가 周王朝를 배반할까 염려했기 때문이다. 成王이 관례를 행하고 성인이 되자, 周公은 周王朝의 천하와 왕위를 그에게 돌려주었으니, 이는 嫡長子를 폐기하지 않는 도리를 밝힌 것이었다. 그리하여 周公은 천하가 없게 되었던 것이다. 그가 지난날 천하를 지녔다가 지금 천하가 없는 것은 禪讓에 의한 것이 아니었고

鄕은 讀爲向이니 下同이라 擅은 與禪同이니 言非禪讓[6])與成王也라

楊倞注 : 鄕은 '向(지난날)'으로 간주해 읽어야 하니, 아래의 경우도 같다. 擅은 '禪'과 같으니, 成王에게 禪讓해준 것이 아님을 말한 것이다.

---

5) 假攝 : 豬飼彦博의 설에 의하면, 옛글 속에 '攝'을 말할 때 '假'를 함께 말하는 경우는 없다고 하면서 '假'는 楊倞의 注로 인해 잘못 붙여진 것이라고 하였다.

6) 禪讓 : 제왕이 다른 사람에게 자기 자리를 양보해주는 것을 말한다.

8-12 成王鄉無天下라가 今有天下는 非奪也라 變勢次序節然也라

成王이 지난날 천하가 없다가 지금 천하를 가진 것은 찬탈에 의한 것이 아니었다. 이는 변고의 상황과 정상적인 순서가 마침 그렇게 하도록 만든 것이다.

節은 期也니 權變次序之期如此也라 ○ 王引之曰 節上有之字어늘 而今本脫之하니 則文義不明이라 此言周公鄉有天下而今無하고 成王鄉無天下而今有는 皆變勢次序之節如此也라 據楊注云 節은 期也니 權變次序之期如此면 則正文原有之字明矣라 榮辱篇曰 是非知能材性然也라 是注錯習俗之節異也라하니 文義與此相似라 先謙案 王說非也라 天論篇云 君子啜菽飲水는 非愚也라 是節然也라하여 與此文一例라 節然은 猶適然하니 說詳彊國篇이라 楊注亦非라

楊倞注：節은 '期(시기)'의 뜻이다. 임기응변과 순서에 따른 시기가 그렇게 되었다는 것이다.

○ 王引之：'節' 위에 '之'자가 있는 것인데, 지금 판본에는 '之'가 빠졌으니, 글 뜻이 분명치 않다. 이것은 周公이 지난날에는 천하를 소유했으나 지금은 없고 成王이 지난날에는 천하가 없다가 지금은 있는 것은 모두 임기응변과 순서에 따라 그와 같이 적절하게 하였다는 것을 말한다. 楊氏의 주에 "節 期也 權變次序之期如此也"라고 한 것에 의하면 본문에 본디 '之'자가 있었음이 분명하다. 〈榮辱篇〉에 "是非知能材性然也 是注錯習俗之節異也(이는 지혜와 재능, 자질과 본성이 그들을 그렇게 만든 것이 아니라, 곧 행동거지와 습관을 적절하게 하는 것이 달랐기 때문이다.)"라고 하였으니, 글 뜻이 여기의 경우와 서로 비슷하다.

先謙案：王氏의 설은 틀렸다. 〈天論篇〉에 "君子啜菽飲水 非愚也 是節然也(군자가 콩잎을 먹고 맹물을 마시는 것은 그가 어리석어서가 아니라, 시세와 운명이 마침 그렇게 하도록 만든 것이다.)"라고 하여 여기의 글과 동일한 형식이다. 節然은 '마침 그렇게 되었다'는 뜻의 '適然'과 같으니, 이에 관한 설명은 〈彊國篇〉에 자세히 보인다. 楊氏의 注 또한 틀렸다.

8-13 故以枝代主而非越也며

그러므로 枝子가 嫡長子를 대신했지만 본분을 넘어선 것은 아니며

枝는 枝子라 周公은 武王之弟라 故曰枝라하니라 主는 成王也라

楊倞注：枝는 枝子이다. 周公은 武王의 아우이므로 '枝'라고 말한 것이다. 主는 成王이다.

8-14 以弟誅兄而非暴也며

아우로서 형을 죽였지만 포악한 행위가 아니며

謂殺管叔이라 管叔은 周公之兄也라

楊倞注：管叔을 죽인 것을 이른다. 管叔은 周公의 형이다.

8-15 君臣易位而非不順也라

군주와 신하가 자리를 바꿨지만 순리롭지 않은 것이 아니었다.

時不得不然이라 故易位하니 非爲不順이라

楊倞注：시기상황이 그렇게 하지 않을 수 없었으므로 자리를 바꾼 것이니, 순리롭지 않은 것이 아니다.

8-16 因天下之和하여 遂文武之業하고 明主枝之義라 抑亦變化矣나 天下厭然猶一也러니라

周公은 천하의 화합한 마음으로 인해 文王·武王의 위업을 완성하고 嫡長子와 枝子 사이의 도리를 밝혔다. 상황이 자꾸 변하고 달라졌지만 천하가 평온하기는 오히려 한결같았다.

厭然은 順從之貌라 一涉反이라 ○ 謝本從盧校하여 抑亦變化矣 作仰易變化하고 注多仰易反易也五字라 盧文弨曰 正文仰易變化 宋本作抑亦變化矣하고 無仰易反易也五字注라 今從元刻하니라 郝懿行曰 厭者는 合也라 倉頡篇云 伏合人心曰厭이라하고 周語克厭天心의 韋昭注에 厭은 合也라하니 此厭字本義라 其音一剡切이라 楊注厭然은 順從之貌는 義猶近之나 其音一涉反則非라 厭字는 古有二音二義라 說文에 厭은 笮也라하니 笮者는 迫也라 此厭音於輒切이라 一曰合也라하니 此厭音一剡切이라 荀書此厭訓合이라 此篇下云 猒猒兮其能長久也라하니 猒卽厭之假借라 楊氏訓爲猒足이라하여 失其義也라 王霸篇云 厭焉有千歲之固라하니 亦與此厭音義俱同이라 楊注引禮記曰見君子而後厭然의 鄭注厭은 讀爲黶이니 黶은 閉藏貌하니

楊蓋不知假借之義라 鄭欲借厭爲黶이라 故訓閉藏이라 荀書之厭은 自用本義하고 無取閉藏하니 何必依鄭讀厭爲黶邪아 王念孫曰 抑亦變化矣는 宋呂錢本幷如是하고 世德堂本同이라 承上文而言으로 言周公以枝代主하고 君臣易位하며 然後反籍於成王하여 以明枝主之義라 其事抑亦變化矣나 然而天下晏然如一也라 抑亦變化矣五字는 不須注釋이라 故楊氏無注라 元刻抑亦變化矣 作仰易變化하고 而妄爲之注曰 仰易는 反易也라하니라 案諸書無謂反易爲仰易者라 盧從元刻은 非라 又曰 厭然은 安貌라 字本作懕하니 或作猒하고 又作愔이라 方言曰 猒은 安也라하고 說文曰 懕은 安也라하며 玉篇音於廉切이라 爾雅曰 懕懕은 安也라하고 秦風小戎篇厭厭良人에 毛傳曰 厭厭은 安靜也라하며 小雅湛露篇厭厭夜飮이 韓詩作愔愔이라 昭十二年左傳祈招之愔愔에 杜注曰 愔愔은 安和貌라하니 皆其證也라 下文曰 猒猒兮其能長久也라하고 王霸篇曰 厭焉有千歲之固라하며 正論篇曰 天下厭然하여 與鄕無以異也라하니 義幷與此同이라 乃楊注於天下厭然猶一엔 則云厭然은 順從之貌라 一涉反[①]이라하고 於猒猒兮其能長久엔 則云猒은 足也라하며 於厭焉有千歲之固엔 則云厭은 讀爲黶이라 黶然深藏하여 千歲不變改라하니 皆由不知厭之訓爲安이라 故望文生義而卒無一當矣라 先謙案 宋本作抑亦變化矣 是也라 今依王說改正하니라 厭然은 王說是라

① 正論篇注又云順服之貌라하나 古皆無此訓이라
〈正論篇〉의 주에 또 "〈厭然은〉 순응하고 복종하는 모양이다."라고 하였으나, 古書에는 모두 이 뜻이 없다.

楊倞注 : 厭然은 순종하는 모양이다. 〈厭은 음이〉 一과 涉의 反切이다.

○ 謝本은 盧校本에 따라 '抑亦變化矣'가 '仰易變化'로 되어 있고, 楊氏의 주에 '仰易反易也'라는 다섯 자가 더 있다.

盧文弨 : 본문의 '仰易變化'가 宋本에는 '抑亦變化矣'로 되어 있고, '仰易反易也'라는 다섯 자의 楊氏 주가 없다. 여기서는 元刻本을 따랐다.

郝懿行 : 厭이란 '合(합하다)'의 뜻이다. ≪倉頡篇≫에 "인심에 부합한 것을 '厭'이라 말한다."라 하고, ≪國語≫ 〈周語〉에 "克厭天心(능히 천심에 부합하였다.)"의 韋昭 주에 "厭은 '合'의 뜻이다."라고 하였으니, 이것이 '厭'자의 본뜻이다. 그 음은 一과 剡의 反切이다. 楊氏의 주에 "厭然은 순종하는 모양이다."라고 한 것은 뜻이야 그런대로 가깝지만 그 음을 一과 涉의 反切이라고 한 것은 틀렸다. '厭'자는 옛날에 두 가지 음과 두 가지 뜻이 있었

다. 하나는 ≪說文解字≫에 "厭은 '笮(누르다)'의 뜻이다."라고 하였는데, 笮이란 '迫(가까이하다)'의 뜻이다. 이 경우 '厭'은 음이 於와 輒의 反切이다. 또 하나는 "'合'의 뜻이다."라고 하였으니, 이 경우의 '厭'은 음이 一과 剡의 反切이다. ≪荀子≫에서는 이 '厭'이 '合'자의 뜻이다. 이 편 아래(8-99)에 "猒猒兮其能長久也(편안하여 평온함이 오래갈 수 있다.)"라고 하였는데, '猒'은 '厭'의 假借字이다. 그런데 楊氏는 '猒'을 만족의 뜻으로 풀이하여 그 뜻을 잘못 말하였다. 〈王霸篇〉에 "厭焉有千歲之固(평온하게 천 년을 내려온 국가가 있다.)"라고 하였는데, 그 또한 이곳의 '厭'자와 음과 뜻이 같다. 그런데 楊氏의 주는 ≪禮記≫ 〈大學〉에 "見君子而後厭然(군자를 본 뒤에 그의 본색을 덮어 숨긴다.)"이라고 한 곳의 鄭玄 주에 "厭은 '黶(감추다)'으로 간주해 읽어야 하니, 黶은 닫고 감추는 모양이다."라고 한 것을 인용하였으니, 楊氏는 대체로 그것이 假借한 글자의 뜻임을 몰랐던 것이다. 鄭玄이 '厭'을 假借하여 '黶'으로 이해하려고 했기 때문에 '닫고 감추는 뜻'이라고 했던 것이다. ≪荀子≫에 나오는 '厭'은 본디 본뜻을 사용하였고 감춘다는 뜻을 취한 경우가 없으니, 어찌 굳이 鄭玄이 '厭'을 '黶'으로 간주해 읽어야 한다고 한 것을 따를 이유가 있겠는가.

王念孫 : '抑亦變化矣'는 宋 呂·錢本에 모두 이와 같고 世德堂本도 동일하다. 윗글을 이어받아서 한 말로 '周公이 枝子로 嫡長子를 대신하고 군주와 신하가 자리를 바꿨으며 그런 뒤에 왕위를 成王에게 돌려주어 枝子와 嫡長子 사이의 도리를 밝혔다. 이처럼 상황이 변하고 달라졌지만 천하가 한결같이 평온하였다.'는 것을 말한다. '抑亦變化矣' 다섯 자는 굳이 주석할 필요가 없기 때문에 楊氏의 주가 없다. 그런데 元刻本에는 '抑亦變化矣'가 '仰易變化'로 되어 있고 함부로 그 주를 달기를 "仰易는 '反易(도리어 쉽다)'의 뜻이다."라고 하였다. 살펴보건대, 모든 글에서 '反易'를 '仰易'로 표현한 경우는 없다. 盧氏가 元刻本을 따른 것은 잘못된 것이다.

王念孫 : 厭然은 편안한 모양이다. 이 글자는 본디 '懕(편안하다)'으로 쓰는데, 간혹 '猒'으로 쓰고 또 '愔'으로 쓰기도 한다. ≪方言≫에 "猒은 편안하다는 뜻이다."라 하고, ≪說文解字≫에 "懕은 편안하다는 뜻이다."라 하였으며, ≪玉篇≫에 그 음이 於와 廉의 反切로 되어 있다. ≪爾雅≫에 "懕懕은 편안하다는 뜻이다."라 하고, ≪詩經≫ 〈秦風 小戎篇〉의 '厭厭良人(편안하고 조용해 선량한 사람)'에서 〈毛傳〉에 "厭厭은 편안하고 조용하다는 뜻이다."라 하였으며, 〈小雅 湛露篇〉에서 '厭厭夜飮(평온하고 즐거운 밤중의 연회)'의 〈厭厭이〉 ≪韓詩外傳≫에는 '愔愔'으로 되어 있다. ≪春秋左氏傳≫ 昭公 12년의 '祈招之愔愔(祈招의 침착하고 온화함)'에서 杜預의 주에 "愔愔은 편안하고 온화한 모양이다."라고 하였으니, 이들이 모두 그 증거이다. 아래 글에 '猒猒兮其能長久也'라 하고, 〈王霸篇〉에 '厭焉有千歲之固'라고 하였으며, 〈正論篇〉에 '天下厭然 與鄉無以異也(천하가 평온하여 지난날과 다른 점이

아무것도 없다.)'라고 하였으니, 그 뜻이 모두 여기의 경우와 같다. 그런데 楊氏의 주는 '天下厭然猶一'에서는 "厭然은 순종하는 모양이다. 〈厭은 음이〉 一과 涉의 反切이다."라 하고, '猒猒兮其能長久'에서는 "猒은 만족스럽다는 뜻이다."라 하며, '厭焉有千歲之固'에서는 "厭은 黶으로 간주해 읽어야 한다. 덮여 깊이 숨겨져서 천년토록 바뀌지 않는다."라고 하였으니, 이 모두 厭이 편안하다는 뜻임을 몰랐기 때문에 글자만 보고 대강 뜻을 짐작한 것으로서 결국 하나도 들어맞는 것이 없다.

先謙案 : 宋本에 '抑亦變化矣'로 되어 있는 것이 옳다. 여기서는 王氏의 설에 따라 바로잡았다. 厭然은 王氏의 설이 옳다.

8-17 非聖人莫之能爲니 夫是之謂大儒之效니라

이는 聖人이 아니면 능히 할 수 없는 일이었으니, 이것을 가리켜 위대한 儒者의 공효라 하는 것이다.

8-18 秦昭王[7]問孫卿子曰 儒無益於人之國가하니

秦 昭王이 孫卿子(荀子)에게 묻기를 "儒者는 사람들의 국가에 대해 무익한 존재가 아닌가?"라고 하자,

漢宣帝名詢이니 劉向編錄이라 故以荀卿爲孫卿也[8]이라

楊倞注 : 漢 宣帝의 이름이 詢인데, 劉向이 이 글을 채록하고 편집하였기 때문에 荀卿을 孫卿이라 한 것이다.

8-19 孫卿子曰 儒者는 法先王하고 隆禮義하며 謹乎臣子而致貴其上者也니이다

---

7) 秦昭王 : 곧 秦나라 昭襄王(B.C. 324~B.C. 251)이다. 이름은 稷이며 秦 武王의 아우로, B.C. 306년부터 B.C. 251년까지 재위하였다.

8) 漢宣帝名詢……故以荀卿爲孫卿也 : 漢나라 劉向(B.C. 77~B.C. 6)이 ≪荀子≫를 편집하면서 荀卿의 '荀'이 漢 宣帝(B.C. 91~B.C. 49)의 이름자인 '詢'과 음이 같으므로 이를 피하기 위해 음이 비슷한 '孫'으로 대체하였다는 것이다. 宣帝는 戾太子 劉據의 손자로, 霍光에 의해 황제가 되었다. 劉向은 沛縣 사람이다. 본명은 更生이고 자는 子政으로, 劉歆의 아버지이다. 궁궐 서고의 많은 서적을 교열하고 ≪別錄≫을 편찬한 중국 목록학의 시조이다. ≪新序≫·≪說苑≫·≪列女傳≫ 등도 편집하였다.

孫卿子가 대답하였다. "儒者는 고대 聖王을 법으로 삼고 禮義를 존중하며 신하들에게 그 직분을 신중히 지켜 그들의 군주를 극진히 존귀하게 여기도록 하는 자입니다.

謹乎臣子는 謂使不敢爲非라 致는 極也라

楊倞注 : 謹乎臣子는 감히 나쁜 짓을 하지 않게 하는 것을 이른다. 致는 지극하다는 뜻이다.

8-20 人主用之하면 則勢在本朝而宜하고

군주가 그들을 임용하면 관리로 조정에 있으면서 정사를 합리적으로 처리하고

言儒者得權勢在本朝면 則事皆合宜也라 ○ 王念孫曰 勢者는 位也라 言位在本朝也라 禮運在勢者去의 鄭注曰 勢는 勢位也라하니라 下文曰 勢在人上이라하고 仲尼篇曰 勢不在人上而羞爲人下라하며 正論篇曰 勢位至尊이라하니 是勢與位同義라 楊以勢爲權勢하니 失之라

楊倞注 : 儒者가 권세를 얻어 조정에 있으면 정사가 모두 적합하게 처리됨을 말한 것이다.

○ 王念孫 : 勢는 '位(벼슬)'의 뜻이다. 관리로서 조정에 있는 것을 말한다. ≪禮記≫ 〈禮運〉의 "在勢者去(관리로 있는 자가 떠난다.)"에서 鄭玄의 주에 "勢는 지위〔位〕이다."라고 하였다. 아래 글(8-23)에 "勢在人上(지위가 남의 위에 있다.)"이라 하고, 〈仲尼篇〉에 "勢不在人上而羞爲人下(지위가 남의 위에 있지 않으면서 남의 밑에 있는 것을 부끄러워한다.)"라 하였으며, 〈正論篇〉에 "勢位至尊(지위가 매우 높다.)"이라고 하였으니, 이로 볼 때 '勢'와 '位'는 같은 뜻이다. 楊氏는 勢를 권세라고 하였으니, 잘못되었다.

8-21 不用하면 則退編百姓而慤하여 必爲順下矣니이다

임용하지 않으면 물러나 백성들 사이에 끼어 본분을 성실하게 지키면서 반드시 순종하는 양민이 되는 것입니다.

必不爲勃亂也라

楊倞注 : 반드시 혼란을 야기하지 않는다는 것이다.

8-22 **雖窮困凍餧**(뇌)라도 **必不以邪道爲貪**[9)]하고 **無置錐之地**라도 **而明於持社稷之大義**하며 **嗚呼而莫之能應**이나 **然而通乎財萬物養百姓之經紀**하니이다

그들은 비록 곤궁하여 추위에 떨고 굶주리더라도 반드시 그릇된 수단으로 먹을 것을 구하지 않고 송곳을 꽂을 만한 땅이 없더라도 社稷을 유지할 大義를 밝히며, 〈곤궁하여〉 큰소리로 불러도 거기에 응해주는 사람이 없지만 그렇더라도 만물을 이뤄주고 백성을 생육하는 요령을 잘 압니다.

嗚呼는 歎辭也라 財는 與裁同이라 雖歎其莫己知하여 無應之者라도 而亦不怠惰困弃하고 常通於裁萬物養百姓之綱紀也라 ○ 郝懿行曰 嗚는 俗字이니 古止作烏라 烏呼而莫之應은 言儒雖困窮凍餧라도 若不以禮聘致면 欲呼召之而必不能應也라 此對秦昭王輕儒而言이라 必云烏呼者는 李斯諫逐客書에 擊甕叩缶하여 歌呼烏烏는 眞秦之聲이라 故以此言反之라 注以歎辭爲解하니 不成文義라 王念孫曰 嗚當爲嘄니 字之誤也라 嘄는 與叫同이라 爾雅에 祈는 叫也라하고 周官大祝注에 叫作嘄하고 小雅北山傳曰 叫는 呼也라하니라 周官銜枚氏曰 禁嘂(교)呼歎嗚於國中者와 淮南原道篇曰 叫呼倣佛과 漢書息夫躬傳曰 狂夫嘄謼於東崖는 幷字異而義同이라 上言嘄呼라 故下言莫之能應하니 若作嗚呼면 則與下文義不相屬矣라 新序雜事篇에 作叫呼而莫之能應하니 是其明證也라 先謙案 楊郝二說은 皆非也라 嗚呼而莫之能應은 言儒者窮困之時에 人不聽其呼召也니 與無置錐之地句相儷하고 然而句與而明句相儷하여 文義甚明이라 財는 成也니 說見非十二子篇이라

楊倞注 : 嗚呼는 감탄사이다. 財는 '裁(헤아리다)'와 같다. 비록 자기를 알아주지 못해 호응하는 사람이 없는 것을 한탄하더라도 해이해지거나 포기하지 않고 항상 만물을 이뤄주고 백성을 생육하는 법도를 잘 알고 있다는 것이다.

○ 郝懿行 : '嗚'는 俗字이니 옛날에는 단순하게 '烏'로 썼다. 烏呼而莫之應은, 儒者는 비록 곤궁하여 추위에 떨고 굶주리더라도 군주가 만약 예로써 초빙해주지 않는다면 그를

9) 貪 : ≪新序≫ 〈雜事第五〉에 食으로 되어 있는데, 包遵信은 '貪'과 '食'이 모양이 비슷하여 생긴 오류라고 하면서 '食'으로 해야 말이 된다고 하였다. 그의 설이 일리가 있으므로 그에 따라 번역하였다.

부르려 하더라도 반드시 응하지 않는다는 것을 말한다. 이것은 秦 昭王이 儒者를 경시한 것에 대해 말한 것이다. 군이 '烏呼'라고 한 이유는 李斯의 〈諫逐客書〉에 "擊甕叩缶 歌呼烏烏 眞秦之聲(항아리를 치고 장군을 두드리며 목청껏 노래를 부르는 것은 진짜 秦나라의 음악이다.)"이라고 하였기 때문에 이 말로 응답한 것이다. 楊氏의 주는 감탄사로 풀이하였으니, 글 뜻이 이뤄지지 않는다.

王念孫 : '嗚'는 마땅히 '嘄'가 되어야 하니, 글자가 잘못된 것이다. 嘄는 '叫(부르짖다)'와 같다. ≪爾雅≫에 "䚯는 부르짖는다〔叫〕는 뜻이다."라 하고, ≪周禮≫ 〈春官 大祝〉의 주에 '叫'를 '嘄'로 썼고, ≪詩經≫ 〈小雅 北山〉의 〈毛傳〉에 "叫는 부른다〔呼〕는 뜻이다."라고 하였다. ≪周禮≫ 〈秋官 銜枚氏〉의 "禁嘂呼歎嗚於國中者(도성 안에서 고함을 지르고 한탄하는 자를 금한다.)"와, ≪淮南子≫ 〈原道篇〉의 "叫呼仿佛(소리쳤을 때의 메아리며 물체의 환상인 그림자)"과, ≪漢書≫ 〈息夫躬傳〉의 "狂夫嘄謼於東崖(폭도가 동방에서 떠들어댄다.)"가 모두 글자는 다르지만 뜻이 같다. 위에서 '소리쳐 부른다〔嘄呼〕'고 했으므로 그 아래에 '거기에 응하는 사람이 없다.〔莫之能應〕'라고 한 것이니, 만약 〈감탄사인〉 '嗚呼'가 된다면 아래 글의 뜻과 서로 이어지지 않을 것이다. ≪新序≫ 〈雜事篇〉에 "叫呼而莫之能應(소리쳐 불러도 거기에 응하는 사람이 없다.)'으로 되어 있으니, 이것이 그 분명한 증거이다.

先謙案 : 楊氏와 郝氏의 두 설은 모두 틀렸다. 嗚呼而莫之能應은 儒者가 곤궁할 때에는 사람들이 그가 큰소리로 부르는 것을 들어주지 않는다는 뜻이니 '無置錐之地(송곳을 꽂을 만한 땅도 없다.)'와 서로 짝이 되고, '然而' 구는 '而明' 구와 서로 짝이 되어 글 뜻이 매우 분명하다. 財는 이룬다는 뜻이니, 이에 관한 설명은 〈非十二子篇〉(6-41)에 보인다.

8-23 勢在人上則王公之材也요

그 지위가 남의 위에 있다면 천자나 제후가 될 재목이고

在人之上은 謂爲人君也라

楊倞注 : 남의 위에 있다는 것은 군주가 됨을 이른다.

8-24 在人下則社稷之臣國君之寶也이니다 雖隱於窮閻漏屋이라도 人莫不貴之니 道誠存也니이다

남의 아래에 있다면 社稷의 중신이며 군주의 보배가 될 것입니다. 비록 궁벽한 마을, 협소한 집에 은거하더라도 사람들이 존귀하게 여기지 않는 일이 없을 것이

니, 〈이는 존귀한〉 도가 확실히 그들에게 있기 때문입니다.

窮閻은 窮僻之處라 閻은 里門也라 漏屋은 弊屋漏雨者也라 ○ 王念孫曰 廣雅曰 閻은 謂之衖(항)①이라하니 窮閻은 即論語所云陋巷이요 非謂里門也라 新序雜事篇에 作窮閭하니 閭亦巷也라 故祭義의 弟達乎州巷에 鄭注曰 巷은 猶閭也②라하니라 漏는 讀爲陋巷之陋라 說文曰 陋는 阸(액)陝也라하니 陋屋與窮閻同意요 非謂弊屋漏雨也라 爾雅曰 陋는 隱也라하고 大雅抑篇의 尙不愧于屋漏에 鄭箋曰 漏는 隱也라하니 是陋與漏通이라 群書治要에 引作窮閻陋屋하고 韓詩外傳에 作窮巷陋室하니 皆其明證矣라 先謙案 群書治要에 作人莫不貴는 貴道誠存也라하니 言人所以莫不貴此人者는 其可貴之道在也니 文義爲長이라 修身篇云 雖困四夷나 人莫不貴와 非相篇云 雖不說人이나 人莫不貴는 句法一律하니 俱無之字라 此作貴之하고 不重貴字者는 下貴字或作〻[10]어늘 轉寫者因誤爲之字耳라 君道篇云 夫文王欲立貴道라하고 又云 於是乎貴道果立이라하여 正與此貴道同義라

① 與巷同이라
〈衖은〉 '巷'과 같다.

② 巷을 謂之閻하고 亦謂之閭하니 猶里門을 謂之閻하고 亦謂之閭라
巷을 '閻'이라 하고 또 '閭'라고도 하니, 里門을 '閻'이라 하고 또 '閭'라고도 한 것과 같다.

楊倞注 : 窮閻은 궁벽한 곳이다. 閻은 마을 문〔里門〕이다. 漏屋은 빗물이 새는 낡은 집이다.

○ 王念孫 : ≪廣雅≫에 "閻은 '衖(마을거리)'의 뜻이다."라고 하였으니, 窮閻은 곧 ≪論語≫에서 말한 '陋巷'이고 '마을 문'을 말한 것이 아니다. ≪新序≫ 〈雜事篇〉에 '窮閭'로 되어 있으니, 閭 또한 마을〔巷〕이다. 그러므로 ≪禮記≫ 〈祭義〉의 "弟達乎州巷(공손한 예절은 지방 고을의 마을에까지 통한다.)"에서 鄭玄의 주에 "巷은 '閭'와 같다."라고 하였다. 漏는 '陋巷'의 陋로 간주해 읽는다. ≪說文解字≫에 "陋는 〈좁다는 뜻인〉 '阸陝'이다."라고 하였으니, 陋屋과 窮閻은 같은 뜻이고 빗물이 새는 낡은 집을 말한 것이 아니다. ≪爾雅≫에 "陋는 '隱(으슥하다)'의 뜻이다."라 하고, ≪詩經≫ 〈大雅 抑篇〉의 "尙不愧于屋漏(방 안의 으슥한 곳에 부끄럽지 않다네.)"에서 〈鄭箋〉에 "漏는 '隱'의 뜻이다."라고 하였으니, 이로 볼 때 '陋'와 '漏'는 통용하는 것이다. ≪群書治要≫에 여기 글을 인용하여 '窮閻陋屋'으로 되

10) 〻 : 옛글에서 위의 글자와 같다는 뜻으로 사용하는 부호이다.

어 있고, ≪韓詩外傳≫에는 '窮巷陋室'로 되어 있으니, 이 모두가 그 분명한 증거이다.

先謙案 : ≪群書治要≫에 '人莫不貴 貴道誠存也'라고 되어 있는데, 이는 남들이 이 사람을 존귀하게 여기지 않는 일이 없는 것은 그 존귀하게 여길 만한 도가 그에게 있어서라는 것을 말한 것이니, 글 뜻이 더 낫다. 〈修身篇〉에 "雖困四夷 人莫不貴(비록 사방의 먼 오랑캐 지역에서 곤경에 처하더라도 사람들이 그를 존귀하게 여기지 않는 일이 없을 것이다.)"라고 한 것과, 〈非相篇〉에 "雖不說人 人莫不貴(비록 상대방의 환심을 사지는 못하더라도 사람들이 존귀하게 여기지 않는 일이 없을 것이다.)"라고 한 것은 句法이 동일한 형식으로 모두 '之'자가 없다. 여기에 '貴之'로 되어 있고 貴자가 중첩되어 있지 않은 것은 아래 貴자가 혹시 '〻'로 되어 있던 것을 옮겨 쓴 사람이 '之'자로 잘못 쓰지 않았는가 싶다. 〈君道篇〉에 "夫文王欲立貴道(文王이 존귀한 도를 세우려 하였다.)"라 하고, 또 "於是乎貴道果立(그리하여 존귀한 도가 과연 세워졌다.)"이라고 하여 곧 이곳의 '貴道'와 같은 뜻이다.

8-25 仲尼將爲司寇[11)]에

仲尼가 장차 司寇가 되려고 할 적에

魯司寇也라

楊倞注 : 魯나라 司寇이다.

8-26 沈猶氏不敢朝飮其羊하고 公愼氏出其妻하며 愼潰氏踰境而徙하고

沈猶氏는 감히 아침에 그의 양에게 물을 먹이지 못하고 公愼氏는 그의 아내를 내쫓았으며, 愼潰氏는 국경을 넘어 이사를 가고

皆魯人이라 **家語曰 沈猶氏常朝飮其羊以詐市人**하고 **公愼氏妻淫不制**하며 **愼潰氏奢侈踰法**하고 **魯之粥六畜者飾之以儲賈**(가)라하니라

楊倞注 : 모두 魯나라 사람이다. ≪孔子家語≫에 "沈猶氏는 언제나 아침이면 그의 양에게 물을 먹여 양을 사 가는 사람을 속였고 公愼氏는 아내가 음란한데도 제어하지 않았으며, 愼潰氏는 생활이 사치스러워 예법의 한도를 넘었고 魯나라의 六畜을 파는 상인들은 남몰래 간계를 꾸며 판매가를 높였다."라고 하였다.

11) 仲尼將爲司寇 : 司寇는 형벌과 감찰 등의 일을 관장한 법관이다. 공자의 나이 51세 때인 魯 定公 9년(B.C. 501)에 中都宰에서 司空으로 옮겼다가 다시 大司寇로 승진하였다.

8-27 魯之粥牛馬者不豫賈하니 必蚤正[12)]以待之也니이다

魯나라의 소나 말을 파는 자들은 값을 속이지 않았으니, 이는 正道로써 사람들을 대했기 때문입니다.

豫賈는 定爲高價也라 粥牛馬者不敢高價는 言仲尼必先正其身以待物이라 故得從化如此라 賈는 讀爲價라 ○ 盧文弨曰 正文以待之下에 俗本有者字라 郝懿行曰 豫는 與序同하니 古字通用이라 早正市價以待之라 故鬻者不復論序也라 劉台拱曰 孔子將爲司寇에 而魯之人이 蚤自修正以待之하니 所謂不動而變하고 無爲而成[13)]也라 王念孫曰 蚤正以待之와 與下文孝弟以先之는 皆指孔子而言이라 若謂魯人蚤自修正以待라하면 則與下文不類矣라 王引之曰 豫는 猶誑也라 周官司市注曰 使定物賈하여 防誑豫 是也①라 晏子問篇曰 公市不豫하고 宮室不飾이라하고 鹽鐵論力耕篇曰 古者商通物而不豫하고 工致牢而不僞라하니 不豫는 謂不誑也라 又禁耕篇曰 敎之以禮則工商不相豫라하니 謂不相誑也라 豫猶一聲之轉이라 方言曰 猶는 詐也라하니 詐亦誑也라 惑謂之猶하고 亦謂之豫②하며 詐說惑人을 謂之猶하고 亦謂之豫하니 此轉語之相因者也라 豫又作儲라 家語相魯篇에 孔子爲政三月에 則鬻牛馬者不儲賈라하니 儲與奢는 古聲相近이라 說文曰 奢는 張也라하고 爾雅曰 侜張은 誑也라하니 亦古訓之相因者也라 然則市不豫賈者는 市賈皆實하여 不相誑豫也라 淮南覽冥篇曰 黃帝治天下에 市不豫賈라하고 史記循吏傳曰 子產爲相에 市不豫賈③라하며 說苑反質篇曰 徒師沼治魏而市無豫賈라하니 義并與此同이라 說者皆讀豫爲凡事豫則立之豫라 望文生義하여 失其傳久矣라 兪樾曰 必字는 衍文也라 下文孝弟以化之也 與此句相對하되 下無必字하니 則此亦當無必字矣라 蚤字無義라 疑脩字之誤라 脩字闕壞하여 止存右旁之脊라 故誤爲蚤耳라 榮辱篇曰 脩正治辨矣와 非十二子篇曰 脩正者也와 富國篇曰 必先脩正其在我者와 王霸篇曰 內不脩正其所以有는 皆以脩正二字連文하니 可以爲證이라 新序引此作布正이라 布는

---

12) 蚤正 : 龍宇純이 추리한 것에 의하면, 蚤는 본디 '肅'자와 통용하는 '夙'자로 되어 있었고 '正'은 '政'과 같으므로 곧 정사가 엄숙하다는 뜻인 '肅政'일 것이라고 하였다. '夙'이 '蚤'로 된 이유는 어떤 식견 없는 사람이 '夙'자의 일반적인 뜻이 '일찍'이므로 같은 뜻을 지닌 '蚤'로 바꾼 것이라고 하였다. 이에 대해 王天海도 그 설을 인정하여 따를 만하다고 하였다.

13) 不動而變 無爲而成 : ≪中庸≫ 26장에 나온다.

隷書或作㣎하니 亦與脩字右旁相似라 先謙案 豫賈는 王說是라 必蚤正은 王兪說是라

① 豫는 與誑同義라 賈疏云 恐有豫爲誑欺라 故云防誑豫라하니 失之라
'豫'는 '誑'과 같은 뜻이다. 그런데 ≪周禮注疏≫ 賈公彦의 疏에 "미리 사람을 속이는 일이 있을까 염려되기 때문에 誑豫를 막는다고 말한 것이다."라고 하였으니, 이는 잘못되었다.

② 老子에 與兮若冬涉川하고 猶兮若畏四隣이라하니 與는 與豫同이라
≪老子≫에 "조심하여〔與兮〕 겨울철 살얼음 덮인 냇물을 건너듯이 하고, 경계하여〔猶兮〕 사방에서 포위한 적을 두려워하듯이 하라."라고 하였으니, '與'는 '豫'와 같다.

③ 索隱云 謂臨時評其貴賤이요 不豫定賈라하니 失之라
≪史記索隱≫에 "그때그때 그 시세를 평가하고 미리 값을 정하지 않는 것을 이른다." 하였으니, 이는 잘못되었다.

楊倞注 : 豫賈는 높은 값으로 미리 정해놓는다는 뜻이다. 소나 말을 파는 자들이 감히 값을 높게 올리지 못한 것은 仲尼가 반드시 먼저 자기를 바르게 하여 남을 대했기 때문에 이처럼 따라서 변화될 수 있었음을 말한 것이다. 賈는 '價(값)'로 간주해 읽는다.

○ 盧文弨 : 본문의 '以待之' 밑에 세간의 판본에는 '者'자가 있다.

郝懿行 : 豫는 '序(안정시키다)'와 같으니, 옛 글자에 통용한다. 일찌감치 저자의 물가를 올바로 정하여 〈매매할 때를〉 기다리기 때문에 판매하는 자가 값을 안정시키는 문제를 다시 논하지 않는다.

劉台拱 : 孔子가 장차 司寇가 되려고 하자, 魯나라 사람들이 일찌감치 스스로 행실을 바르게 닦아 기다렸으니, 이른바 '성인은 움직이지 않아도 변하고 하는 일이 없어도 이루어진다.'는 경우이다.

王念孫 : '蚤正以待之'와 아래 글 '孝弟以先之'는 모두 공자를 가리켜 하는 말이다. 만약 魯나라 사람이 일찌감치 스스로 행실을 바르게 닦아 기다렸다고 말한다면 아래 글과 닮지 않은 다른 글이 될 것이다.

王引之 : 豫는 '誑(속이다)'과 같다. ≪周禮≫ 〈地官 司市〉의 주에 "使定物賈 防誑豫(물가를 안정시켜 서로 속이는 것을 막게 한다.)"라고 한 것이 그것이다. ≪晏子春秋≫ 〈問篇〉에 "公市不豫 宮室不飾(저자에서는 값을 속이지 말고 건축물을 꾸미지 말라.)"이라 하고, ≪鹽鐵論≫ 〈力耕篇〉에 "古者商通物而不豫 工致牢而不僞(옛날에 상인은 물건을 유통하면서 속이지 않았으며, 장인은 튼튼하게 만들고 가짜로 만들지 않았다.)"라고 하였으니, 不豫는 속이지 않는 것을 이른다. 또 〈禁耕篇〉에 "敎之以禮則工商不相豫(예법으로 가르치면 장인이나 상인들

이 서로 속이지 않는다.)"라고 하였으니, 이는 서로 속이지 않는 것을 이른다. '豫'와 '猶'는 같은 음이 변한 것이다. ≪方言≫에 "猶는 '詐'의 뜻이다."라고 하였으니, 詐 또한 속인다는 것이다. 자기가 속는 것을 '猶'라 하고 또 '豫'라 하기도 하며, 거짓말로 남을 속이는 것을 '猶'라 하고 또 '豫'라 하기도 하니, 이는 변한 말이 서로 이어받는 경우이다. 豫는 또 '儲'로 쓰기도 한다. ≪孔子家語≫ 〈相魯篇〉에 "孔子爲政三月 則鬻牛馬者不儲賈(공자가 정사를 행한 지 3개월 만에 소나 말을 파는 자들이 값을 속이지 않았다.)"라고 하였으니, '儲'와 '奢'는 古音이 서로 가까웠다. ≪說文解字≫에 "奢는 張(과장)이란 뜻이다."라 하고, ≪爾雅≫에 "侜張은 속인다는 뜻이다."라고 하였으니, 이 또한 옛 글자의 뜻이 서로 이어받는 경우이다. 그렇다면 '市不豫賈'는 저자의 물건 값이 모두 진실하여 서로 속이지 않는다는 말이다. ≪淮南子≫ 〈覽冥篇〉에 "黃帝治天下 市不豫賈(黃帝가 천하를 다스릴 때 저자에서는 값을 속이지 않았다.)"라 하고, ≪史記≫ 〈循吏傳〉에 "子產爲相 市不豫賈(子產이 재상으로 있을 때 저자에서는 값을 속을 속이지 않았다.)"라 하였으며, ≪說苑≫ 〈反質篇〉에 "徒師沼治魏而市無豫賈(徒師沼가 魏나라를 다스릴 때 저자에서는 값을 속이는 일이 없었다.)"라고 하였으니, 그 뜻이 모두 이곳과 같다. 설명하는 자들은 모두 '豫'를 '凡事豫則立(모든 일이 미리 대비하면 이뤄진다.)'의 '豫'자의 뜻으로 읽었다. 이는 글자만 보고 대강 뜻을 짐작한 것으로, 잘못 전해온 지가 오래되었다.

兪樾 : '必'자는 잘못 덧붙여진 글자이다. 아래 글 '孝弟以化之也'는 이 문구와 서로 대를 이루는데 아래에서는 '必'자가 없으니, 여기에도 마땅히 '必'자가 없어야 옳다. '蚤'는 뜻이 없다. 아마도 '脩'자의 잘못인 듯하다. '脩'자의 획이 훼손되어 오른쪽의 '肴'만 남았기 때문에 이것이 잘못되어 '蚤'가 되었을 것이다. 〈榮辱篇〉의 "脩正治辨矣(선량하고 정직하여 일을 잘 처리한다.)"와, 〈非十二子篇〉의 "脩正者也(선량하고 정직한 자이다.)"와, 〈富國篇〉의 "必先脩正其在我者(반드시 먼저 자기에게 있는 결점을 바로잡아야 한다.)"와, 〈王霸篇〉의 "內不脩正其所以有(안으로는 자기가 소유한 토지며 재산을 잘 관리하지 않는다.)"가 모두 '脩正' 두 자가 이어진 글이니, 이것으로 그렇다는 것을 증명할 수 있다. ≪新序≫에 이 글을 인용하였는데, '布正'으로 되어 있다. 布는 隸書에서 간혹 '㣋'로 쓰기도 하니, 이 또 한 '脩'자의 오른쪽 모양과 비슷하다.

先謙案 : 豫賈는 王引之의 설이 옳다. '必蚤正'은 王念孫과 兪樾의 설이 옳다.

8-28 居於闕黨엔 闕黨之子弟罔不[14]分에 有親者取多하니

14) 罔不 : 罔은 고기 잡는 그물이고, 不는 짐승을 잡는 그물인 '罘'와 같다. '不'와 '罘'는 소리가 비슷하고 韻이 같아 통용한다.

闕黨에 머무를 당시에는 闕黨의 자제들이 잡은 물고기와 짐승을 나눌 적에 부모가 있는 자제가 더 많이 가져갔는데,

居는 謂孔子閒居라 闕黨之子弟罔不分均有無로되 於分均之中에 有父母者取其多也라 ○ 謝本從盧校하여 作罔不必分이라 盧文弨曰 宋本無必字하고 元刻有라 案必與畢古通用이라 新序五에 作罔罟分에 有親者取多하고 其卷一에 作畋漁分에 有親者得多하여 與此不同이라 郝懿行曰 必字誤衍이라 應依新序五하여 作罔罟分이라 說苑七云 羅門之羅에 有親者取多하고 無親者取少하니 正與新序同爲一事라 劉台拱曰 罔不分은 當作罔罘分이라 罘는 兎罟也니 一曰麋鹿罟也라하니라 新序卷一에 作畋漁分에 有親者取多하고 其卷五에 作罔罟分에 有親者取多하여 與此文大同이라 元刻作罔不必分은 妄增必字니 不可從이라 王念孫曰 罔不分은 宋呂錢本幷如是라 不卽罘字[①]라 先謙案 宋本是라 今依諸說刪必字하니라

① 晏子春秋內篇曰 結罘罔이라하니라
《晏子春秋》〈內篇〉에 "結罘罔(그물을 엮었다.)"이라고 하였다.

楊倞注 : 居는 孔子가 한가롭게 지낸 것을 이른다. 闕黨의 자제들이 공동으로 생산한 것을 균등하게 나누지 않는 일이 없었지만 부모가 있는 자는 더 많이 가져갔다는 것이다.

○ 謝本은 盧校本에 따라 '罔不必分'으로 되어 있다.

盧文弨 : 宋本에는 '必'자가 없고 元刻本에는 있다. 살펴보건대, '必'과 '畢'은 옛날에 통용하였다. 《新序》 권5에는 '罔罟分 有親者取多(그물로 잡은 것들을 나눌 적에 부모가 있는 자가 더 많이 가졌다.)'로 되어 있고, 권1에는 '畋漁分 有親者得多(사냥한 짐승과 건져 올린 물고기를 나눌 적에 부모가 있는 자가 많이 가져갔다.)'로 되어 있어 여기 문구와는 같지 않다.

郝懿行 : '必'자는 잘못 덧붙여진 것이다. 마땅히 《新序》 권5에 따라 '罔罟分'이 되어야 한다. 《說苑》 권7에 "외곽의 문밖에서 사냥한 짐승을 나눌 적에 부모가 있는 자는 더 많이 가졌고 부모가 없는 자는 적게 가졌다.〔羅門之羅 有親者取多 無親者取少〕"라고 하였으니, 곧 《新序》와 동일한 하나의 일이다.

劉台拱 : '罔不分'은 마땅히 '罔罘分'으로 되어야 한다. 罘는 토끼 잡는 그물인데, 사슴 잡는 그물이라고도 한다. 《新序》 권1에는 '畋漁分 有親者取多'로 되어 있고, 권5에는 '罔罟分 有親者取多'로 되어 있어 여기 문구와 거의 같다. 元刻本에 '罔不必分'으로 되어 있는 것은 '必'자를 함부로 추가한 것이니, 따를 수 없다.

王念孫 : '罔不分'은 宋 呂・錢本도 모두 이와 같다. '不'는 곧 '罘'자이다.
先謙案 : 宋本이 옳다. 여기서는 여러 설에 따라 '必'자를 삭제하였다.

8-29 孝弟以化之也니이다

이는 그가 부모에게 효도하고 어른에게 공손한 도리로 그들을 감화시켰기 때문입니다.

由孔子以孝弟化之라

楊倞注 : 공자가 효도하고 공손한 도리로 그들을 감화시켰기 때문이다.

8-30 儒者在本朝則美政하고 在下位則美俗하니

儒者가 벼슬하여 조정에 있으면 정치를 아름답게 만들고, 낮은 신분으로 있으면 풍속을 아름답게 합니다.

○ 盧文弨曰 下位는 元刻作其位라

○ 盧文弨 : 下位는 元刻本에 '作其位'로 되어 있다.

8-31 儒之爲人下如是矣니이다

儒者가 남의 아랫사람이 되었을 때 〈국가에 도움을 주는 것이〉 이런 것입니다."

8-32 王曰 然則其爲人上何如오하니 孫卿曰 其爲人上也廣大矣니이다 志意定乎內하여 禮節修乎朝하고 法則度量正[15]乎官하며 忠信愛利形乎下하리이다

昭王이 또 묻기를 "그렇다면 그가 남의 윗사람이 되었을 때는 어떻게 되는가?" 라고 하니, 孫卿이 대답하였다. "그가 남의 윗사람이 된다면 그 영향이 넓고 클 것입니다. 그의 의지가 마음속에 확고하여 예법절차가 조정에서 만들어지고 法則과 度量衡이 관아에서 정해지며 충성과 성실, 애정과 배려 등의 미덕이 민간에서 나

15) 正 : 정해진다는 뜻의 '定'자와 같다.

타날 것입니다.

官은 百官이라 形은 見也라 ○ 王念孫曰 官與朝對文이라 曲禮在官言官하고 在朝言朝의 鄭注曰 官은 謂板圖文書之處라하니 是也라 富國篇亦曰 節奏齊於朝하고 百事齊於官이라하니라 楊云 官은 百官이라하니 失之라

楊倞注 : 官은 百官이다. 形은 드러난다는 뜻이다.

○ 王念孫 : '官'과 '朝'는 대구이다. ≪禮記≫ 〈曲禮〉의 "在官言官 在朝言朝(호적과 지도, 문서가 있는 관아에서는 호적과 지도, 문서에 관해 토론하고 君臣이 정사를 논의하는 조정에서는 정사에 관해 토론한다.)"의 鄭玄 주에 "官은 호적과 지도, 문서를 다루는 곳을 이른다."라고 하였으니, 이 말이 옳다. 〈富國篇〉에도 "節奏齊於朝 百事齊於官(禮義 제도가 조정에서 정돈되고 온갖 일이 관아에서 정돈된다.)"이라고 하였다. 楊氏는 官을 百官이라고 말했으니, 잘못되었다.

8-33 **行一不義하고 殺一無罪而得天下는 不爲也리니 此君[16]義信乎人矣며 通於四海면 則天下應之如讙하리이다**

한 가지라도 의롭지 않은 일을 행하고 한 사람이라도 죄 없는 자를 죽여서 천하를 얻는 일은 하지 않을 것이니, 이와 같은 도리가 사람들에게 믿음을 주고 온 천하에 두루 알려지면 천하 사람이 떠들썩하게 호응할 것입니다.

以君義通於四海라 故應之如讙이라 讙은 喧也니 言聲齊應之也라 ○ 王念孫曰 楊說非也라 君當爲若이니 字之誤也라 此若義는 猶云此義라 若亦此也①라 連言此若者는 古人自有複語耳라 此若義三字는 承上文而言이라 言此義信乎人하고 通乎四海면 則天下莫不應之也라 新序雜事篇에 作若義信乎人矣하니 是其明證也라 禮記曾子問篇曰 子游之徒 有庶子祭者는 以此若義也②라하고 管子山國軌篇曰 此若言何謂也오하며 墨子尙賢篇曰 此若言之謂也라하고 史記蘇秦傳曰 王何不使辯士以此若言說秦③고하니 皆幷用此若二字라

① 論語公冶長篇曰 君子哉라 若人이여하니라

16) 君 : 王天海는 王念孫이 ≪新序≫의 문구에 '若'으로 되어 있다 하여 여기에다 맞춘 것은 잘못된 것이라고 하였다.

≪論語≫ 〈公冶長篇〉에 "군자로다. 이 사람이여."라고 하였다.

② **鄭讀以此爲一句**하고 **若義也爲一句**하니 **非是**라 **說見經義述聞**이라

鄭玄은 '以此'에 구두를 끊어 한 구로 만들고 '若義也'를 한 구로 만들었으니, 옳지 않다. 이에 관한 설명은 ≪經義述聞≫에 보인다.

③ **今本若譌作苦**라 **燕策作若此言**이라

지금 판본에는 '若'이 '苦'로 잘못되어 있다. ≪戰國策≫ 〈燕策〉에는 '若此言'으로 되어 있다.

楊倞注 : 군주의 그와 같은 도리가 온 천하에 두루 알려지기 때문에 떠들썩하게 호응하는 것이다. 讙은 떠들어댄다는 뜻이니, 소리 내어 異口同聲으로 호응하는 것을 말한다.

○ 王念孫 : 楊氏의 설은 틀렸다. '君'은 마땅히 '若'이 되어야 하니, 글자가 잘못된 것이다. 此若義는 '此義(이 도리)'라고 한 것과 같다. '若' 또한 '此'자의 뜻이다. '此若'이라고 연이어 말한 것은 옛사람들이 본디 중복된 말을 쓰는 경우가 있다. '此若義' 세 자는 윗글을 이어 말한 것이다. 이와 같은 도리가 사람들에게 믿음을 주고 온 천하에 두루 알려지면 천하 사람이 호응하지 않는 일이 없다는 것을 말한다. ≪新序≫ 〈雜事篇〉에 "若義信乎人矣(이와 같은 도리가 사람들에게 믿음을 줬다.)"로 되어 있으니, 이것이 그 분명한 증거이다. ≪禮記≫ 〈曾子問篇〉에 "子游之徒 有庶子祭者 以此若義也(子游의 문하생 가운데 서자의 신분으로 조상에게 제사를 드린 일이 있었던 것은 이와 같은 도리에 비추어 행한 것이었다.)"라 하고, ≪管子≫ 〈山國軌篇〉에 "此若言何謂也(이와 같은 말은 무엇을 말한 것인가?)"라고 하였으며, ≪墨子≫ 〈尙賢篇〉에 "此若言之謂也(이와 같은 말을 이른 것이다.)"라 하고, ≪史記≫ 〈蘇秦傳〉에 "王何不使辯士以此若言說秦(왕께서는 어찌 辯士에게 이와 같은 말로 秦나라를 회유하게 하지 않으십니까.)"이라고 하였으니, 이들 모두 '此若' 두 자를 함께 사용하였다.

8-34 是何也오 則貴名白而天下治也니이다

이는 무슨 이유이겠습니까? 이는 그 존귀한 명성이 크게 드러나 천하 사람이 그를 흠모하기 때문입니다.

貴名은 謂儒名可貴라 白은 明顯이라 ○ 盧文弨曰 俗本注末有之貌二字라 顧千里曰 治는 疑當作願이라 榮辱篇의 身死而名彌白이라 小人莫不延頸擧踵而願의 楊注에 願猶慕也라하니라 王制篇의 若是면 名聲白①하여 天下願의 楊注에 願은 謂人人皆

願이라하고 致士篇의 而貴名白하여 天下願의 楊注에 天下皆願從之也라하니라 此願同榮辱篇之願하고 此天下願도 同王制篇致士篇之天下願이 明甚이라 楊此篇無注는 蓋已誤爲治니 其實非也라

① 舊本誤日하고 下衍聞이라 見雜志第三이라
옛 판본에는 〈'白'이〉 '日'로 잘못되어 있고 그 밑에 '聞'자가 잘못 덧붙여져 있다. 이에 관한 설명은 ≪讀書雜志≫ 제3에 보인다.

楊倞注 : 貴名은 儒者라는 이름이 귀하게 여길 만하다는 것을 이른다. 白은 밝게 드러난다는 뜻이다.

○ 盧文弨 : 세간 본에는 주 끝에 '之貌' 두 자가 있다.

顧千里 : 治는 아마도 마땅히 '願'으로 되어야 할 것이다. 〈榮辱篇〉의 "身死而名彌白 小人莫不延頸擧踵而願(몸은 죽더라도 명성은 더욱 드러난다. 소인은 누구나 다 목을 길게 빼고 발돋움하며 흠모한다.)"의 楊氏 주에 "願은 '慕(사모하다)'자와 같다."라고 하였다. 〈王制篇〉의 "若是 名聲白 天下願(이렇게 되면 명성이 드러나 천하 사람이 흠모할 것이다.)"의 楊氏 주에 "願은 사람마다 모두 원하는 것을 이른다."라 하고, 〈致士篇〉의 "而貴名白 天下願(존귀한 명성이 드러나 천하 사람이 그를 흠모할 것이다.)"의 楊氏 주에 "천하가 모두 그를 따르기를 원한다는 것이다."라고 하였다. 이 '願'자는 〈榮辱篇〉의 '願'과 같고 이 '天下願'도 〈王制篇〉과 〈致士篇〉의 '天下願'과 같다는 것이 매우 분명하다. 楊氏가 이 편에 주를 달지 않은 것은 〈그가 접해 본 판본이〉 이미 '治'로 잘못되었기 때문이니, 사실은 그 글자가 아니다.

8-35 故近者歌謳而樂之하고 遠者竭蹶而趨之하며

그러므로 가까이 있는 사람들은 그를 노래하며 즐거워하고 멀리 있는 사람들은 황급히 달려오며

竭蹶은 顚倒也라 遠者顚倒趨之하여 如不及然이라

楊倞注 : 竭蹶은 넘어진다는 뜻이다. 멀리 있는 사람들이 허둥지둥 넘어지면서 달려오는 모양이 마치 남을 따라잡지 못할 듯이 한다는 것이다.

8-36 四海之內若一家하여 通達之屬莫不從服하니 夫是之謂人師니이다

온 천하가 마치 한 가정이나 다름없어 도로가 통하는 지역이라면 복종하지 않

는 자가 없으니, 이를 가리켜 백성의 君長이라 말하는 것입니다.

通達之屬은 謂舟車所至로 人力所通之處也라 師는 長也라 言儒者之功如此라 故可以爲人之師長也라 ○ 盧文弨曰 注人之師長은 宋本無之字라 今從元刻이라 郝懿行曰 師者는 衆也라 言合四海若一家하여 成爲大衆이니 謂衆所歸往也라 王制篇及議兵篇義亦同이라 爾雅의 師는 人也와 此言人師는 其義則一이라 注云 師는 長이라하니 非也라 先謙案 如郝說인댄 夫是之謂人衆이니 不詞甚矣라 師長之義甚古라 長亦君也라 周語古之長民者의 韋注에 長은 猶君也라하고 廣雅釋詁에 長은 君也라하니라 人師는 猶言人君矣라 王制篇議兵篇語意大同하니 楊注并訓師長하니라 又王制篇云 上無君師와 正論篇云 海內之民이 莫不願得以爲君師와 又云 然則是誅民之父母하고 而師民之怨賊也와 禮論篇云 尊先祖而隆君師는 皆作君長解라 若如郝說인댄 豈可通乎아

楊倞注 : 通達之屬은 배와 수레가 닿고 인력으로 통하는 곳을 이른다. 師는 어른이다. 儒者의 공효가 이와 같기 때문에 백성의 師長이 될 수 있다는 것을 말한다.

○ 盧文弨 : 楊氏 주의 '人之師長'은 宋本에는 '之'자가 없다. 여기서는 元刻本을 따랐다.

郝懿行 : 師란 '衆(무리)'의 뜻이다. 온 천하를 통합하기를 한 가정처럼 하여 큰 무리를 이룬 것을 말한 것이니, 민중의 마음이 그에게 돌아간 것을 이른다. 〈王制篇〉 및 〈議兵篇〉에서의 뜻도 이와 같다. ≪爾雅≫에 "師는 사람들이다."라고 한 것과 여기에서 말한 '人師'가 그 뜻은 동일하다. 楊氏 주에 "師는 어른이다."라고 하였으니, 틀렸다.

先謙案 : 郝氏의 설대로라면 '이것을 가리켜 민중이라 이른다.'라고 해야 하니, 말이 안 되는 정도가 심하다. 師長이란 뜻의 유래는 매우 오래되었다. 長 또한 군주이다. ≪國語≫ 〈周語〉의 "古之長民者(옛날 백성의 임금 된 자)"의 韋昭 주에 "長은 임금과 같다."라 하고, ≪廣雅≫ 〈釋詁〉에 "長은 임금이다."라고 하였다. 人師는 '人君'이라 말한 것과 같다. 〈王制篇〉과 〈議兵篇〉의 말뜻이 대략 동일하니, 楊氏의 주는 모두 師長의 뜻으로 풀이하였다. 또 〈王制篇〉의 "上無君師(위에 君師가 없다.)"와, 〈正論篇〉의 "海內之民 莫不願得以爲君師(온 천하의 백성이 그를 얻어 君師로 삼기를 원하지 않는 이가 없다.)"와 또 "然則是誅民之父母 而師民之怨賊也(그렇다면 이는 백성의 부모를 죽인 것이고 백성의 원수를 君師로 삼는 것이다.)"와, 〈禮論篇〉의 "尊先祖而隆君師(선조를 존중하면서 君師를 추앙하는 것이다.)"는 모두 〈君師와 師를〉 君長으로 보고 풀이해야 한다. 만약 郝氏의 설대로 풀이한다면 어찌 뜻이 통할 수 있겠는가.

8-37 詩曰 自西自東하며 自南自北하여 無思不服이라하니 此之謂也니이다

≪詩經≫에 '서쪽에서 동쪽까지 남쪽에서 북쪽까지 心服하지 않는 이 없네.'라고 하였으니, 이를 두고 하는 말입니다.

詩는 大雅文王有聲之篇이라 引此以明天下皆歸之也라

楊倞注 : ≪詩經≫은 〈大雅 文王有聲〉의 편이다. 이것을 인용하여 천하의 인심이 모두 그에게 돌아간 것을 밝혔다.

8-38 夫其爲人下也如彼하고 其爲人上也如此하니 何謂其無益於人之國也잇가 하니라 昭王曰 善이라하니라

儒者는 남의 아랫사람이 되었을 때는 저와 같고 그가 남의 윗사람이 되었을 때는 이와 같으니, 어찌 남의 국가에 대해 무익한 존재라고 말하겠습니까." 그러자 昭王이 말하기를 "좋은 말이다."라고 하였다.

8-39 先王之道는 仁之隆也니 比中而行之라

고대 聖王의 도는 仁의 덕이 높이 구현된 것이니, 그것은 中正한 도에 따라 행하였기 때문이다.

先王之道는 謂儒學이니 仁人之所崇高也라 以其比類中道而行之하고 不爲詭異之說하여 不高不下하여 使賢不肖皆可及也라 ○ 謝本從盧校하여 作仁人隆也라 王念孫曰 呂本作仁之隆也하니 是也라 此言先王之道는 乃仁道之至隆者也니 所以然者는 以其比中而行之也라 楊云仁人之所崇高也는 失之라 錢本作仁人隆也하니 卽涉注仁人而誤라 比는 順也며 從也①니 言從乎中道而行之也라 楊以比爲比類하니 未確이라 先謙案 下文以禮義釋中하니 則比中卽論語義之與比之意라 王說是也라 仁之隆也義長하니 依呂本改正하니라

① 說見經義述聞比象傳이라

이에 관한 설명은 ≪經義述聞≫ 〈比象傳〉에 보인다.

楊倞注 : '고대 聖王의 도'는 儒者의 학문을 이르니, 仁한 사람이 존중하는 것이다. 이

는 中道를 비교하여 행하고 기괴한 설을 펴지 않음으로써 그 수준이 너무 높거나 낮지 않아 덕이 있는 사람이나 덕이 없는 사람이 모두 따라올 수 있게 하기 때문이다.

○ 謝本은 盧校本에 따라 〈'仁之隆也'가〉 '仁人隆也'로 되어 있다.

王念孫 : 呂本에는 '仁之隆也'로 되어 있으니, 이것이 옳다. 여기서는 고대 聖王의 도는 곧 仁의 도가 매우 높으니, 그 이유는 그것이 中正에 따라 행하였기 때문이라는 것을 말한다. 楊氏가 '仁한 사람이 존중하는 것'이라고 한 것은 잘못되었다. 錢本에는 '仁人隆也'로 되어 있으니, 이는 주의 '仁人'과 연관되어 잘못된 것이다. 比는 순응한다는 뜻이며 따른다는 뜻이니, 中正의 도에 따라 행하는 것을 말한다. 楊氏는 比를 〈비교한다는 뜻의〉 '比類'라고 하였으니, 분명하지 않다.

先謙案 : 아래 글에 禮義로 '中'을 풀이하였으니, '比中'은 곧 《論語》 〈里仁〉의 '義之與比(義에 비추어 행한다.)'의 뜻이다. 王氏의 설이 옳다. 〈仁의 덕이 높이 구현된다는 뜻인〉 '仁之隆也'의 뜻이 더 나으므로 呂本에 따라 바로잡았다.

8-40 曷謂中고 曰 禮義是也라 道者는 非天之道며 非地之道며 人之所以道也니 君子之所道也니라

무엇을 中正한 도라 이르는가? 禮義가 그것이다. 도라는 것은 하늘이 운행하는 도도 아니고 땅이 변화하는 도도 아니며 인류가 따라 행해야 할 도이니, 이는 군자가 행하는 도이다.

重說先王之道는 非陰陽・山川・怪異之事라 是人所行之道也라 ○ 謝本從盧校하여 作人之所道也하고 無君子之所道也句라 盧文弨曰 宋本作人之所以道也하고 下又有君子之所道也句라 今從元刻刪正이라 王念孫曰 盧說非也라 人之所以道者의 道는 行也니 謂人之所以行也라 君子之所道者의 道는 爲人之所以行이로되 而人皆莫能行之하고 唯君子爲能行之也라 二句本不同義어늘 後人以爲重複而刪之하니 謬矣라 下文君子之所謂賢者八句는 正承此君子而言이니 則此句之非衍文甚明이라 呂錢本世德堂本皆作人之所以道也니 君子之所道也라 今據以補正이라 先謙案 王說是하니 今改從宋本하니라

楊倞注 : 고대 聖王의 도는 陰陽・山川・괴이한 일이 아니라 곧 인류가 행하는 도라는 것을 거듭 설명한 것이다.

○ 謝本은 盧校本에 따라 '人之所道也'로 되어 있고 '君子之所道也'라는 문구가 없다.

盧文弨 : 宋本에는 '人之所以道也'로 되어 있고 그 밑에 또 '君子之所道也'라는 문구가 있다. 여기서는 元刻本에 따라 삭제하였다.

王念孫 : 盧氏의 설은 틀렸다. '人之所以道'의 道는 행한다는 뜻이니, 인류가 행해야 할 도이다. '君子之所道'의 道는 인류가 행해야 할 것이지만 사람들이 누구나 다 그것을 제대로 행하지 못하고 오직 군자만이 능히 행할 수 있는 것이다. 이 두 구는 본디 뜻이 같지 않은데 후세 사람이 중복된 것으로 생각하여 하나를 삭제하였으니, 잘못되었다. 아래 글 '君子之所謂賢者'의 여덟 구는 곧 이곳의 군자를 이어받아 말한 것이니, 이 구가 잘못 덧붙여진 글이 아님이 매우 분명하다. 呂・錢本과 世德堂本에는 모두 '人之所以道也 君子之所道也'로 되어 있다. 여기서는 이것에 따라 보충해 바로잡았다.

先謙案 : 王氏의 설이 옳으니, 여기서는 宋本에 따라 고쳤다.

8-41 君子之所謂賢者는 非能徧能人之所能之謂也요 君子之所謂知者는 非能徧知人之所知之謂也며 君子之所謂辯者는 非能徧辯人之所辯之謂也요 君子之所謂察者는 非能徧察人之所察之謂也니 有所正矣라

군자의 이른바 賢能이란 남들이 할 수 있는 것을 모두 다 할 수 있다는 말이 아니고, 군자의 이른바 智慧란 남들이 아는 것을 모두 다 알 수 있다는 말이 아니고, 군자의 이른바 達辯이란 남들이 논변하는 것을 모두 다 논변할 수 있다는 말이 아니며, 군자의 이른바 洞察이란 남들이 살피는 것을 모두 다 살필 수 있다는 말이 아니니, 〈군자의 능력도〉 일정한 한계가 있다.

苟得其正이면 不必徧能이라 或曰 正은 當爲止니 言止於禮義也라 ○ 王念孫曰 案後說是也라 解蔽篇曰 夫學也者는 固學止之也라 惡乎止之오 曰止諸至足이니라 曷謂至足고 曰聖王也라하니 是其證이라 群書治要正作有所止矣라

楊倞注 : 만약 그 정도를 얻는다면 굳이 모든 것을 다 잘할 것은 없다는 것이다. 혹자는 "正은 마땅히 '止'가 되어야 한다."라고 하였는데, 이 경우에는 禮義에 머무르는 것을 말한다.

○ 王念孫 : 살펴보건대, 뒤 설이 옳다. 〈解蔽篇〉에 "대체로 배운다는 것은 본디 배움을 통해 머물러야 할 경지에 도달하는 것이다. 어떤 경지에 머무를 것인가? 마음에 만족하

게 느끼는 곳에 머물러야 한다. 무엇을 마음에 만족하게 느끼는 곳이라 하는가? 그것은 聖王의 도이다."라고 하였으니, 이것이 그 증거이다. ≪群書治要≫에는 '有所止矣'라고 올바로 되어 있다.

8-42 相高下하고 視墝肥하여 序五種은 君子不如農人하고

지형이 높은지 낮은지를 비교해보고 토질이 척박한지 비옥한지를 식별하여 五穀 작물을 합리적으로 안배하는 일은 군자가 農夫보다 못하고,

相은 視也라 高下는 原隰也라 墝는 薄田也라 五種은 黍・稷・豆・麥・麻라 序는 謂不失次序하고 各當土宜也라

楊倞注 : 相은 비교해본다는 뜻이다. 高下는 마른 곳과 저습한 곳이다. 墝는 척박한 밭이다. 五種은 기장・수수・콩・보리・참깨이다. 序는 순서를 어기지 않고 각기 토질에 적합하게 가꾸는 것을 이른다.

8-43 通財貨하고 相美惡하여 辯貴賤은 君子不如賈人하고

재물을 유통시키고 품질이 좋은지 나쁜지를 비교해보아 값이 비싼지 싼지를 구별하는 일은 군자가 商人보다 못하고,

視貨物之美惡하여 辨其貴賤也라 賈는 與估同이라

楊倞注 : 물건의 상태가 좋은지 나쁜지를 살펴보고서 값이 비싼지 싼지를 구별한다는 것이다. 賈는 '估(상인)'와 같다.

8-44 設規矩하고 陳繩墨하며 便備用은 君子不如工人하고

그림쇠와 곱자를 준비하고 먹줄 통을 진열하며 기물을 정비하는 일은 군자가 匠人보다 못하고,

便備用은 謂精巧便於備用이라 ○ 先謙案 備用은 猶言械用이니 說見王制篇이라

楊倞注 : 便備用은 정교하여 갖추어 사용하기에 편리한 것을 이른다.

○ 先謙案 : 備用은 〈器物이라는 뜻의〉 '械用'과 같으니, 이에 관한 설명은 〈王制篇〉

(9-60)에 보인다.

8-45 不卹是非然不然之情하고

옳고 그름, 맞고 틀린 실제정황을 돌아보지 않고

○ 王引之曰 然不然은 本作然不하니 卽然否也라 哀公篇에 情性者는 所以理然不取舍也라하니 是其證이라 取舍與然不對文이며 是非與然不亦對文이어늘 後人不知不爲否之借字라 故又加然字耳라 性惡篇에 不恤是非然不然之情이라하니 誤與此同이라 先謙案 卹恤通用이라 秦策不恤楚交의 韋注에 恤은 顧也라하니라

○ 王引之 : 然不然은 본디 '然不'로 되어 있으니, 곧 '然否'이다. 〈哀公篇〉에 "情性者 所以理然不取舍也(情性이란 맞고 틀림, 취하고 버리는 것을 처리하는 근거이다.)"라고 한 것이 곧 그 증거이다. '取舍'와 '然不'는 대구이며 '是非'와 '然不' 또한 대구인데, 후세 사람이 '不'가 '否'의 假借字라는 것을 몰랐기 때문에 거기에 또 '然'자를 보탠 것이다. 〈性惡篇〉에 "不恤是非然不然之情(옳고 그름, 맞고 틀린 실제정황을 돌아보지 않았다.)"이라고 하였는데, 그 잘못이 여기의 경우와 같다.

先謙案 : '卹'과 '恤'은 통용한다. ≪戰國策≫ 〈秦策〉의 "不恤楚交(楚나라와 교류할 것을 돌아보지 않는다.)"의 韋昭 주에 "恤은 돌아본다는 뜻이다."라고 하였다.

8-46 以相薦撙하며 以相恥怍은 君子不若惠施鄧析이라

서로 상대를 짓밟고 억누르며 서로 욕보이는 일은 군자가 惠施나 鄧析보다 못하다.

薦은 藉也라 謂相蹈藉撙抑이니 皆謂相陵駕也라 怍은 慚也라 ○ 盧文弨曰 正文末有也字하니 今從元刻删이라

楊倞注 : 薦은 깔고 앉는 사리라는 뜻이나. 서로 짓밟고 억누르는 것을 이르니, 이 모두 서로 업신여기는 것을 이른다. 怍은 부끄럽다는 뜻이다.

○ 盧文弨 : 본문 끝에 '也'자가 있었는데, 여기서는 元刻本에 따라 삭제하였다.

8-47 若夫譎德而定次하고

말하자면 그 덕을 평정하여 등급을 정하고

譎은 與商同하니 古字라 商度(탁)其德而定位次라 本或亦多作譎이라 譎은 與決同하니 謂斷決其德이라 故下亦有譎德而序位之語라 ○ 盧文弨曰 注末四字는 宋本作定次也하니 訛라 今從元刻이라 洪頤煊曰 字書無譎字라 君道篇에 論德而定次하고 量能而授官의 文與此同하니 譎은 疑即論字之譌라 正論篇에 圖德而定次의 圖謀亦論也라 譎字又譌作譎이라 王念孫曰 作譎者是也라 作譎者는 譎之譌耳라 譎決古字通①하니 謂決其德之大小而定位次也라 下文譎德而序位 是其明證이라 又君道篇의 譎德而定次 今本作論德하니 論字乃後人以意改之②라 韓詩外傳에 作決德하니 則荀子之本作譎甚明이라 或據君道篇改此篇之譎德爲論德하니 非也라 又正論篇의 圖德而定次는 舊校云一本作決德이라하니 亦當以作決者爲是라 作圖者는 蓋亦後人所改라

① 睽上九王注恢詭譎怪에 釋文譎은 本亦作決이라하니라
≪周易≫ 睽卦 上九의 王弼 주 '恢詭譎怪(허황되고 기괴하다.)'에서 ≪經典釋文≫에 "譎은 본디 '決'로 되어 있다."라고 하였다.

② 正論篇論德而定次同이라
〈正論篇〉의 "論德而定次(덕을 논하여 등급을 정한다.)"도 같다.

楊倞注 : 譎은 '商(헤아리다)'과 같으니, 옛 글자이다. 그 덕을 헤아려 관직의 등급을 정한다는 것이다. 어떤 판본에는 '譎'로 된 경우도 많다. '譎'은 '決'과 같으니, 그 덕을 단호히 결정하는 것을 이른다. 그러므로 아래에 또 '譎德而序位(덕을 평정하여 관직을 안배한다.)'라는 말이 있는 것이다.

○ 盧文弨 : 楊氏 주의 끝 네 자인 〈'序位之語'가〉 宋本에는 '定次也'로 되어 있으니, 이는 잘못된 것이다. 여기서는 元刻本을 따랐다.

洪頤煊 : 字書에는 '譎'자가 없다. 〈君道篇〉에 "論德而定次 量能而授官(덕을 논하여 등급을 정하고 재능을 헤아려 관직을 준다.)"이라고 한 글도 이곳의 경우와 같으니, '譎'은 아마도 '論'자의 오자일 것이다. 〈正論篇〉에 "圖德而定次(덕을 도모하여 차등을 정한다.)"라고 하였는데, 그 圖 또한 '論'의 의미이다. '譎'자가 또 잘못되어 '譎'이 되었다.

王念孫 : '譎'로 된 것이 옳다. '譎'으로 된 것은 '譎'이 잘못된 것일 뿐이다. '譎'과 '決'은 옛 글자에 통용하였으니, 그 덕의 大小를 평정하여 관직의 등급을 정하는 것을 이른다. 아래 글 "譎德而序位"라고 한 것이 곧 그 분명한 증거이다. 또 〈君道篇〉의 '譎德而定次(덕

을 평정하여 등급을 정한다.)'에서 〈譎德이〉 지금 판본에 '論德'으로 되어 있으니, '論'자는 곧 후세 사람이 자의적으로 고친 것이다. ≪韓詩外傳≫에는 '決德'으로 되어 있으니, ≪荀子≫ 원본에는 '譎'로 되었을 것임이 매우 분명하다. 혹자는 〈君道篇〉에 따라 이 편의 '譎德'을 '論德'으로 고쳤으니, 이는 틀린 것이다. 또 〈正論篇〉의 '圖德而定次'는 옛 교정본에 "어떤 판본에는 〈圖德이〉 '決德'으로 되어 있다."라고 하였으니, 마땅히 '決'로 된 것이 옳다고 보아야 한다. '圖'로 된 것은 이 또한 후세 사람이 고친 것일 것이다.

8-48 量能而授官하여 使賢不肖皆得其位하고 能不能皆得其官하며

재능을 헤아려 관직을 줌으로써 덕이 있는 자나 덕이 없는 자가 모두 적합한 지위를 얻고 재능이 있는 자나 재능이 없는 자가 모두 적합한 관직을 얻도록 하며,

任使各當其才라

楊倞注 : 관직을 맡기고 부릴 때 각기 그 자질에 적합하게 한다는 것이다.

8-49 萬物得其宜하고 事變得其應하며 愼墨不得進其談하고 惠施鄧析不敢竄其察하며

각종 사물이 사리에 적합하게 처리되고 불의의 사태가 적절히 처리되게 하며, 愼到나 墨翟이 그들의 담론을 진행시키지 못하고 惠施나 鄧析이 감히 그들의 궤변을 늘어놓지 못하게 하며,

竄은 隱匿也라 言二子之察이 無所逃匿은 君子皆識也라 ○ 先謙案 楊說非也라 不得進其談과 不敢竄其察은 文義一律이며 竄與進이 意亦相配하니 不得解竄爲逃匿也라 大略篇云 貧窶者有所竄其手矣의 注에 竄은 容也라하니 此竄亦當訓爲容이라 言二子無所容其察辨也라 呂覽[17]審分篇의 無所竄其姦矣의 竄字意正與此同이라

楊倞注 : 竄은 도망가고 숨는다는 뜻이다. 이들 두 사람의 궤변이 숨을 수 없는 것은 군자가 모두 그것을 식별하기 때문임을 말한 것이다.

○ 先謙案 : 楊氏의 설은 틀렸다. '不得進其談'과 '不敢竄其察'은 글 뜻이 같은 형식이며 '竄'과 '進'이 그 뜻 또한 서로 짝을 이루니, '竄'을 도망가고 숨는다는 뜻으로 풀이할 수

---

17) 呂覽 : ≪呂氏春秋≫의 별칭이다.

없다. 〈大略篇〉에 "貧窶者有所竄其手矣(가난한 사람도 그 수족을 부릴 수 있다.)"의 楊氏 주에 "竄은 '容(허용하다)'의 뜻이다."라고 하였으니, 이곳의 '竄'도 마땅히 '容'의 뜻으로 보아야 한다. 이 두 사람이 그들의 치밀한 궤변을 늘어놓을 수 없음을 말한 것이다. ≪呂覽≫ 〈審分篇〉의 "無所竄其姦矣(그 간교한 심술을 부릴 수 없다.)"의 '竄'자의 뜻이 곧 이곳의 경우와 같다.

8-50 **言必當理**하고 **事必當務**니 **是然後君子之所長也**라

전개하는 말은 반드시 사리에 맞고 행하는 일은 반드시 현실적인 요구에 맞게 해야 하니, 이렇게 한 뒤에야 비로소 군자의 長技를 행하는 것이 된다.

8-51 **凡事行**[18]이 **有益於理者立之**하고

일반적으로 일을 행하는 것이 나라를 다스리는 데에 유익한 것은 이뤄내고

行은 下孟反이라

楊倞注：行은 음이 下와 孟의 反切이다.

8-52 **無益於理者廢之**니 **夫是之謂中事**라 **凡知說**이 **有益於理者爲之**하고 **無益於理者舍之**니 **夫是之謂中說**이라 **事行失中謂之姦事**요

나라를 다스리는 데에 무익한 것은 그만둬야 하니, 이것을 정당한 일이라고 이른다. 일반적으로 학설을 전개하는 것이 나라를 다스리는 데에 유익한 것은 전개하고 나라를 다스리는 데에 무익한 것은 버려야 하니, 이것을 정당한 학설이라 이른다. 일을 행하는 것이 정당함을 잃으면 이것을 간악한 일이라 이르고

○ 王念孫曰 事行은 呂本作行事하고 錢本及各本行事皆作事行이라 盧從呂本이라 上文云 事行無益於理者廢之하고 知說無益於理者舍之라하여 此云 事行失中謂之

18) 事行：王念孫이 아래 주에서 일과 행위라고 별개로 보는 것이 옳다고 주장하였으나, 王天海가 여러 자료를 근거로 들어 반박하고 呂本에 '行事'로 되어 있는 것이 옳다고 하였다. 아울러 아래 '知說'의 '知'는 唐 高宗의 이름자인 '治'를 바꾸어 쓴 것이라고 하였다. 이럴 경우 '行'과 '知'는 동사가 된다. 王天海의 설에 따라 번역하였다.

姦事요 知說失中謂之姦道는 皆承上文而言이니 則作事行者是也라 仲尼篇云 其事行也 若是其險汙淫汏也①라하고 王制篇云 立身則從傭俗하고 事行則遵傭故라하니 皆其證이라 先謙案 謝本從盧校하여 作行事나 今從王說改正하니라

① 楊注에 事險而行汙也라 行은 下孟反이라하니라 案楊於仲尼篇已釋事行二字라 故此不復釋이라
楊氏의 〈仲尼篇〉 주에 "일이 음험하고 행위가 더럽다는 것이다. 行은 음이 下와 孟의 反切이다."라고 하였다. 살펴보건대, 楊氏가 〈仲尼篇〉에 이미 '事行' 두 자를 풀이하였으므로 이곳에서는 다시 풀이하지 않은 것이다.

○ 王念孫 : 事行은 呂本에 '行事'로 되어 있고 錢本 및 각 본에는 行事가 모두 '事行'으로 되어 있다. 盧氏는 呂本을 따랐다. 윗글에 '事行無益於理者廢之 知說無益於理者舍之'라 하였으므로 여기서 '事行失中謂之姦事 知說失中謂之姦道'라 한 것은 모두 윗글을 이어받아 말한 것이니, '事行'으로 된 것이 옳다. 〈仲尼篇〉에 "其事行也 若是其險汙淫汏也(그 일이나 행위가 이처럼 음험하고 비열하며 방자하고 사치스러웠다.)"라 하고, 〈王制篇〉에 "立身則從傭俗 事行則遵傭故(처신하는 것은 일반적인 풍속을 따르고 일처리는 평범한 관례를 따른다.)"라고 하였으니, 이 모두 그 증거이다.

先謙案 : 謝本은 盧校本에 따라 '行事'로 되어 있으나, 여기서는 王氏의 설에 따라 고쳤다.

8-53 知說失中謂之姦道라 姦事姦道는 治世之所棄요 而亂世之所從服也라 若夫充虛之相施(이)易也어나

학설을 전개하는 것이 정당함을 잃으면 이것을 간악한 도라 이른다. 간악한 일과 간악한 도는 태평한 세상에서는 버려지고 혼란한 세상에서는 따르는 것이다. 그 實과 虛를 전도하거나

充은 實也라 施는 讀曰移니 移易은 謂使實者虛하고 虛者實也라

楊倞注 : 充은 '實(채우다)'의 뜻이다. 施는 '移(옮기다)'로 읽어야 하니, 移易은 실한 것을 허하게 하고 허한 것을 실하게 하는 것을 이른다.

8-54 堅白同異[19]之分隔也는

19) 堅白同異 : 堅白은 전국시대 公孫龍의 궤변을 말한다. 단단하고 흰 돌은 눈으로 보아 흰 것

堅白과 同異를 분별하는 것은

以堅白同異之言相分別隔易이라 同異는 已解上也[20]라

楊倞注 : 堅白論과 同異論으로 서로 구별하고 바꾼다는 뜻이다. 同異는 이미 위에서 풀이하였다.

8-55 **是聰耳之所不能聽也**요 **明目之所不能見也**며 **辯士之所不能言也**라 **雖有聖人之知**라도 **未能僂指也**라

민감한 귀로도 능히 들을 수 없는 것이고 밝은 눈으로도 능히 볼 수 없는 것이며 논변을 잘하는 선비도 능히 설명할 수 없는 것이다. 그래서 비록 성인의 지혜를 지녔더라도 능히 바로 가리켜 알게 할 수 없다.

僂는 疾也라 言雖聖人亦不可疾速指陳이라 僂는 力主反이라 公羊傳曰 夫人不僂에 何休曰 僂는 疾也니 齊人言也라하니라

楊倞注 : 僂는 빠르다는 뜻이다. 비록 성인이라도 빨리 지적하여 개진하지 못한다는 것을 말한다. 僂는 음이 力과 主의 反切이다. ≪春秋公羊傳≫ 莊公 24년의 "夫人不僂(夫人이 서두르지 않았다.)"에서 何休가 "僂는 빠르다는 뜻이니, 齊나라 사람의 토속어이다."라고 하였다.

8-56 **不知無害爲君子**하고 **知之無損爲小人**하며 **工匠不知無害爲巧**하고 **君子不知無害爲治**라

그것을 모르더라도 군자 되기에 해가 될 게 없고 그것을 알더라도 소인 되기에 해가 될 게 없으며, 匠人이 그것을 모르더라도 솜씨 부리는 데에 해가 될 게 없고

을 알 수 있으나 단단한지는 모르며 손으로 만져보았을 때는 그 단단한 것을 알 뿐 빛이 흰지는 모르므로, 단단한 돌과 흰 돌은 동일물이 아니라는 것이다. 同異는 만물에 대해 인식하는 각도에 따라 같기도 하고 다르기도 한다는 莊子의 논리이다. 만물을 총괄하여 物이라고 말하면 모두 같고, 그것을 세분했을 때 인간의 耳目口鼻 등 각 기관과 초목의 가지, 잎, 꽃, 열매들이 모두 다른 것처럼 만물이 다르지 않은 것이 없다는 것이다.

20) 同異 已解上也 : 본서 제2편 〈修身篇〉 2-53 楊倞의 注에 보인다.

군자가 그것을 모르더라도 나라를 다스리는 데에 해가 될 게 없다.

君子는 卿大夫也라

楊倞注 : 君子는 卿大夫이다.

8-57 王公好之則亂法하고 百姓好之則亂事라

하지만 천자나 제후가 그것을 좋아하면 법을 어지럽히고 백성들이 그것을 좋아하면 작업을 어지럽힌다.

事는 謂作業이라

楊倞注 : 事는 작업하는 것을 이른다.

8-58 而狂惑戇陋之人은 乃始率其群徒하여 辯其談說하고 明其辟(비)稱하여 老身長子토록 不知惡(오)也라

그런데도 황당하고 어리석은 사람은 도리어 처음부터 그들의 무리를 거느리고서 그들이 주장하는 담론을 변호하고 그들의 비유하는 말을 밝히느라 제 몸이 늙고 자식이 장성할 때까지도 그런 태도를 싫어할 줄 모른다.

戇은 愚也라 辟는 音譬(비)라 稱은 尺證反이라 身老子長은 言終身不知惡之也라

楊倞注 : 戇은 어리석다는 뜻이다. 辟는 음이 譬이다. 稱은 음이 尺과 證의 反切이다. 제 몸이 늙고 자식이 장성할 때까지라는 것은 죽을 때까지 싫어할 줄 모르는 것을 말한다.

8-59 夫是之謂上愚니

대체로 이를 가리켜 매우 어리석다고 이르니,

有偏僻之見이요 非昧然無知라 然亦不免於愚라 故曰上愚라하니라 ○ 劉台拱曰 上愚는 猶言極愚니 楊注非라

楊倞注 : 한쪽으로 치우친 견해가 있는 것이고 깜깜하게 무지한 것은 아니다. 그러나

이 또한 어리석음을 면치 못하기 때문에 '上愚'라고 말한다.

○ 劉台拱 : 上愚는 '極愚'라는 말과 같으니, 楊氏의 주는 틀렸다.

8-60 曾不如相雞狗之可以爲名也라

이는 닭이나 개의 우열을 감별하길 좋아한다는 것으로 이름이 나는 것보다 못하다.

有惠施鄧析之名이 尙不如相雞狗之名也라 ○ 盧文弨曰 正文曾不如下에 宋本有好字하고 元刻無라 郝懿行曰 古人重畜하여 問富數焉하고 門材[21]與焉하니 不獨相牛馬之有經也라 後世蔑如矣라

楊倞注 : 惠施나 鄧析 같은 이름을 지니는 것이 오히려 닭이나 개의 우열을 잘 감별한다는 이름을 지니는 것보다 못하다는 것이다.

○ 盧文弨 : 본문의 '曾不如' 밑에 宋本에는 '好'자가 있고 元刻本에는 없다.

郝懿行 : 옛사람은 가축을 중시하여 부유함을 따질 때 그 수효를 셌으며 가문의 재산에 포함하였으니, 소와 말의 우열을 감별하는 책만 있는 것은 아니었다. 그런데 후세에는 그와 같은 인식이 사라졌다.

8-61 詩曰 爲鬼爲蜮(역)[22]이면 則不可得이어니와 有靦(전)面目하여 視人罔極이라 作此好歌하여 以極反側하노라하니 此之謂也니라

≪詩經≫에 "네 만약 귀신이나 물여우라면 눈으로 볼 도리가 없겠지마는, 사람 얼굴 버젓이 지니고 있어 때가 되면 언제고 볼 수 있다네. 나는 지금 이 좋은 노래를 지어 반복하는 네 마음 까발리노라."라고 하였으니, 이를 두고 하는 말이다.

---

21) 材 : '財'와 통용하는 글자이다.

22) 蜮(역) : 물여우이다. 전설에 의하면, 물속에 사는 괴물로 발이 세 개이고 모양이 자라와 비슷한데 독기를 쏘아 사람을 죽인다고 한다. ≪詩經≫의 朱熹 주에 "江水와 淮水에 모두 있다. 모래를 입에 머금어 물속에 비친 사람의 그림자를 향해 쏘면 그 사람이 병드는데, 그 모습을 볼 수 없다."라고 하였다. 일반적으로 자기 실체를 드러내지 않고 선량한 사람을 해치는 소인에 비유한다. 射影·射工·水弩·抱槍·含沙 등으로도 불린다. 오늘날에는 이것을 날도랫과 곤충의 애벌레라고 한다. 몸의 줄기는 높이가 2~6cm이며, 분비액으로 원통 모양의 고치를 만들어 그 속에 몸을 숨기고 물 위를 떠돌아다니면서 작은 곤충을 잡아먹는다.

詩는 小雅何人之斯之篇이라 毛云 蜮은 短狐也라 靦은 姡也라하고 鄭云 使汝爲鬼爲蜮也면 則汝誠不可得見也어니와 姡然有面目하니 汝乃人也라 人相視無有極時하니 終必與汝相見也라하니라 引此以喩狂惑之人也라

楊倞注 : ≪詩經≫은 〈小雅 何人斯〉편이다. 毛氏는 "蜮은 물여우이다. 靦은 얼굴이 뻔뻔하다는 뜻이다."라 하고, 鄭氏는 "만약 네가 귀신이며 물여우라면 네 모습을 진정 볼 수 없겠지만, 버젓이 얼굴이 있으니 너는 곧 사람이다. 사람은 언제나 서로 볼 수 있으므로 끝내는 반드시 너와 서로 마주 볼 것이다."라고 하였다. 이 시를 인용하여 이성을 잃어 황당한 사람을 비유한 것이다.

물여우〔蜮〕

8-62 我欲賤而貴하고 愚而智하고 貧而富면 可乎아 曰 其唯學[23]乎인저 彼學者를 行之曰士也[24]요

내가 미천하지만 고귀해지고 어리석지만 지혜로워지고 가난하지만 부유해지고 싶다면 그게 가능하겠는가? 오직 배우는 것이 그 답이다. 그 배운 것을 그대로 행하면 士가 되고

彼爲儒學者 能行則爲士也라 士者는 修立之稱이라 ○ 先謙案 楊以彼爲儒學者로 釋彼學者三字하니 非也라 下言行之曰士하고 上言爲儒學之人이면 於義爲複矣라 彼學者三字讀斷이라야 與上其唯學乎正相呼應이라 曰士也는 猶言謂之士也라

楊倞注 : 저 儒學을 한 사람이 능히 행한다면 士가 된다는 것이다. 士란 몸을 닦고 덕을 쌓은 사람에 대한 호칭이다.

23) 學 : 여기서는 예법을 배우는 것을 말한다.

24) 曰士也 : 曰은 된다는 뜻의 '爲'자와 같다. '士也'와 對가 되는 아래의 '君子也'와 '聖人也' 구 앞에 '曰'이 없는 것은 이것을 이어받아 생략한 것이다.

○ 先謙案 : 楊氏는 '彼爲儒學者'로 '彼學者' 세 자를 풀이하였으니, 틀렸다. 밑에서 '行之曰士(행하는 것을 士라 한다.)'라고 말하고, 위에서 '爲儒學之人(儒學을 하는 사람)'이라 말하면 뜻이 중복된다. '彼學者' 세 자에서 구두를 끊어야 위의 '其唯學乎'와 제대로 서로 호응이 된다. '曰士也'는 '謂之士也'라고 말한 것과 같다.

8-63 敦慕焉하면 君子也요

행하고 더 노력하면 君子가 되고

敦厚慕之라 ○ 王引之曰 楊說非也라 敦慕는 皆勉也라 爾雅曰 敦은 勉也라하고 大戴記五帝德篇曰 幼而彗齊하고 長而敦敏이라하며 內則曰 惇行孝弟[①]라하니 是敦爲勉也라 說文에 慔[②]는 勉也라하고 爾雅曰 慔慔는 勉也라한대 釋文에 慔는 音墓니 亦作慕라하니 是慕爲勉也[③]라 此承上文而言하여 言能行之則爲士요 行而加勉則爲君子라 故曲禮云 敦善行而不怠謂之君子라하니 非徒厚慕之而已也라

① 敦惇古字通이라
'敦'과 '惇'은 옛 글자에 통용하였다.

② 莫故切이라
〈慔는 음이〉 莫과 故의 反切이다.

③ 方言에 侔莫(모)는 强也라 北燕之外郊에 凡勞而相勉 若言努力者를 謂之侔莫라하니라 淮南繆稱篇의 猶未之莫與에 高注에 莫는 勉之也라하니 莫與慕는 亦聲近而義同이라
≪方言≫에 "侔莫는 힘쓴다는 뜻이다. 北燕의 외곽에서는 일반적으로 수고로운데도 서로 힘쓴다는 뜻으로, 노력이라는 말처럼 사용하는 것을 '侔莫'라 이른다."라고 하였다. ≪淮南子≫ 〈繆稱篇〉의 "猶未之莫與(오히려 노력할 의지를 심어준 것이 아니겠는가.)"에서 高誘 주에 "莫는 그를 힘쓰게 했다는 뜻이다."라고 하였으니, '莫'와 '慕'는 또한 소리가 가깝고 뜻도 같다.

楊倞注 : 배운 것을 독실하게 좋아한다는 뜻이다.

○ 王引之 : 楊氏의 설은 틀렸다. 敦과 慕는 모두 힘쓴다는 뜻이다. ≪爾雅≫에 "敦은 힘쓴다는 뜻이다."라 하고, ≪大戴禮記≫ 〈五帝德篇〉에 "幼而彗齊 長而敦敏(어려서는 총명하고 기민하였으며 장성해서는 분발해 힘쓰고 민첩하였다.)"이라 하였으며, ≪禮記≫ 〈內則〉에 "惇行孝弟(부모에게 효도하고 어른에게 공손한 도리를 힘써 행한다.)"라 하였으니, 이는 '敦'이 힘쓴다는 뜻이라는 증거이다. ≪說文解字≫에 "慔는 힘쓴다는 뜻이다."라 하고, ≪爾

雅≫에 "慔慔는 힘쓴다는 뜻이다."라 하였는데 ≪經典釋文≫에 "慔는 음이 墓이니 '慕'로 도 쓴다."라고 하였으니, 이는 '慕'가 힘쓴다는 뜻이라는 증거이다. 이 글은 윗글을 이어 받아 말한 것으로서 능히 배운 것을 행하면 士가 되고 그것을 행하고 더 노력하면 군자가 되는 것을 말한다. 그러므로 ≪禮記≫ 〈曲禮〉에 "敦善行而不怠謂之君子(선행을 힘쓰면서 게을리하지 않는 것을 군자라 이른다.)"라고 하였으니, 배운 것을 그저 독실하게 좋아하기만 하는 정도가 아니다.

8-64 知之면 聖人也라

배운 것에 정통하면 聖人이 된다.

知之는 謂通於學也라 於事皆通하면 則與聖人無異也라

楊倞注：知之는 학문에 정통한 것을 이른다. 세상사에 모두 정통하면 성인과 다를 게 없다.

8-65 上爲聖人하고 下爲士君子니 孰禁我哉리오

높게는 성인이 되고 낮더라도 士나 君子가 될 것이니, 누가 나를 막을 것인가.

爲學之後엔 則誰能禁我使不爲聖人士君子也리오

楊倞注：학문을 한 뒤에는 누가 나를 막아 聖人, 또는 士나 君子가 되지 못하게 할 수 있겠는가.

8-66 鄕也엔 混然涂之人也라가 俄而幷乎堯禹하니 豈不賤而貴矣哉아

예전에는 무지몽매한 길 위의 보통 사람이었다가 잠깐 사이에 堯·禹 같은 인물과 나란히 서게 되었으니, 이 어찌 미천하지만 고귀해진 것이 아니겠는가.

混然은 無所知之貌라 幷은 比也라 鄕은 音向이라 涂는 與途同이라

楊倞注：混然은 아는 것이 없는 모양이다. 幷은 나란히 늘어선다는 뜻이다. 鄕은 음이 向이다. 涂는 '途'와 같다.

8-67 鄉也엔 效門室之辨도 混然曾不能決也라가

예전에는 문밖과 실내가 다르다는 것을 알아보는 것조차도 무지몽매하여 판단하지 못하다가

效는 白이라 辨은 別也라 向者엔 明白門室之別異도 猶不能決하니 言所知淺也라 ○ 王引之曰 楊以效爲明白이라 旣明白門室之別矣어늘 何又不能決乎아 乃又云言所知淺也라하니 此則曲爲之解而終不可通이라 今案 效者는 考也며 驗也①라 考驗門室之別에 曾混然不能決은 言其愚也라 古謂考爲效하니 說見經議述聞梓材及曲禮라 先謙案 王說是라 議兵篇隆禮效功에 楊注亦云 效는 驗也라하니라

① 幷見廣雅라
모두 ≪廣雅≫에 보인다.

楊倞注 : 效는 밝힌다는 뜻이다. 辨은 구별이란 뜻이다. 예전에는 문밖과 실내가 다르다는 것을 밝히는 것도 오히려 판단하지 못했다는 것이니, 이는 아는 수준이 얕음을 말한 것이다.

○ 王引之 : 楊氏는 '效'를 밝힌다는 뜻이라고 하였다. 이미 문밖과 실내가 다르다는 것이 밝혀졌는데 어찌 또 판단하지 못할 수 있겠는가. 그리고 또 아는 수준이 얕음을 말한 것이라고 했으니, 이는 억지로 풀이한 것이어서 아무래도 뜻이 통하지 않는다. 이제 살펴보건대, 效란 '考(상고하다)'의 뜻이며 '驗(심사하다)'의 뜻이다. 문밖과 실내의 구분을 알아보는 것조차 무지몽매하여 판단하지 못했다는 것은 어리석다는 것을 말한다. 옛날에는 '考'를 '效'라고 하였으니, 이에 관한 설명은 ≪經議述聞≫ 〈梓材〉와 ≪禮記≫ 〈曲禮〉에 보인다.

先謙案 : 王氏의 설이 옳다. 〈議兵篇〉의 "隆禮效功(예법을 숭상하고 戰功을 심사한다.)"에서 楊氏의 주에 또 "效는 '驗'의 뜻이다."라고 하였다.

8-68 俄而原仁義하고 分是非하며 圖回天下於掌上而辯白黑하니 豈不愚而知矣哉아

잠깐 사이에 仁義의 근본을 살피고 是非를 분별하며 손바닥 위에서 천하를 굴리기를 黑白을 가려내듯이 하니, 이 어찌 어리석지만 지혜로워진 것이 아니겠는가.

原은 本也니 謂知仁義之本이라 圖는 謀也요 回는 轉也라 言圖謀運轉天下之事如在掌上也라 ○ 盧文弨曰 而辯之而는 與如同이라 兪樾曰 楊注圖謀運轉 兩義不倫하니 恐非其旨라 圖者는 圓之誤字라 廣雅釋詁에 圓은 圓也라하니 圓回는 猶圓轉也라 淮南原道篇曰 圓者常轉이라하니 是其義也라 圓回天下於掌上은 言天下之大를 可圓轉於掌上也라 隸書에 圖字或作啚하고 或作圖하니 皆與圓字相似라 學者多見圖하고 少見圓일새 因誤爲圖耳라

楊倞注 : 原은 근본이란 뜻이니, 仁義의 근본을 아는 것을 이른다. 圖는 '謀(꾀하다)'의 뜻이고, 回는 '轉(구르다)'의 뜻이다. 천하의 일을 도모하고 굴리기를 마치 손바닥 위에 놓고 하는 것 같다는 것을 말한다.

○ 盧文弨 : '而辯'의 '而'는 '如'와 같다.

兪樾 : 楊氏의 주에 '圖謀運轉'이라는 두 단어의 뜻은 적절하지 않으니, 아마도 그 뜻이 아닐 것 같다. '圖'란 '圓'의 오자이다. ≪廣雅≫ 〈釋詁〉에 "圓은 '圓(둥글다)'의 뜻이다."라고 하였으니, 圓回는 圓轉과 같다. ≪淮南子≫ 〈原道篇〉에 "圓者常轉(둥근 것은 항상 구른다.)"이라고 하였으니, 이것이 그 뜻이다. 圓回天下於掌上은 광대한 천하를 손바닥 위에서 굴릴 수 있음을 말한 것이다. 隸書에서 '圖'자를 혹 啚로 쓰기도 하고 혹 圖로 쓰기도 하니, 모두 '圓'자와 서로 비슷하다. 學者가 '圖'를 많이 보고 '圓'은 적게 보기 때문에 잘못되어 '圖'가 된 것일 뿐이다.

8-69 鄕也엔 胥靡之人이 俄而治天下之大器擧在此하니 豈不貧而富矣哉아

예전에는 가진 것이 아무것도 없던 사람이 잠깐 사이에 천하를 다스릴 큰 물건을 모두 자기 몸에 지니게 되었으니, 이 어찌 가난하지만 부유해진 것이 아니겠는가.

胥靡는 刑徒人也라 胥는 相이요 靡는 繫也라 謂鏁相聯相繫니 漢書所謂銀鐺者也라 擧는 皆也라 顔師古曰 聯繫使相隨而服役之니 猶今囚徒以鏁連枷也라하니라 ○ 王引之曰 此胥靡는 非謂刑徒人也라 胥靡者는 空無所有之謂라 故荀子以況貧이라 胥之言疏也[①]라 疏는 空也라 靡는 無也라 胥靡는 猶言胥無라 春秋齊有賓胥無는 蓋取此義也라 漢書揚雄傳客難曰 胥靡爲宰하고 寂寞爲尸라하여 胥靡與寂寞이 相對爲文하니 是胥靡爲空無所有之意[②]라 案張訓靡爲無는 是也나 其訓胥爲相은 則失之라

① **司馬彪注莊子應帝王篇曰 胥**는 **疏也**라하고 **宣十四年左傳**의 **車及於蒲胥之市 呂氏春秋行論篇**에 **作蒲疏**하고 **史記蘇秦傳**의 **東有淮潁煮棗無胥 魏策作無疎**라

≪莊子≫〈應帝王篇〉 司馬彪 주에 "胥는 '疏(드물다)'의 뜻이다."라 하고, ≪春秋左氏傳≫ 宣公 14년의 "車及於蒲胥之市(蒲胥 저자에 이르러서야 수레에 올라탔다.)"의 〈蒲胥가〉 ≪呂氏春秋≫〈行論篇〉에 '蒲疏'로 되어 있고, ≪史記≫〈蘇秦傳〉의 "東有淮潁煮棗無胥(동쪽으로는 淮·潁·煮棗·無胥가 있다.)"의 〈無胥가〉 ≪戰國策≫〈魏策〉에 '無疎'로 되어 있다.

② **張晏**[25]**曰 胥**는 **相也**라 **靡**는 **無也**라 **言相師以無爲作宰者也**라하니라

張晏이 "胥는 '相'의 뜻이다. 靡는 '無'의 뜻이다. 서로 無爲를 본받아 主宰로 삼는 것을 말한다."라고 하였다.

楊倞注 : 胥靡는 형벌을 받은 사람이다. 胥는 '相'의 뜻이고, 靡는 '繫(잡아매다)'의 뜻이다. 쇠사슬로 〈죄수들을〉 서로 연결하여 잡아맨 것을 이르니, ≪漢書≫의 이른바 '銀鐺(쇠사슬)'이란 것이다. 擧는 모두라는 뜻이다. 顔師古가 "서로를 연결하여 잡아매 서로 뒤따르면서 복역하게 하는 것이니, 오늘날 죄수들에 대해 쇠사슬로 項鎖를 연결하는 것과 같다."라고 하였다.

○ 王引之 : 이 胥靡는 형벌을 받은 사람을 이른 것이 아니다. 胥靡란 텅 비어 아무것도 없다는 말이다. 그러므로 荀子가 이 말로 가난함을 비유한 것이다. 胥라는 말은 '疏'와 같다. 疏는 '空'의 뜻이다. 靡는 '無'의 뜻이다. 胥靡는 '胥無'라고 말한 것과 같다. 春秋 때 齊나라에 賓胥無라는 사람이 있었는데, 대체로 이 뜻을 취한 것이다. ≪漢書≫〈揚雄傳〉에서 객이 책망한 것에 대해 해명한 말에 "胥靡爲宰 寂寞爲尸(허무를 주재로 삼고 적막을 원칙으로 삼는다.)"라 하여 '胥靡'와 '寂寞'이 서로 짝을 맞추어 문장을 이루었으니, 이 胥靡도 텅 비어 아무것도 없다는 뜻이다. 살펴보건대, 張氏가 '靡'의 뜻을 '無'라고 한 것은 옳지만 '胥'의 뜻을 '相'이라 한 것은 틀렸다.

8-70 **今有人於此**하니 **屑然藏千溢之寶**[26]면 **雖行貣**(특)**而食**이라도 **人謂之富矣**리라

25) 張晏 : 三國 魏나라 中山 사람으로 자는 子博이다. ≪漢書音釋≫을 지었다. 여기에 인용된 張晏의 말은 ≪漢書≫ 권87하 〈揚雄傳〉의 '胥靡爲宰' 주에 보인다.

26) 屑然藏千溢之寶 : 일반 사람이 부지런히 노력하여 엄청난 보물을 소유하였다는 뜻으로, 학자가 부지런히 학문을 쌓아 대학자가 된 것을 비유한 말이다. 屑자에 대해 梁啓雄은 ≪說文解字≫에 "屑은 동작이 부지런하다는 뜻이다."라 한 것과 ≪方言≫에 "屑은 수고롭다는 뜻이다."라고 한 것을 예로 들어 부지런히 애쓰고 서두르는 뜻을 말한 것 같다고 하였다. 徐復과 王天海도 이와 비슷한 견해를 제시하였다. 梁啓雄의 설에 따라 번역하였다. 溢은 '鎰'을 달리

지금 여기에 어떤 사람이 있다고 하자. 부지런히 돈을 모아 천금의 보물을 지녔다면 그가 비록 거리에서 빌어먹더라도 사람들은 그를 부자라고 말할 것이다.

屛然은 雜碎衆多之貌라 行貣은 行乞也라 貣은 土得反이라 ○ 郝懿行曰 屛은 瑣細之貌라 至寶不必盈握이라 故以瑣細言之라 屛은 今作屑하고 溢은 作鎰이라

楊倞注 : 屛然은 잡다하고 많은 모양이다. 行貣은 빌어먹는다는 뜻이다. 貣은 음이 土와 得의 反切이다.

○ 郝懿行 : 屛은 자질구레한 모양이다. 진귀한 보물은 굳이 손아귀에 가득 차야 할 이유가 없으므로 자질구레하다고 말한 것이다. 屛은 지금은 '屑'로 쓰고, 溢은 '鎰'로 쓴다.

8-71 彼寶也者는 衣之不可衣也요

하지만 저 보물이라 하는 것은 옷으로 만들어 입을 수 없고

下衣는 於旣反이라 言已爲衣則不可衣著이라 ○ 盧文弨曰 案已以通이라

楊倞注 : 아래의 '衣'는 음이 於와 旣의 反切이다. 그것으로 옷을 만들어도 입을 수 없음을 말한 것이다.

○ 盧文弨 : 살펴보건대, 〈楊氏 주의〉 '已'는 '以'와 통용한다.

8-72 食之不可食也며 賣之不可僂售也라

음식으로 만들어 먹을 수 없으며 팔려고 하더라도 빨리 팔 수 없는 것이다.

僂는 疾이라 ○ 郝懿行曰 上云雖有聖人之知라도 未能僂指也의 注에 引公羊傳曰 夫人不僂와 何休注에 僂는 疾也라 按僂皆屢之假借字라 釋詁云 屢는 疾也라하니라 售者는 讎之俗字라 詩曰 賈用不讎라하니라

楊倞注 : 僂은 빠르다는 뜻이다.

○ 郝懿行 : 위(8-55)에서 "雖有聖人之知 未能僂指也(비록 성인의 지혜를 지녔더라도 능히 바로 가리켜 알게 할 수 없다.)"의 주에 ≪春秋公羊傳≫ 莊公 24년의 "夫人不僂(夫人이 서두르지 않았다.)"라 한 것과 何休 주의 "僂는 빠르다는 뜻이다."라고 한 내용을 인용하였다.

표기한 것이다. 鎰은 고대의 무게단위로 20냥이 1鎰이다.

살펴보건대, '僂'는 모두 '屢'의 假借字이다. ≪爾雅≫ 〈釋詁〉에 "屢는 빠르다는 뜻이다." 라고 하였다. '售'는 '讎'의 속자이다. ≪詩經≫ 〈邶風 谷風〉에 "賈用不讎(상인이 좋은 물건 팔지 못한 격)"라고 하였다.

8-73 然而人謂之富는 何也오 豈不大富之器誠在此也아

그런데도 남들이 그를 가리켜 부자라고 말하는 것은 무슨 까닭인가? 어찌 큰 부자가 될 물건이 확실히 그에게 있어서가 아니겠는가.

喩學者雖未得衣食이라도 亦猶藏千金之寶也라 ○ 先謙案 楊說非也라 此言藏寶者不可衣食하고 不可僂售나 然而人謂之富者는 以其有大富之器也며 不指學者言이라 下文是杅杅亦富人이 始就學者之富言之라

楊倞注 : 學者가 비록 옷과 먹을 것을 얻지는 못하더라도 오히려 천금의 보물을 간직하고 있다는 것을 비유한 것이다.

○ 先謙案 : 楊氏의 설은 틀렸다. 여기서는 보물을 간직한 사람이 그것을 옷으로 입거나 밥으로 먹을 수도 없고 빨리 팔 수도 없으나 남들이 그를 부자라고 말하는 까닭은 그가 큰 부자가 될 물건을 지녀서라는 것을 말한 것이며, 學者를 가리켜 하는 말은 아니다. 아래 글 '是杅杅亦富人'이 비로소 學者의 부유에 관해 언급한 것이다.

8-74 是杅杅亦富人已니 豈不貧而富矣哉아

이 아는 것이 많은 學者도 부자이니, 이 어찌 가난하지만 부유해진 것이 아니겠는가.

杅杅는 即于于也니 自足之貌라 莊子曰 聽居居하고 視于于也[27)]라하니라 ○ 王引之曰 聽居居하고 視于于는 與富意無涉이라 案方言에 于는 大也라하고 文王世子의 于其身以善其君에 鄭注曰 于는 讀爲迂라하니 迂는 猶廣也大也라 檀弓의 易則易하고 于則于에 正義亦曰 于는 謂廣大라하니라 重言之則曰于于라 上文曰 治天下之大器在此라하고 又曰 大富之器在此라하며 是言學之富如財之富也라 故曰 是杅杅亦富人已라하니라

27) 聽居居 視于于也 : 지금의 ≪莊子≫에는 이 내용이 없다.

楊倞注：杅杅는 곧 于于이니, 스스로 민족해하는 모양이다. 《莊子》에 "聽居居 視于于也(듣는 태도가 평온하고 보는 모습이 여유롭다.)"라고 하였다.

○ 王引之：'聽居居 視于于'는 부유하다는 뜻과 관련이 없다. 살펴보건대, 《方言》에 "于는 크다는 뜻이다."라 하고, 《禮記》 〈文王世子〉의 "于其身以善其君(자기 몸을 여유롭게 하면서 그 군주를 잘 보좌하였다.)"에서 鄭氏의 주에 "于는 '迂'로 읽는다."라고 하였으니, 迂는 넓고 크다는 뜻과 같다. 《禮記》 〈檀弓〉의 "易則易 于則于(상대방의 신분이 낮을 경우에는 간단한 예절을 취하고 신분이 높은 경우에는 융숭한 예절을 사용한다.)"에서 《禮記正義》에 또 "于는 넓고 크다는 것을 이른다."라고 하였다. 이 글자를 겹쳐 말하면 '于于'라고 이른다. 윗글에 "천하를 다스릴 물건을 자기 몸에 지녔다.〔治天下之大器在此〕"라 하고 또 "큰 부자가 될 물건을 자기 몸에 지녔다.〔大富之器在此〕"라고 하였으며, 여기서는 배운 지식이 풍부한 것이 쌓은 재물이 많은 것과 같다고 말하였다. 그러므로 "이 아는 것이 많은 學者도 부자이다."라고 한 것이다.

8-75 故君子無爵而貴하고 無祿而富하며 不言而信하고 不怒而威하며 窮處而榮하고 獨居而樂이라 豈不至尊至富至重至嚴之情擧積此哉아

그러므로 군자는 爵位가 없어도 고귀하고 俸祿이 없어도 부유하며, 말을 하지 않아도 신뢰받고 노하지 않아도 위엄이 있으며, 곤궁하게 살아도 영예롭고 홀로 있어도 즐겁다. 이 어찌 그 가장 고귀하고 가장 부유하고 가장 장중하고 가장 위엄스러운 본질이 모두 이 儒學 속에 모여 있는 것이 아니겠는가.

擧는 皆也라 此는 此儒學也라 其情皆在此라 故人尊貴敬之라

楊倞注：擧는 모두라는 뜻이다. 此는 이 儒學이다. 그 본질이 모두 여기에 있기 때문에 사람들이 그를 존귀하게 여겨 공경하는 것이다.

8-76 故曰 貴名不可以比周爭也요 不可以夸誕有也며 不可以勢重脅也라 必將誠此니 然後就也니라

그러므로 고귀한 명예는 패거리를 지어 투쟁할 수 없고 허풍을 떨어 점유할 수 없으며 권세나 지위로 강제할 수도 없다. 반드시 이 儒學에 진정으로 심력을 쏟아야 하니, 그런 뒤에 비로소 이룰 수 있는 것이다.

貴名은 **人所貴儒學之名**이라 **此**는 **身也**라

楊倞注 : 貴名은 사람들이 고귀하게 여기는 儒學의 명예이다. 此는 자기 몸을 말한다.

8-77 **爭之則失**하고 **讓之則至**하며 **遵道則積**하고 **夸誕則虛**니라

〈명예란〉 투쟁하면 잃게 되고 겸양하면 이르게 되며, 물러나면 쌓이고 허풍을 떨면 공허하게 된다.

遵道則自委積하고 **夸誕則尤益空虛也**라 ○ **王念孫曰 道當爲遁**이니 **字之誤也**라 **遵遁**은 **即逡巡**이라 **文選上林賦注引廣雅曰 逡巡**은 **卻退也**라하니라 **管子戒篇**에 **作逡遁**하고 **小問篇**에 **作遵遁**①이라 **晏子問篇**에 **作逡遁**하고 **又作逡循**이라 **莊子至樂篇**에 **作蹲循**이라 **漢書平當傳贊**에 **作逡遁**하고 **萬章傳**에 **作逡循**하며 **三禮注**에 **作逡遁**하니 **幷字異而義同**이라 **遵遁與夸誕對文**이라 **遵遁則積**은 **承上文讓之則至而言**하고 **夸誕則虛**는 **承上文爭之則失而言**이라 **故下文云 君子務積德於身而處之以遵遁**②하니 **言以退讓自處也**라 **若作遵道**면 **則與夸誕不對**하고 **且與上文不相應矣**라 **楊依遵道爲解**라 **故失之**라

① 與荀子同이라
≪荀子≫와 같다.

② 今本亦誤作遵道라
지금 판본에도 '遵道'로 잘못되어 있다.

楊倞注 : 도리를 따르면 저절로 쌓이고 허풍을 떨면 더욱더 공허해지는 것이다.

○ 王念孫 : '道'는 마땅히 '遁'이 되어야 하니, 글자가 잘못된 것이다. '遵遁'은 곧 '逡巡'이다. ≪文選≫ 〈上林賦〉 주에 ≪廣雅≫를 인용하여 "逡巡은 뒤로 물러난다는 뜻이다."라고 하였다. ≪管子≫ 〈戒篇〉에 '逡遁'으로 되어 있고, ≪管子≫ 〈小問篇〉에는 '遵遁'으로 되어 있다. ≪晏子春秋≫ 〈問篇〉에 '逡遁'으로 되어 있고, 또 '逡循'으로도 되어 있다. ≪莊子≫ 〈至樂篇〉에 '蹲循'으로 되어 있다. ≪漢書≫ 〈平當傳〉 贊에 '逡遁'으로 되어 있고, 〈萬章傳〉에는 '逡循'으로 되어 있으며, 三禮 주에 '逡遁'으로 되어 있으니, 이들 모두 글자는 다르지만 뜻이 같다. '遵遁'과 '夸誕'은 대구이다. '遵遁則積'은 윗글 '讓之則至'를 이어받아 말한 것이고, '夸誕則虛'는 윗글 '爭之則失'을 이어받아 말한 것이다. 그러므로 아래 글에 "君子務積德於身而處之以遵遁(군자는 힘써 자기 몸에 덕을 쌓되 물러나는 것으로 처신하

여야 한다.)"이라고 하였으니, 겸양으로 스스로 처신하는 것을 말한다. 만약 '遵道'로 쓴다면 '兮誕'과 대가 되지 않고 또 윗글과 서로 호응하지 않을 것이다. 楊氏는 '遵道'에 따라 풀이하였기 때문에 잘못된 것이다.

8-78 故君子務修其內而讓之於外하고 務積德於身而處之以遵道라 如是면 則貴名起如日月하고 天下應之如雷霆하리라

그러므로 군자는 힘써 자기 내면을 수양하되 밖으로는 겸양하고, 힘써 자기 몸에 덕을 쌓되 물러나는 것으로 처신하여야 한다. 이와 같이 한다면 존귀한 명성이 日月처럼 일어나고 천하 사람이 우레처럼 호응할 것이다.

衆應之聲如雷라 ○ 謝本從盧校하여 起下有之字라 盧文弨曰 正文起之는 宋本無之字라 王念孫曰 宋本是也라 貴名起如日月은 言貴名之顯著也①니 起下不當有之字라 元刻及世德堂本有之字하니 乃涉下句天下應之而衍이라 呂錢本皆無之字라 先謙案 王說是라 今改從宋本하니라

① 王霸篇에 如是면 則夫名聲之部發於天地之間也 豈不如日月雷霆云乎哉아하니라
〈王霸篇〉에 "이와 같이 한다면 그의 명성이 천지 사이에 일어나는 것이 어찌 일월이나 우레와 같지 않겠는가."라고 하였다.

楊倞注 : 민중이 호응하는 소리가 우레와 같을 것이라는 것이다.
○ 謝本은 盧校本에 따라 '起' 밑에 '之'자가 있다.
盧文弨 : 본문의 '起之'는 宋本에 '之'자가 없다.
王念孫 : 宋本이 옳다. 貴名起如日月은 존귀한 명성이 크게 드러나는 것을 말한 것이니, '起' 밑에 '之'자가 있어서는 안 된다. 元刻本 및 世德堂本에는 '之'자가 있으니, 이는 아래 구 '天下應之'와 연관되어 잘못 덧붙여진 것이다. 呂・錢本에는 모두 '之'자가 없다.
先謙案 : 王氏의 설이 옳다. 여기서는 宋本에 따라 고쳤다.

8-79 故曰 君子隱而顯하고 微而明하며 辭讓而勝이라하니라 詩曰 鶴鳴于九皐어든 聲聞于天이라하니 此之謂也니라

그러므로 "군자는 숨어 있더라도 드러나고 희미하더라도 밝게 빛나며 겸양하더라도 남을 이길 수 있다."라고 한다. ≪詩經≫에 "학이 저 깊디깊은 늪에서 우니

그 소리 온 하늘에 들리는구나."라고 하였으니, 이를 두고 한 말이다.

詩는 小雅鶴鳴之篇이라 毛云 皐는 澤也라 言身隱而名著也라하고 鄭云 皐는 澤中水溢出所爲坎이라 自外數至九니 喩(聲)〔深〕[28]遠也라하니라

楊倞注：≪詩經≫은 〈小雅 鶴鳴〉편이다. 毛氏는 "皐는 늪이다. 몸은 숨었지만 이름이 드러나는 것을 말한다."라 하고, 鄭氏는 "皐는 늪 가운데에 물이 솟아 넘쳐 구덩이가 된 것이다. 밖에서부터 세어보았을 때 아홉 군데나 된다는 것이니, 깊고 먼 곳을 비유한 것이다."라고 하였다.

8-80 鄙夫反是라 比周而譽兪少하고 鄙爭而名兪辱하며 煩勞以求安利라도 其身兪危라

비열한 사람은 이와 반대이다. 패거리를 짓더라도 동지는 더 적어지고 비열하게 투쟁하더라도 명성은 더 치욕스러워지며 심력을 다해 안일과 이익을 추구하더라도 자신은 더욱 위험해진다.

兪는 讀爲愈라 ○ 王念孫曰 譽는 非名譽요 卽與字也①라 言雖比周以求黨與라도 而黨與愈少也②라 下句鄙爭而名兪辱은 乃言名譽耳라 元刻譽作與는 本字也요 宋本作譽는 借字也라 小雅角弓의 傳에 比周而黨愈少하고 鄙爭而名愈辱하며 求安而身愈危 語皆本於荀子하니 黨도 亦與也라 又臣道篇에 推類接譽以待無方③의 譽도 亦讀爲與니 與도 亦類也라 周語의 少典與焉에 韋注曰 與는 類也라하니라 言推類接與以待事之無常者而應之也라 楊以譽爲聲譽하니 失之라

① 與譽古字通이라 射義則燕則譽에 鄭注譽或爲與라하고 堯典伯與 漢書古今人表作柏譽라 韓子有度篇의 忘主外交以進其與 管子明法篇에 與作譽라
'與'와 '譽'는 옛 글자에 통용하였다. ≪禮記≫ 〈射義〉의 "則燕則譽(나라도 편안하고 명예도 얻었네.)"에서 鄭氏의 주에 "譽는 혹 '與'로 쓰기도 한다."라 하고, ≪書經≫ 〈堯典〉의 '伯與'가 ≪漢書≫ 〈古今人表〉에는 '柏譽'로 되어 있다. ≪韓非子≫ 〈有度篇〉의 "忘主外交 以進其與(군주를 염두에 두지 않고 조정 밖에서 사적으로 교제하여 그들의 동지를 진출시킨다.)"가 ≪管子≫ 〈明法篇〉에 '與'가 '譽'로 되어 있다.

28) (聲)〔深〕: 저본에는 '聲'으로 되어 있으나, ≪詩經≫ 〈小雅 鶴鳴〉의 鄭箋에 의거하여 '深'으로 바로잡았다.

② 彊國篇曰 比周以爭與라하니라

〈彊國篇〉에 "比周以爭與(패거리를 지어 동맹국을 쟁취한다.)"라고 하였다.

③ 楊注에 無方은 無常也라하니라

楊氏의 주에 "無方은 〈일정하지 않다는〉 '無常'의 뜻이다."라고 하였다.

楊倞注 : 兪는 '愈(더욱)'로 간주해 읽는다.

○ 王念孫 : 譽는 名譽라는 뜻이 아니고 곧 '與(같은 편)'자이다. 비록 패거리를 지어 동지를 구하더라도 동지가 더욱 적어짐을 말한 것이다. 아래 구 '鄙爭而名兪辱'이 곧 명예를 말한 것이다. 元刻本에 '譽'가 '與'로 되어 있는 것은 본디 글자이고 宋本에 '譽'로 되어 있는 것은 假借字이다. ≪詩經≫ 〈小雅 角弓〉의 〈毛傳〉에 "比周而黨愈少 鄙爭而名愈辱 求安而身愈危(패거리를 짓더라도 동지는 더 적어지고 비열하게 투쟁하더라도 명성은 더 치욕스러워지며 안일을 추구하더라도 몸은 더 위험해진다.)"라고 한 말은 모두 ≪荀子≫에 근본을 두고 있으니, 그곳의 黨 또한 '與'와 같다. 또 〈臣道篇〉에 "推類接譽 以待無方(각종 유사한 사물을 유추하고 접촉하여 각종 일정하지 않은 정황에 대응한다.)"이라고 한 곳의 譽도 '與'로 간주해 읽는데, '與' 또한 '類'의 뜻이다. ≪國語≫ 〈周語〉의 "少典與焉(그 시는 악장이 적고 예절도 종류가 적었다.)"에서 韋昭의 주에 "與는 '類(종류)'의 뜻이다."라고 하였다. 〈〈臣道篇〉의 그 글은〉 유사한 사물을 추론하고 동류들과 접촉하여 일정하지 않게 일어나는 일에 대비하여 그에 응하는 것을 말한다. 그런데 楊氏는 그곳의 주에서 譽를 명예라고 하였으니, 잘못된 것이다.

8-81 詩曰 民之無良은 相怨一方이라 受爵不讓하나니 至于已斯亡이라하니 此之謂也니라

≪詩經≫에 "백성 중에 선하지 않는 사람은 한쪽에서 상대방 원망한다네. 벼슬 받아 사양을 하지 않으니 결국에는 자신도 멸망할 따름."이라 하였으니, 이를 두고 하는 말이다.

詩는 小雅角弓之篇이라 引此以明不責己而怨人이라

楊倞注 : ≪詩經≫은 〈小雅 角弓〉편이다. 이것을 인용하여 자기를 책망하지 않고 남을 원망하는 것을 밝힌 것이다.

8-82 故能小而事大는 辟之是猶力之少而任重也니 舍粹(쇄)折無適也라

그러므로 재능이 작은데도 수행하는 일이 큰 것은 비유하자면 힘은 적으면서 짐이 무거운 것과 같으니, 몸이 부스러지는 일 이외에 별다른 수가 없을 것이다.

舍는 除也라 粹는 讀爲碎라 除碎折之外에 無所之適이니 言必碎折이라 ○ 先謙案 正論篇云 蹎跌碎折도 不待頃矣라하니 與此粹折義同이라 彼用本字라

楊倞注 : 舍는 제외한다는 뜻이다. 粹는 '碎'로 간주해 읽는다. 몸이 부스러지는 일 이외에 달리 갈 길이 없다는 것이니, 반드시 몸이 부스러질 것임을 말한 것이다.

○ 先謙案 : 〈正論篇〉에 "蹎跌碎折 不待頃矣(땅바닥에 넘어져서 몸이 부서지는 것도 순간의 일일 것이다.)"라고 하였는데, 이곳의 '粹折'과 뜻이 같다. 저곳에서는 本字(碎)를 썼다.

8-83 身不肖而誣賢은

자신이 불초하면서 현능하다고 자기를 속이는 것은

○ 先謙案 不肖而自以爲賢은 是誣也라 下文云 內不自以誣 可證誣賢二字之義라 君道篇云 臣不能而誣能이면 則是臣詐也라하니 與此誣賢意同이라

○ 先謙案 : 불초하면서 스스로 현능하다고 여기는 것은 곧 자기를 속이는 것이다. 아래 글(8-165)에 "內不自以誣(안으로 자기를 속이지 않는다.)"라고 한 것이 '誣賢' 두 자의 뜻을 증명할 수 있다. 〈君道篇〉에 "臣不能而誣能 則是臣詐也(신하가 무능하면서 재능이 있다고 자기를 속인다면 이는 신하가 속이는 것이다.)"라 하였으니, 이곳의 '誣賢'과 뜻이 같다.

8-84 是猶傴伸而好升高也하니 指其頂者愈衆하리라

마치 곱사등이의 몸으로 높은 데 오르기를 좋아하는 것과 같으니, 그의 머리꼭지를 손가락질하는 자가 더욱 많을 것이다.

傴는 僂也라 伸은 讀爲身이니 字之誤也라 傴身之人而彊升高면 則頭頂尤低屈이라 故指而笑之者愈衆이라 ○ 劉台拱曰 伸은 蓋卽僂字之譌라

楊倞注 : 傴는 곱사등이이다. 伸은 '身'으로 간주해 읽어야 하니, 글자가 잘못된 것이다. 곱사등이의 몸인데도 억지로 높은 곳에 오른다면 머리꼭지가 더 낮게 굽혀져 보일 것이므로 손가락질하면서 비웃는 자들이 더욱 많아질 것이다.

○ 劉台拱 : 伸은 아마도 곧 '僂(구부리다)'의 오자일 것이다.

8-85 故明主譎德而序位는

그러므로 현명한 군주가 덕을 평정하여 관직을 안배하는 것은

○ 先謙案 譎은 決也라 說見上이라

○ 先謙案 : 譎은 '決(평정하다)'의 뜻이다. 이에 관한 설명은 위에 보인다.

8-86 所以爲不亂也며 忠臣誠能然後敢受職은 所以爲不窮也라 分不亂於上하고 能不窮於下 治辯之極也라

〈임용하는 질서를〉 어지럽히지 않기 위해서이고, 충성하는 신하가 확실하게 임무를 감당할 능력이 있는 뒤에 감히 관직을 받는 것은 곤경에 빠지지 않기 위해서이다. 위로는 신분질서가 어지럽지 않고 아래로는 재능을 지닌 자가 곤경에 빠지지 않는 것이 나라를 다스림에 있어 최상의 조건이다.

不亂은 謂皆當其序라 不窮은 謂通於其職列也라 言儒爲治辯之極也라 ○ 先謙案 辯은 亦治也라 說見不苟篇이라

楊倞注 : 不亂은 모두 그 안배하는 차례가 적합한 것을 이른다. 不窮은 그 관직의 서열이 막히지 않는 것을 이른다. 이는 儒者가 나라를 다스리는 데에 최상의 역할을 하는 것을 말한다.

○ 先謙案 : 辯 또한 다스린다는 뜻이다. 이에 관한 설명은 〈不苟篇〉(3-92)에 보인다.

8-87 詩曰 平平左右하여 亦是率從이라하니 是言上下之交不相亂也니라

≪詩經≫에 "나라 잘 다스리는 좌우 신하들 그들 또한 모두가 복종하였네."라고 하였으니, 이는 위아래가 서로간에 혼란스럽지 않음을 말한 것이다.

詩는 小雅采菽之篇이라 毛云 平平은 辯治也라하니라 交는 謂上下相交接也라 ○ 王念孫曰 交는 如上下交征利[29]之交라 此承上文而言이라 分不亂於上하고 能不窮於下 是上下交不相亂也라 交不相亂四字連讀이라 富國篇云 上下俱富 交無所藏

29) 上下交征利 : ≪孟子≫ 〈梁惠王 上〉에 나오는 말이다.

之라하니 文義正與此同이라 楊云 交는 謂上下相交接은 則誤以上下之交連讀矣라

楊倞注 : ≪詩經≫은 〈小雅 采菽〉편이다. 毛氏가 "平平은 잘 다스린다는 뜻이다."라고 하였다. 交는 위아래가 서로 교제하는 것을 이른다.

○ 王念孫 : 交는 '上下交征利(위아래 사람 모두가 서로 이익을 쟁탈한다.)'의 '交'자와 같다. 이 문구는 윗글을 이어받아 말한 것이다. '위로는 신분질서가 어지럽지 않고 아래로는 재능을 지닌 자가 곤경에 빠지지 않는다.'는 것이 곧 위아래가 서로 혼란스럽지 않는 것이다. '交不相亂' 네 자는 이어 붙여 읽어야 한다. 〈富國篇〉에 "上下俱富 交無所藏之(위아래가 모두 풍족해져서 양쪽이 다 재물을 저장해둘 곳이 없을 정도가 될 것이다.)"라고 하였는데, 글 뜻이 정확하게 이곳의 경우와 같다. 楊氏가 "交는 위아래가 서로 교제하는 것을 이른다."라고 한 것은 이것을 잘못 이해하여 '上下之交'를 이어 붙여 읽었기 때문이다.

8-88 以從俗爲善하고 以貨財爲寶하며 以養生爲己至道는 是民德也라

습속을 따르는 것을 미덕으로 여기고 재물을 보물로 여기며 생계를 유지하는 것을 자기의 최상의 법으로 여기는 것은 곧 일반 백성의 덕이다.

養生爲己至道는 謂莊生之徒라 民德은 言不知禮義也라 ○ 盧文弨曰 此條舊不提行이라 今案當分段이라 從俗은 元刻作容俗하니 今從宋本이라 劉台拱曰 養生은 猶言治生이라 故曰民德이니 未及乎莊生之徒라 王念孫曰 民字對下士君子聖人而言이라

楊倞注 : 養生을 자기의 최상의 법으로 여긴다는 것은 莊子의 무리를 이른다. 民德은 禮義를 모르는 것을 말한다.

○ 盧文弨 : 이 항목은 옛 판본에 줄을 바꾸지 않았다. 이제 살펴보건대, 문단을 나누는 것이 마땅하다. 從俗은 元刻本에는 '容俗'으로 되어 있는데, 여기서는 宋本에 따랐다.

劉台拱 : 養生은 〈생계를 유지한다는 뜻의〉 '治生'과 같다. 그러므로 일반 백성의 덕이라 말한 것이니, 莊子 무리의 수준에는 미치지 못한다.

王念孫 : '民'자는 아래의 士·君子·聖人과 상대하여 말한 것이다.

8-89 行法至堅하여 不以私欲亂所聞이라 如是면 則可謂勁士矣라 行法至堅하여 好修正其所聞하여 以橋飾其情性하고

행위가 바르고 의지가 확고하여 사적인 욕망으로 인해 그가 들은 도리를 왜곡하지 않는다고 하자. 이렇다면 꼿꼿한 선비라 이를 수 있다. 행위가 바르고 의지가 확고하여 그가 들은 도리를 바르게 닦아 자기의 性情을 바로잡기를 좋아하고,

行法은 謂行有法度라 行은 下孟反이라 橋는 與矯同이라 ○ 盧文弨曰 案宋本橋從木하고 臣道篇亦同이라 正韻引荀子亦從木이라 元刻從手하니 亦可通이라 劉台拱曰 韓詩外傳에 引此作行法而志堅[①]이라 據楊注行有法度하여 明行法與志堅對擧하니 不當作至라 王念孫曰 法者는 正也라 言其行正하고 其志堅[②]이라 故下句云 不以私欲亂所聞也라하니라 古謂正爲法하니 說見漢書賈鄒枚路傳이라 先謙案 荀書至志通借라 正論篇의 其至意至闇也에 楊注에 至는 當爲志라하니 是其證이라 臣道篇云 相與彊君撟君에 盧校云 撟는 宋本作橋라하고 群書治要作矯하니 明荀書以橋代矯也라

① 下同이라
그 아래에도 같다.

② 楊云 行有法度라하여 加有字以釋之하니 則於義稍迂라
楊氏는 〈行法을〉 "行有法度(행위가 법도가 있다는 것이다.)"라고 하여 '有'자를 붙여 풀이하였으니, 뜻이 약간 엉뚱하다.

楊倞注 : 行法은 행위가 법도가 있다는 것을 이른다. 行의 음은 下와 孟의 反切이다. 橋는 '矯(바로잡다)'와 같다.

○ 盧文弨 : 살펴보건대, 宋本에는 '橋'로 되어 있어 '木'이 붙어 있고 〈臣道篇〉에도 그와 같다. ≪正韻≫에 ≪荀子≫를 인용한 곳에도 '木'이 붙어 있다. 元刻本에는 '手(扌)'가 붙어 있는데, 이 또한 통용할 수 있다.

劉台拱 : ≪韓詩外傳≫에 이곳을 인용하여 '行法而志堅'으로 되어 있다. 이는 楊氏 주의 '行有法度'를 근거로 삼아 '行法'과 '志堅'이 대구임을 밝힌 것이니, 마땅히 '至'자가 되면 안 되고 〈'志'자가 되어야 한다.〉

王念孫 : 法이란 '正'의 뜻이다. 그 행위가 바르고 그 뜻이 확고함을 말한 것이므로 아래 구에 '사적인 욕망으로 인해 그가 들은 도리를 왜곡하지 않는다.'고 하였다. 옛날에 '正'을 '法'의 뜻으로 이해하였으니, 이에 관한 설명은 ≪漢書≫ 〈賈鄒枚路傳〉에 보인다.

先謙案 : ≪荀子≫에는 '至'와 '志'가 통용되었다. 〈正論篇〉의 "其至意至闇也(그들의 뜻이 극도로 어리석었다.)"에서 楊氏의 주에 "至는 마땅히 '志'가 되어야 한다."라고 하였으니, 이것이 그 증거이다. 〈臣道篇〉의 "相與彊君撟君(서로 함께 군주를 압박하고 군주의 잘못을 바

로잡는다.)"에서 盧校本에 "撟는 宋本에 '橋'로 되어 있다."라 하였고, 이 부분의 ≪群書治要≫에는 '矯'로 되어 있으니, ≪荀子≫에서는 '橋'로 '矯'를 갈음하였다는 것을 드러낸 것이다.

8-90 **其言多當矣而未諭也**하고 **其行多當矣而未安也**하고 **其知慮多當矣而未周密也**하며

그 논변이 대부분 합당하더라도 또렷하지는 못하고 그 행위가 대부분 합당하더라도 자연스럽지는 못하고 그 사려가 대부분 합당하더라도 주도면밀하지는 못하며,

未諭는 謂未盡曉其義라 未安은 謂未得如天性安行之也라 周密은 謂盡善也라

楊倞注 : 未諭는 그 의미를 완전히 이해하지 못한 것을 이른다. 未安은 타고난 품성처럼 자연스럽게 행하지 못하는 것을 이른다. 周密은 더할 나위 없이 완전무결한 것을 이른다.

8-91 **上則能大其所隆**하고

위로는 그가 받들어 높여야 할 〈禮義를〉 능히 크게 발전시키고

○ 先謙案 所隆은 謂其所尊奉者니 言能推崇其道而大之라

○ 先謙案 : 所隆은 높여 받드는 것을 이르니, 자기가 추구하는 도를 추앙하여 크게 발전시키는 것을 말한다.

8-92 **下則能開道不己若者**라 **如是**면 **則可謂篤厚君子矣**라 **修百王之法**을 **若辨白黑**하고 **應當時之變**을 **若數一二**하며

아래로는 자기보다 못한 사람을 능히 일깨우고 지도한다고 하자. 이렇다면 독실한 군자라고 말할 수 있다. 역대 제왕들의 법을 닦아 익히기를 마치 黑白을 가리듯이 분명히 하고 당시의 변화에 대응하기를 마치 하나 둘 수를 세듯이 쉽게 하며,

如數一二之易라

楊倞注 : 하나 둘 수를 세듯이 쉽게 한다는 것이다.

8-93 行禮要節而安之하여 若生四枝하고

예법을 행하고 예절에 맞추되 거기에 편안하여 마치 四肢가 움직이듯 자연스럽고

要는 邀也라 節은 節文也라 言安於禮節하여 若身之生四枝하여 不以造作爲也라 要는 一遙反이라 下要時同이라

楊倞注 : 要는 '邀(맞이하다)'의 뜻이다. 節은 예절이란 뜻이다. 예절에 편안하여 마치 몸이 사지를 움직이듯 어색하게 하지 않는 것을 말한다. 要는 음이 一과 遙의 反切이다. 아래 '要時'의 경우도 같다.

8-94 要時立功之巧 若詔[30]四時하며

시기를 맞추어 공을 세우는 기교가 마치 사계절이 순환하듯 분명하며,

邀時立功之巧는 謂不失機權을 若天告四時使成萬物也라

楊倞注 : '邀時立功之巧'는 機智와 權謀를 잃지 않는 것이 마치 하늘이 사계절에게 지시하여 만물을 생성하게 하는 것과 같다는 것을 이른다.

8-95 平正和民之善하여 億萬之衆而博若一人이라 如是면 則可謂聖人矣라

정치를 잘 처리하고 백성을 화합하게 하기를 타당하게 하여 억만의 군중을 마치 한 사람처럼 단결시킨다고 하자, 이렇다면 聖人이라고 말할 수 있다.

雖博雜衆多라도 如理一人之少也라 ○ 謝本從盧校하여 聖人作賢人이라 盧文弨曰 賢人舊作聖人하니 誤라 劉台拱云 博若一人의 博은 當爲傅라 議兵篇의 和傳而一도 亦當作和傅니 皆字之誤也라 而一은 如一也라 億萬之衆이 親附若一人하니 卽所謂和傅如一也라 王念孫曰 博與傳은 皆摶(전)字之誤也라 摶은 卽專一之專이라 億萬

30) 詔 : ≪韓詩外傳≫에는 '推'로 되어 있다. 이에 따라 번역하였다.

之衆而專若一人이니 卽所謂和專如一也라 管子幼官篇曰 摶一純固[①]면 則獨行而無敵이라하고 呂氏春秋決勝篇曰 積則勝散矣요 摶則勝離矣라하며 淮南兵略篇曰 武王之卒三千人이 皆專而一이라하여 古書多以摶爲專하니 詳見管子라 又曰 自修百王之法以下十句는 非聖人不足以當之라 故曰如是則可謂聖人矣라하니라 下文如是則可謂聖人矣는 乃涉此文而衍[②]이라 盧不知下文之衍하고 又以哀公篇孔子對哀公語에 有如此則可謂賢人矣一句 在君子大聖之間이라하여 遂改此文之聖人爲賢人하여 以別於下文之聖人하니 不知本書之例는 皆以士君子聖人分爲三等하여 與孔子對哀公者不同이라 上文云 行之는 曰士也요 敦慕焉하면 君子也요 知之면 聖人也와 修身篇云 好法而行은 士也요 篤志而體는 君子也요 齊明而不竭은 聖人也와 解蔽篇曰 嚮是而務는 士也요 類是而幾는 君子也요 知之는 聖人也 皆以士君子聖人分爲三等하여 與此文同一例하니 不得於君子之上添出賢人名目이라 各本及韓詩外傳에 皆作聖人하고 無作賢人者[③]라 先謙案 平正은 猶平政也라 孟子萬章篇의 君子平其政과 王制篇云 故君人者欲安인댄 則莫若平政愛民矣와 富國篇云 平政以齊民이 與此平正和民文義一律이라 正政古字通이라 王霸篇云 立隆政本朝而當과 彊國篇云 隆在修政矣 二政字皆當作正이라 彼借政爲正은 猶此借正爲政也라 博은 當爲摶이니 王說是라 盧改聖人爲賢人은 誤니 今正이라

① 今本摶誤作博이라
지금 판본에는 '摶'이 '博'으로 잘못되어 있다.

② 自井井兮其有理以下十句는 楊注皆以爲論大儒之德이라하니 則非論聖人明矣라 此下安得又有如是則可謂聖人矣八字乎아
'井井兮其有理(질서정연하여 조리가 있다.)'부터 그 이하 열 문구는 楊氏의 注에서 모두 大儒의 덕을 논한 것이라고 하였으니, 聖人을 논한 글이 아니라는 것이 분명하다. 이곳 아래에 어찌 또 '如是則可謂聖人矣'라는 여덟 자가 있을 수 있겠는가.

③ 上文之篤厚君子 卽賢人也라 故外傳曰 篤厚君子未及聖人也라하니 是篤厚君子之上은 卽是聖人이라 不得又添一賢人名目이라
윗글의 '독실한 군자〔篤厚君子〕'가 곧 賢人이다. 그러므로 ≪韓詩外傳≫에 "독실한 군자는 聖人의 수준에 아직 미치지 못한 사람이다.〔篤厚君子未及聖人也〕"라고 하였으니, 이 독실한 군자의 윗 단계는 곧 聖人이다. 그 사이에 賢人이란 한 명목을 또 보탤 수는 없다.

楊倞注 : 비록 그 숫자가 복잡하고 많더라도 마치 한 사람을 다스리는 것처럼 한다는

것이다.

○ 謝本은 盧校本에 따라 '聖人'이 '賢人'으로 되어 있다.

盧文弨 : '賢人'이 옛 판본에는 '聖人'으로 되어 있으니, 이는 잘못된 것이다.

劉台拱 : '博若一人'의 '博'은 마땅히 '傅'로 되어야 한다. 〈議兵篇〉의 '和傳而一'의 和傳도 마땅히 '和傅'로 되어야 하니, 모두 글자가 잘못된 것이다. '而一'은 '如一'이다. 억만의 군중이 가까이하고 따르기를 마치 한 사람처럼 하는 것이니, 곧 이른바 '和傅如一'이다.

王念孫 : '博'과 '傅'은 모두 '摶'자의 잘못이다. 摶은 '專一'의 專이다. 억만이나 되는 군중도 그 마음이 전일하기가 한 사람 같다는 것이니, 곧 이른바 '和專如一'이다. ≪管子≫ 〈幼官篇〉에 "摶一純固 則獨行而無敵(마음이 전일하고 또 행동이 순수하고 꼿꼿하면 혼자 가더라도 대적할 상대가 없다.)"이라 하고, ≪呂氏春秋≫ 〈決勝篇〉에 "積則勝散矣 摶則勝離矣(힘이 축적되면 역량이 흩어진 적을 이길 수 있고, 병력이 하나로 모이면 군사가 흩어진 적을 이길 수 있다.)"라고 하였으며, ≪淮南子≫ 〈兵略篇〉에 "武王之卒三千人 皆專而一(武王의 군사 3천 명이 모두 하나로 통일되었다.)"이라고 하여 옛 문헌에 대부분 '摶'을 '專'의 뜻으로 썼으니, 이에 관한 설명이 ≪管子≫에 자세히 보인다.

王念孫 : '修百王之法'부터 그 이하 열 문구는 聖人이 아니면 거기에 해당될 수 없기 때문에 '如是則可謂聖人矣(이렇다면 聖人이라 말할 수 있다.)'라고 하였다. 아래 글(8-106)의 '如是則可謂聖人矣'는 곧 이 문구와 연관되어 잘못 덧붙여진 것이다. 盧氏는 아래의 이 문구가 잘못 붙여졌다는 것을 몰랐고, 또 〈哀公篇〉에서 공자가 哀公의 물음에 대답한 말 속에 '如此則可謂賢人矣'라는 한 구가 '君子'와 '大聖' 사이에 들어 있다고 하여 마침내 이곳 문구의 '聖人'을 '賢人'으로 고쳐 아래 문구의 '聖人'과 구별하였으니, 이는 本書의 형식은 모두 士·君子·聖人을 가지고 세 등급으로 나눈 것으로서 공자가 哀公의 물음에 대답한 경우와 다르다는 것을 알지 못했기 때문이다. 윗글에 "그대로 행하면 士가 되고 행하고 더 노력하면 군자가 되고 배운 것을 통달하면 聖人이 된다.〔行之曰士也 敦慕焉 君子也 知之 聖人也〕"라 한 것과, 〈修身篇〉에 "예법을 좋아하여 그대로 행하는 자는 士이고 의지를 굳게 지니고 실천하는 자는 군자이고 지혜가 온전히 밝아 고갈되지 않는 자는 聖人이다.〔好法而行 士也 篤志而體 君子也 齊明而不竭 聖人也〕"라 한 것과, 〈解蔽篇〉에 "이 聖王의 도를 향해 힘쓰는 자는 士이고 이 聖王의 도를 본받아 그에 가까이 접근한 자는 군사이고 이 聖王의 도를 통달한 자는 聖人이다.〔嚮是而務 士也 類是而幾 君子也 知之 聖人也〕"라고 한 경우가, 모두 士·君子·聖人을 가지고 세 등급으로 나눈 것으로서 이곳의 글과 똑같은 형식이니, '君子' 위에 '賢人'이란 명목을 덧붙여 드러낼 수는 없다. 각 판본 및 ≪韓詩外傳≫에 모두 '聖人'으로 되어 있고 '賢人'으로 된 경우는 없다.

先謙案 : '平正'은 '平政'과 같다. ≪孟子≫ 〈萬章篇〉의 "君子平其政(군자가 그 정치를 잘 처리한다.)"이라 한 것과, 〈王制篇〉에 "故君人者欲安 則莫若平政愛民矣(그러므로 백성의 군주로 있는 사람이 나라를 안정시키려 한다면 정치를 잘 처리하고 백성을 사랑하는 것보다 더 좋은 것은 없다.)"라고 한 것과, 〈富國篇〉에 "平政以齊民(정사를 공정하게 처리하여 백성들을 정돈한다.)"이라고 한 경우들이 이곳의 '平正和民'이라는 글 뜻과 같은 형식이다. '正'과 '政'은 옛 글자에 통용하였다. 〈王霸篇〉에 "立隆政本朝而當(조정을 위해 최고의 준칙을 확립하는 것이 타당하다.)"이라 한 것과, 〈彊國篇〉에 "隆在修政矣(중요한 것은 선량하고 정직한 데에 있다.)"라고 한 두 '政'자는 모두 마땅히 '正'이 되어야 한다. 저곳에서 '政'을 빌려 '正'의 뜻으로 쓴 것은 이곳에서 '正'을 빌려 '政'의 뜻으로 쓴 경우와 같다. '博'은 마땅히 '摶'이 되어야 하니, 王氏의 설이 옳다. 盧氏가 '聖人'을 고쳐 '賢人'으로 한 것은 잘못되었으니, 여기서는 바로잡았다.

8-96 井井兮其有理也하고

질서정연하여 조리가 있고

井井은 良易之貌라 理는 有條理也라 ○ 盧文弨曰 正文有理는 各本作有條理라 案注則正文條字衍일새 今刪이라

楊倞注 : 井井은 잘 정리된 모양이다. 理는 조리가 있다는 것이다.

○ 盧文弨 : 본문의 '有理'는 각 판본에 '有條理'로 되어 있다. 楊倞의 注를 살펴보면 본문의 '條'는 잘못 덧붙여진 것이므로 여기서는 삭제하였다.

8-97 嚴嚴兮其能敬己也하며

근엄하여 남에게 존경받을 수 있게 하며,

嚴嚴은 有威重之貌라 能敬己는 不可干以非禮也라 嚴은 或作儼이라 ○ 盧文弨曰 注干以는 各本皆誤倒라 今從明虞王合訂本移正이라

楊倞注 : 嚴嚴은 권위가 있는 모양이다. 能敬己는 남들이 자기에게 무례를 범할 수 없다는 것이다. '嚴'은 간혹 '儼'으로도 되어 있다.

○ 盧文弨 : 楊倞 주의 '干以'는 각 판본에 모두 잘못되어 앞뒤가 바뀌어져 있다. 여기서는 明나라 虞·王 合訂本에 따라 옮겨 바로잡았다.

8-98 分分兮其有終始也하고

꿋꿋하여 시종일관 변동이 없고

事各當其分하여 卽無雜亂이라 故能有終始라 分은 扶問反이라 ○ 王念孫曰 楊說迂曲而不可通이라 余謂分分當爲介介니 字之誤也①라 修身篇에 善在身엔 介然必以自好也라하니 楊彼注云 介然은 堅固貌라하고 引繫辭傳介如石焉하니라 此介介도 亦堅固貌也라 固守不變하여 始終如一이라 故曰 介介兮其有終始라하니 若作分分하면 則義不可通이라 又君子篇에 刑罰不怒罪하고 爵賞不踰德하여 分然各以其誠通의 分도 亦當爲介라 介然은 堅固貌라 言誠心介然하여 上下相通也라 若作分然이면 則義不可通이라 楊彼注云 善惡分然이라하니 亦失之라 兪樾曰 分은 當讀爲份이라 說文人部에 份은 文質備也니 從人하고 分聲이라하며 論語曰 文質份份[31]이라하니라 分分卽份份也니 省偏旁耳라 君子篇에 分然各以其誠通의 義亦同此라 先謙案 王兪二說幷通이나 據下文又言綏綏兮其有文章이면 則王義爲允이라

① 隸書介分相似라 故傳寫多譌하니 說見淮南繆稱篇이라
隸書는 '介'와 '分'이 서로 비슷하기 때문에 옮겨 쓰는 과정에 오류가 많으니, 이에 관한 설명은 ≪淮南子≫ 〈繆稱篇〉에 보인다.

楊倞注 : 일마다 제각기 그 분수에 합당하여 너저분하고 어수선한 일이 없기 때문에 처음과 끝이 있을 수 있는 것이다. 分은 음이 扶와 問의 反切이다.

○ 王念孫 : 楊氏의 설은 왜곡되어 뜻이 통해질 수 없다. 나는 생각건대, '分分'은 마땅히 '介介'로 되어야 하니, 글자가 잘못된 것이다. 〈修身篇〉에 "善在身介然必以自好也(선량한 품행이 자기에게 있을 경우에는 개결하게 여겨 반드시 그것을 스스로 좋아한다.)"라고 했는데, 楊氏의 그곳 주에 "介然은 견고한 모양이다."라 하고 ≪周易≫ 〈繫辭傳〉의 "介如石焉(견고하기가 돌 같다.)"이라고 한 문구를 인용하였다. 이곳의 介介도 견고한 모양이다. 굳게 지키고 변치 않아 시종여일하기 때문에 '介介兮其有終始'라고 말한 것이니, 만약 '分分'으로 쓴다면 뜻이 통해질 수 없다. 또 〈君子篇〉에 "刑罰不怒罪 爵賞不踰德 分然各以其誠通(형법으로 처벌할 때 범인의 죄상을 초과하지 않고 관작으로 포상할 때 관리의 공덕을 초과하지 않게 하여 꿋꿋하게 위아래가 각기 진실한 마음으로 소통한다.)"이라 한 곳의 '分'도 마땅

31) 論語曰 文質份份 : ≪論語≫ 〈雍也〉에 나오며, 통행본 ≪논어≫에는 '份份'이 '彬彬'으로 되어 있는데, '份'은 '彬'의 古字이다.

히 '介'로 되어야 한다. 介然은 견고한 모양이다. 진실한 마음이 꿋꿋하여 위아래의 마음이 서로 통하는 것을 말한다. 만약 '分然'으로 한다면 뜻이 통해질 수 없다. 楊氏의 그곳 주에 "善惡分然(선과 악이 분명하다.)"이라고 하였으니, 이 또한 잘못되었다.

兪樾 : 分은 마땅히 份으로 간주해 읽어야 한다. ≪說文解字≫ 人部에 "份은 文質이 갖춰졌다는 뜻이니, 人은 形符가 되고 分은 聲符가 된다."라고 하였으며, ≪論語≫ 〈雍也〉에 "文質份份(文質이 서로 잘 어울려야 한다.)"이라고 하였다. '分分'은 곧 '份份'이니, 偏旁(亻)이 생략되었을 뿐이다. 〈君子篇〉의 "分然各以其誠通(꿋꿋하게 위아래가 각기 진실한 마음으로 소통한다.)"에서 分의 뜻 또한 이와 같다.

先謙案 : 王氏와 兪氏 두 설이 모두 통하지만, 아래 글(8-103)에 또 "綏綏兮其有文章(여유로워 예악법도가 있다.)"이라고 한 것에 의하면 王氏의 뜻이 더 적합하다.

8-99 猒(염)猒兮其能長久也하며

편안하여 평온함이 오래갈 수 있으며,

猒은 足也라 亂生於不足이라 故知足然後能長久也라 ○ 先謙案 猒猒兮는 猶安安然이라 說見上이라

楊倞注 : 猒은 만족스럽다는 뜻이다. 혼란은 부족한 데서 생기므로 만족한 줄을 안 뒤에 평온함이 오래갈 수 있다.

○ 先謙案 : 猒猒兮는 '安安然'과 같다. 이에 관한 설명은 위(8-16)에 보인다.

8-100 樂樂兮其執道不殆[32]也하고

확고하여 도의를 지켜서 태만하지 않고

殆는 危也라 ○ 兪樾曰 楊氏不釋樂樂之誼하니 蓋卽以本字讀之라 然樂樂字는 經傳尟見이라 王霸篇曰 櫟然扶持心國이라하니 楊注曰 櫟은 讀爲落이니 石貌也라하니라 此云樂樂兮하고 彼云櫟然이라하여 文異義同이라 老子曰 落落如石이라하니 樂樂은 猶落落也라 以其執道不殆라 故以石形容之라

楊倞注 : 殆는 위태롭다는 뜻이다.

32) 殆 : '怠(태만하다)'자와 통용한다.

○ 兪樾 : 楊氏가 '樂樂'의 뜻을 풀이하지 않았으니, 아마도 즐겁다는 뜻의 本字로 읽은 것 같다. 그러나 '樂樂' 두 자는 경전에 보이는 경우가 드물다. 〈王霸篇〉에 "櫟然扶持心國(꿋꿋하게 禮義로써 자기의 마음과 국가를 유지한다.)"이라고 하였는데, 楊氏의 주에 "櫟은 '落'으로 간주해 읽어야 하니, 바위의 모양이다."라고 하였다. 여기서는 '樂樂兮'라고 하고 저곳에서는 '櫟然'이라 하여 글자는 다르지만 뜻은 같다. ≪老子≫에 "落落如石(단단하기가 바위와 같다.)"이라 하였으니, 樂樂은 落落과 같다. 그가 도를 지키는 마음이 태만하지 않으므로 단단한 바위로 그것을 형용한 것이다.

8-101 炤炤兮其用知之明也하며

명석하여 지혜를 운용하는 것이 똑똑하며,

炤炤는 明見之貌라 炤는 與照同이라 ○ 郝懿行曰 炤는 蓋照之或體字也니 經典罕用이라 釋蟲熒火卽炤에 用炤字라 顔氏家訓風操篇云 劉韜兄弟一生不爲照字하고 唯依爾雅火傍作召라하니라 今讀荀書에 可知炤字由來已久하니 蓋起於周秦間矣라 王霸篇亦有炤字라

楊倞注 : 炤炤는 환히 보는 모양이다. 炤는 '照'와 같다.

○ 郝懿行 : '炤'는 아마도 '照'의 또 다른 서체일 것이니, 경전에는 사용하는 경우가 드물다. ≪爾雅≫ 〈釋蟲〉의 "熒火卽炤(개똥벌레는 卽炤라고 부르기도 한다.)"에 '炤'자를 썼다. ≪顔氏家訓≫ 〈風操篇〉에 "劉韜 형제는 일생 동안 '照'자를 사용하지 않고 오직 ≪爾雅≫에 따라 '火'변에 '召'를 붙인 것(炤)만 사용하였다."라고 하였다. 지금 ≪荀子≫를 읽어볼 적에 '炤'자의 유래가 이미 오래되었다는 것을 알 수 있으니, 아마도 周·秦 무렵에 시작되었을 것이다. 〈王霸篇〉에도 '炤'자가 있다.

8-102 修修兮其用統類之行也하고

순조로워 큰 줄거리와 세목이 행해지고

脩脩는 整齊之貌라 統類는 綱紀也라 言事不乖悖也라 ○ 王念孫曰 修는 讀爲條라 春秋繁露如天之爲篇曰 行而無留 若四時之條條然이라하니 是條條爲行貌라 故曰 條條兮其統類之行也라하니라 作修者는 借字耳①라 楊以修修爲整齊貌라하니 與行字義不相屬이라 王引之曰 統類上不當有用字니 蓋涉上句而衍이라

① **韓子難篇**의 **百官修通**이 **管子明法解篇**에 **修作條**라 **集韻**에 **修**는 **他彫切**이니 **縣名**이라 **周亞夫所封**이니 **即史記絳侯世家之條侯**라하니 **是條修古字通**이라
≪韓非子≫ 〈難〉편의 '百官修通'이 ≪管子≫ 〈明法解〉편에는 '修'가 '條'로 되어 있다. ≪集韻≫에 "修는 음이 他와 彫의 反切이니, 縣 이름이다. 周亞夫가 봉해진 곳으로 곧 ≪史記≫ 〈絳侯世家〉의 '條侯'이다."라고 하였으니, 이는 '條'와 '修'가 옛 글자에 통용되었다는 증거이다.

楊倞注 : 脩脩는 정돈된 모양이다. 統類는 기강이다. 일이 법도에 어긋나지 않음을 말한 것이다.

○ 王念孫 : 修는 '條'로 읽어야 한다. ≪春秋繁露≫ 〈如天之爲〉편에 "行而無留 若四時之條條然(운행하여 머무르지 않는 것이 마치 사계절이 막힘없이 운행하는 것과 같다.)"이라고 하였으니, 이로 볼 때 '條條'는 운행하는 모양이 된다. 그러므로 '條條兮其統類之行也'라고 한 것이다. '修'로 되어 있는 것은 假借字일 뿐이다. 楊氏는 '修修'를 정돈된 모양이라고 하였으니, '行'자의 뜻과는 서로 연결되지 않는다.

王引之 : '統類' 위에 '用'자가 있어서는 안 되니, 아마도 위 문구와 연관되어 잘못 붙여졌을 것이다.

8-103 **綏綏兮其有文章也**하며

여유로워 예악법도가 있으며,

綏綏는 **安泰之貌**라 **綏**는 **或爲葳蕤之蕤**라

楊倞注 : 綏綏는 편안하고 태연한 모양이다. '綏'는 간혹 〈무성하다는 뜻인〉 '葳蕤'의 '蕤'로 쓰기도 한다.

8-104 **熙熙兮其樂人之臧也**하고

화락하여 사람들의 선행을 즐거워하고

熙熙는 **和樂之貌**라

楊倞注 : 熙熙는 온화하고 즐거운 모양이다.

8-105 **隱隱兮其恐人之不當也**라

근심하여 사람들의 행위가 도리에 합당하지 않을까 염려한다.

隱隱은 憂戚貌니 恐人之行事不當理라 此已上皆論大儒之德也라

楊倞注 : 隱隱은 근심하고 슬퍼하는 모양이니, 사람들이 행하는 일이 도리에 합당하지 않을까 염려하는 것이다. 이 위는 모두 大儒의 덕을 논한 것들이다.

8-106 **如是**면 **則可謂聖人矣**[33)]라

이렇다면 聖人이라고 말할 수 있다.

○ 先謙案 此句衍文이라 說見上이라

○ 先謙案 : 이 문구는 잘못 덧붙여진 글이다. 이에 관한 설명은 위(8-95)에 보인다.

8-107 **此其道出乎一**이라 **曷謂一**고 **曰 執神而固**니라

이와 같은 도덕의 본질은 專一한 데서 나온다. 무엇을 전일이라고 말하는가? 그것은 곧 神明과 堅固함을 지니는 것을 말한다.

執持精神堅固라

楊倞注 : 정신을 지키기를 견고하게 한다는 것이다.

8-108 **曷謂神〔而固〕**[34)]아 **曰 盡善挾治之謂神**이요 **萬物莫足以傾之之謂固**라

무엇을 신명과 견고함이라 이르는가? 천하의 일을 더할 나위 없이 완전무결하게 하고 두루 잘 다스리는 것을 신명이라 이르고, 세상의 그 무엇으로도 흔들어댈 수 없는 것을 견고함이라 이른다.

挾은 讀爲浹이라 浹은 周洽也라 ○ 王念孫曰 正文挾治二字는 元刻及世德堂本幷

---

33) 如是 則可謂聖人矣 : 王先謙은 이와 동일한 문구가 이미 위에 있다고 하여 이것을 衍文이라 하였으나, 鍾泰는 재차 언급하여 그 의미를 되새긴 것으로서 아래의 '神固之謂聖人(신묘하고 견고한 것을 성인이라 이른다.)'과 호응한다고 하였다. 그러면서 만약 이 문구를 삭제한다면 문장의 흐름이 아래의 글과 동떨어져 서로 연결되지 않는다고 하였다.

34) 〔而固〕: 저본에는 '而固'가 없으나, 문세에 따라 추가하였다.

作挾洽하니 洽字乃涉注文周洽而誤라 盧從元刻하니 非也라 呂錢本洽幷作治라 挾은 與浹同이라 全體皆善이라 故曰盡善이라하고 全體皆治라 故曰浹治라하니라 挾治與盡善對文이니 若作挾洽이면 則與盡善不對矣라 王引之曰 萬物上當有曷謂固曰四字라 萬物莫足以傾之之謂固는 與曷謂固上下正相呼應이라 曷謂固는 與上文之曷謂一曷謂神皆文同一例라 曷謂神曷謂固는 承上執神而固言之하고 下文神固之謂聖人은 又承上曷謂神曷謂固言之라 今本脫去曷謂固曰四字하니 則與上下文不相應矣라 先謙案 謝本從盧校라 王說是하니 改從宋本하니라

楊倞注：挾은 '浹'으로 간주해 읽는다. 浹은 두루 흡족하다는 뜻이다.

○ 王念孫：본문의 '挾治' 두 자는 元刻本 및 世德堂本에 모두 '挾洽'으로 되어 있으니, '洽'자는 곧 주의 글 '周洽'과 연관되어 잘못된 것이다. 盧氏는 元刻本을 따랐으니, 틀렸다. 呂·錢本에는 '洽'이 모두 '治'로 되어 있다. 挾은 '浹'과 같다. 전체가 다 좋기 때문에 '盡善'이라 말하고 전체가 다 다스려졌기 때문에 '浹治'라 말한 것이다. '挾治'와 '盡善'은 대구이니, 만약 '挾洽'으로 쓴다면 '盡善'과 대가 되지 않을 것이다.

王引之：'萬物' 위에 마땅히 '曷謂固曰' 네 자가 있어야 한다. '萬物莫足以傾之之謂固'는 '曷謂固'와 위아래에서 정확히 서로 호응한다. '曷謂固'는 윗글의 '曷謂一'·'曷謂神'과 모두 동일한 형식으로 된 글이다. '曷謂神'·'曷謂固'는 위의 '執神而固'를 이어받아 말한 것이고, 아래 글 '神固之謂聖人'은 또 위의 '曷謂神'·'曷謂固'를 이어받아 말한 것이다. 지금 판본에는 '曷謂固曰' 네 자를 빼버렸으니, 위아래 글과 서로 호응하지 않는다.

先謙案：謝本은 盧校本에 따른 것이다. 王氏의 설이 옳으므로 〈洽을 '治'로〉 고쳐 宋本을 따랐다.

8-109 **神固之謂聖人**이라

신묘하고 견고한 것을 聖人이라 이른다.

8-110 **聖人也者**는 **道**[35]**之管也**라 **天下之道管是**[36]**矣**며 **百王之道一是矣**라

聖人이란 도의 근본이다. 천하의 도가 모두 그에게 근본을 두고 있고 역대 聖王의 도 또한 그에게 통일되어 있다.

---

35) 道：여기서는 사상의 원칙을 가리킨다.

36) 是：楊倞은 儒學으로 풀이하였으나 여기서는 聖人을 가리킨다. 아래의 경우도 마찬가지이다.

管은 樞要也라 是는 是儒學也라

楊倞注：管은 관건이란 뜻이다. 是는 곧 儒學이다.

8-111 故詩書禮樂之〔道〕[37)]歸是矣라

그러므로 ≪詩經≫·≪書經≫·≪禮經≫·≪樂經≫의 도가 모두 그에게 귀속된다.

○ 劉台拱曰 之下當有道字니 與上兩之道對文이라

○ 劉台拱：'之' 밑에 마땅히 '道'자가 있어야 하니, 위의 두 '之道'와 대구이다.

8-112 詩言是其[38)]志也며

≪詩經≫은 그의 뜻을 말한 것이고,

是儒之志라

楊倞注：이 大儒의 뜻이란 것이다.

8-113 書言是其事也며 禮言是其行也며 樂言是其和也며 春秋言是其微也라

≪書經≫은 그의 사적을 말한 것이고, ≪禮經≫은 그의 행위를 말한 것이고, ≪樂經≫은 그의 조화를 말한 것이고, ≪春秋≫는 그의 미묘한 의도를 말한 것이다.

微는 謂儒之微旨니 一字爲褒貶이어나 微其文하고 隱其義之類是也라

楊倞注：微는 大儒의 미묘한 의도를 이르니, 한 글자로 찬양과 폄하를 한다거나 그 글을 미묘하게 쓰고 그 뜻을 숨기는 등의 사례가 그것이다.

8-114 故風[39)]之所以爲不逐者는 取是以節之也며

---

37) 〔道〕：저본에는 '道'가 없으나, 劉台拱의 주에 의거하여 보충하였다.

38) 其：'之'자와 통용한다. 아래의 경우도 마찬가지이다.

39) 風：≪詩經≫의 한 부분인 〈國風〉으로, 모두 160편이다. 周나라 초기부터 춘추시대까지

그러므로 〈國風〉 작품이 방탕으로 흐르지 않은 까닭은 그의 도를 취해 절제하였기 때문이며

風은 國風이라 逐은 流蕩也라 國風所以不隨荒暴之君而流蕩者는 取聖人之儒道以節之也라 詩序曰 變風發乎情하여 止乎禮義라 發乎情은 人之性也요 止乎禮義는 先王之澤也라하니라

楊倞注 : 風은 〈國風〉이다. 逐은 방탕하다는 뜻이다. 〈國風〉이 거칠고 포악한 군주를 따라 방탕하지 않은 까닭은 聖人의 도를 취해 절제하였기 때문이라는 것이다. 〈詩序〉에 "變風은 情에서 일어나 禮義에 그친 노래이다. 情에서 일어난 것은 사람의 본성이고 禮義에서 그친 것은 옛 聖王의 은택이었다."라고 하였다.

8-115 小雅[40)]之所以爲小雅者는 取是而文之也며

〈小雅〉 작품이 〈小雅〉가 된 까닭은 그의 도를 취해 윤색하였기 때문이며

雅는 正也라 文은 飾也라

楊倞注 : 雅는 바르다는 뜻이다. 文은 꾸민다는 뜻이다.

8-116 大雅[41)]之所以爲大雅者는 取是而光之也며

〈大雅〉 작품이 〈大雅〉가 된 까닭은 그의 도를 취해 확대 발전하였기 때문이며

○ 郝懿行曰 光은 猶廣也라 光廣古通用이라 詩序所謂政有小大라 故有小雅大雅是也라

○ 郝懿行 : 光은 '廣(넓다)'과 같다. '光'과 '廣'은 옛날에 통용하였다. 〈詩序〉의 이른바

각 제후국의 민간에서 지어졌다. 〈十五國風〉이라고도 불린다.

40) 小雅 : ≪詩經≫의 한 부분으로, 모두 74편이다. 西周 후기와 東周 초기에 지어진 것으로, 국정의 결함을 지적하고 사회의 혼란상을 반영한 작품들이 대부분이고 조정 관료의 연회를 노래한 작품도 더러 끼어 있다.

41) 大雅 : ≪詩經≫의 한 부분으로, 모두 31편이다. 대부분 西周 왕실 귀족의 작품인데, 일반적으로 周 王室의 선조와 武王・宣王 등의 공적을 칭송하였고, 厲王・幽王의 폭정과 통치의 위기상황을 반영한 작품도 끼어 있다.

'정사에 크고 작은 것이 있기 때문에 〈小雅〉와 〈大雅〉가 있다.'라고 한 것이 이것이다.

8-117 頌[42)]之所以爲至者는 取是而通之也니

〈頌〉 작품이 최고가 된 까닭은 그의 도를 취해 神明과 통했기 때문이니,

至는 謂盛德之極이라

楊倞注 : 至는 거룩한 덕이 지극한 것을 이른다.

8-118 天下之道畢是矣라 鄉是者臧하고 倍是者亡이라 鄉是如不臧하고 倍是如不亡者는 自古及今히 未嘗有也라

천하의 도가 그에게 고스란히 다 있다. 그를 순종하는 자는 잘되고 그를 배반하는 자는 멸망한다. 그를 순종하고서도 잘되지 않고 그를 배반하고서도 멸망하지 않는 자는 예로부터 지금까지 없었다.

是는 皆謂儒也라 鄉은 讀曰向이라 ○ 盧文弨曰 正文兩如字는 俱讀爲而라

楊倞注 : 是는 모두 儒者를 이른다. 鄉은 '向'으로 간주해 읽는다.

○ 盧文弨 : 본문의 두 '如'자는 모두 '而'로 간주해 읽는다.

8-119 客有道[43)]曰 孔子曰 周公其盛乎인저

어떤 손님이 말하기를 "공자가 '周公은 매우 거룩하다고 하겠다.

言其德盛이라

楊倞注 : 그 덕이 거룩한 것을 말한다.

8-120 身貴而愈恭하고 家富而愈儉하며 勝敵而愈戒라하니라

---

42) 頌 : ≪詩經≫의 한 부분으로, 〈周頌〉 31편, 〈魯頌〉 4편, 〈商頌〉 5편 등 모두 40편으로 구성되었다. 대부분 선대 군주의 거룩한 공덕을 찬양한 노래로, 주로 종묘에서 제사 지낼 때 연주하였다.

43) 道 : 말한다는 뜻으로, '言'과 같다.

그는 신분이 고귀한데도 더욱 공손하고 집이 부유한데도 더욱 검소하며 적과 싸워 이겼는데도 더욱 경계하였다.'고 말했다고 합니다."라고 하였다.

戒는 備也라 言勝敵而益戒備라 荀卿之時에 有客說孔子之言如此라

楊倞注 : 戒는 대비한다는 뜻이다. 적과 싸워 이겼는데도 더욱 경계하고 대비하였다는 것을 말한다. 荀卿 당시에 어떤 손님이 공자가 이런 말을 했다고 말한 것이다.

8-121 應之曰 是殆非周公之行이며 **非孔子之言也**라 **武王崩**에 **成王幼**하니 **周公屛成王而及武王**하여 **履天子之籍**하여 **負扆**(의)**而坐**[44]면

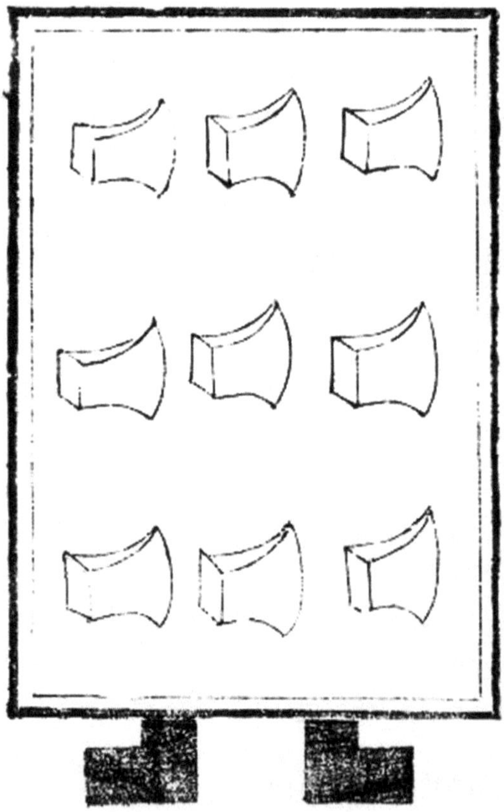

扆

그에 대답하였다. "이는 아마도 周公의 행위가 아니고 또 공자의 말씀도 아닐 것이다. 武王이 세상을 떠났을 때 成王이 아직 어렸으므로 周公은 成王을 옹호하면서 武王의 뒤를 이어 천자의 자리에 올라 병풍〔扆〕을 등지고 서면

戶牖之閒을 謂之扆也라 ○ 謝本從盧校하여 作履天下之籍이라 盧文弨曰 宋本作履天子之籍이라 今從元刻이라 案坐當作立이라 王念孫曰 正論篇에 居則設張容하여 負依而坐면 諸侯趨走乎堂下라하니 汪氏中亦云 坐當爲立이니 古無坐見諸侯之禮라 鈔者淺陋하여 以意改之라하니라 先謙案 天子之籍是也라 說見上이라 今改從宋本이라

44) 負扆(의)而坐 : 扆는 궁전의 中門과 창문 사이에 설치하는 큰 병풍으로, 도끼문양을 그려 넣은 것이다. 천자가 이것을 등지고 남쪽을 향해 서서 제후들을 접견한다고 한다. 坐는 '立'의 잘못이라는 盧文弨의 의견에 따라 번역하였다.

楊倞注 : 문과 창 사이를 '扆'라 이른다.

○ 謝本은 盧校本에 따라 '履天下之籍'으로 되어 있다.

盧文弨 : 宋本에는 '履天子之籍'으로 되어 있다. 여기서는 元刻本을 따랐다. 살펴보건대, '坐'는 마땅히 '立'으로 되어야 한다.

王念孫 : 〈正論篇〉에 "居則設張容 負依而坐 諸侯趨走乎堂下(천자의 자리에 나아가 정사를 처리할 때는 휘장과 작은 병풍을 설치하고 큰 병풍을 등지고 앉으면 제후들이 당 아래로 종종걸음으로 달려와 조알한다.)"라 하였는데, 汪中 씨도 "'坐'는 마땅히 '立'으로 되어야 하니, 옛날에 제후를 앉아서 만나보는 예는 없었다. 초록하는 자가 식견이 얕아 자의적으로 고친 것이다."라고 하였다.

先謙案 : '天子之籍'이 옳다. 이에 관한 설명은 위(8-2)에 보인다. 여기서는 고쳐 宋本을 따랐다.

8-122 **諸侯趨走堂下**라 **當是時也**하여 **夫又誰爲恭矣哉**아 **兼制天下**하여 **立七十一國**에 **姬姓獨居五十三人焉**하여 **周之子孫苟不狂惑者**면 **莫不爲天下之顯諸侯**하니 **孰謂周公儉哉**아 **武王之誅紂也**에 **行之日以兵忌**하고

제후들이 당 아래에서 종종걸음으로 달려왔다. 이때를 당하여 그가 또 누구에 대해 공손한 예의를 차렸겠는가. 천하를 전면적으로 제어하여 71개의 제후국을 설치하였는데, 그중에 周 왕실의 친족인 姬姓의 제후가 53인이나 들어 있을 정도여서 周 왕실의 자손으로 정말 미쳤거나 바보만 아니라면 천하의 드러난 제후가 안 되는 일이 없었으니, 누가 주공을 검소하다고 말하겠는가. 武王이 紂를 정벌할 적에 출발하는 그날을 兵家가 금기하는 날로 정하였고,

武王發兵에 **以兵家所忌之日**이라

楊倞注 : 武王이 군대를 출동할 때 兵家가 금기하는 날을 택했다는 것이다.

8-123 **東面而迎太歲**[45)]하며

---

45) 迎太歲 : 太歲는 歲星, 곧 木星을 가리킨다. 목성은 12년을 주기로 천체를 한 번 회전한다. 점성가의 설에 의하면, 목성은 吉星으로서 하늘의 어떤 별자리에 이르렀을 때 지상에서 그 별자리와 서로 대응하는 나라는 이롭고, 누가 만약 목성이 있는 방위를 침범하면 재앙을 만난다고 한다.

동쪽을 향해 진군하여 太歲의 분야를 침범하였으며,

迎은 謂逆太歲라 尸子曰 武王伐紂에 魚辛諫曰 歲在北方하니 不北征하소서하되 武王不從이라하니라

楊倞注 : 迎은 太歲의 분야를 침범한 것을 이른다. ≪尸子≫에 "武王이 紂를 정벌할 적에 魚辛이 간하기를 '太歲가 북방에 있으니, 북쪽으로 행군하지 마십시오.'라고 하였으나 武王은 따르지 않았다."라고 하였다.

8-124 至氾而汎하고 至懷而壞하며

氾水에 이르렀을 때 강물이 범람하고 懷城에 이르렀을 때 河水 둑이 허물어졌으며,

氾는 水名이라 懷는 地名이라 書曰 覃懷底績에 孔安國曰 覃懷는 近河地名이라하니라 謂至氾而適遇水汎漲하고 至懷又河水汎溢也라 呂氏春秋曰 武王伐紂에 天雨하여 日夜不休라하니라 氾는 音祀라 ○ 盧文弨曰 正文至氾는 當作至氾이라 左傳에 鄙在鄭地氾①이라하여 字從㔾하고 不從巳라 其地在成皐之閒이라 又漢高卽位於氾水之陽은 在定陶②하니 非周師所經也라 氾汎懷壞는 以音成義[46]라 楊氏不知氾當爲氾하여 而卽音爲祀하니 誤矣라 又注河水汎溢下에 疑當有壞道二字라 王念孫曰 汪氏中曰 氾當作氾이니 音汎이라 字從㔾하고 不從巳라하니 其說是也라 然荀子所謂至氾者는 究不知爲今何縣地라 盧用汪說하고 而引左傳鄙在鄭地氾爲證③하니라 案杜注云 鄭南氾也니 在襄城縣南이라하니 則非周師所至라 不得引爲至氾之證矣라

① 釋文에 音凡[47]이라하니라

≪經典釋文≫에 "〈氾은〉 음이 '凡(범)'이다."라고 하였다.

② 漢書注에 音敷劍反이라하니라

≪漢書≫ 주에 "〈氾은〉 음이 敷와 劍의 反切이다."라고 하였다.

---

46) 氾汎懷壞 以音成義 : 氾(범)은 물이 범람한다는 뜻인 '汎(범)'자와 음이 같아 범람한다는 뜻을 내포하고 있고, 懷(회)는 흙더미가 허물어진다는 뜻인 '壞(괴)'자와 음이 비슷하여 무너진다는 뜻을 지니고 있다는 말이다. 음이 같거나 비슷할 뿐만 아니라, 모양도 비슷하므로 생겨난 미신 성향의 讖言에 속한다.

47) 釋文 音凡 : 저본에는 본문과 구분되지 않았으나 앞 문구에 대한 주석의 성격이 농후하므로 적출하여 주석으로 처리하였다. 아래의 ②도 같은 경우이다.

③ 僖二十四年이라

僖公 24년이다.

楊倞注 : 汜는 강 이름이다. 懷는 땅 이름이다. ≪書經≫ 〈夏書 禹貢〉의 "覃懷底績(覃懷 일대의 치수에서 업적을 거두었다.)"에서 孔安國이 "覃懷는 河水에 가까운 땅 이름이다."라고 하였다. 汜水에 이르렀을 때 마침 비를 만나 강물이 불어나 넘쳤고 懷 지방에 이르자 또 河水가 넘친 것을 이른다. ≪呂氏春秋≫에 "武王이 紂를 정벌할 때 비가 내려 밤낮으로 멈추지 않았다."라고 하였다. 汜는 음이 '祀'이다.

○ 盧文弨 : 본문의 '至汜'는 마땅히 '至氾'으로 되어야 한다. ≪春秋左氏傳≫에 "鄙在鄭地氾(외딴 곳으로 나와서 鄭나라의 氾 땅에 있다.)"이라고 되어 있어 글자가 '㔾'이 붙고 '巳'가 붙지는 않았다. 그리고 그 땅은 成皐 부근에 있다. 또 漢 高祖가 氾水 북쪽에서 즉위하였다고 하는 그곳은 定陶에 있으므로 周나라 군사가 경유한 지역이 아니다. 氾・汎과 懷・壞는 음으로 그 뜻을 이루는 글자이다. 楊氏는 '汜'가 마땅히 '氾'이 되어야 한다는 것을 알지 못해 그 음을 '祀'라고 하였으니, 잘못되었다. 그리고 楊氏의 주에서 '河水汎溢' 밑에 아마도 당연히 〈도로가 허물어졌다는 뜻인〉 '壞道' 두 자가 있어야 할 것 같다.

王念孫 : 汪中 씨가 "汜는 마땅히 '氾'으로 되어야 하니, 음은 '汎'이다. 글자가 '㔾'이 붙고 '巳'가 붙지 않는다."라고 하였으니, 그 설이 옳다. 그러나 ≪荀子≫의 이른바 '至氾'이란 끝내 지금 어느 고을인지 알 수 없다. 盧氏는 汪氏의 설을 인용하고 ≪春秋左氏傳≫의 '鄙在鄭地氾'을 인용하여 증명하였다. 살펴보건대, 杜預 주에 "鄭나라의 南氾이다. 襄城縣 남쪽에 있다."라고 하였으니, 周나라 군사가 당도한 곳이 아니므로 그것을 인용하여 '至氾'의 증거로 삼을 수 없다.

8-125 至共頭而山隧(추)라

共頭山에 이르렀을 때 산이 무너졌다.

共은 河內縣名이라 共頭는 蓋共縣之山名이라 隧는 謂山石崩摧也라 隧는 讀爲墜라 共은 音恭이라 ○ 盧文弨曰 案共頭卽共首니 見莊子리 王念孫曰 此八字亦汪氏中校語也라 共首見讓王篇하고 共頭又見呂氏春秋誠廉篇이라

楊倞注 : 共은 河內의 縣 이름이다. 共頭는 아마도 共縣의 산 이름일 것이다. 隧는 산 바위가 무너지는 것을 이른다. 隧는 '墜'로 간주해 읽는다. 共은 음이 '恭'이다.

○ 盧文弨 : 살펴보건대, 共頭는 곧 共首니, ≪莊子≫에 보인다.

王念孫 : 〈盧氏가 말한〉 이 여덟 자도 汪中 씨가 교감한 말이다. 共首는 ≪莊子≫ 〈讓王篇〉에 보이고, 共頭는 또 ≪呂氏春秋≫ 〈誠廉〉편에 보인다.

8-126 **霍叔懼曰 出三日而五災至**하니 **無乃不可乎**잇가하니

霍叔이 두려워 말하기를 '출발한 지 사흘 만에 다섯 번이나 재앙을 만났으니, 정벌하면 안 될 일이 아닙니까.'라고 하니,

霍叔은 **武王弟也**라 **出**은 **行也**라 **周居豐鎬**하니 **軍出三日**에 **未當至共**이라 **蓋文王三分天下有其二**하여 **境土已近於洛矣**라 **或曰 至氾之後三日也**라하니라

楊倞注 : 霍叔은 武王의 아우이다. 出은 길을 나섰다는 뜻이다. 周나라 중심지는 豐·鎬에 있었으니, 군대가 그곳에서 출발해서는 사흘 만에 분명히 共縣까지 이르지는 못할 것이다. 아마도 文王이 천하의 3분의 2를 소유하여 그가 관할하는 구역이 이미 洛陽까지 근접했을 것이다. 혹자는 "氾 땅에 도착한 뒤 사흘 만이라는 뜻이다."라고 하였다.

8-127 **周公曰 刳比干而囚箕子**하고 **飛廉惡來知政**하니 **夫又惡**(오)**有不可焉**이리오하니라

周公이 말하기를 '比干의 배를 가르고 箕子를 잡아 가두었으며 飛廉과 惡來가 정권을 장악하고 있으니, 또 어찌 정벌하면 안 될 이유가 있겠는가.'라고 하였다.

比干

箕子

比干은 紂賢臣이라 箕子는 紂諸父니 箕는 國名이며 子는 爵也라 飛廉惡來는 皆紂之嬖臣이라 飛廉善走하고 惡來有力也라

楊倞注 : 比干은 紂의 어진 신하이다. 箕子는 紂의 숙부이니, 箕는 나라 이름이며 子는 작위이다. 飛廉과 惡來는 모두 紂의 총애하는 신하이다. 飛廉은 달리기를 잘했고, 惡來는 힘이 세었다.

8-128 遂選[48]馬而進하여

마침내 우수한 말을 골라 앞으로 나아가

選은 簡擇也라 ○ 兪樾曰 荀子之意는 方言周公之不戒하니 若馬必簡擇이면 則非其義矣라 詩猗嗟篇曰 舞則選兮에 毛傳曰 選은 齊也라하니 此選字亦當訓齊라 車攻篇曰 我馬旣同에 傳曰 同은 齊也라하니 然則選馬而進은 蓋戎事齊力之義요 非簡擇之謂라 下文曰 輿固馬選矣라하니 誼亦同此하여 猶言我車旣攻하고 我馬旣同也라 若以選爲簡擇이면 則選馬可通이나 馬選不可通矣라

楊倞注 : 選은 고른다는 뜻이다.

○ 兪樾 : 荀子의 생각은 지금 周公이 경계를 하지 않았다는 것을 말하자는 것인데, 만약 말을 반드시 좋은 것으로 고른다고 한다면 그 뜻이 아니다. ≪詩經≫ 〈齊風 猗嗟〉편의 "舞則選兮(춤을 추는 모습이 법도에 맞네.)"에서 〈毛傳〉에 "選은 '齊(가지런하다)'의 뜻이다."라고 하였으니, 이곳의 '選'자도 마땅히 '齊'의 뜻으로 보아야 한다. ≪詩經≫ 〈小雅 車攻〉편의 "我馬旣同(우리들 말도 이미 가지런하다.)"에서 〈毛傳〉에 "同은 '齊'의 뜻이다."라고 하였으니, 그렇다면 '選馬而進'은 아마도 군대의 일에 전투할 힘을 정비한다는 뜻이지, 좋은 말을 고른다는 말은 아닐 것이다. 아래 글(8-143)에 '輿固馬選矣'라고 하였는데 그 뜻 또한 이곳과 같은 것으로, ≪詩經≫에서 "我車旣攻 我馬旣同(우리들 수레 이미 튼튼한 데다 우리들 말도 이미 가지런하다.)"이라고 말한 것과 같다. 만약 '選'을 고른다는 뜻으로 이해한다면 이곳의 '選馬'는 뜻이 통하지만 아래의 '馬選'은 통하지 않는다.

8-129 朝食於戚하고 暮宿於百泉하고

---

48) 選 : 潘重規와 王天海는 兪樾의 설을 인정하지 않고 楊倞의 注에 동의하였다. 楊倞의 注에 따라 번역하였다.

아침에는 戚 땅에서 밥을 먹고 저녁에는 百泉에서 잠을 자고

杜元凱云 戚은 衛邑이니 在頓丘衛縣西라하니라 百泉은 蓋近朝歌地名이라 左氏傳曰 晉人敗范氏於百泉이라하니라

楊倞注 : 杜元凱(杜預)가 "戚은 衛나라 고을이니, 頓丘 衛縣 서쪽에 있다."라고 하였다. 百泉은 아마도 朝歌와 가까운 지방의 이름일 것이다. ≪春秋左氏傳≫ 定公 14년에 "晉나라 사람이 范氏를 百泉에서 쳐서 물리쳤다."라고 하였다.

8-130 厭(압)旦於牧之野하여

이튿날 새벽에 牧 땅의 들판에서 적을 압박하여

厭은 掩也라 夜掩於旦이니 謂未明已前也라 厭은 於甲反이라 ○ 兪樾曰 楊注未明已前謂之厭旦은 於古無徵이라 且以文義論之하면 上云 朝食於戚하고 暮宿於百泉이라하니 則此文旦下亦當有一字어늘 今止云 厭旦於牧之野라하니 文義殊未足也라 厭旦은 當作旦厭이니 厭은 讀爲壓이라 彊國篇의 如牆厭之에 注曰 厭은 讀爲壓이라하니 此文厭字正與彼同이라 旦壓於牧之野는 與上文朝食暮宿文義一律이라 成十六年左傳에 楚晨壓晉軍而陳이라하니 此云旦厭은 猶彼云晨壓矣라

楊倞注 : 厭은 '掩(가리다)'의 뜻이다. 밤의 어둠이 아침에 드리워져 있다는 것으로, 날이 밝기 이전을 이른다. 厭은 음이 於와 甲의 反切이다.

○ 兪樾 : 楊氏의 주에 '날이 밝기 이전을 厭旦이라 이른다.'고 한 것은 옛 문헌에 그 증거가 없다. 게다가 글 뜻으로 논하면 위에 '朝食於戚 暮宿於百泉'이라고 하였으니, 이 문구의 '旦' 밑에도 마땅히 한 글자가 더 있어야 하는데, 지금 '厭旦於牧之野'라고만 하였으니, 글 뜻이 매우 원만하지 못하다. '厭旦'은 마땅히 '旦厭'으로 되어야 하니, 厭은 '壓'으로 간주해 읽는다. 〈彊國篇〉의 "如牆厭之(담벼락이 무너져 그들을 압사시킨 것과 같다.)"에서 주에 "厭은 '壓'으로 간주해 읽는다."라고 하였으니, 이 글의 '厭'자가 정확하게 저곳의 경우와 같다. '旦壓於牧之野'는 윗글의 '朝食', '暮宿'과 글 뜻이 동일한 형식이다. ≪春秋左氏傳≫ 成公 16년에 "楚晨壓晉軍而陳(楚나라가 새벽에 晉나라 군대를 압박하여 진을 쳤다.)"이라고 하였으니, 이곳에서 '旦厭'이라 한 것은 저곳에서 '晨壓'이라고 한 것과 같다.

牧野誓師圖(≪書經圖≫)

8-131 鼓之而紂卒易鄉하며

북을 치며 진격하자 紂의 병사들이 〈창끝의〉 방향을 바꾸었으며

倒戈而攻後也라 鄉은 讀曰向이라 ○ 郝懿行曰 倒戈之語는 非荀所偁이라 易鄉者는 蓋謂紂卒辟(피)易奔北耳며 未必倒戈相殺也라 孟子不信漂杵[49]하고 荀子不偁倒戈하니 其意正同이라 楊注援以釋荀하니 恐非라

楊倞注 : 창끝의 방향을 돌려 자기 군대의 후방을 공격하였다. 鄉은 '向(향하다)'으로 읽는다.

○ 郝懿行 : 창끝의 방향을 돌렸다는 말은 荀子가 거론한 말이 아니다. 易鄉이란 어쩌면 紂의 병사들이 놀라 피하고 패배하여 도망가는 것을 말한 것일 뿐이며, 반드시 창끝의 방향을 돌려 자기편끼리 서로 죽인다는 뜻은 아닐 것이다. 孟子는 적군이 흘린 피에 절굿공이가 떠다녔다는 말을 믿지 않았고 荀子는 적군이 창끝의 방향을 돌렸다는 말을 거론하지 않았으니, 〈현실과 동떨어진 고사를 도외시한〉 그 의도가 정확하게 동일하다. 그런데 楊氏의 주에 그 고사를 끌어와 ≪荀子≫를 풀이하였으니, 틀린 것 같다.

8-132 遂乘殷人而誅紂하니

마침내 殷나라 사람들의 힘을 빌려 紂를 죽였으니,

乘은 乘其倒戈之勢라 ○ 盧文弨曰 正文誅紂上에 元刻有進字라 郝懿行曰 乘者는 覆也니 謂駕其上也라 注非라 書序云 周人乘黎에 僞孔傳[50]에 乘은 勝也라하니 亦非라 先謙案 注乘字는 各本不重이라 今從宋台州本增一乘字하니 文義較足이라

楊倞注 : 乘은 그 창끝의 방향을 돌린 형세를 탔다는 것이다.

---

49) 孟子不信漂杵 : ≪孟子≫ 〈盡心 下〉에 나온다.

50) 書序云……僞孔傳 : 書序는 書叙로도 쓴다. ≪尙書≫의 小序, 혹은 大序를 가리킨다. 先秦 때 이루어진 것으로, ≪尙書≫ 각 편이 지어진 취지와 본문을 풀이하였다. 현재 1,101자가 남아 있다. 周人乘黎는 〈西伯戡黎序〉의 내용이다. 僞孔傳은 위조된 孔安國의 ≪尙書傳≫을 말한다. 東晉 元帝 때 梅賾이 孔安國이 傳을 지었다는 ≪古文尙書≫ 59편을 조정에 올렸는데, 唐 孔穎達이 ≪尙書正義≫를 편찬할 때 이것을 저본으로 삼았다. 宋 吳棫과 朱熹 이후 위조된 것이 아닐까 의심을 품어오다가, 淸 閻若璩와 惠棟의 고증을 거쳐 위작임이 판명되었다. 그 뒤로 이것을 ≪僞孔傳≫이라 이름을 붙여 孔安國의 손에서 나온 것이 아니라는 것을 드러내었다.

○ 盧文弨 : 본문의 '誅紂' 위에 元刻本에는 '進'자가 있다.

郝懿行 : 乘者는 '覆(덮다)'의 뜻이니, 그 위에서 덮치는 것을 이른다. 楊氏의 주는 틀렸다. 〈書序〉의 "周人乘黎(周나라 사람이 黎나라를 덮쳤다.)"에서 僞孔傳에 "乘은 '勝'의 뜻이다."라고 하였으니, 그 또한 틀린 것이다.

先謙案 : 楊氏 주의 '乘'자가 각 판본에는 중복되어 있지 않다. 여기서 宋 台州本에 따라 '乘' 한 자를 추가하고 보니, 글 뜻이 비교적 원만하다.

8-133 蓋殺者非周人이라 因殷人也라

대체로 〈紂를〉 죽인 것은 周나라 사람이 아니라 殷나라 사람에 의해서였다.

非周人殺之라 因殷倒戈之勢自殺之라

楊倞注 : 周나라 사람이 죽인 것이 아니라 殷나라 병사들이 창끝의 방향을 돌린 상황으로 인해 저쪽에서 스스로 그를 죽였다는 것이다.

8-134 故無首虜之獲하고 無蹈難之賞이라

이 때문에 수급과 포로를 노획한 것도 없고 위험한 전투를 수행한 포상도 없었다.

周人無立功受賞者라

楊倞注 : 周나라 사람이 공을 세워 포상을 받은 자가 없었다는 것이다.

8-135 反而定三革하고 偃五兵하며

〈이기고〉 돌아와서는 더 이상 세 가지 가죽제품을 만들지 않고 다섯 가지 무기를 거둬들였으며

定은 息이며 偃은 仆也니 皆不用之義라 三革은 犀也와 兕也와 牛也라 考工記曰 函人爲甲이라 犀甲七屬이요 兕甲六屬이요 合甲[51]五屬이라하니라 穀梁傳曰 天子救日할새 置五麾하고 陳五兵이라하니 范寧云 五兵은 矛戟鉞楯弓矢라하니라 國語說 齊桓定三革하고 偃五刃에 韋昭云 三革은 甲冑盾也요 五刃은 刃劍矛戟矢也라하니라

51) 合甲 : 두 겹의 무소, 혹은 외뿔소의 가죽을 합쳐 만든 견고한 갑옷이다.

楊倞注 : 定은 '息(쉬다)'의 뜻이며 偃은 '仆(쓰러지다)'의 뜻이니, 모두 사용하지 않는다는 뜻이다. 三革은 무소와 외뿔소와 소의 가죽이다. ≪周禮≫ 〈考工記〉에 "函人은 갑옷을 만든다. 무소가죽의 갑옷은 일곱 조각을 이어 엮어 만들고, 외뿔소가죽의 갑옷은 여섯 조각을 이어 엮어 만들고, 두 종류의 가죽을 합친 갑옷은 다섯 조각을 이어 엮어 만든다."라고 하였다. ≪春秋穀梁傳≫ 莊公 25년에 "〈日蝕으로 인해〉 천자가 해를 구제할 때는 五方에 각 방위 색깔의 깃발을 세우고 다섯 종류의 병기를 진열한다."라 하였는데, 范寧이 "다섯 종류의 병기는 자루가 긴 창, 창끝이 두 가닥으로 갈라진 창, 도끼, 방패, 활이다."라고 하였다. ≪國語≫ 〈齊語〉에 "齊 桓公이 세 가지 가죽제품의 제작을 중지하고 다섯 종류의 병기를 거둬들였다."에서 韋昭가 "세 가지 가죽제품은 갑옷과 투구와 방패이고 다섯 종류의 병기는 단도, 장검, 자루가 긴 창, 창끝이 두 가닥으로 갈라진 창, 화살 등이다."라고 하였다.

8-136 合天下하고 立聲樂이라

천하의 제후들을 하나로 모으고 樂曲을 창작하였다.

合天下는 謂合會天下諸侯하여 歸一統也라

楊倞注 : 合天下는 천하의 제후들을 회합하여 하나로 통일시킨 것을 이른다.

8-137 於是武象起而韶護廢矣니

그리하여 〈武〉·〈象〉이 일어나고 〈韶〉·〈護〉가 폐기되니,

武象은 周武王克殷之後樂名이라 武亦周頌篇名이라 詩序曰 武는 奏大武也라하고 禮記曰 下管象하며 朱干玉戚하고 冕而舞大武라하니라 韶護는 殷樂名이라 左氏傳曰 吳季札見舞韶護者라하니 蓋殷時兼用舜樂하고 武王廢之也라 ○ 盧文弨曰 護는 與濩同이라 宋本元刻幷同이라

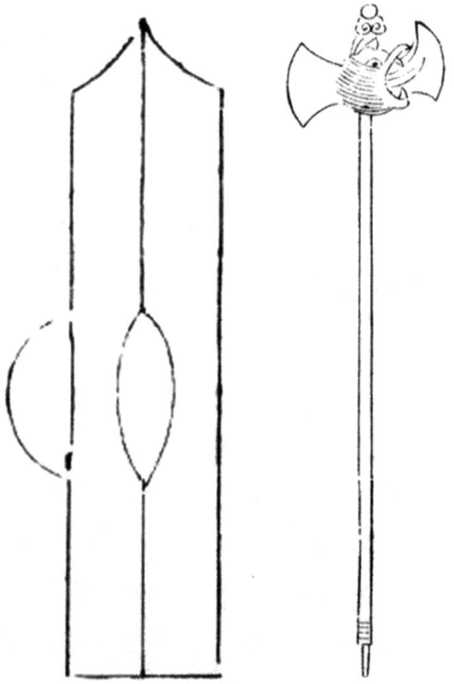

朱干　玉戚

楊倞注 : 〈武〉·〈象〉은 周 武王이 殷나라를 이긴 뒤에 만든 악곡 이름이다. 〈武〉도 ≪詩經≫ 〈周頌〉의 편명이이다. 〈詩序〉에 "〈武〉는 〈大武〉를 연주한다."라 하고, ≪禮記≫ 〈明堂位〉에 "당 아래에서는 관악대가 〈象〉곡을 연주하며, 〈춤을 추는 舞隊는〉 붉은색 방패〔朱干〕와 자루가 옥으로 된 도끼〔玉戚〕를 들고 冕을 쓰고서 大武 춤을 춘다."라고 하였다. 〈韶〉·〈護〉는 殷나라 악곡 이름이다. ≪春秋左氏傳≫ 襄公 29년에, 吳 季札이 〈韶〉와 〈護〉의 춤을 추는 자를 보았다고 하였으니, 대체로 殷나라 때는 舜의 악곡을 아울러 사용하고 武王은 그것을 폐기했던 것이다.

○ 盧文弨 : 護는 '濩'와 같다. 〈'濩'로 된 것은〉 宋本과 元刻本이 모두 동일하다.

8-138 四海之內 莫不變心易慮以化順之라 故外闔不閉하여

온 四海 안이 마음을 바꾸고 생각을 고쳐 周나라에 귀순하지 않는 이가 없었다. 이 때문에 집집마다 대문을 닫지 않아

闔은 門扇也라 ○ 盧文弨曰 宋本에 閉作閇하니 係俗體라

楊倞注 : 闔은 문짝이다.

○ 盧文弨 : 宋本에 閉는 '閇'로 되어 있으니, 俗體에 해당한다.

8-139 跨天下而無蘄라

천하를 다 돌아다녀도 아무런 제한이 없었다.

跨는 越也라 蘄는 求也라 越天下而無求는 言自足也라 亦人皆與之하여 不待求也라 ○ 劉台拱曰 蘄는 蓋與圻(은)同이라 言四海一家하여 無封疆之限也라 淮南俶眞訓의 四達無境하여 通於無圻에 高注에 圻은 垠字也라하니라

楊倞注 : 跨는 넘어간다는 뜻이다. 蘄는 구한다는 뜻이다. 천하 끝까지 넘어가더라도 무엇을 달라고 구하는 일이 없다는 것은 스스로 충분하다는 것을 말한다. 또한 사람들이 모두 필요한 것을 주므로 달라고 할 일이 없다는 것이다.

○ 劉台拱 : 蘄는 대체로 '圻'과 같다. 사해가 한 집이 되어 국경의 제한이 없다는 것을 말한다. ≪淮南子≫ 〈俶眞訓〉의 "四達無境 通於無圻(사통팔달 국경이 없어 끝이 없는 데까지 통한다.)"에서 高誘 주에 "圻은 '垠(땅 끝)'자이다."라고 하였다.

8-140 當是時也하여 夫又誰爲戒矣哉아

이때를 당하여 그가 또 누구에 대해 경계하였겠는가."

太平如此어늘 復誰備戒아

楊倞注 : 세상이 이처럼 태평한데 또 누구를 대비하고 경계하였겠느냐는 것이다.

8-141 造父[52)]者는 天下之善御者也나 無輿馬則無所見其能이요

造父는 천하에 마차를 잘 모는 사람이지만 수레와 말이 없다면 그 재능을 드러낼 수 없고

造父는 周穆王之御者라

楊倞注 : 造父는 周 穆王의 마차를 몰았던 사람이다.

8-142 羿[53)]者는 天下之善射者也나 無弓矢則無所見其巧며

后羿는 천하에서 활을 잘 쏘는 사람이지만 활과 화살이 없다면 그 기교를 드러낼 수 없으며

羿는 有窮之君이니 逐夏太康而遂簒位者라 ○ 先謙案 弓은 宋台州本作弧라

楊倞注 : 羿는 有窮國의 군주이니, 夏나라 太康을 축출하고 마침내 왕위를 빼앗은 사람이다.

○ 先謙案 : 弓은 宋 台州本에 '弧'로 되어 있다.

8-143 大儒者는 善調一天下者也나 無百里之地則無所見其功이라 輿固馬選

52) 造父 : 西周 사람으로, 마차를 잘 몰아 周 穆王의 총애를 받았다. 전설에 의하면, 驊騮와 綠耳 등 준마 여덟 마리를 왕에게 바쳤으며, 왕이 崑崙山에 가서 西王母를 만날 때 그 마차를 몰았다고 한다. 뒤에 徐偃王이 반란을 일으켰을 때도 왕을 위해 이른바 八駿馬를 몰아 그 공으로 趙나라에 봉해지고 이로 인해 趙氏가 되었다.

53) 羿 : 后羿, 혹은 夷羿라고도 한다. 활을 잘 쏘았으며 太康이 사냥에 빠져 정사를 다스리지 않자, 그를 축출하고 자기가 군주가 되었으나 그 또한 사냥을 좋아하여 寒浞을 믿고 정사를 맡겼다가 寒浞에게 살해되었다고 한다.

矣로되 **而不能以至遠一日而千里**[54)]면 **則非造父也**요 **弓調矢直矣**로되 **而不能以射遠中微**[55)]면 **則非羿也**며

大儒는 천하를 잘 조정하고 통일시키는 사람이지만 사방 백 리의 땅이 없다면 그 효용을 드러낼 수 없다. 수레가 튼튼하고 말이 우수하더라도 능히 멀리 가 하루에 천 리를 달리지 못한다면 造父가 아니고, 활이 균형 잡히고 화살이 곧더라도 능히 멀리 쏘고 작은 것을 맞히지 못한다면 后羿가 아니며,

善射者旣能及遠하고 又中微細之物也라 ○ 兪樾曰 此本作及遠中微라 故楊注曰 善射者旣能及遠하고 又中微細之物也라하니 及遠二字 卽本正文이라 又王霸篇曰 故人主欲得善射하여 射遠中微면 則莫若羿蠭門矣의 楊注曰 射及遠하고 中微細之物이라하니 是其所據本도 亦作及遠中微라 注文射字는 包及遠中微二意어늘 讀者不察하여 謂注文作射及遠하니 則正文必是射遠이라하여 於是盡改爲射遠中微요 非荀子之舊矣라 君道篇曰 人主欲得善射하여 射遠中微者면 縣貴爵重賞以招致之라하니 韓詩外傳四引作及遠中微하니 可據以訂正이라 而外傳五引儒效篇文은 亦作射遠中微하니 疑後人依誤本荀子改之라

楊倞注 : 활을 잘 쏘는 사람은 화살이 멀리 날아가고 또 작은 것을 맞힐 수 있다.

○ 兪樾 : 이 글은 본디 '及遠中微'로 되어 있었다. 그러므로 楊氏의 주에 "善射者旣能及遠 又中微細之物也"라고 한 것이니, '及遠' 두 자가 곧 본디 올바른 글이다. 또 〈王霸篇〉의 "故人主欲得善射 射遠中微 則莫若羿蠭門矣(그러므로 군주가, 활을 잘 쏘아서 멀리 쏘고 작은 것을 맞히는 사람을 얻기를 원한다면 后羿와 蠭門(逢蒙)보다 더 좋은 사람이 없다.)"의 楊氏 주에 "射及遠 中微細之物(쏘았을 때 멀리 날아가고 작은 것을 맞힌다는 것이다.)"이라고 하였으니, 이는 그곳에서 근거로 삼은 판본에도 '及遠中微'로 되어 있었다는 증거이다. 楊氏 주의 글 '射'자는 '及遠'과 '中微' 두 뜻을 포함한 것인데 어떤 독자가 그것을 살펴보지 못하고서, 주의 글이 '射及遠'으로 되어 있으니 본문은 필시 '射遠'일 것이라고 생각하여 마침내 모두

---

54) 不能以至遠一日而千里 : 李中生과 王天海는, 이 문구가 아래의 대구인 '不能以射遠中微'의 형식과 맞지 않고 글 기운이 순조롭지 못한 것으로 볼 때 '一日而千里' 5자는 본디 '至遠'의 주석인데, 이것이 본문 속에 잘못 끼어든 것이라고 하였다. 至는 '致'로 읽어야 한다.

55) 射遠中微 : 兪樾이 여러 사례를 들어 '射及遠中微'로 되어야 옳다고 하였으나, 王天海는 '射遠'과 '及遠'은 뜻은 같지만 말이 바뀐 것이라고 하면서 兪樾의 견해를 억측이라 하여 인정하지 않았다.

고쳐 '射遠中微'로 만들었던 것이고 ≪荀子≫의 옛 모습이 아니다. 〈君道篇〉에 "人主欲得善射 射遠中微者 縣貴爵重賞以招致之(군주가 활을 잘 쏘아 멀리 쏘고 작은 것을 맞히는 사람을 얻기를 원한다면 높은 관작과 많은 상을 내걸어 그런 사람을 불러와야 한다.)"라고 하였는데, ≪韓詩外傳≫ 권4의 이것을 인용한 곳에 '及遠中微'로 되어 있으니, 이것을 근거로 정정할 수 있다. 그런데 ≪韓詩外傳≫ 권5의 〈儒效篇〉의 글을 인용한 곳에서는 또 '射遠中微'로 되어 있으니, 아마도 후세 사람이 잘못된 ≪荀子≫ 판본에 따라 고친 것이 아닌가 싶다.

8-144 用百里之地로되 **而不能以調一天下**하여 **制彊暴**면 **則非大儒也**라 **彼大儒者**는 **雖隱於窮閻漏屋**하여 **無置錐之地**라도 **而王公不能與之爭名**하고 〔**在一大夫之位 則一君不能獨畜 一國不能獨容 成名況乎諸侯 莫不願得以爲臣**〕[56)]

백 리의 땅을 다스리더라도 능히 천하를 조정하고 통일시켜 강포한 국가를 제재하지 못한다면 大儒가 아니다. 저 大儒란 비록 궁벽한 마을, 누추한 집에 은거하여 송곳 하나 꽂을 땅이 없더라도 천자나 제후가 그와 명성을 다툴 수 없고

已解非十二子篇이라 ○ 盧文弨曰 案此段在一大夫之位云云은 當爲衍文이니 韓詩外傳卷五無此라 徑接下文이라야 語勢方脗合이라 王念孫曰 此三十二字는 涉非十二子篇而衍이라

楊倞注 : 이미 〈非十二子篇〉에 풀이하였다.

○ 盧文弨 : 살펴보건대, 이 문단 가운데 '在一大夫之位' 운운한 것은 마땅히 잘못 덧붙여진 글로 보아야 하니, ≪韓詩外傳≫ 권5에는 이 글이 없다. 아래 글과 곧바로 이어져야만 語勢가 비로소 어울린다.

王念孫 : 이 32자는 〈非十二子篇〉과 연관되어 잘못 덧붙여진 것이다.

8-145 用百里之地라도 **而千里之國**이 **莫能與之爭勝**하며 **筈棰暴國**하고 **齊一天下**라도 **而莫能傾也**니 **是大儒之徵也**라

백 리의 땅을 다스리더라도 천 리의 큰 나라가 그와 승부를 다툴 수 없으며, 강포한 나라를 후려치고 천하를 통일하더라도 그 누구도 그를 쓰러뜨릴 수가 없다.

---

56) 〔在一大夫之位……莫不願得以爲臣〕: 앞서 〈非十二子篇〉에 이미 있는 내용이 錯簡으로 인해 이곳에 잘못 편집된 것으로 의심되어 번역하지 않았다.

이것이 大儒가 지니고 있는 특징이다.

傾은 危也라 徵은 驗也라

楊倞注 : 傾은 '危(위태하다)'의 뜻이다. 徵은 '驗(징험하다)'의 뜻이다.

8-146 其言有類하고 其行有禮하며

그 말은 법도가 있고 그 행동은 예법이 있으며,

類는 善也라 謂比類於善하여 不爲狂妄之言이라 ○ 先謙案 類는 法也라 說見非十二子篇이라

楊倞注 : 類는 '善(착하다)'의 뜻이다. 선한 사람과 한 부류가 되어 방자한 말을 하지 않는 것을 이른다.

○ 先謙案 : 類는 '法'의 뜻이다. 이에 관한 설명은 〈非十二子篇〉에 보인다.

8-147 其擧事無悔하고 其持險應變曲當하며

그 하는 일은 〈착오로 인해〉 후회를 야기하지 않고 그 위험한 상황을 지키고 돌발한 사변에 대응하는 것이 매우 적절하며,

險은 危也라 其持危應變이 皆曲得其宜라 當은 丁浪反이라

楊倞注 : 險은 '危(위태하다)'의 뜻이다. 그 위태로운 상황을 지키고 돌발한 사변에 대응하는 것이 모두 매우 적절하다는 것이다. 當은 음이 丁과 浪의 反切이다.

8-148 與時遷徙하고 與世偃仰하여

시대의 추세와 함께 옮겨가고 세상의 변화와 함께 행동하여

隨時設敎라

楊倞注 : 시대의 추세에 따라 교화를 편다는 것이다.

8-149 千擧萬變이라도 其道一也라 是大儒之稽也라

천 가지 조치를 취하고 만 번의 변화를 만나더라도 그 도는 하나이다. 이것이 大儒의 성취이다.

其道一은 謂皆歸於治也라 故禹湯文武事跡不同이나 其於爲治一也라 稽는 攷也니 攷는 成也라

楊倞注 : 그 도가 하나라는 것은 각종 행위가 모두 나라를 잘 다스리는 쪽으로 돌아가는 것을 이른다. 그러므로 禹王·湯王·文王·武王의 사적이 서로 같지는 않지만 나라를 잘 다스리는 점에 있어서는 동일한 것이다. 稽는 '攷'와 같으니, 攷는 '成(이루다)'의 뜻이다.

8-150 其窮也엔 俗儒笑之하고 其通也엔 英傑化之하며 嵬瑣逃之하고

곤궁할 적에는 俗儒가 비웃고 영달할 적에는 영웅호걸이 감화되며, 기괴하고 고루한 자는 그를 피해 도망가고

倍千人曰英이요 倍萬人曰傑이라 言英傑之士則慕而化之하고 狂怪之人則畏而逃去之也라

楊倞注 : 보통 사람보다 천 배 뛰어난 것을 '英'이라 말하고, 보통 사람보다 만 배 뛰어난 것을 '傑'이라 말한다. 영웅호걸은 흠모하여 감화를 받고 허황되고 기괴한 사람은 그가 두려워 도망간다는 것을 말한다.

8-151 邪說畏之하며 衆人媿之라

그릇된 설을 하는 자는 그를 두려워하며, 일반 대중은 그를 대하기를 부끄러워한다.

衆人初皆非其所爲라가 成功之後에 故[57] 自媿也라 媿는 或爲貴라

楊倞注 : 일반 대중이 처음에 모두 그가 행하는 것을 비난하였으므로 성공한 뒤에 스스로 부끄러워한다는 것이다. 媿는 어떤 판본에 '貴'로 되어 있다.

57) 故 : 文勢로 볼 때 '成功' 앞에 놓여 있는 것이 적합할 것으로 보이므로 文勢에 따라 번역하였다.

8-152 **通則一天下**하고 **窮則獨立貴名**[58)]하니

현달하면 천하를 통일하고 곤궁하면 홀로 존귀한 명성을 수립하니,

儒名이라

楊倞注 : 〈존귀한 명성은〉 儒者의 명성이다.

8-153 **天不能死**하고 **地不能埋**하며 **桀跖之世不能汙**라 **非大儒莫之能立**이니 **仲尼子弓是也**라

하늘이 죽게 할 수 없고 땅이 묻어버릴 수 없으며 桀王과 盜跖의 세상도 그를 더럽힐 수가 없다. 이는 大儒가 아니면 능히 수립할 없으니, 仲尼와 子弓이 바로 그런 사람이다.

8-154 **故有俗人者**하고 **有俗儒者**하고 **有雅儒者**하고 **有大儒者**니라

그러므로 俗人이란 것이 있고 俗儒란 것이 있고 雅儒란 것이 있고 大儒라는 것이 있다.

辨儒者之異也라

楊倞注 : 儒者가 서로 다른 것을 구분하였다.

8-155 **不學問**하고 **無正義**하며 **以富利爲隆**이라 **是俗人者也**라 **逢衣淺帶**에 **解果其冠**하고

학문을 하지 않고 정당한 의리도 없으며 부유함과 이끗을 중하게 여긴다. 이런 사람은 俗人이다. 헐렁한 옷과 느슨한 띠에 그 갓은 높다랗게 쓰고

---

58) 窮則獨立貴名 : 앞의 '通則一天下'와 대구인데, 완전한 대구가 되기 위해서는 '獨'자가 없어야 한다. 龍宇純은 '獨'이 잘못 붙여진 글자로 뜻이 없다고 하였고, 王天海는 ≪孟子≫ 〈盡心上〉의 "窮則獨善其身(곤궁한 때에는 홀로 자기의 선한 본성을 지킨다.)"이라는 숙어로 인해 잘못 덧붙여진 것이라고 하였다.

逢은 大也라 淺帶는 博帶也라 韓詩外傳에 作逢衣博帶라 言帶博하니 則約束衣服者淺[59]이라 故曰淺帶라하니라 解果는 未詳이라 或曰 解果는 陜隘也라하니라 左思魏都賦曰 風俗以韰倮爲嫿이라하니라 韰音下界反이라 倮音果라 嫿音獲이니 靜好也라 或曰 說苑淳于髡謂齊王曰 臣笑(隣圃)〔臣隣〕[60]之祠田에 以一壺酒와 三鮒魚로 祝曰 蟹螺者宜禾하고 汙邪者百車라하니라 蟹螺는 蓋高地也라 今冠蓋亦比之하니 謂强爲儒服而無其實也라 ○ 盧文弨曰 韰는 當作䪥라 所引說苑은 見復恩篇하고 又見尊賢篇이라 此所引은 尊賢篇之文也라 蟹螺 彼作蟹堁하고 隣圃 作臣隣하니 皆當從彼爲是라

楊倞注 : 逢은 크다는 뜻이다. 淺帶는 넓은 띠이다. ≪韓詩外傳≫에는 '逢衣博帶'로 되어 있다. 그곳에 띠가 넓다고 말했으니, 〈띠가 넓으면〉 의복을 묶는 것이 느슨하므로 '淺帶'라 말한 것이다. 解果는 알 수 없다. 혹자는 "解果는 좁다는 뜻이다."라고 하였다. 左思의 〈魏都賦〉에 "風俗以韰倮爲嫿(풍속이 편협하고 과감한 것을 통쾌하게 여긴다.)"이라고 하였다. 韰는 음이 下와 界의 反切이다. 倮는 음이 '果'이다. 嫿은 음이 '獲'이니, 조용하고 곱다는 뜻이다. 혹자는 "≪說苑≫에, 淳于髡이 齊王에게 '신이 웃음을 지은 이유는 신의 이웃사람이 농지의 신에게 제사를 지내면서 고작 술 한 병과 붕어 세 마리로, 지대가 높은 곳은〔蟹螺者〕 벼 곡식이 잘되고 낮은 습지는 거둔 곡식이 수레 백 대에 가득 차게 해달라고 빌어서입니다.'라 했다."라고 하였다. 蟹螺는 대체로 높은 땅이다. 여기서 말하는 갓은 어쩌면 〈이 높다는 뜻과〉 비슷할 것이니, 儒者의 복장만 억지로 꾸미고 그 내실이 없다는 것을 이른 것이다.

○ 盧文弨 : 韰는 마땅히 '䪥'로 되어야 한다. 인용된 ≪說苑≫의 내용은 〈復恩篇〉에 보이고 또 〈尊賢篇〉에도 보인다. 여기에 인용된 것은 〈尊賢篇〉의 글이다. 蟹螺가 저쪽(≪說苑≫)에는 '蟹堁'로 되어 있고 隣圃가 '臣隣'으로 되어 있으니, 모두 저쪽대로 따르는 것이 옳다.

8-156 略法先王而足亂世術하며

대충 고대 聖王을 법으로 삼았으나 세상의 법을 어지럽힐 만하며,

略은 粗也라 粗法先王之遺言하고 不知大體라 故足以亂世法이라 韓詩外傳에 作略法先王而不足於亂世라하니라

---

59) 者淺 : 世德堂本에는 '易也'로 되어 있다.

60) (隣圃)〔臣隣〕 : 저본에는 '隣圃'로 되어 있으나, ≪說苑≫ 〈尊賢〉의 내용과 아래 盧文弨의 설에 의거하여 '臣隣'으로 바로잡았다.

楊倞注 : 略은 거칠다는 뜻이다. 고대 聖王들이 남긴 말씀을 대충 본보기로 삼기는 해도 그 대체를 모르기 때문에 충분히 세상의 법을 어지럽힌다는 것이다. ≪韓詩外傳≫에는 "略法先王而不足於亂世(대충 고대 聖王을 법으로 삼았지만 어지러운 세상을 호전시키는 데에는 충분치 못하다.)"로 되어 있다.

8-157 繆學雜擧하여 不知法後王[61)]而一制度하며 不知隆禮義而殺(쇄)詩書라

잘못 배우고 난잡하게 행동하여 후대의 왕을 본보기로 삼아 제도를 통일할 줄 모르며 禮義를 중시하고 ≪詩經≫·≪書經≫을 그 다음으로 여길 줄도 모른다.

後王은 後世之王이라 夫隨當時之政而立制度 是一也라 若妄引上古하여 不合於時면 制度亂矣라 故仲尼修春秋에 盡用周法이라 韓詩外傳에 作不知法先王也라 ○ 郝懿行曰 殺는 蓋敦(돈)字之誤니 下同이라 楊氏無注하니 知唐本猶未誤라

楊倞注 : 後王은 후대의 왕이다. 대체로 당시의 정사에 따라 제도를 확립하는 것이 곧 통일이다. 만약 상고적의 사례를 함부로 인용하여 현실과 부합되지 않는다면 제도가 어지러워질 것이다. 그러므로 공자가 ≪春秋≫를 편수할 적에 모두 周나라 법을 적용하였던 것이다. ≪韓詩外傳≫에는 "不知法先王(선대의 聖王을 법으로 삼을 줄 모른다.)"으로 되어 있다.

○ 郝懿行 : 殺는 아마도 '敦'자의 잘못일 것이니, 아래의 경우도 같다. 楊氏가 이에 대해 주를 붙인 것이 없으니, 唐本에는 잘못되지 않았던 것으로 보인다.

8-158 其衣冠行僞已同於世俗矣나 然而不知惡(오)者하고

자기의 衣冠이나 行爲가 이미 세속과 같은데도 스스로 혐오할 줄 모르고

衣冠은 卽上所云逢衣淺帶之比라 行僞는 謂行僞而堅이라 行은 下孟反이라 ○ 郝懿行曰 僞는 與爲同이니 行動作爲也라 注非라 劉台拱曰 荀子書言僞者는 義皆作爲라 此行僞 韓詩外傳에 作行爲라 王念孫曰 行僞二字①는 本篇一見하고 非十二子篇一見하고 正論篇一見하고 賦篇一見이라 其見於正論及賦篇者는 後人皆已改作爲하고 唯此篇及非十二子篇未改어늘 而此篇注에 遂讀爲詐僞之僞矣라 然而不知惡②與

61) 後王 : 周나라 文王·武王을 가리킨다.

下然而明不能別對文이니 則惡下不當有者字라

① 行은 讀如字[62]라

行은 如字로 읽는다.

② 烏路反이라

〈惡는 음이〉 烏와 路의 反切이다.

楊倞注 : 衣冠은 곧 위에서 말한 '逢衣淺帶' 등속이다. 行僞는 행위가 거짓되면서도 완고한 것을 이른다. 行은 음이 下와 孟의 反切이다.

○ 郝懿行 : 僞는 爲와 같으니 행동거지이다. 楊倞의 주는 틀렸다.

劉台拱 : ≪荀子≫에서 僞로 표기된 것은 그 뜻이 모두 행위이다. 이곳의 行僞가 ≪韓詩外傳≫에는 '行爲'로 되어 있다.

王念孫 : 行僞 두 자는 本篇에 한 번 보이고, 〈非十二子篇〉에 한 번 보이고, 〈正論篇〉에 한 번 보이고, 〈賦篇〉에 한 번 보인다. 〈正論篇〉과 〈賦篇〉에 보이는 것은 후세 사람이 이미 고쳐 '爲'로 되어 있고 오직 이 편과 〈非十二子篇〉만 고치지 않았는데, 이 편의 楊氏 주에서 마침내 '詐僞'의 '僞'로 간주해 읽었다. '然而不知惡'와 아래 '然而明不能別'은 대구이니, '惡' 밑에 마땅히 '者'자가 있어서는 안 된다.

8-159 其言議談說已無異於墨子矣나 然而明不能別[63]하며

그 발언이나 논변이 이미 墨子와 다를 게 없는데도 그의 지혜가 〈자기의 잘못을〉 분간하지 못하며,

○ 盧文弨曰 別上에 宋本有分字라 今從元刻刪이라

○ 盧文弨 : 別자 위에 宋本에는 '分'자가 있다. 여기서는 元刻本에 따라 삭제하였다.

8-160 呼先王以欺愚者而求衣食焉하고

고대 聖王을 들먹여 우매한 사람을 속여서 그들에게 衣食을 구하고

---

62) 行 讀如字 : 行자의 본음인 '행'으로 읽는다는 뜻이다.

63) 別 : 王天海는 아래 글(8-163) '明不能齊'를 근거로 들어 '分'자의 오자일 것이라고 하였다. 宋本에 '明不能分別'이라 하여 '分'자가 더 있다. 이는 이 글자가 본디 '分'자의 뜻을 풀이한 傍注였는데 뒤에 본문 속에 잘못 포함된 것으로 보인다.

呼는 謂稱擧라

楊倞注 : 呼는 거론하는 것을 이른다.

8-161 得委積足以揜其口면 則揚揚如也하며

재물을 저축하여 겨우 입에 풀칠을 할 수 있으면 곧 득의양양해하며,

揚揚은 得意之貌라

楊倞注 : 揚揚은 만족해하는 모양이다.

8-162 隨其長子하고 事其便辟(폐)하며 擧其上客하여 億然若終身之虜而不敢有他志라 是俗儒者也라

존귀한 자를 순종하고 그가 총애하는 측근을 섬기며 그의 귀한 손님과 어울리면서 편안하게 종신토록 노예로 살 것처럼 하고 감히 다른 뜻을 갖지 못한다. 이런 사람은 俗儒이다.

長子는 謂君之世子也라 便辟는 謂左右小臣親信者也라 便은 婢延反이라 辟는 讀爲嬖라 擧其上客은 謂褎美其上客하여 冀得其助也라 億은 字書無所見하니 蓋環繞囚拘之貌라 莊子曰 睆然在纆繳之中矣[64]라하니라 ○ 王念孫曰 擧는 讀爲相與之與①니 謂交其上客以求助也라 楊以擧爲褎美하니 於義疏矣라 又曰 億은 蓋億字之誤라 說文에 億은 安也라 從人意聲②이라하고 左傳國語에 通作億하니 億行而億廢矣라 億然은 安然也라 言俗儒居人國中에 苟圖衣食③하여 安然若將終身而不敢有他志也라 兪樾曰 長子는 猶鉅子也라 莊子天下篇釋文에 引向秀曰 墨家號其道理成者爲鉅子하니 若儒家之碩儒라하니 長與鉅義同이라 鉅子長子는 蓋當時有此稱이라 隨其長子는 謂奉一先生以爲師하고 從而附和之也라 楊注非其義라 王氏讀擧爲與는 是也나 解爲交其上客이면 則非是라 此蒙事字爲文하니 猶言事其便辟及其上客耳라

① 與는 古通作擧니 說見經義述聞左傳昭三年이라

---

64) 莊子曰 睆然在纆繳之中矣 : 본문의 '億然若終身之虜而不敢有他志'를 설명하기 위해 인용한 것이다.

與는 고서에 일반적으로 '擧'자로 되어 있으니, 이에 관한 설명은 ≪經義述聞≫ 〈左傳昭三年〉에 보인다.

② 意은 於力切이라

意은 음이 於와 力의 反切이다.

③ 見上文이라

윗글에 보인다.

楊倞注 : 長子는 군주의 세자를 이른다. 便辟는 군주가 가까이 여기고 신임하는 측근의 환관을 이른다. 便은 음이 婢와 延의 反切이다. 辟는 '嬖'로 간주해 읽는다. 擧其上客은 군주의 귀한 손님을 찬양하여 그의 도움을 얻길 바라는 것을 이른다. 億은 字書에는 보이는 데가 없는데 아마도 담으로 둘러쳐진 속에 갇혀 있는 모양일 것이다. ≪莊子≫ 〈天地〉에 "睆然在纆繳之中矣(포승줄에 묶인 가운데 눈을 멀뚱거린다.)"라고 하였다.

○ 王念孫 : 擧는 〈서로 어울린다는 뜻인〉 '相與'의 '與'로 읽어야 하니, 군주의 귀한 손님과 교제하여 도움을 구하는 것을 이른다. 楊氏는 擧자를 찬양하는 뜻으로 보았으니, 그 의미가 엉성하다.

王念孫 : 億은 아마도 '億'자의 잘못일 것이다. ≪說文解字≫에 "億은 편안하다는 뜻이다. 人은 形符가 되고 意은 聲符가 된다."라 하고, ≪春秋左氏傳≫과 ≪國語≫에 일반적으로 '億'으로 되어 있으니, 편안하게 행하고 태연하게 그만둔다는 것이다. 億然은 '安然'과 같다. 俗儒가 남의 나라에 머물러 살면서 구차하게 의식을 챙길 것을 도모하여 그저 태평무사하게 일생을 마칠 것처럼 하고 감히 다른 뜻을 갖지 못하는 것을 이른다.

兪樾 : 長子는 '鉅子'와 같다. ≪莊子≫ 〈天下篇〉의 釋文에 인용된 向秀의 말에 "墨家에서 그들의 도리를 성취한 자를 지칭하여 鉅子라고 하니 이는 儒家의 '碩儒'와 같다."라고 하였으니, 長은 '鉅'와 뜻이 같다. 鉅子와 長子는 아마도 그 당시에 이와 같은 호칭이 있었을 것이다. 隨其長子는 어떤 한 선생을 받들어 스승으로 삼고 그를 따르면서 부화뇌동하는 것을 이른다. 楊氏의 주는 올바른 뜻이 아니다. 王氏가 擧를 '與'로 읽은 것이 옳지만 上客과 교제하는 뜻으로 풀이한 것은 옳지 않다. 이 문구는 事자까지 포함하여 글이 이루어진 것이니, 군주가 신임하는 측근과 군주의 귀한 손님을 섬긴다는 말과 같다.

8-163 法後王하여 一制度하며 隆禮義而殺詩書하며 其言行已有大法矣나 然而明不能齊하고

후대의 제왕을 본보기로 삼아 제도를 통일하며 禮義를 중시하고 ≪詩經≫·≪書

經≫은 그 다음으로 여기며, 그의 언행이 이미 기본 예법을 지녔더라도 그의 지혜가 〈자기의 언행을〉 완전하게 다스리지는 못하고,

雖有大體나 其所見之明이 猶未能齊言行하여 使無纖介之差라

楊倞注 : 그 기본을 갖추었더라도 그가 알고 있는 지혜가 아직은 자기의 언행을 잘 다스려 작은 착오도 없게 하지는 못한다는 것이다.

8-164 法敎之所不及과 聞見之所未至엔 則知不能類也며

법제가 미치지 못하는 부분과 見聞이 도달하지 못하는 문제에 대해서는 그의 지혜가 해결책을 유추해 알아내지는 못하며,

有所不知면 則不能取比類而通之也라 禮記雖先王未之有라도 可以義起 是能類者矣라 ○ 兪樾曰 楊注斷明不能齊爲句하니 此失其讀也라 齊讀爲濟하여 然而以下十八字는 作一句讀라 言法敎所及과 聞見所至엔 則明足以及之나 而不能濟其法敎所未及과 聞見所未至也리 所以然者는 由其知不能類也리 學者誤謂明不能齊와 知不能類를 相對成文이라하여 遂以齊字斷句하니 失之矣라 韓詩外傳에 正作明不能濟法敎之所不及聞見之所未至하고 無知不能類句라

楊倞注 : 어떤 모르는 일이 있을 때는 비슷한 부류를 유추하여 그 해결책을 알아내지 못한다는 것이다. ≪禮記≫ 〈禮運〉에 "비록 고대의 聖王 때 없던 예법이더라도 사리에 맞는다면 새로 만들 수 있다."라고 한 경우가 곧 능히 유추하는 것이라 할 수 있다.

○ 兪樾 : 楊氏의 주는 '明不能齊'를 끊어 한 문구로 만들었으니, 이는 그 구두를 잘못 끊은 것이다. 齊를 '濟'자로 간주해 읽어 '然而' 이하 18자를 한 구두로 만들어야 한다. 이 문장은 '법제가 미치는 부분과 견문이 도달하는 문제는 그의 지혜가 충분히 소화해낼 수 있으나 법제가 미치지 못하는 부분과 견문이 도달하지 못하는 문제는 해결하지 못한다.'는 뜻으로 말한 것이다. 그 이유는 그의 지혜가 능히 해결책을 유추해 알아내지 못하기 때문이다. 그런데 학자들이 '明不能齊'와 '知不能類'가 대를 맞춰 문구를 형성한 것으로 잘못 생각한 나머지 마침내 '齊'자에서 구두를 끊었으니, 잘못되었다. ≪韓詩外傳≫에는 바르게 '明不能濟法敎之所不及聞見之所未至'로 되어 있고 '知不能類' 구는 없다.

8-165 知之曰知之하고 不知曰不知하여 內不自以誣하고 外不自以欺하며

알면 안다고 말하고 모르면 모른다고 말하여 안으로 자신을 속이지 않고 밖으로 남을 속이지 않으며,

不自欺人이라 ○ 盧文弨曰 宋本作內不自以誣外하고 外不自以欺內하니 但與注不合이라 王念孫曰 唐風羔裘傳曰 自는 用也①라하니 言內不用之以誣己하고 外不用之以欺人이라 楊釋下句云不自欺人이라하니 失之라

① 大雅緜傳江漢箋及大傳注幷同이라
≪詩經≫ 〈大雅 緜〉의 〈毛傳〉과 〈江漢〉의 〈鄭箋〉 및 ≪禮記≫ 〈大傳〉의 주 등이 모두 같다.

楊倞注 : 스스로 남을 속이지 않는다는 것이다.

○ 盧文弨 : 宋本에는 "內不自以誣外 外不自以欺內(안으로 그렇게 함으로써 밖을 속이지 않고 밖으로도 그렇게 하여 안을 속이지 않는다.)"로 되어 있다. 다만 楊氏의 주와는 맞지 않는다.

王念孫 : ≪詩經≫ 〈唐風 羔裘〉의 〈毛傳〉에 "自는 '用(쓰다)'자의 뜻이다."라고 하였으니, 안으로 그렇게 함으로써 자기를 속이지 않고 밖으로도 그렇게 함으로써 남을 속이지 않는다는 것을 말한다. 楊氏는 아래 구를 풀이하기를 "스스로 남을 속이지 않는다는 것이다."라고 하였으니, 이는 잘못된 것이다.

8-166 以是尊賢畏法而不敢怠傲라 是雅儒者也라

이로 인해 어진 이를 높이고 법령을 두려워하며 감히 태만하거나 거드름을 피우지 않는다. 이런 사람은 雅儒이다.

有雅德之儒也라

楊倞注 : 고상한 덕을 지닌 선비이다.

8-167 法先王하여 統禮義하고 一制度하며 以淺持博하고 以古持今하고 以一持萬이라

고대의 聖王을 본보기로 삼아 禮義의 기강을 잡고 제도를 통일하며 작은 것으로 많은 것을 제어하고 옛것으로 오늘을 제어하고 통일된 원칙으로 만 가지 사물을 제어한다.

以淺持博은 謂見其淺則可以執持博也라 先王은 當爲後王이요 以古持今은 當爲以今持古니 皆傳寫誤也라 ○ 盧文弨曰 案元刻作以一行萬하니 外傳同하고 本書王制篇亦同이라 劉台拱曰 後王은 謂周也라 以古持今은 亦謂以文武周公之德持今世라 楊謂當爲以今持古라하니 非라

楊倞注 : 以淺持博은 옅은 것을 보면 넓은 것을 가질 수 있다는 것을 이른다. 先王은 마땅히 '後王'이 되어야 하고 以古持今은 마땅히 '以今持古'가 되어야 하니, 이는 모두 옮겨 쓰는 과정에서 잘못된 것이다.

○ 盧文弨 : 살펴보건대, 元刻本에 '以一行萬'으로 되어 있는데, ≪韓詩外傳≫이 그와 같고 本書 〈王制篇〉에서도 같다.

劉台拱 : 後王은 周나라 왕을 이른다. 以古持今은 이 또한 文王・武王・周公의 덕으로 지금 세상을 제어하는 것을 이른다. 楊氏는 "마땅히 '以今持古'가 되어야 한다."라고 하였으니, 틀렸다.

8-168 苟仁義之類也에는 雖在鳥獸之中이라도 若別白黑하고

진정 仁義의 도리에 부합하는 부류일 경우에는 그것이 비록 鳥獸 속에 있더라도 흑백을 가리듯이 분명히 구별하고

善類在鳥獸之中猶別이어든 況在人矣아

楊倞注 : 善類는 鳥獸 속에서도 오히려 구별해내는데 하물며 사람의 경우이겠는가.

8-169 倚物怪變 所未嘗聞也며 所未嘗見也 卒然起一方하면 則擧統類而應之하고 無所儗㤰하니

일찍이 들어보지 못하고 보지도 못하던 특이한 일이나 괴변이 갑자기 어느 한 지역에서 일어나면 큰 줄거리와 세목을 들어 대응하고 망설이면서 부끄러워하는 일이 없는데,

倚는 奇也라 韓詩外傳에 作奇物怪變이라 卒은 于忽反이라 儗는 讀爲疑라 㤰은 與怍同이라 奇物怪變卒然而起면 人所難處者나 大儒知其統類라 故擧以應之하여 無所疑滯慙怍也라

楊倞注 : 倚는 '奇(기특하다)'와 같다. ≪韓詩外傳≫에는 '奇物怪變'으로 되어 있다. 卒은 음이 于와 忽의 反切이다. 儗는 '疑(의심하다)'자로 읽는다. 怍은 '怍'자와 같다. 특이한 일이나 괴변이 갑자기 일어날 경우에는 일반 사람은 대처하기 어려울 일이지만 大儒는 큰 줄거리와 세목을 알기 때문에 그에 대응하여 망설이면서 부끄러워하는 일이 없다.

8-170 **張法而度**(탁)**之**면 **則晻然若合符節**이라 **是大儒者也**라

이를 법을 끌어와 헤아려보면 은연중에 부절을 합치듯 들어맞는다. 이런 사람은 大儒이다.

既無所疑怍이라 故開張其法以測度之면 則晻然如合符節하니 言不差錯也라 度은 大各反이라 晻은 與暗同이라 符節은 相合之物也라 周禮에 門關用符節이라하니라 蓋以全竹爲之하니 剖之爲兩하여 各執其一이라가 合之以爲驗也라 ○ 王引之曰 張法而度之는 韓詩外傳에 張作援이라 晻然은 同貌也라 韓詩外傳作奄然이라 爾雅에 弇은 同也라하고 郭引詩奄有龜蒙[①]하니라 弇奄晻并通이라 楊云 晻은 暗同이라하니 失之라

① 魯頌閟宮이라
≪詩經≫ 〈魯頌 閟宮〉이다.

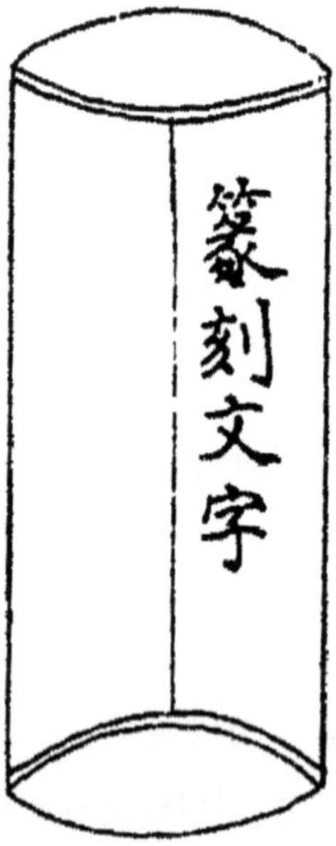

符節(≪周禮圖≫)

楊倞注 : 이미 망설이면서 부끄러워하는 일이 없다. 그러므로 그에 관한 법을 펼쳐 헤아려보면 은연중에 符節을 합치듯 들어맞으니, 이는 착오가 없다는 것을 말한다. 度은 음이 大와 各의 反切이다. 晻은 '暗'과 같다. 符節은 서로 맞춰보는 물건이다. ≪周禮≫에 "도성 성문과 관문을 출입할 때 부절을 사용한다."라고 하였다. 대체로 통대로 만드는데 그것을 둘로 쪼개어 양쪽 사람이 각기 하나씩 가지고 있다가 〈필요할 때〉 합쳐보고 상대방이 믿을 수 있다는 증거물로 삼는다.

○ 王引之 : '張法而度之'는 ≪韓詩外傳≫에 '張'이 '援'으로 되어 있다. 晻然은 동일한 모양이다. ≪韓詩外傳≫에는 '奄然'으로 되어 있다. ≪爾雅≫에 "弇은 '同(같다)'의 뜻이다."라 하고 郭璞이 ≪詩經≫의 "奄有龜蒙(龜山이며 蒙山을 전부 차지해)"을 인용하였다. 弇・奄・晻은 모두 통용한다. 楊氏는 "晻은 '暗'과 같다."라고 하였으니, 잘못되었다.

8-171 **故人主用俗人則萬乘之國亡**하고

그러므로 군주가 俗人을 임용한다면 萬乘의 대국도 멸망할 것이고,

不義而好利라 故亡也라

楊倞注 : 도리를 도외시하고 이익을 좋아하기 때문에 멸망하는 것이다.

8-172 **用俗儒則萬乘之國存**하며

俗儒를 임용한다면 萬乘의 대국이 가까스로 보존될 것이며,

僅存이라

楊倞注 : 겨우 보존된다는 것이다.

8-173 **用雅儒則千乘之國安**하고 **用大儒則百里之地久**하며

雅儒를 임용한다면 千乘의 소국이 안정될 것이고, 大儒를 임용한다면 백 리의 적은 국토로도 오래 유지할 것이며

小國多患難하니 用大儒然後可以長久也라

楊倞注 : 소국은 환난이 많으니 大儒를 임용하여야만 나라가 오래 유지될 수 있다.

8-174 **而後三年**에 **天下爲一**하고 **諸侯爲臣**이라

3년 후에는 천하가 통일되고 제후들이 신하가 될 것이다.

長久之業既成하고 又三年修德化면 則可以一天下하고 臣諸侯라 蓋殷湯周文皆化行之後三年而王也라 ○ 兪樾曰 楊注斷久字爲句하니 則而後三年句不成文義라 此當以久而後三年五字爲句라 言姑擧其久者言之면 則以三年爲期니 若速則或一年或二年에 卽可以一天下而臣諸侯矣라 韓詩外傳에 作久而三年하고 無後字라 先謙案 兪說是라 久而後三年者는 猶言久至三年也니 推極言之라 宥坐篇云 綦三年而百姓往矣라하니 與此同意라

楊倞注 : 오랫동안 쌓은 업적이 이미 이루어지고 또 3년 동안 德化를 닦는다면 천하를

통일하고 제후들을 신하로 둘 수 있다는 것이다. 대체로 殷나라 湯王과 周나라 文王이 모두 德化가 행해진 뒤 3년 만에 왕이 되었다.

○ 俞樾 : 楊氏의 주에는 '久'자에서 끊어 한 구로 삼았는데 이렇게 하면 '而後三年' 구는 글 뜻이 이뤄지지 않는다. 여기는 마땅히 '久而後三年' 다섯 자로 한 구를 삼아야 한다. 이 글은, 우선 가장 오랜 기간을 들추어 말하면 3년으로 기한을 정할 수 있으니 만약 기간을 당겨 짧게 잡는다면 혹은 1년, 혹은 2년 만에라도 천하를 통일하고 제후들을 신하로 둘 수 있음을 말한 것이다. ≪韓詩外傳≫에는 '久而三年'으로 되어 있고 '後'자는 없다.

先謙案 : 俞氏의 설이 옳다. '久而後三年'이란 기한을 오래 잡아 3년까지 간다는 말과 같으니, 기한을 최대한으로 늘려 말한 것이다. 〈宥坐篇〉에 "綦三年而百姓往矣(기한을 최대한 많이 잡아 3년이 되면 백성들이 돌아간다.)"라고 하였으니, 여기 글과 같은 뜻이다.

8-175 用[65)]萬乘之國이면 則擧錯而定하여 一朝而伯[66)]하리라

그가 萬乘의 대국을 다스린다면 한 번의 움직임으로도 천하가 평정되어 하루아침에 명성이 드러날 것이다.

錯는 讀爲措라 伯(패)는 讀爲霸니 言一朝而霸也라 ○ 王念孫曰 楊讀伯爲霸하니 非也라 信如楊說하면 則是大儒用百里之地而可以王하고 用萬乘之國而僅止於霸也니 斯不然矣라 今案 伯은 讀爲白①이라 白은 顯著也니 言一朝而名顯於天下也②라 王霸篇曰 如是면 則夫名聲之部發於天地之間也 豈不如日月雷霆然矣哉아 故曰以國濟義면 一日而白이라하니 湯武是也라하니라 一日而白은 猶一朝而白耳라 韓詩外傳曰 用萬乘之國이면 則擧錯而定하여 一朝而白하리니 詩曰 周雖舊邦이나 其命維新이라하니 可謂白矣라하니라 此尤其明證也라

① 王制正義에 引元命包曰 伯之爲言은 白也니 明白於德也라하니 是伯與白義相通이라 古鍾鼎文伯仲字多作白하니 是伯與白字亦相通이라
≪禮記≫ 〈王制〉의 ≪禮記正義≫에 元命包의 말을 인용하기를 "伯이라는 말은 드러난다〔白〕는 뜻이니, 덕에 관해 밝다는 것이다."라고 하였으니, 이로 볼 때 '伯'과 '白'

---

65) 用 : 여기서는 '治(다스리다)'자와 같다.

66) 伯 : 駱瑞鶴은 ≪荀子≫에 이 글자가 여러 번 보이지만 明白의 뜻으로 되어 있지 않다고 했고, 王天海도 楊倞의 注가 옳다 하면서 王念孫의 설을 인정하지 않았다. 이 설이 매우 설득력이 있긴 하나 우선 王念孫의 설에 따라 번역하였다.

은 뜻이 서로 통한다. 옛 鍾鼎의 문자에도 '伯仲'의 '伯'자가 '白'으로 된 경우가 많으니, 이는 '伯'과 '白'자가 글자끼리 서로 통용했던 증거이다.

② 上文曰 儒者爲人上이면 則貴名白而天下治라하고 致士篇曰 貴名白하여 天下願하여 令行禁止하여 王者之事畢矣리라하고 樂論篇曰 名聲於是白하고 光輝於是大라하니라

윗글에 "儒者가 남의 윗사람이 되면 그 존귀한 명성이 드러나〔貴名白〕 천하가 다스려질 것이다."라 하고, 〈致士篇〉에 "존귀한 명성이 드러나〔貴名白〕 천하 사람이 그를 흠모함으로써 명령하면 행해지고 금하면 중지하여 王者로서의 정사가 완성될 것이다."라 하고, 〈樂論篇〉에 "명성이 이에 드러나고〔白〕 광채가 이에 커진다."라고 하였다.

楊倞注 : 錯는 '措'로 읽어야 한다. 伯는 '霸'로 읽어야 하니, 하루아침에 霸業을 이루는 것을 말한다.

○ 王念孫 : 楊氏는 伯을 霸로 읽었으니, 틀렸다. 그야말로 楊氏의 설대로라면 大儒가 백 리의 땅을 다스리면 王業을 이룰 수 있고 萬乘의 나라를 다스리면 겨우 霸業을 이루는 정도에 그친다는 것이니, 이는 그렇지 않을 것이다. 이제 살펴보건대, 伯은 白으로 읽어야 한다. 白은 드러난다는 뜻이니, 하루아침에 명성이 천하에 드러남을 말한 것이다. 〈王霸篇〉에 "이렇게 되면 그의 명성이 천지간에 퍼져나가는 것이 어찌 日月의 빛과 천둥번개처럼 빠르지 않겠는가. 그러므로 '온 나라가 禮義를 실현하게 되면 그날로 명성이 드러난다.' 하였으니, 湯王과 武王의 경우가 그렇다."라고 하였다. 一日而白은 〈하루아침에 드러난다는 뜻인〉 '一朝而白'과 같다. ≪韓詩外傳≫에 "萬乘의 나라를 다스리면 한 번의 움직임으로 평정되어 하루아침에 명성이 드러날 것이니〔擧錯而定 一朝而白〕, ≪詩經≫ 〈大雅 文王〉에 '周나라 비록 해묵은 나라이지만 천명 받아 새 왕조 건립하였네.'라 하였으니, 명성이 드러났다고 이를 만하다."라고 하였다. 이것이 무엇보다도 확실한 증거이다.

8-176 不聞不若聞之하고 聞之不若見之하고 見之不若知之하고 知之不若行之라 學至於行之而止矣라 行之하면 明也라

듣지 않는 것은 듣는 것만 못하고 듣는 것은 보는 것만 못하고 보는 것은 아는 것만 못하고 아는 것은 실천하는 것만 못하다. 학문은 배운 것을 실천하는 단계에 이르러야 비로소 최고의 경지에 도달한다. 실천하면 사리에 밝아진다.

行之則通明於事也라 ○ 盧文弨曰 此節舊不提行이라 今案當分段이라

楊倞注 : 실천하면 사리에 매우 밝아진다.

○ 盧文弨 : 이 구절은 舊本에 줄을 바꾸지 않았다. 이제 살펴보건대, 마땅히 단락을 나눠야 한다.

8-177 **明之爲聖人**이라

사리에 밝으면 성인이 된다.

通明於事則爲聖人이라

楊倞注 : 사리에 매우 밝아지면 성인이 된다.

8-178 **聖人也者**는 **本仁義**하여 **當是非**하고 **齊言行**하여 **不失豪釐**하니 **無它道焉**이라 **已乎行之矣**니라

성인이란 사람은 仁義를 근본으로 삼고서 옳고 그른 것을 합당하게 판단하고 자기의 말과 행동을 일치시켜 털끝만 한 착오도 없으니, 이는 별다른 이유가 없다. 그가 배운 것을 실천하기 때문이다.

當은 **丁浪反**이라 **已**는 **止也**니 **言聖人無他**요 **在止於行其所學也**라

楊倞注 : 當은 음이 丁과 浪의 反切이다. 已는 머무른다는 뜻이니, 성인이란 다른 게 없고 그가 배운 것을 실천하는 데에 있음을 말한 것이다.

8-179 **故聞之而不見**이면 **雖博必謬**하고

그러므로 듣기만 하고 보지 못한다면 들은 것이 넓더라도 반드시 오류가 있고

雖博聞이라도 **必有謬誤也**라

楊倞注 : 비록 널리 듣더라도 반드시 오류가 있다는 것이다.

8-180 **見之而不知**면 **雖識**(지)**必妄**하며

보기만 하고 알지 못한다면 본 것을 기억하더라도 반드시 정확하지 않으며

見而不知면 **雖能記識**라도 **必昧於指意**니 **謂若制氏然也**라 ○ **盧文弨曰 案漢書禮**

樂志云 漢興에 樂家有制氏하니 但能紀其鏗鏘鼓舞하고 而不能言其義라하니 此注蓋本此라 俗本誤作制力하니 今從宋本訂正이라

楊倞注 : 보기만 하고 알지 못한다면 비록 그것을 잘 기억하더라도 반드시 그 본의에 어두울 것이니, 이를테면 制氏처럼 그런 것을 이른다.

○ 盧文弨 : 살펴보건대, ≪漢書≫ 〈禮樂志〉에 "漢나라가 일어났을 때 음악가 중에 制氏가 있었는데, 金石 악기를 연주하고 북의 장단과 춤사위 등 〈피상적인 것만〉 기억할 뿐, 그 의미에 대해서는 설명하지 못했다."라고 하였으니, 〈楊氏의〉 이 주는 아마도 여기에 근거했을 것이다. 세간의 판본에는 〈制氏가〉 '制力'으로 잘못되어 있으니, 여기서는 宋本에 따라 정정하였다.

8-181 知之而不行이면 雖敦必困이라

알기만 하고 실천하지 못한다면 지식이 풍부하더라도 반드시 곤궁에 빠질 것이다.

苟不能行이면 雖所知多厚라도 必至困躓也라

楊倞注 : 만약에 실천하지 못한다면 비록 아는 것이 많더라도 반드시 실패하게 될 것이다.

8-182 不聞不見이면 則雖當이라도 非仁也니

듣지도 못하고 보지도 못한다면 비록 〈행하는 일이 우연히〉 사리에 맞는다 하더라도 仁이 아니니

雖偶有所當이라도 非仁人君子之通明者也라

楊倞注 : 비록 우연히 사리에 맞는 일이 있더라도 仁人과 君子처럼 도리를 환히 알아서 그런 것이 아니다.

8-183 其道百擧而百陷也리라

그런 방법은 백 번 시도하더라도 백 번 실패할 것이다.

言偶中之道는 百擧而百陷하고 無一可免也라

楊倞注 : 우연히 사리에 들어맞는 방법으로는 백 번 시도하더라도 백 번 실패하고 한 번도 실패를 모면할 수 없다는 것을 말한다.

8-184 **故人無師無法而知則必爲盜**하고 **勇則必爲賊**하고 **云能則必爲亂**하고

그러므로 사람에게 스승이 없고 법도가 없는 상태에서 지혜롭다면 반드시 도둑질을 하고 용감하다면 반드시 남을 해치고 재능이 있다면 반드시 혼란을 조성하고

云能은 自言其能이라 ○ 盧文弨曰 楊氏注非十二子篇無能而云能下에 即作此語하니 固當이나 在此處似未安이라 此云能은 當如易繫辭傳之云爲요 亦不必分口之所言과 身之所爲니 蓋云은 有旋轉運動之義라 云能二字는 必當時有此成語리니 蓋即營幹之意라 若依此注면 則於下文云能則速成에 更難强通이라 王念孫曰 下文云 人有師有法而知則速通하고 勇則速威하고 云能則速成이라하니 則云能은 非自言其能之謂也라 知勇云能은 皆出於天生이요 而非出於人爲니 則云能은 非營幹之意也라 今案 云者는 有也라 言無師無法而有能이면 則必爲亂하고 有師有法而有能이면 則其成必速也라 楊注非十二子篇에 引愼子曰 云能而害無能則亂也의 云能은 有能也며 法行篇에 曾子曰 詩曰 轂已破碎어늘 乃大其輻이로다 事以敗矣니 乃重大息이라하니 其云益乎의 云益은 有益也라 古者多謂有爲云이라 大雅桑柔篇에 民有肅心이나 荓云不逮는 言使有不逮也며 爲民不利 如云不克은 言如有不克也라 云字는 或作員이라 秦誓曰 雖則員然은 言雖則有然也①라 故廣雅曰 員云은 有也라하고 文選陸機答賈長淵詩注에 引應劭漢書注曰 云은 有也라하고 晉語其誰云不從에 韋注曰 誰有不從고하니라

① 今本에 員作云하니 乃衛包[67]所改라 今據正義及漢書韋賢傳注改正이라 以上三條는 說者多失其義라 辯見釋詞라
지금 판본에는 '員'이 '云'으로 되어 있으니, 이는 衛包가 고친 것이다. 여기서는 ≪尙書正義≫ 및 ≪漢書≫ 〈韋賢傳〉의 주에 의거하여 바로잡았다. 이상의 세 조항은 논자들이 대부분 그 뜻을 잘못 알았다. 이에 관한 논변은 ≪經傳釋詞≫에 보인다.

楊倞注 : 云能은 스스로 자기의 재능을 말한다는 뜻이다.

---

67) 衛包 : 唐 玄宗 때 集賢學士를 지냈다. 玄宗의 명을 받고서 古文 ≪尙書≫를 今文으로 바꿨다.

○ 盧文弨 : 楊氏가 〈非十二子篇〉의 '無能而云能' 아래에 붙인 주가 이 어구로 되어 있는데, 거기서는 사실 타당하지만 이곳에서는 온당치 못한 것 같다. 여기서의 '云能'은 마땅히 ≪周易≫ 〈繫辭傳〉의 〈'행위가 있다'는 뜻인〉 '云爲'와 같은 뜻으로 이해하여야 하고 굳이 입으로 하는 말과 몸으로 행하는 행위의 뜻으로 나눌 필요가 없으니, 대체로 '云'은 주선하고 작용을 한다는 뜻이 있다. '云能' 두 자는 필시 그 당시에 이와 같은 成語가 있었을 것이니, 대체로 경영하고 처리한다는 뜻일 것이다. 만약 楊氏의 이 注대로라면 아래 글 '云能則速成'에 대해 억지로 이해하기가 더 어려울 것이다.

王念孫 : 아래 글에 "人有師有法而知則速通 勇則速威 云能則速成(사람에게 스승이 있고 법도가 있으면서 지혜롭다면 빨리 사리를 통달하고 용감하다면 빨리 위엄을 갖추고 재능이 있다면 빨리 공을 이룬다.)"이라고 하였으니, '云能'은 스스로 자기 재능을 말하는 것을 이른 것이 아니다. 知・勇・云能은 모두 천부적으로 타고난 데에서 나온 것이고 인위적인 노력에서 나온 것이 아니니, '云能'은 경영하고 처리한다는 뜻이 아니다. 이제 살펴보건대, '云'이란 '有(있다)'의 뜻이다. 스승이 없고 법도가 없으면서 재능이 있다면 반드시 혼란을 조성하고, 스승이 있고 법도가 있으면서 재능이 있다면 공을 이루는 일이 반드시 빠르다는 것을 말한다. 楊氏가 〈非十二子篇〉의 주에서 인용한 ≪愼子≫의 말에서 "云能而害無能則亂也(재능 있는 사람이 재능이 없는 사람을 해치면 국가가 어지러워진다.)"의 '云能'은 '有能'이며, 〈法行篇〉에 "曾子가 '古詩에, 「수레바퀴 이미 다 부서졌거늘 비로소 바퀴살을 더 크게 했네. 나라 사정 실패로 돌아갔기에 마침내 거듭거듭 장탄식하네.」라 하였으니, 과연 소용이 있겠는가.〔其云益乎〕'라 하였다."라고 한 곳의 '云益'은 '有益'이다. 옛날에는 '有'를 '云'으로 많이 표기하였다. ≪詩經≫ 〈大雅 桑柔篇〉에 "民有肅心 荓云不逮(백성이 세상 나갈 마음 지녀도 미처 못하는 일이 있게 한다네.)"라고 한 것은 그로 하여금 벼슬할 뜻을 이루지 못하고 물러나는 일이 있게 함〔使有不逮〕을 말한 것이며, "爲民不利 如云不克(백성에게 불리한 정사 행하되 이루 못 다할 일이 있는 것처럼)"이라 한 것은 〈폭정을 자행하는 위정자가 나쁜 짓을 언제〉 이루 다 행하지 못할 일이 있는 것처럼〔如有不克〕 〈급급해함을〉 말한 것이다. '云'자는 간혹 '員'으로 되어 있기도 한다. ≪書經≫ 〈周書 秦誓〉의 '雖則員然'은 '雖則有然(비록 그런 점이 있다 하더라도)'이라는 뜻으로 말한 것이다. 그러므로 ≪廣雅≫에 "員과 云은 '有'이다."라 하고, ≪文選≫에서 陸機의 〈答賈長淵詩〉 주에 應劭의 ≪漢書≫ 注를 인용하기를 "云은 '有'이다."라 하였으며, ≪國語≫ 〈晉語〉 '其誰云不從'의 韋昭 주에 "誰有不從(그 누가 따르지 않을 자가 있겠는가.)"이라고 하였다.

8-185 察則必爲怪하며

총명하다면 반드시 괴변을 늘어놓으며

惠施鄧析之比라

楊倞注 : 惠施와 鄧析 같은 부류이다.

8-186 辯則必爲誕이라 人有師有法而知則速通하고 勇則速威하고 云能則速成하고 察則速盡하고 辯則速論이라

말재주가 있으면 반드시 거짓말을 하게 될 것이다. 반면에 사람에게 스승이 있고 법도가 있으면서 지혜롭다면 빨리 사리를 통달하고 용감하다면 빨리 위엄을 갖추고 재능이 있다면 빨리 공을 이루고 총명하다면 빨리 사물의 이치를 통찰하고 말재주가 있다면 빨리 是非를 분석하게 될 것이다.

察則速盡은 謂有聰察之性이면 則能速盡物理라 速論은 謂能速論是非也라 ○ 王念孫曰 論은 決也니 言辯事則速決也라 後漢書陳寵傳季秋論囚注云 論은 決也라하니라 楊說論字未了라 先謙案 注聰이 各本譌聽이라 據宋台州本改正하니라

楊倞注 : 察則速盡은 총명한 본성이 있으면 능히 사물의 이치를 빨리 깨우친다는 것을 이른다. 速論은 능히 빨리 시비를 논단하는 것을 이른다.

○ 王念孫 : 論은 판결의 뜻이니, 사건을 논변할 때는 빨리 판결하는 것을 말한다. ≪後漢書≫ 〈陳寵傳〉의 "季秋論囚(늦가을에 죄수를 판결하였다.)"의 주에 "論은 판결의 뜻이다." 라고 하였다. 楊氏가 '論'자를 설명한 것은 분명치 않다.

先謙案 : 楊氏 주의 '聰'이 각 판본에는 '聽'으로 잘못되어 있다. 宋 台州本을 근거로 고쳐서 바로잡았다.

8-187 故有師法者는 人之大寶也요 無師法者는 人之大殃也라 人無師法이면 則隆性矣요 有師法이면 則隆積矣리라

그러므로 스승과 법도가 있는 것은 사람에게 큰 보배가 되고 스승과 법도가 없는 것은 사람에게 큰 재앙이 된다. 사람에게 스승과 법도가 없으면 본성의 욕구에 치중할 것이고 스승과 법도가 있으면 禮義를 학습하는 데에 치중할 것이다.

隆은 厚也라 積은 習也라 厚性은 謂恣其本性之欲하고 厚於積習은 謂化爲善也라 ○ 盧文弨曰 案宋本正文에 隆性作隆情하고 隆積作隆性하며 注積習也已下는 全不同하여 作厚於情은 謂恣其情之所欲이요 厚於性은 謂本於善也하니라 俗間本亦同하니 當出後人所改하여 與荀子言性惡本旨不合하고 與下文及注皆矛盾일새 今悉據元刻改正이라

楊倞注 : 隆은 후하게 한다는 뜻이다. 積은 익힌다는 뜻이다. 厚性은 그 본성의 욕구대로 맡기는 것을 이르고, 厚於積習은 변화되어 善을 하는 것을 이른다.

○ 盧文弨 : 살펴보건대, 宋本의 본문에 '隆性'은 '隆情'으로 되어 있고 '隆積'은 '隆性'으로 되어 있으며, 楊倞 주의 '積習也' 이하는 전혀 달라서 '厚於情 謂恣其情之所欲 厚於性 謂本於善也(정에 치중한다는 것은 그 감정의 욕구대로 자행하는 것을 이르고 본성에 치중한다는 것은 선에 근간을 두는 것을 이른다.)'로 되어 있다. 세간의 판본도 그와 같으니, 이는 분명히 뒷사람이 고친 것으로서 荀子가 말한 性惡의 본지와 맞지 않고 아래 글 및 楊氏의 注와도 모두 모순되기 때문에 여기서는 모두 元刻本을 근거로 고쳐서 바로잡았다.

8-188 而師法者는 所得乎(情)〔積〕[68]이요 非所受乎性이라 不足以獨立而治라

스승과 법도로 〈자기를 제어하는 것은〉 후천적인 학습에서 얻어지는 것이고 천성으로 부여받은 것이 아니다. 〈천성은 스승과 법도를 제쳐두고〉 홀로 서서 〈그 자체의 불완전함을〉 다스릴 수 없다.

情은 謂喜怒愛惡 外物所感者也라 言師法之於人에 得於外情이요 非天性所受라 故性不足獨立而治하고 必在因外情而化之라 或曰 情은 當爲積이라하니 所得乎積習이요 非受於天性이라 旣非天性이면 則不可獨立而治하고 必在化之也라 ○ 盧文弨曰 此注方釋情字하니 益可見上文不作隆情이라 王念孫曰 此及下文楊注所稱或說改情爲積者는 皆是也라 下文皆言積하고 不言情하니 是其證이라 前說皆非라 又案 不足以獨立而治上에 當更有一性字라 言性不足以獨立而治요 必待積習以化之也리 故下文曰 性也者는 吾所不能爲也나 然而可化也라하니라

楊倞注 : 情은 기뻐하고 화내고 사랑하고 증오하는 것으로서 외물에 감응하여 생겨나는 것이다. 스승과 법도는 사람에 있어 바깥의 情에서 얻어진 것이지, 천성으로 부여받은 것은 아니다. 그러므로 본성만으로는 그것이 홀로 서서 다스릴 수 없고 반드시 바깥

68) (情)〔積〕 : 저본에는 '情'으로 되어 있으나, 王念孫의 설에 의거하여 '積'으로 바로잡았다.

의 情으로 인해 그 불완전함을 변화시키는 데 달려 있다는 것을 말한다. 혹자는 "情은 마땅히 '積'으로 되어야 한다."라고 하였다. 이럴 경우 '스승과 법도로 〈자기를 제어하는 것은〉 학습에서 얻어지는 것이고 천성으로 부여받은 것은 아니다. 이미 천성이 아니라면 이 천성이 홀로 서서 다스릴 수는 없고 반드시 〈외부의 다른 것을 통해〉 그것을 변화시켜야 한다.'는 뜻이 된다.

○ 盧文弨 : 楊倞의 이 주에 비로소 '情'자를 풀이하였으니, 윗글에 '隆情'으로 되어 있지 않았다는 것을 더욱 알 수 있다.

王念孫 : 이곳과 아래 글에서 楊氏의 주에 거론한, '情'을 '積'으로 고쳐야 한다는 혹자의 설은 모두 옳다. 아래 글에 모두 '積'을 말하고 '情'은 말하지 않았으니, 이것이 그 증거이다. 이전의 설들은 모두 틀렸다. 또 살펴보건대, '不足以獨立而治' 위에 마땅히 '性' 한 자가 더 있어야 한다. 이는, 천성은 홀로 서서 〈그 자체의 불완전함을〉 다스릴 수 없고 반드시 학습에 의해 그것을 변화시킬 수 있다는 것을 말한다. 그러므로 아래 글에 "천성이란 내가 어떻게 해볼 도리가 없으나 그렇더라도 교육을 통해 변화시킬 수 있다." 라고 말한 것이다.

8-189 **性也者**는 **吾所不能爲也**나 **然而可化也**며

천성이란 내가 어떻게 해볼 도리가 없으나 그렇더라도 교육을 통해 변화시킬 수 있으며,

言天性非吾自能爲也요 必在化而爲之也라

楊倞注 : 천성은 내가 스스로 어떻게 해볼 수 있는 대상이 아니고 반드시 외물을 통해 변화시켜 선하게 만드는 데에 달려 있다는 것을 말한다.

8-190 (情)〔積〕[69]**也者**는 **非吾所有也**나 **然而可爲也**라

학습이란 내가 본디 지니고 있는 것은 아니지만 그렇더라도 이것으로 천성을 변화시킬 수는 있다.

言情非吾天性所有나 然可以外物誘而爲之라 或曰 情은 亦當爲積이라하니라 積習

69) (情)〔積〕 : 저본에는 '情'으로 되어 있으나, 楊倞의 주에 거론한 혹자의 설에 의거하여 '積'으로 바로잡았다.

與天然有殊라 故曰非吾所有라 雖非所有나 然而可爲之也라

楊倞注 : 감정은 나의 천성으로 지닌 것은 아니지만 그렇더라도 외물로 유인하여 선하게 변화시킬 수 있다는 것을 말한다. 혹자는 "'情'은 여기서도 마땅히 '積'으로 되어야 한다."라고 하였다. 이럴 경우 '학습하는 것은 천성과 다른 점이 있기 때문에 내가 본디 지니고 있는 것은 아니라고 말한 것이다. 비록 본디 지닌 것은 아니지만 그렇더라도 이것으로 천성을 변화시킬 수는 있다.'는 뜻이 된다.

8-191 注錯習俗은 所以化性也며

행동거지와 습관은 천성을 변화시키는 수단이며

注錯는 猶措置也라 錯는 千故反이라

楊倞注 : 注錯는 措置와 같다. 錯는 음이 千과 故의 反切이다.

8-192 幷一而不二[70)]는 所以成積也며

마음이 전일하여 분산되지 않는 것은 학습을 이루는 방법이며

幷은 讀爲倂이라 一謂師法하고 二謂異端이라

楊倞注 : 幷은 '倂'자로 간주해 읽는다. 一은 스승과 법도를 이르고, 二는 異端을 이른다.

8-193 習俗移志하고 安久移質이라

익혀서 일반화가 되면 사람의 생각이 바뀌고 습관에 안주하는 기간이 길면 사람의 본질이 바뀐다.

習以爲俗이면 則移其志하고 安之旣久면 則移本質이라

楊倞注 : 익혀서 일반화가 되면 그 생각이 바뀌고 거기에 안주하는 기간이 길면 그 본질이 바뀌게 된다.

8-194 幷一而不二면 則通於神明하고 參於天地矣라 故積土而爲山하고 積水而

---

70) 幷一而不二 : 幷은 '專'과 같다. '專一不二'는 마음이 전일하여 분산되지 않는다는 뜻이다.

爲海하며

마음이 전일하여 분산되지 않는다면 신령과 통하고 天地와 나란히 서게 될 것이다. 그러므로 흙덩이가 쌓여 산이 되고 흐르는 물이 쌓여 바다가 되며,

○ 盧文弨曰 元刻作積土謂之山하고 積水謂之海라

○ 盧文弨 : 元刻本에는 '積土謂之山 積水謂之海(흙이 쌓인 것을 산이라 이르고 물이 쌓인 것을 바다라 이른다.)'로 되어 있다.

8-195 **旦暮積謂之歲**하고 **至高謂之天**하고 **至下謂之地**하고 **宇中六指謂之極**하며

아침저녁이 쌓인 것을 한 해라 이르고 극도로 높은 것을 하늘이라 이르고 극도로 낮은 것을 땅이라 이르고 공간 속에서 상하와 사방의 끝까지 나간 것을 極이라 이르며,

六指는 上下四方也라 盡六指之遠이면 則爲六極이라 言積近以成遠이라

楊倞注 : 六指는 상하와 사방이다. 상하와 사방의 먼 데까지 나가면 六極이 된다. 이는 가까운 거리가 쌓여 먼 거리를 이룬 것을 말한다.

8-196 **涂之人百姓**이

길 가는 일반 백성이

○ 先謙案 人百姓은 猶言衆百姓이라

○ 先謙案 : 人百姓은 뭇 백성이란 말과 같다.

8-197 **積善而全盡**을 **謂之聖人**이라 **彼求之而後得**하고 **爲之而後成**하고 **積之而後高**하고 **盡之而後聖**이라 **故聖人也者**는 **人之所積也**라

善行을 쌓아 완전한 것을 聖人이라 이른다. 그런 사람은 부단히 구한 뒤에 얻고 부단히 실행한 뒤에 이루고 부단히 쌓은 뒤에 높아지고 완전해진 뒤에 성스러워진다. 그러므로 성인이란 일반 사람이 부단히 선행을 쌓아 이루어진 것이다.

言其德行委積이라

楊倞注 : 그 덕행이 쌓인 것을 말한다.

8-198 **人積耨耕而爲農夫**하고 **積斲削而爲工匠**하고 **積反貨而爲商賈**하며

사람들은 김매고 밭 가는 기량을 쌓아서 농부가 되고 나무를 베고 깎는 기술을 쌓아서 匠人이 되며 물건을 파는 경험을 쌓아서 상인이 되고

反은 讀爲販이라

楊倞注 : 反은 '販(팔다)'으로 간주해 읽는다.

8-199 **積禮義而爲君子**라 **工匠之子莫不繼事**하고 **而都國之民安習其服**이라

禮義에 맞는 덕행을 쌓아서 군자가 된다. 장인의 자식은 그의 가업을 계승하지 않는 일이 없고 도성 안의 평민들도 자기들의 직무를 편안하게 익힌다.

安習其土風之衣服[71)]이라

楊倞注 : 그 고장의 고유한 풍습과 의복을 편안히 익힌다.

8-200 **居楚而楚**하고 **居越而越**하며 **居夏而夏**하니

楚나라에 거주하면 楚나라 사람의 습속을 갖추고 越나라에 거주하면 越나라 사람의 습속을 갖추며 中原에 거주하면 中原 사람의 습속을 갖추는 것이니,

夏는 中夏라

楊倞注 : 夏는 中夏이다.

8-201 **是非天性也**라 **積靡**[72)]**使然也**라

이는 타고난 천성이 아니라 후천적으로 쌓인 습관과 연마한 것이 그렇게 만든

71) 之衣服 : 之는 '及'의 오자이며, 衣服은 잘못된 주석이다. 본문의 '服'자는 직무의 뜻이다.
72) 靡 : 연마한다는 뜻인 '磨'자와 통용한다.

것이다.

靡는 順也니 順其積習이라 故能然이라

楊倞注 : '靡'는 순응한다는 뜻이니, 그 오랜 습관에 순응하기 때문에 능히 그렇게 되는 것이다.

8-202 故人知謹注錯하고 愼習俗하고 大積靡면 則爲君子矣요

그러므로 사람이 행동거지를 삼가고 습관을 신중히 하고 후천적으로 쌓인 습관과 연마한 것을 중시할 줄을 알면 君子가 될 것이고

大積靡는 謂以順積習爲也라

楊倞注 : 大積靡는 오래 익힌 습관에 순응함으로써 그렇게 되는 것을 이른다.

8-203 縱情性而不足問學이면 則爲小人矣라 爲君子則常安榮矣며 爲小人則常危辱矣라 凡人莫不欲安榮而惡(오)危辱이라 故唯君子爲能得其所好하고 小人則日徼其所惡라

타고난 性情대로 방임하고 학문이 부족하면 小人이 될 것이다. 군자가 되면 언제나 편안하고 영예로우며 소인이 되면 언제나 위태하고 치욕스러울 것이다. 대체로 사람이란 편안하고 영예롭기를 바라며 위태하고 치욕스러운 것을 싫어하지 않는 일이 없다. 하지만 오직 군자만이 그가 좋아하는 것을 능히 얻어낼 수 있고 소인은 날마다 그가 싫어하는 것을 불러들인다.

徼는 與邀同하니 招也며 一堯反이라

楊倞注 : 徼는 '邀(맞이하다)'와 같으니, 부른다는 뜻이며, 그 음은 一과 堯의 反切이다.

8-204 詩曰 維此良人이로되 弗求弗迪이라 唯彼忍心을 是顧是復[73]이라 民之貪

---

73) 維此良人……是顧是復 : 荀子가 이 시를 인용한 이유가 군자와 소인의 상반된 행위를 대비해 드러내기 위해서라는 점을 고려할 때, 이 시는 '오직 이 선한 마음 지닌 사람은 탐욕 없고 진출도 하지 않건만, 저 잔인한 마음을 지닌 사람은 재물을 돌아보고 벼슬 그리네.'라고 번

亂하여 寧爲荼毒이라하니 此之謂也라

≪詩經≫에 "이와 같이 선량한 사람이로되 찾지 않고 진출도 시키지 않네. 오직 저 잔인하고 나쁜 자들을 오히려 돌아보고 중시한다네. 백성들은 혼란을 희망하기에 태연히 못된 짓을 자행한다네."라고 하였으니, 이를 두고 하는 말이다.

詩는 大雅桑柔之篇이라 迪은 進也라 言厲王有此善人이로되 不求而進用之하고 忍害爲惡之人을 反顧念而重復之라 故天下之民貪亂하여 安然爲荼毒之行하니 由王使之然也라

楊倞注 : ≪詩經≫은 〈大雅 桑柔〉편이다. 迪은 '進(나아가다)'의 뜻이다. 周 厲王이 이처럼 선량한 사람이 있는데도 구하여 조정에 진출시키지 않고 남을 잔인하게 해치며 악행을 지지르는 사람을 도리어 돌아보고 중시하였다. 그러므로 천하의 백성들이 혼란이 일어나길 내심 바라서 못된 행위를 태연하게 자행하는 것을 말한 것이니, 이는 厲王이 그렇게 하도록 만들었기 때문이다.

8-205 人論[74)]이라

사람의 유형.

論人之善惡이라 論은 盧困反이라 ○ 王念孫曰 人論二字는 乃目下之詞라 論은 讀爲倫이라 倫은 類也며 等也라 謂人之等類니 卽下文所謂衆人小儒大儒也라 下文又云 人倫盡矣라하고 榮辱篇云 斬而齊하고 枉而順하고 不同而一이라하니 夫是之謂人倫이라하니 作論者는 借字耳①라 楊說失之라 又臣道篇人臣之論은 有態臣者하고 有篡臣者하고 有功臣者하고 有聖臣者의 論도 亦讀爲倫이니 謂人臣中有此四等也라 楊云論人臣之善惡이라하니 亦失之라

① 屯象傳君子以經論에 荀爽曰 倫者는 理也라하고 大雅靈臺篇於論鼓鍾에 鄭箋論之言은 倫也라하니라 公食大夫禮倫膚(匕)〔七〕[75)]에 今文[76)]倫或作論이라 王制必卽天論의 論或爲

역하는 것이 타당할 것으로 보인다. 그러나 楊倞의 注 내용이 이 시의 일반적인 해석이므로 그대로 따라 번역하였다.

74) 人論 : 아래 내용의 제목이다. 論은 王念孫의 설이 옳다.

75) (匕)〔七〕 : 지본에는 '匕'로 되어 있으나, ≪儀禮≫에 의거하여 '七'로 바로잡았다.

76) 今文 : 西漢 때 魯恭王 劉餘가 공자의 저택을 허물 때 나온 경전을 古文이라 부르는 것에

倫이라 逸周書官人篇規小物而不知大倫이라하니 大戴記倫作論이라

≪周易≫ 屯卦 〈象傳〉의 "君子以經論(군자가 이것을 통해 천하의 일을 경영한다.)"에서 荀爽이 "倫이란 다스린다는 뜻이다."라 하고, ≪詩經≫ 〈大雅 靈臺篇〉의 "於論鼓鍾(아 쇠북을 치는 소리 율동적이니)"에서 〈鄭箋〉에 "論이란 말은 질서〔倫〕의 뜻이다"라고 하였다. ≪儀禮≫ 〈公食大夫禮〉의 "倫膚七(결과 육질이 좋은 돼지갈비살 일곱 상)"에서 今文에는 倫이 간혹 '論'으로 되어 있다. ≪禮記≫ 〈王制〉의 "必卽天論(반드시 천륜관계를 고려한다.)"에서 論이 간혹 '倫'으로 되어 있다. ≪逸周書≫ 〈官人篇〉에 "規小物而不知大倫(작은 일을 계획하고 큰 원칙을 모른다.)"이라고 하였는데, ≪大戴禮記≫에는 倫이 '論'으로 되어 있다.

楊倞注 : 사람의 善惡에 관해 논한 것이다. 論은 음이 盧와 困의 反切이다.

○ 王念孫 : '人論' 두 자는 아래 글의 재목으로 붙인 표제어이다. 論은 '倫'으로 간주해 읽는다. 倫은 유형이며 등급이다. 사람의 등급과 유형을 이르니, 곧 아래 글에 이른바 '衆人'・'小儒'・'大儒'이다. 아래 글에 또 "人倫盡矣(사람의 유형을 이것으로 감정하면 빠짐없이 포함될 수 있다.)"라 하고, 〈榮辱篇〉에 "斬而齊 枉而順 不同而一 夫是之謂人倫(들쑥날쑥한 것이 있어야 정연해질 수 있고 굽은 것이 있어야 반듯해질 수 있고 같지 않은 것이 있어야 통일될 수 있다고 하였으니, 이것을 사람의 질서라고 말한다.)"이라고 하였으니, '論'으로 된 것은 假借字일 뿐이다. 楊氏의 설은 잘못되었다. 또 〈臣道篇〉에 "人臣之論 有態臣者 有簒臣者 有功臣者 有聖臣者(신하의 유형에는 아첨하는 신하가 있고 군주의 권한을 찬탈하는 신하가 있고 공을 세우는 신하가 있고 현명한 신하가 있다.)"의 論도 '倫'으로 간주해 읽어야 하니, 신하들 속에 이 네 등급이 있음을 말한 것이다. 楊氏는 人臣의 선악에 관해 논한 것이라고 하였으니, 이 또한 잘못되었다.

8-206 志不免於曲私而冀人之以己爲公也하고 行不免於汙漫而冀人之以己爲修也하며

마음이 편파적이고 이기적임을 면치 못하면서도 남들이 자기를 공정하다고 여겨주길 바라고 행위가 더러움을 면치 못하면서도 남들이 자기를 선량하다고 여겨주길 바라며

汙는 穢也라 漫은 欺誑也라 漫은 莫叛反이라 ○ 王念孫曰 漫은 亦汙也라 方言에 浼는

대한 대칭이다. 여기서는 西漢의 高堂生이 전한 17편의 ≪今文儀禮≫를 말한다.

洿也니 東齊海岱[77]之間或曰浼라하니라 洿는 與汙同하고 浼는 與漫同이라 呂氏春秋離俗篇不漫於利에 高注曰 漫은 汙也라하니라 楊讀漫爲謾欺之謾하여 分汙漫爲二義하니 失之라 凡荀子書言汙漫者幷同이라

楊倞注 : 汙는 더럽다는 뜻이다. 漫은 속인다는 뜻이다. 漫은 음이 莫과 叛의 反切이다.

○ 王念孫 : 漫은 또한 '汙(더럽다)'의 뜻이다. ≪方言≫에 "浼는 '洿(더럽다)'의 뜻이니, 東齊와 海岱 사이에서 더럽다는 뜻으로 간혹 '浼'라 이르기도 한다."라고 하였다. 洿는 汙와 같고 浼는 漫과 같다. ≪呂氏春秋≫ 〈離俗篇〉의 "不漫於利(이익에 더럽혀지지 않았다.)"에서 高誘 주에 "漫은 '汙'의 뜻이다."라고 하였다. 楊氏는 漫을 '謾欺'의 '謾(속이다)'으로 간주해 읽어 汙漫을 분리해 두 가지 뜻으로 만들었으니, 잘못되었다. 일반적으로 ≪荀子≫ 책에 '汙漫'이라 말한 것들은 모두 같다.

8-207 (其)〔甚〕[78]愚陋溝瞀而冀人之以己爲知也하니 是衆人也라

매우 어리석고 고루하고 어두우면서도 남들이 자기를 지혜롭다고 여겨주길 바라니, 이런 사람은 일반 대중이다.

溝는 音寇이니 愚也라 溝瞀는 無知也라 衆人은 謂衆庶也라 ○ 王念孫曰 其字文義不順하니 當是甚字之誤라 言甚愚而冀人以己爲智也라 又曰 呂本其作甚이라 先謙案 宋台州本亦作甚이라

楊倞注 : 溝는 음이 '寇'이니 어리석다는 뜻이다. 溝瞀는 아는 것이 없다는 뜻이다. 衆人은 일반 대중을 이른다.

○ 王念孫 : '其'자는 글뜻이 순리롭지 못하니, 분명히 '甚'자의 잘못일 것이다. 매우 어리석으면서도 남들이 자기를 지혜롭다고 인정해주길 바라는 것을 말한다.

王念孫 : 呂夏卿本에는 '其'가 '甚'으로 되어 있다.

先謙案 : 宋 台州本에도 〈'其'가〉 '甚'으로 되어 있다.

8-208 志忍私然後能公하고 行忍情性然後能修하며

77) 東齊海岱 : 東齊는 춘추 周나라 때 齊나라가 동쪽에 있다 하여 齊나라를 이렇게 불렀다. 海岱는 渤海에서부터 泰山까지의 일대를 말한다. 모두 오늘날의 山東省 지역이다.

78) (其)〔甚〕 : 저본에는 '其'로 되어 있으나, 王念孫의 ≪讀書雜志≫에 의거하여 바로잡았다.

마음은 사심을 억제한 다음에 능히 공정해질 수 있고 행동은 본연의 性情을 억제한 다음에 능히 선량해질 수 있으며

忍은 謂矯其性이라 行은 下孟反이라

楊倞注 : 忍은 그의 성정을 바로잡는 것을 이른다. 行의 음은 下와 孟의 反切이다.

8-209 知而好問然後能才니

지혜로우면서 묻기를 좋아한 다음에 능히 다재다능해질 수 있으니,

其智慮不及일새 常好問然後에 能有才藝라 ○ 先謙案 知而好問은 不自以爲知也라 楊注非라

楊倞注 : 자기가 지혜롭지만 일정한 수준에 미치지 못하므로 항상 묻기를 좋아한 다음에 능히 재주가 있게 된다.

○ 先謙案 : 지혜로우면서도 묻기를 좋아하는 것은 스스로 자기가 지혜롭다고 생각하지 않아서이다. 楊氏의 주는 틀렸다.

8-210 公修而才면 可謂小儒矣라

공정하고 선량하며 다재다능하면 小儒라 이를 수 있다.

皆矯其不及이라 故爲小儒也라

楊倞注 : 그가 미치지 못하는 것은 모두 바로잡기 때문에 小儒가 되는 것이다.

8-211 志安公하고 行安修하며 知通統類면 如是則可謂大儒矣라 大儒者는 天子三公[79]也요

마음이 공정한 것에 익숙하고 행동이 선량한 것에 익숙하며 지혜가 기강과 법도에 정통하다면 이럴 경우 大儒라고 이를 수 있다. 大儒란 천자의 三公이 될 만한 사람이고

79) 三公 : 군주를 보좌하여 군정과 대권을 장악한 최고의 관원으로, 왕조마다 명칭이 일정하지 않다. 周나라 때는 太師・太傅・太保이다.

三公坐論圖(≪書經圖≫)

其才堪王者之佐也라

楊倞注 : 그 재능이 王者를 보좌할 책임을 감당할 수 있다.

8-212 **小儒者**는 **諸侯大夫士**[80)]**也**며 **衆人者**는 **工農商賈**[81)]**也**라 **禮者**는 **人主之所以爲群臣寸尺尋**[82)]**丈檢式也**니 **人倫盡矣**라

小儒란 제후의 大夫나 士가 될 만한 사람이며 일반 대중이란 匠人・農夫・商人이 될 사람이다. 예법이란 군주가 뭇 신하들을 살필 때 길이를 측량하는 기준과 같은 역할을 하는 것이니, 사람의 유형이 여기에 다 갖추어져 있다.

檢은 **束也**라 **式**은 **法也**며 **度也**라 **寸尺尋丈**은 **所以知長短也**라 **檢束**은 **所以制放佚**이라 **大儒可爲天子三公**하고 **小儒可爲諸侯大夫**라 **禮可以揔統群臣**이니 **人主之柄也**라 **倫**이 **當爲論**이라 **或曰 倫**은 **等也**라하니라 **言人道(差)〔蓋〕**[83)]**盡於禮也**라 ○ **王念孫曰 檢式**은 **皆法也**라 **文選演連珠注引蒼頡篇云 檢**은 **法度也**라하니 **是檢與式同義**라 **言治人以禮 如寸尺尋丈之有法度也**라 **楊分檢式爲二義**하니 **失之**라

楊倞注 : 檢은 '束(묶다)'의 뜻이다. 式은 '法(법)'이며 '度(법)'의 뜻이다. 寸・尺・尋・丈은 길이를 파악하는 근거이다. 檢束은 방종을 제어하는 것이다. 大儒는 천자의 三公이 될 수 있고 小儒는 제후의 대부가 될 수 있다. 예법은 뭇 신하들을 통섭할 수 있으니, 이는 군주의 權柄이다. 倫은 마땅히 '論'이 되어야 한다. 혹자는 "倫은 등급이다."라고 하였다. 〈'倫(인륜)'으로 볼 경우에는〉 사람의 도리가 대체로 예법 속에 모두 포함되었다고 말한 것이 된다.

○ 王念孫 : 檢・式은 모두 법이란 뜻이다. ≪文選≫ 〈演連珠〉의 주에 ≪蒼頡篇≫을 인용하기를 "檢은 법도이다."라고 하였으니, 이로 볼 때 檢과 式은 같은 뜻이다. 사람을 예법으로 다스리는 것이 마치 寸・尺・尋・丈의 길이가 법도가 있는 것과 같다는 것을 말한다. 楊氏는 檢과 式을 두 가지 뜻으로 이해하였으니, 잘못되었다.

---

80) 士 : 관직명으로 上士・中士・下士 등 세 등급이 있는데, 大夫의 다음가는 자리이다.

81) 商賈 : 商은 점포를 두고 찾아오는 손님을 상대로 장사하는 상인이고, 賈는 직접 돌아다니면서 장사하는 行商을 말한다. 여기서는 상인의 범칭이다.

82) 尋 : 길이의 단위로, 여덟 자를 말한다.

83) (差)〔蓋〕 : 저본에는 '差'로 되어 있으나, 世德堂本에 의거하여 '蓋'로 바로잡았다.

8-213 君子言有壇宇하고 行有防表하며 道有一隆이라

군자는 그 말에 경계가 있고 그 행동에 기준이 있으며 그 준수하는 방식이 전일하고 치중하는 점이 있다.

累土爲壇이라 宇는 屋邊也라 防은 隄防이라 表는 標也라 言有壇宇는 謂有所尊高也요 行有防表는 謂有標准也라 一隆은 謂厚於一하여 不以異端亂之也라 ○ 王念孫曰 壇은 堂基也[①]라 宇는 屋邊也라 言有壇宇는 猶曰言有界域이니 卽下文所謂道不過三代하고 法不二後王이요 非有所尊高之謂也라 先謙案 道有一隆은 謂有所專重이라 如下文問政則專重安存하고 問學專重爲士하며 問治法專重後王 是也요 非厚於一之謂라 楊說失之라

① 獨斷曰 壇은 謂築土起堂이라하니라
≪獨斷≫에 "壇은 흙을 다져 쌓아 집을 지은 것을 이른다." 하였다.

楊倞注 : 흙을 쌓아올린 것이 壇이 된다. 宇는 집 처마이다. 防은 제방이다. 表는 '標(표준)'의 뜻이다. 言有壇宇는 존귀하고 고상한 점이 있음을 이르고, 行有防表는 표준이 있음을 이른다. 一隆은 한 가지에 치중하고 이단으로 어지럽히지 않음을 이른다.

○ 王念孫 : 壇은 집터이다. 宇는 집 처마이다. 言有壇宇는 하는 말에 한계선이 있음을 말하니, 곧 아래 글에 이른바 '王道를 논할 때 三代를 넘어가면 안 되고 법도를 논할 때 후대 제왕의 법에 어긋나서는 안 된다.'는 것이고, 존귀하고 고상한 점이 있다는 것을 이른 것은 아니다.

先謙案 : 道有一隆은 전일하고 치중하는 점이 있다는 것을 이른다. 곧 아래 글의 '정사에 대해 물으면 나라를 안정시키고 보존하게 하는 데에 치중하고 학문에 대해 물어오면 선비가 되는 데에 치중하며 다스리는 법에 대해 물어오면 후대 제왕의 법을 따르는 데에 치중해야 한다.'라고 한 말과 같은 것들이 그것이고, 한 가지에 치중하는 것을 이른 것은 아니다. 楊氏의 설은 잘못되었다.

8-214 言道德之求엔 不下於安存하고

나라를 다스리는 문제를 물어온 것에 대해 말할 때는 나라를 안정시키고 보존하게 하는 수준 그 이하의 것으로 말하지 않고

此道德은 或當爲政治니 以下有道德之求라 故誤重寫耳라 故下云諸侯問政不及安存이면 則不告也라하니 謂人以政治來求하면 則以安存國家已上之事語之也라 ○ 先謙案 安存은 以百姓言이라

楊倞注 : 이 '道德'은 어쩌면 마땅히 '政治'로 되어야 하니, 아래에 '道德之求'라는 문구가 있음으로 인해 잘못 이중으로 쓴 것일 뿐이다. 그래서 아래에 '제후가 정치를 물을 적에 나라를 안정시키고 보존시키는 것에 미치지 않으면 일러주지 않는다.'라고 하였으니, 이는 남이 정치문제를 가지고 와서 물으면 나라를 안정시키고 보존시키는 그 이상의 일로 그에게 일러준다는 것을 이른다.

○ 先謙案 : 안정시키고 보존한다는 것은 백성을 가지고 말한 것이다.

8-215 言志意之求엔 不下於(上)〔士〕[84)]하며

의지를 갖는 문제를 물어온 것에 대해 말할 때는 선비가 될 수 있는 수준 그 이하의 것을 말하지 않으며

以修其志意來求하면 則語爲士已上之事라

楊倞注 : 의지를 다스리는 문제를 가지고 와서 물으면 선비가 될 수 있는 그 이상의 일로 일러준다는 것이다.

8-216 言道德之求엔 不二後王[85)]이라

도덕을 따르는 문제를 물어온 것에 대해 말할 때는 후대 제왕의 법을 벗어나서

84) (上)〔士〕: 저본에는 '上'으로 되어 있고 世德堂本과 四庫本에는 모두 '事'로 되어 있다. '上'은 모양이 비슷하여 잘못되었고 '事'는 음이 혼동되어 잘못된 것으로 보이며, 楊倞의 주에도 '士'로 되어 있어, '士'로 바로잡았다.

85) 不二後王 : 于省吾는 이와 대를 이루는 문구인 '不下於安存'과 '不下於士'의 형식으로 볼 때 반드시 '不下後王'으로 되어야 한다고 하면서 밑에서 말한 '不及後王'이 곧 분명한 증거라고 하였다. 아울러 甲骨文과 金文에는 下가 모두 '二'로 되어 있어 '二'와 혼동되기 쉽다고 하였으며, 〈王制篇〉에 '法不貳後王'으로 되어 있는데, 이는 '二'가 또 '貳'로 고쳐진 것이라고 하였다. 王天海도 于省吾의 설이 매우 옳다고 인정하였다. 이 설이 옳다는 것을 인정하면서 우선 본문에 따라 번역하였다. 二는 전일하다는 뜻인 '一'과 상대되는 글자로서 '전일하지 않다' 또는 '멀리하다', '도외시하다'의 뜻으로 이해할 수 있다. 後王은 夏禹·商湯과 周 文王·武王 등 옛 聖王을 지칭한 先王의 대칭으로, 당대의 제왕을 말한다.

말하지 않는다.

道德은 敎化也라 人以敎化來求하면 則言當時之切所宜施行之事라 不二後王은 師古而不以遠古也[86]라 舍後王而言遠古 是二也라

楊倞注 : 道德은 교화의 뜻이다. 남이 교화하는 문제를 가지고 와서 물으면 당시에 절실하게 마땅히 시행해야 할 일을 일러준다는 것이다. 不二後王은 고대를 스승으로 삼되 너무 먼 상고적의 사례는 취하지 않는다는 뜻이다. 후대 제왕을 제쳐두고 상고적의 사례를 말하는 것이 곧 〈바른 법을〉 도외시하는 것이다.

8-217 **道過三代[87]를 謂之蕩이요**

王道를 논할 때 三代를 넘어가는 것을 허황하다 이르고

道過三代已前하여 事已久遠이면 則爲浩蕩難信也라

楊倞注 : 王道를 논할 때 三代 이전으로 넘어가 그 일이 이미 오랜 전설이 된 것이면 막연하여 믿기 어려운 것이 된다.

8-218 **法二後王을 謂之不雅라**

법도를 논할 때 후대 제왕의 법을 벗어난 것을 바르지 못하다고 이른다.

雅는 正也라 其治法不論當時之事而廣說遠古면 則爲不正也라

楊倞注 : 雅는 '正(바르다)'의 뜻이다. 나라를 다스리는 법에 관해 당대의 사실을 논하지 않고 상고적의 전설을 장황하게 설명한다면 바르지 않은 답이 되는 것이다.

8-219 **高之下之어나 小之臣之에 不外是矣라**

자기의 주장을 높게 하거나 낮게 하거나, 혹은 작게 하거나 크게 하거나 간에 이와 같은 한계와 기준을 벗어나지 않는다.

---

86) 師古而不以遠古也 : 久保愛의 增注本에는 '卽告不以遠古也(곧 고하되 너무 먼 상고적의 사례로 하지 않는다.)'로 되어 있다.

87) 三代 : 夏・商・周 세 시대의 합칭이다.

臣은 當爲巨라 雖高下小大라도 不出此壇宇防表也라

楊倞注 : 臣은 마땅히 '巨'로 되어야 한다. 〈논리전개가〉 비록 높거나 낮거나 작거나 크더라도 이 한계와 기준을 벗어나지 않는다는 것이다.

8-220 是君子之所以騁志意於壇宇宮廷也라

이것이 곧 군자가 일정한 한계와 범위 속에서 자기의 의지를 마음껏 펼치는 이유이다.

宮은 謂之室이요 庭은 門屛之內也라 君子雖騁志意論說이라도 不出此壇宇宮庭之內也라 是時百家異說이 多妄引前古以亂當世라 故荀卿屢有此言也라

楊倞注 : 宮은 일반적으로 '室(집)'이라 이르고, 庭은 문과 담의 안쪽이다. 군자가 비록 의지와 담론을 마음껏 펼치더라도 이 일정한 한계와 범위를 벗어나지 않는다. 이 당시 百家의 기괴한 설들이 대부분 지나간 옛날의 고사를 함부로 인용하여 당대를 혼란스럽게 하였으므로 荀卿이 여러 차례 이런 말을 한 것이다.

8-221 故諸侯問政不及安存이면 則不告也하고

그러므로 제후가 정치를 물을 적에 나라를 안정시키고 보존시키는 것에 미치지 않으면 일러주지 않고

○ 先謙案 如衛靈公問陳에 孔子對以軍旅未學[88]이라

○ 先謙案 : 衛 靈公이 陣法에 관해 묻자, 孔子가 군대에 대한 일은 배우지 못했다고 대답한 경우와 같다.

8-222 匹夫問學不及爲士면 則不敎也하며

일반인이 학문을 물을 적에 〈재덕을 겸비한〉 선비가 되는 것에 미치지 않으면 가르쳐주지 않으며

○ 先謙案 如樊遲問學稼學圃에 孔子答以不如老農老圃[89]라

88) 衛靈公問陳 孔子對以軍旅未學 : ≪論語≫ 〈衛靈公〉에 나온다.

○ 先謙案 : 樊遲가 농사짓는 일을 배우기를 묻고 채마밭 가꾸는 일을 배우기를 묻자, 공자가 자기는 늙은 농부나 늙은 밭일꾼만 못하다고 대답한 경우와 같다.

8-223 百家之說不及後王이면 則不聽也라

百家의 학설이 후대 제왕의 법에 미치지 않으면 그 말을 듣지 않는다.

百家雜說이 不及後王之道하고 妄起異端이면 則君子不聽之也라

楊倞注 : 百家의 잡다한 학설들이 후대 제왕의 도에는 미치지 않고 함부로 異端만 야기한다면 군자가 그 말을 듣지 않는다는 것이다.

8-224 大是之謂君子言有壇宇하고 行有防表也라

대체로 이것을 두고 군자는 그 말에 경계가 있고 그 행동에 기준이 있다고 말하는 것이다.

---

89) 樊遲問學稼學圃 孔子答以不如老農老圃 : ≪論語≫ 〈子路〉에 나온다.

王制篇 第九　제9편 王者의 제도

통일된 국가를 세우는 것에 관해 그 견해를 천명하였다. 국가를 다스릴 때는 마땅히 후대 군주의 이상적인 통치제도를 본받아야 한다는 기본원칙 아래 정사를 공평하게 하고 백성을 사랑하며, 禮義를 중시하고 儒者를 공경하며, 賢者를 존중하고 유능한 자를 임용할 것을 제안하였다. 경제에 있어서는 합리적으로 세금을 부과하는 방법을 제시하고 농업생산을 중시할 것을 주장하였다. 아울러 군자가 국가를 다스려야 나라가 안정될 수 있다고 하였으며, 천하를 통일하는 왕자가 되기 위해서는 민심을 얻어야 하고 무력만이 유일한 방법은 아니라고 하였다.

9-1 請問爲政하면 曰 賢能不待次而擧하고

정치를 어떻게 해야 하느냐고 물으면 그 대답은 이렇다. 賢者나 유능한 사람에 대해서는 순서를 기다릴 것 없이 파격적으로 등용하고

不以官之次序를 若傳說起版築爲相也라

楊倞注 : 관직 등급의 순서를 따르지 않기를 〈殷 高宗이〉 傳說을 〈傳巖의〉 담 쌓는 노동자 속에서 일으켜 재상으로 삼은 경우처럼 한다는 것이다.

9-2 罷不能不待須[1)]而廢하며

무능한 사람은 지체 없이 파면시키며

---

1) 須 : 世德堂本과 四庫全書本의 본문과 주에는 모두 '頃'으로 되어 있다. 王天海는 ≪說文解字≫ 段玉裁 주에 "頃은 원의를 확대하여 기울어져서 바르지 않다는 말이 된다. 지금은 잠깐 행했다가 금방 폐한다는 뜻으로 쓰인다.〔頃 引伸爲傾仄不正之偁 今則傾行而頃廢〕"라고 한 것을 근거로 들어, "頃은 위태롭다는 뜻이다. 위태로움을 기다리지 않고 폐한다는 말은 위해를 끼치는 일이 있기를 기다리지 않고 바로 폐출한다는 뜻이다."라고 하였다.

說築傅巖圖(≪書經圖≫)

須는 須臾也라 ○ 盧文弨曰 須는 俗本誤作頃이라 宋本元刻幷作須라 先謙案 罷는 謂弱不任事者라 荀書多以賢罷對擧라 王霸篇의 無國而不有賢士하고 無國而不有罷士와 非相篇의 君子賢而能容罷와 正論篇의 故至賢疇四海는 湯武是也요 至罷不容妻子는 桀紂是也와 成相篇의 基必施하고 辨賢罷 與此同이라

楊倞注 : 須는 잠깐 사이라는 뜻이다.

○ 盧文弨 : 須는 세간의 판본에는 '頃'으로 잘못되어 있다. 宋本과 元刻本에는 모두 '須'로 되어 있다.

先謙案 : 罷는 허약하여 직무를 감당하지 못한 자를 이른다. ≪荀子≫에 '賢'과 '罷'로 대를 맞춘 사례가 많다. 〈王霸篇〉의 "無國而不有賢士 無國而不有罷士(어느 국가나 현능한 선비가 없는 경우가 없고 어느 국가나 무능한 선비가 없는 경우가 없다.)"와, 〈非相篇〉의 "君子賢而能容罷(군자는 현능하면서도 능히 무능한 자를 포용한다.)"와, 〈正論篇〉의 "故至賢疇四海 湯武是也 至罷不容妻子 桀紂是也(그러므로 매우 현능한 사람은 천하를 차지할 수 있으니 湯王과 武王이 그 경우이고 매우 무능한 사람은 처자식도 보호하지 못하니 夏桀과 商紂가 그 경우이다.)"와, 〈成相篇〉의 "基必施 辨賢罷(나라의 기본 책략을 반드시 시행하되 현능한 사람과 무능한 사람을 구분해야 하네.)" 등이 여기의 경우와 같다.

9-3 元惡不待敎而誅니

극악무도한 원흉은 교육을 기다릴 것 없이 곧바로 죽여야 하니

不敎而殺謂之虐이라 唯元惡不敎誅之也라

楊倞注 : 교육하지 않고 죽이는 것을 가혹하다고 이른다. 하지만 원흉은 교육하지 않고 죽이는 것이다.

9-4 中庸民不待政[2]而化라

일반 백성은 상벌제도에 의하지 않더라도 〈교육을 통해 스스로〉 감화된다.

中庸民易(이)與爲善이라 故敎則化之하여 不待政成之後也라 ○ 郝懿行曰 中庸民은 言中等平常之人이라 賈誼過秦論所謂材能不及中庸 義與此同이라 史記改作材能

2) 政 : 여기서는 政法으로, 행정수단인 상벌제도를 말한다.

不及中人하니 亦得其意라 王念孫曰 元惡中庸對文이니 中庸下不當獨有民字라 此涉注文中庸民而衍이라 韓詩外傳無民字라

楊倞注 : 일반 백성은 이들과 善을 행하기가 쉽다. 그래서 교육하면 감화되기 때문에 행정수단을 적용할 필요가 없는 것이다.

○ 郝懿行 : 中庸民은 중등의 평범한 사람을 말한다. 賈誼의 〈過秦論〉에 이른바 "材能不及中庸(재능이 중등 인물에 미치지 못했다.)"의 뜻이 이것과 같다. ≪史記≫ 〈陳涉世家〉에는 바뀌어 '材能不及中人'으로 되어 있는데, 이 또한 그 뜻에는 변함이 없다.

王念孫 : '元惡'과 '中庸'은 대구이니, '中庸' 밑에만 '民'자가 있는 것은 옳지 않다. 이것은 楊倞 주 속의 '中庸民'과 연관되어 잘못 붙여진 것이다. ≪韓詩外傳≫에는 '民'자가 없다.

9-5 分未定也엔 則有昭繆(목)[3]이라

〈현자와 불초한 자의 귀천의〉 구분이 확정되지 않았을 때에는 宗廟의 昭穆 순서처럼 분명히 정해야 한다.

繆은 讀爲穆이라 父昭子穆이라 言爲政當分未定之時하여는 則爲之分別하여 使賢者居上하고 不肖居下하되 如昭穆之分別然하고 不問其世族[4]이라 ○ 郝懿行曰 二語難曉하고 楊氏說亦不了라 韓詩外傳四同이라 先謙案 楊說是也라 此卽下文所謂以類行雜이라

楊倞注 : 繆은 '穆'으로 간주해 읽어야 한다. 아버지는 昭이고 아들은 穆이다. 정사를 행하는 사람이 신료들의 귀천의 구분이 확정되지 않았을 때에는 그들을 구별하여 현자는 윗자리에 거하고 불초한 자는 아랫자리에 거하게 하되 마치 종묘에서 昭穆이 구분되는 것처럼 하고 그 世族 여부를 고려하지 않아야 한다는 것을 말한다.

○ 郝懿行 : 이 두 마디 말은 이해하기 어렵다. 楊氏의 설도 분명치 않다. ≪韓詩外傳≫ 권4에도 동일하다.

先謙案 : 楊氏의 설이 옳다. 이 말은 곧 아래 글(9-114)에 이른바 "以類行雜(사물의 원칙으로 복잡한 사물을 다스린다.)"의 뜻과 같다.

---

3) 昭繆(목) : 繆은 '穆'과 같다. 종묘에서 선왕들의 자리를 배열할 때 태조 자리인 위의 중앙을 기준으로 하여 좌측의 2, 4, 6대는 昭라 부르고 우측의 3, 5, 7대는 穆이라 부른다.

4) 世族 : 대대로 벼슬한 명망 높은 집안이란 뜻이다.

9-6 雖王公士大夫之子孫이라도

비록 왕공이나 사대부의 자손일지라도

○ 先謙案 宋台州本句末有也字하여 與下文一律이라 此也字似當有라

○ 先謙案 : 宋 台州本에는 이 문구 끝에 '也'자가 있어 아래 문구와 같은 형식이다. 이로 볼 때 '也'자가 마땅히 있어야 할 것 같다.

9-7 不能屬(촉)於禮義면 則歸之庶人하고 雖庶人之子孫也라도 積文學하여 正身行하여 能屬於禮義면 則歸之卿相士大夫라

禮義를 따르지 못한다면 그들을 평민 신분으로 귀속시키고, 비록 평민의 자손일지라도 학문을 쌓아서 몸과 행동을 바르게 하여 능히 禮義를 따른다면 그들을 卿相이나 사대부 신분으로 귀속시킨다.

屬은 繫也니 之欲反이라

楊倞注 : 屬은 '繫(매다)'의 뜻이니, 그 음은 之와 欲의 反切이다.

9-8 故姦言 姦說 姦事 姦能이

그러므로 간악한 말을 퍼뜨리고 간악한 설을 선동하며, 간악한 정사를 범하고 간악한 재주를 부리는 자들이

○ 先謙案 姦事姦說은 荀自解在非十二子及儒效篇[5)]이라 言도 亦說也라 能도 亦事也라

○ 先謙案 : 姦事와 姦說은 荀子가 스스로 그 뜻을 풀이한 내용이 〈非十二子篇〉과 〈儒效

5) 姦事姦說 荀自解在非十二子及儒效篇 : 姦事는 〈非十二子篇〉에 "있는 힘을 다 쓰더라도 백성을 위하는 정무에 합당하지 않다면 이를 간악한 정사라 이른다.〔勞力而不當民務 謂之姦事〕" 하고, 〈儒效篇〉에 "일을 행하는 것이 정당함을 잃으면 이것을 간악한 일이라 이른다.〔事行失中 謂之姦事〕"라고 하였다. 姦說은 〈非十二子篇〉에 "변론하고 비유하는 것이 민첩하더라도 禮義를 따르지 않는다면 이를 간악한 설이라 이른다.〔辯說譬諭齊給便利 而不順禮義 謂之姦說〕"라고 하였다.

篇〉에 있다. 言 또한 說이다. 能 또한 事이다.

9-9 遁逃라 反側之民[6)]은 職而教之하며 須而待之라

〈그 재간을 부리지 못해〉 도망가는 것이다. 그 태도가 안정되지 못한 사람에 대해서는 각자의 직무를 맡겨 가르치며 시일을 두어 〈잘못을 깨닫기를〉 기다린다.

反側은 不安之民也라 職而教之는 謂使各當教其本事也라 須而待之는 謂須暇之而待其遷善也라

楊倞注 : 反側은 안정되지 못한 백성이다. 職而教之는 각 사람에게 반드시 그 본업을 가르치게 하는 것을 이른다. 須而待之는 여유시간을 두어 그들이 착하게 되기를 기다리는 것을 이른다.

9-10 勉之以慶賞하고 懲之以刑罰하여 安職則畜(휵)하고 不安職則棄라

그런 뒤에 포상으로 격려하고 형벌로 징계하면서 본업을 안정되게 수행하면 거두어 머무르게 하고 본업을 안정되게 수행하지 못하면 내버린다.

畜은 養也라 棄는 謂投四裔之比也라

楊倞注 : 畜은 '養(기르다)'의 뜻이다. 棄는 사방의 먼 곳으로 추방하는 사례를 이른다.

9-11 五疾은 上收而養之하되 材而事之하고

다섯 종의 장애자에 대해서는 군주가 거두어 부양하되 재능을 가늠하여 일을 시키고

五疾은 瘖聾跛躄斷者侏儒라 各當其材使之니 謂若矇瞽修聲하고 聾聵司火[7)]之屬이라

---

6) 遁逃 反側之民 : 저본에는 '遁逃'가 '反側之民'에 붙어 한 구로 되어 있으나, 包遵信은 "위정자가 만약 禮義를 따라 현자를 살피고 유능한 자를 등용하여 오직 훌륭한 인재만을 부린다면 간악한 말을 퍼뜨리고 간악한 설을 선동하며, 간악한 정사를 범하고 간악한 재주를 부리는 자들이 반드시 그 재간을 부리지 못해 도망갈 것이라는 뜻으로 말한 것이다."라고 하면서 위로 붙이는 것이 옳다고 하였다. 그의 견해가 타당한 것으로 보여 그에 따라 번역하였다.

7) 矇瞽修聲 聾聵司火 : ≪國語≫ 〈晉語〉에 나오며, 거기에는 '瞽'가 '瞍'로 되어 있다.

楊倞注 : 五疾은 벙어리, 귀머거리, 절름발이, 사지가 끊어진 자, 난쟁이 등이다. 각기 그 재능에 맞게 부리는 것이니, 이를테면 소경은 악곡을 연주하고 귀머거리는 화재감시를 담당하는 사례와 같은 것을 이른다.

9-12 官施而衣食之하여 兼覆無遺라

직무를 맡겨 그들을 입혀주고 먹여줌으로써 모두를 다 감싸서 누락되는 일이 없게 한다.

官爲之施設所職而與之衣食이라 ○ 先謙案 收而養之以下三句一律로 皆上之事니 卽官之事也라 不應此處又增入官字라 今案 官者는 任也[①]요 施者는 用也[②]라 官施而衣食之는 猶言任用而衣食之라 王霸篇云 論德使能而官施之 尤其明證이라 楊注誤라

① 義具解蔽篇이라
이에 관한 뜻은 〈解蔽篇〉에 갖춰져 있다.

② 義具臣道篇이라
이에 관한 뜻은 〈臣道篇〉에 갖춰져 있다.

楊倞注 : 관아에서 그들을 위해 담당 직무를 안배하여 그들에게 입을 것과 먹을 것을 급여한다는 것이다.

○ 先謙案 : '收而養之' 이하 세 구는 동일한 형식으로 모두 군주가 하는 일이니 곧 관아의 일이다. 여기에 또 '官'자를 넣는 것은 온당치 않다. 이제 살펴보건대, 官은 '任(맡기다)'의 뜻이고 施는 '用(쓰다)'의 뜻이다. '官施而衣食之'는 임용하여 그들을 입혀주고 먹여준다는 말과 같다. 〈王霸篇〉에 "論德使能而官施之(덕이 있는 사람을 선택하고 재능이 있는 사람을 사용하여 그들에게 직무를 맡긴다.)"라고 한 말이 더욱 분명한 증거이다. 楊氏의 주는 잘못되었다.

9-13 才行反時者死無赦라 夫是之謂天德이니 是王者之政也라

그 재능과 행동으로 현행제도를 반대하는 사람은 사형에 처하고 용서하지 않는다. 대체로 이것을 하늘과 같은 덕행이라 이르니, 이는 王者의 정치이다.

天德은 天覆之德이라 ○ 王念孫曰 王者上當有是字라 是王者之政也는 乃總承上

文之詞라 下文是王者之人也와 是王者之制也와 是王者之論也는 皆與此文同一例라 今本脫是字하니 則語意不完이라 韓詩外傳有是字라

楊倞注 : 天德은 하늘이 온누리를 감싸는 德이다.

○ 王念孫 : '王者' 위에 마땅히 '是'자가 있어야 한다. '是王者之政也'는 곧 윗글을 총괄하여 잇는 어구이다. 아래 글 '是王者之人也'와 '是王者之制也'와 '是王者之論也'는 모두 이 문구와 동일한 형식이다. 지금 판본에는 '是'자가 탈락되었으니, 말의 뜻이 완전하지 않다. ≪韓詩外傳≫에는 '是'자가 있다.

9-14 聽政之大分이라

정무를 처리하는 큰 요령.

○ 盧文弨曰 舊本不提行이나 今案當分段이라 先謙案 台州本提行이라

○ 盧文弨 : 옛 판본에는 줄을 바꾸지 않았으나 지금 살펴보건대, 마땅히 단락을 나눠야 할 것 같다.

先謙案 : 台州本은 줄을 바꿨다.

9-15 以善至者待之以禮하고 以不善至者待之以刑이라 兩者分別이면 則賢不肖不雜하고 是非不亂이라 賢不肖不雜이면 則英傑至하고 是非不亂이면 則國家治라 若是면 名聲日聞하여

훌륭한 건의사항을 가지고 오는 사람에 대해서는 예절로 대우하고 악의를 품고 다가오는 사람에 대해서는 형벌로 대응한다. 이 두 가지 정황이 구분된다면 현자와 불초한 자가 뒤섞이지 않고 옳고 그릇된 일도 혼란해지지 않는다. 현자와 불초한 자가 뒤섞이지 않는다면 영웅호걸이 이르러 오고 옳고 그릇된 일이 혼란해지지 않는다면 국가가 다스려진다. 이렇게 되면 명성이 드러나

○ 王念孫曰 名聲日聞은 本無聞字하고 日本作白이라 名聲白者는 白은 明也며 顯也니 名聲顯著於天下也라 致士篇曰 貴名白하여 天下願하여 令行禁止하여 王者之事畢矣리라하니 文正與此同이라 貴名白은 卽名聲白也라 樂論篇曰 名聲於是白하고 光輝於是大라하고 堯問篇曰 名聲不白하여 徒與不衆하고 光輝不大라하니 皆其證也라

名聲白 天下願二句는 **相對爲文**이라 **若於上句內加一字**면 **則句法參差矣**라 **此因白字譌作日**하여 **後人不得其解**라 **故於日下加聞字耳**라

○ 王念孫 : '名聲日聞'은 본디 '聞'자가 없고 '日'은 본디 '白'으로 되어 있다. 名聲白이란, 白은 '明(밝다)'의 뜻이며 '顯(드러나다)'의 뜻이니, 명성이 천하에 크게 드러난다는 뜻이다. 〈致士篇〉에 "貴名白 天下願 令行禁止 王者之事畢矣(존귀한 명성이 드러나 천하 사람이 그를 흠모할 것이다. 명령하면 행해지고 금하면 중지되어 王者의 정사가 완성될 것이다.)"라고 하였으니, 그 문구가 여기와 동일하다. 貴名白은 곧 명성이 훤히 드러난다는 뜻이다. 〈樂論篇〉에 "名聲於是白 光輝於是大(명성이 이에 드러나고 광채가 이에 커졌다.)"라 하고, 〈堯問篇〉에 "名聲不白 徒與不衆 光輝不大(명성이 드러나지 않아 문도들이 많지 않고 비치는 광채가 넓지 않다.)"라고 하였으니, 이것들이 모두 그 증거이다. '名聲白 天下願' 두 구는 서로 대를 맞춰 글이 된 것이다. 만약 위 문구 속에 한 글자를 더 보탠다면 구법이 어긋날 것이다. 그것이 이렇게 된 이유는 '白'자가 '日'로 잘못되었고 뒷사람이 그것을 이해하지 못했기 때문에 '日' 밑에 '聞'자를 추가했던 것일 뿐이다.

9-16 **天下願**[8)]하여 **令行禁止**하여 **王者之事畢矣**리라

천하 사람이 흠모함으로써 명령하면 행해지고 금하면 중지되어 王者의 정사가 완성될 것이다.

願은 **謂人人皆願**이라

楊倞注 : 願은 사람마다 모두 원하는 것을 이른다.

9-17 **凡聽**에

대체로 정무를 처리할 적에

論聽政也라

楊倞注 : 정무를 처리하는 일에 관해 논한다는 것이다.

9-18 **威嚴猛厲**하여 **而不好假道**[9)]**人**이면

8) 願 : 여기서는 '흠모한다'는 뜻이다.

태도가 위압적이고 엄격하여 다른 사람을 너그럽게 인도하기를 좋아하지 않는다면

厲는 剛烈也라 假道는 謂以寬和假借道引人也라

楊倞注 : 厲는 억세고 사납다는 뜻이다. 假道는 너그럽게 포용하는 태도로 남을 유도해 끌어오는 것을 이른다.

9-19 則下畏恐而不親하고 周閉而不竭이라

아랫사람이 두려워서 가까이하지 않고 본심을 깊이 숨겨 다 드러내지 않는다.

隱閉其情하여 不竭盡也라 ○ 郝懿行曰 竭者는 擧也라 謂隱匿其情하여 不肯擧發也라 注訓竭盡도 亦通이라

楊倞注 : 그 속마음을 숨기고 닫아 다 드러내지 않는 것이다.

○ 郝懿行 : 竭이란 들춰낸다는 뜻이다. 그 속마음을 숨겨 겉으로 들춰내려고 하지 않는 것을 이른다. 楊倞의 주에 〈竭의 뜻을〉 '다 드러낸다.'라고 풀이한 것도 뜻이 통한다.

9-20 若是면 則大事殆乎弛하고 小事殆乎遂라

이렇게 되면 큰 일이 거의 폐기되고 작은 일도 거의 허사가 된다.

弛는 廢也라 遂는 因循也라 春秋傳曰 遂는 繼事也라하니라 下既隱情하여 不敢論說하면 則大事近於弛廢하고 小事近於因循이니 言不肯革弊也라 ○ 劉台拱曰 遂는 如大夫無遂事之遂라 威嚴猛厲하면 則小事不復關白이라 故曰遂라하니라 王念孫曰 遂는 讀爲墜니 墜與弛義相近이라 下畏恐而箝口하면 則百事墮壞而上不得聞이라 故大事近乎廢弛하고 小事近乎失墜也라 下文曰 法而不議면 則法之所不至者必廢하고 職而不通이면 則職之所不及者必隊①라하니 義與此相承也라 正論篇曰 國雖不安이나 不至於廢易遂亡이라하니 遂도 亦讀爲墜②라 謂不至於廢弛墜失也③라 兪樾曰 說文에 遂는 亡也라하니 小事殆乎遂는 謂近乎亡失也라 正論篇에 國雖不安이나 不至於廢易遂亡이라하여 以遂亡連文하니 此古義之幸存者라 楊不得其義而曲爲之說이라 先

9) 道 : 여기서는 '導(인도하다)'자와 같다.

謙案 王兪幷引正論篇爲說하니 彼以廢易遂亡四字連文하여 廢易二義니 則遂亡亦二義라 不得訓遂爲亡이라 王讀遂爲墜하니 說較長이라 注肯字는 各本譌有나 據宋台州本改正이라

① 隊與墜同이라
隊는 墜와 같다.

② 史記倉公傳陽脈下遂에 徐廣曰 一作隊라하고 正義曰 遂音直類反이라하니 遂隊幷與墜同이라 墜之通作遂는 猶墜之通作隧라 儒效篇至共頭而山隧와 漢石經論語殘碑未隧於地와 漢書王莽傳不隧如髮은 幷以隧爲墜라
≪史記≫ 〈倉公傳〉의 "陽脈下遂(陽脈이 아래로 떨어졌다.)"에서 徐廣이 "어떤 판본에는 〈'遂'가〉 '隊'로 되어 있다."라 하고, ≪史記正義≫에 "遂의 음은 直과 類의 反切이다."라고 하였으니, 遂와 隊는 모두 墜와 같다. '墜'가 일반적으로 '遂'로 되어 있는 것은 '墜'가 일반적으로 '隧'로 되어 있는 경우와 같다. 〈儒效篇〉의 "至共頭而山隧(共頭山에 이르렀을 때 산이 무너졌다.)"와, ≪漢石經論語≫ 殘碑의 "未隧於地(땅에 떨어지지 않았다.)"와, ≪漢書≫ 〈王莽傳〉의 "不隧如髮(위태롭기가 머리털 한 가닥이 겨우 붙어 있는 것과 같다.)"은 모두 '隧'를 '墜'로 간주한 경우이다.

③ 廢易는 卽廢弛라 爾雅曰 弛는 易也라하고 君道篇曰 境內之事 有弛易齵差者矣라하니라
廢易는 곧 〈'무너지고 해이해지다'라는 뜻인〉 廢弛와 같다. ≪爾雅≫에 "弛는 '易(늘어지다)'의 뜻이다."라 하고, 〈君道篇〉에 "境內之事 有弛易齵差者矣(국내의 사정은 해이해지고 들쑥날쑥 어긋나는 것들이 있다.)"라고 하였다.

楊倞注 : 弛는 '廢(폐하다)'의 뜻이다. 遂는 꾸물거린다는 뜻이다. ≪春秋穀梁傳≫ 宣公 元年에 "遂는 일을 이어서 한다는 것이다.[遂 繼事也]"라고 하였다. 아랫사람이 이미 속마음을 숨겨 감히 말을 꺼내지 않는다면 큰 일이 거의 해이해지고 작은 일도 거의 우물쭈물 넘어가게 되는 것이니, 아랫사람이 폐해를 고치려 하지 않는 것을 말한다.

○ 劉台拱 : 遂는 '大夫無遂事(대부는 정사를 독자적으로 결단할 수 없다.)'의 '遂'와 같다. 태도가 위압적이고 엄격하면 아랫사람이 작은 국사는 보고하지 않고 독자적으로 결단하기 때문에 遂라 말한 것이다.

王念孫 : 遂는 墜로 간주해 읽어야 하니, 墜와 弛는 뜻이 서로 가깝다. 아랫사람이 두려워서 입을 닫아버리면 百事가 허물어지는데도 윗사람이 듣지 못하기 때문에 큰 일이 거의 폐기되고 작은 일도 거의 실추되는 것이다. 아래 글에 "法而不議 則法之所不至者必廢 職而不通 則職之所不及者必隊(법을 제정하더라도 치밀하게 토론하지 않으면 법이 미치지 않는 부분은 반드시 폐지되고, 직위에 앉히더라도 일반적인 직무를 알지 못하면 직권이 미치지

못하는 부분은 반드시 무너지게 된다.)"라고 하였으니, 그 뜻이 여기 글과 서로 이어진다. 〈正論篇〉에 "國雖不安 不至於廢易遂亡(국가가 비록 안정되지 않더라도 정사가 폐기되고 해이해지거나 무너지고 망가지는 정도까지는 이르지 않는다.)"이라고 하였으니, 이 遂 또한 墜로 간주해 읽는다. 이 말은 폐기되거나 실추되는 정도까지는 이르지 않는 것을 이른다.

兪樾 : ≪說文解字≫에 "遂는 '亡(잃어버리다)'의 뜻이다."라고 하였으니, 小事殆乎遂는 거의 잃어버리는 것을 이른다. 〈正論篇〉에 "國雖不安 不至於廢易遂亡"이라 하여 '遂亡'으로 연이어 말을 만들었으니, 이는 옛 문자의 뜻이 다행히 남아 있는 것이다. 그런데 楊氏는 그 뜻을 이해하지 못하고 곡해하여 잘못 말하였다.

先謙案 : 王氏와 兪氏가 모두 〈正論篇〉을 인용하여 설명하였는데, 그 글은 '廢易遂亡' 네 글자로 연이어 말을 만든 것으로서 廢易가 두 개의 뜻이니 遂亡 또한 두 개의 뜻이다. 그러므로 遂의 뜻이 亡이 될 수 없다. 王氏는 遂를 墜로 간주해 읽었으니, 그 설이 비교적 우세하다. 楊氏의 주에서 '肯'자는 각 판본에 '有'로 잘못되어 있으나, 宋 台州本에 의해 고쳐 바로잡았다.

9-21 **和解調通**하여 **好假道人**하여 **而無所凝止之**면

반면에 너무 유순하고 격의가 없어 다른 사람을 너그럽게 인도하기를 좋아해서 〈옳지 않은 점을〉 중지시키는 일이 없다면

和解調通은 謂寬和不拒下也라 凝은 定也라 凝止는 謂定止其不可也라 ○ 謝本從盧校作凝止也라 盧文弨曰 正文也字는 宋本作之라 郝懿行曰 按此今官人中之和事者也라 偏好假借辭色하고 開通道路하여 以誘進人하여 令皆歡悅이라 故下遂云姦言幷至하고 嘗試之說鋒起하여 而無所底止也라 凝은 當作疑(응)이니 止定之貌라 見詩桑柔傳及儀禮士昏等注[10]라 荀書凝字는 古本必皆作疑이나 今改作凝하고 經典亦多改凝하니 人皆知凝不知疑矣라 莊子用志不紛이면 乃疑於神이 今亦改凝이라 其音則疑은 魚乙切이요 凝은 魚陵切이며 古音必陵切이라 說文以凝爲俗冰字라 唯

10) 見詩桑柔傳及儀禮士昏等注 : ≪詩經集傳≫ 〈桑柔〉의 "靡所止疑 云徂何往(정지하여 안정할 곳이 없으니 간다 한들 어디로 갈 수 있으랴.)"의 주에 "疑은 ≪儀禮≫의 '疑立(정지하여 똑바로 선다.)'의 '疑(응)'처럼 읽어야 하니, '定(정지하다)'의 뜻이다."라고 하였다. ≪儀禮注疏≫ 〈士昏禮〉의 이 부분 주에 "疑은 바르게 서서 스스로 정지한 모양이다.〔疑 正立自定之貌〕"라고 하였다.

詩膚如凝脂는 正宜作凝하고 爾雅作冰脂하니 可證矣라 王念孫曰 宋呂錢本作凝止之하고 世德堂本同하니 作之者是也라 解蔽篇云 以可以知人之性으로 求可以知物之理하여 而無所疑止之라하니 文義正與此同이라 先謙案 王說是라 今改從宋本이라

楊倞注 : 和解調通은 너그럽고 온화하여 아랫사람의 뜻을 거부하지 못하는 것을 이른다. 凝은 '定(멈추다)'의 뜻이다. 凝止는 그 옳지 않은 점을 중지시키는 것을 이른다.

○ 謝本은 盧校本에 따라 '凝止也'로 되어 있다.

盧文弨 : 본문의 '也'자는 宋本에 '之'로 되어 있다.

郝懿行 : 살펴보건대, 이 문구는 당시 관리들 가운데 화해를 중시하는 자들에 관한 말이다. 말씨와 기색을 너그럽게 하고 남들과의 통로를 활짝 열어 사람을 유도해 의견을 개진하게 하는 것을 지나치게 좋아하여 모든 사람을 다 기쁘게 하였다. 그러므로 아래 글에서 마침내, 간악한 말들이 한꺼번에 쏟아지고 시험 삼아 탐지해보는 논의가 벌떼같이 일어나 멈추는 일이 없을 것이라고 말한 것이다. '凝'은 마땅히 '疑'으로 되어야 하니, 중지하는 모양이다. ≪詩經≫ 〈桑柔〉의 〈毛傳〉 및 ≪儀禮≫ 〈士昏禮〉 등의 주에 보인다. ≪荀子≫에 보이는 '凝'자는 옛 판본에 분명히 모두 '疑'으로 되어 있었을 것인데 지금 판본에는 이것이 고쳐져 '凝'으로 되어 있고 기타 經典도 대부분 '凝'으로 고쳐졌기 때문에 사람들이 모두 '凝'은 알고 '疑'은 모른다. ≪莊子≫의 "用志不紛 乃疑於神(마음 쓰는 것이 어지럽지 않으면 정신이 결집된다.)"의 〈疑이〉 지금 또 '凝'으로 고쳐져 있다. 그 음의 경우, '疑'은 음이 魚와 乙의 反切이고 凝은 음이 魚와 陵의 反切이며, 옛 음은 必과 陵의 反切이다. ≪說文解字≫에는 '凝'이 속자로는 '冰'자라고 하였다. 오직 ≪詩經≫ 〈碩人〉의 "膚如凝脂(살결은 엉긴 기름 마찬가지요.)"는 본디의 글자대로 '凝'이 되는 것이 맞고, ≪爾雅≫에 "冰은 기름이 응고된 것이다.〔冰 脂〕"라고 되어 있으니, 이런 사례를 통해 증명할 수 있다.

王念孫 : 宋 呂·錢本에 '凝止之'로 되어 있고 世德堂本도 같으니, '之'로 된 것이 옳다. 〈解蔽篇〉에 "以可以知人之性 求可以知物之理 而無所疑止之(사람의 性情을 인식하는 본능을 가지고 사물의 이치를 인식할 수 있는 것을 탐구하되 중지하는 일이 없다면)"라 하였으니, 글뜻이 정확히 여기의 경우와 같다.

先謙案 : 王氏의 설이 옳다. 여기서는 고쳐 宋本을 따랐다.

9-22 則姦言并至하고 嘗試之說鋒起[11]라

---

11) 鋒起 : 앞 구의 并至와 대구이다. 久保愛는 "鋒은 '蜂(벌)'과 통용한다. 蜂起는 많다는 것을

간악한 말들이 한꺼번에 쏟아지고 시험 삼아 탐지해보는 논의가 벌떼같이 일어날 것이다.

嘗試之說은 謂假借他事試爲之也라 莊子曰 嘗試論之라하니라 鋒起는 謂如鋒刃齊起니 言銳而難拒也라

楊倞注 : '嘗試之說'은 어떤 다른 일을 빌려서 시험 삼아 말해보는 것을 이른다. ≪莊子≫ 〈胠篋〉에 "嘗試論之(시험 삼아 논해본다.)"라고 하였다. 鋒起는 창끝이나 칼날처럼 일제히 일어나는 것을 이르니, 날카로워서 막아내기가 어려운 것을 말한다.

9-23 若是면 則聽大事煩하여 是又傷之也라

이렇게 되면 다스리는 일이 너무 많아 정사가 번잡하므로 이 또한 정무를 처리하는 데에 해롭다.

聽大는 謂所聽之事多也라 傷은 傷政也라 ○ 先謙案 詩閟宮箋大東極東의 疏에 大者는 廣遠之言이라하니 此大字義同이라

楊倞注 : 聽大는 다스리는 일이 많은 것을 이른다. 傷은 정무를 해친다는 뜻이다.

○ 先謙案 : ≪詩經≫ 〈閟宮〉의 〈鄭箋〉에 "大東은 極東이다."라 한 곳의 疏에 "大란 넓고 멀다는 말이다."라고 하였으니, 이곳 '大'자의 뜻도 그와 같다.

9-24 故[12]法(法)[13]而不議면 則法之所不至者는 必廢하고

대체로 법을 제정하되 치밀하게 토론하지 않으면 법이 미치지 않는 부분은 반드시 폐지되고

議는 謂講論也라 雖有法度而不能講論이면 則不周洽이라 故法所不至者는 必廢也라

楊倞注 : 議는 강론하는 것을 이른다. 비록 법도가 있더라도 강론하지 않으면 보편적인 것이 못 된다. 그러므로 법이 미치지 않는 부분은 반드시 폐지된다.

비유한 것이다."라고 하였고 王天海도 이에 동의하였다. 久保愛의 설에 따라 번역하였다.

12) 故 : '夫'자와 통용한다. 아래의 경우도 같다.

13) (法) : 저본에는 '法' 1자가 더 있으나, 여타 판본에 의거하여 삭제하였다.

9-25 **職而不通**이면 **則職之所不及者**는 **必隊**라

직위에 앉히더라도 일반적인 직무를 알지 못하면 직권이 미치지 못하는 부분은 반드시 무너지게 된다.

雖擧當其職이라도 而不能通明其類면 則職所不及者는 必隊라 隊는 與墜同이라

楊倞注 : 비록 인재를 등용하여 능력에 맞는 직위에 앉히더라도 유사한 유례를 추리하여 환히 알지 못하면 직권이 미치지 못하는 부분은 반드시 무너지게 된다. 隊는 '墜(떨어지다)'와 같다.

9-26 **故法而議**하고 **職而通**하며 **無隱謀**하고 **無遺善**하여 **而百事無過**는 **非君子莫能**이라 **故公平者**는 **職之衡也**요 **中和者**는 **聽之繩也**라

대체로 법을 제정하되 충분히 토론하고 직위에 앉히되 일반적인 직무를 알게 하며, 숨겨진 계책이 없고 누락된 선행이 없어 모든 일에 잘못이 없도록 하는 것은 군자가 아니면 할 수 없다. 그러므로 公平이란 정무를 처리하는 기준이 되고 中和란 정무를 처리하는 규범이 된다.

聽은 聽政也라 衡은 所以知輕重이요 繩은 所以辨曲直이라 言君子用公平中和之道라 故能百事無過라 中和는 謂寬猛得中也라 ○ 劉台拱曰 注先解聽하고 後解衡하니 職之衡은 當作聽之衡이라 此涉上文職字致誤라

楊倞注 : 聽은 정무를 처리한다는 뜻이다. 衡은 무게의 輕重을 알기 위한 것이고, 繩은 모양의 곡직을 가려내기 위한 것이다. 군자는 공평하고 中和로운 방법을 사용하기 때문에 능히 모든 일에 잘못이 없다는 것을 말한다. 中和는 관대함과 엄격함이 중도를 얻는 것을 이른다.

○ 劉台拱 : 楊倞의 注에서 먼저 '聽'을 풀이하고 나중에 '衡'을 풀이하였으니, '職之衡'은 마땅히 '聽之衡'으로 되어야 한다. 이것은 윗글의 '職'자와 연관되어 오류가 생긴 것이다.

9-27 **其有法者以法行**하고 **無法者以類擧**는 **聽之盡也**며

근거할 만한 법률이 있는 경우에는 법률에 비추어 처리하고 근거할 만한 법률이 없는 경우에는 유추할 만한 원칙에 비추어 처리하는 것은 정무처리를 완전하

게 하는 조치이며,

類는 謂比類라 ○ 先謙案 無法者上에 群書治要有其字라

楊倞注 : 類는 유사한 사례를 참조하는 것을 이른다.

○ 先謙案 : '無法者' 위에 ≪群書治要≫에는 '其'자가 있다.

9-28 偏黨而無經은 聽之辟也라

한쪽으로 치우치고 일정한 법이 없는 것은 정무처리를 왜곡되게 하는 것이다.

無經은 謂無常法也라 辟은 讀爲僻이라

楊倞注 : 無經은 일정한 법이 없는 것을 이른다. 辟은 '僻(치우치다)'으로 간주해 읽는다.

9-29 故有良法而亂者는 有之矣어니와 有君子而亂者는 自古及今토록 未嘗聞也라 傳曰 治生乎君子하고 亂生乎小人이라하니 此之謂也라

그러므로 좋은 법이 있더라도 국가가 혼란한 경우는 있으나, 군자가 있어서 국가가 혼란한 경우는 예로부터 이제까지 들어본 적이 없다. 옛 글에 "治世는 군자로부터 생기고 난세는 소인으로부터 생긴다."라고 하였으니, 이를 두고 하는 말이다.

其人存則其政擧하고 其人亡則其政息[14]이라 ○ 盧文弨曰 注兩則字는 宋本無라 先謙案 亂生上에 群書治要有而字라

楊倞注 : 그 사람이 세상에 있으면 그 정사가 행해지고 그 사람이 없으면 그 정사도 폐지되는 것이다.

○ 盧文弨 : 楊倞 注의 두 '則'자는 宋本에는 없다.

先謙案 : '亂生' 위에 ≪群書治要≫에는 '而'자가 있다.

9-30 分均則不偏[15]하고

---

14) 其人存則其政擧 其人亡則其政息 : ≪中庸≫ 20장에 나오는 말이다.

15) 分均則不偏 : 이에 대해 여러 학자들은 아래의 王念孫 설을 인정하지 않고 저마다 다음과

귀천의 명분이 균등하면 아무도 누구를 통솔하지 못하고

分均은 **謂貴賤敵也**라 **分**은 **扶問反**이라 ○ **王念孫曰 偏**은 **讀爲徧**이라 **言分旣均**하면 **則所求於民者亦均**하여 **而物不足以給之**라 **故不徧也**라 **下文曰 勢位齊而欲惡同**하되 **物不能澹**[①]이 **正所謂不徧也**라 **偏徧古字通**하니 **說見墨子非攻篇**이라

① **古贍字**라
〈澹은〉 옛 '贍(넉넉하다)'자이다.

楊倞注 : 分均은 존귀한 자와 미천한 자가 대등한 것을 이른다. 分은 음이 扶와 問의 反切이다.

○ 王念孫 : 偏은 '徧(두루)'으로 간주해 읽는다. 명분이 이미 균등하다면 군주가 백성에게 요구하는 것도 균등하게 클 것인데, 재물이 그 수요를 충족시킬 수 없으므로 '不徧'이라고 말한 것이다. 아래 글에 "勢位齊而欲惡同 物不能澹(권세나 지위가 동등하고 하고자 하는 것과 싫어하는 것이 같다면 재물이 그 수요를 충족시킬 수 없다.)"이라 한 것이 바로 이른바 '不徧'이다. '徧'과 '偏'은 옛 글자에 통용하였으니, 이에 관한 설명은 ≪墨子≫ 〈非攻篇〉에 보인다.

9-31 **勢齊則不壹**하며 **衆齊則不使**라

권세가 동등하면 아무도 누구를 통일하지 못하며 군중이 동등하면 아무도 누구를 부릴 수 없다.

此皆名無差等이면 **則不可相制也**라

같이 주장하였다. 安積信은 "偏은 한쪽으로 치우친 것을 말한다. 군주는 군주로서의 명분이 있고 신하는 신하로서의 명분이 있어 그 관작의 高下가 각기 다르다. 그런데 만약 상하가 차등이 없어 그 명분이 동등하면 귀천이 혼동되어 한쪽으로 치우치지 않는다."라고 하고, 于鬯은 "偏은 '辨(분별하다)'으로 간주해 읽어야 한다. 分은 명분으로, 상하를 구분하기 위한 것인데 명분이 균등하면 이는 상하가 없는 것이다. 어떻게 귀천을 구분하겠는가."라고 하였으며, 陶鴻慶은 "偏은 마땅히 본 글자대로 읽어야 한다. 귀천의 명분이 균등하면 서로 매이거나 소속되지 않는다."라고 하였다. 鍾泰는 "偏은 마땅히 '平'자처럼 읽어야 한다."라고 하고, 王天海는 于鬯의 설에 동의하면서 "不偏은 마땅히 '不辨'으로 읽어야 한다. 不辨은 곧 다스리지 못한다는 뜻이다."라고 하였다. 張覺은 "명분과 직위가 서로 같으면 아무도 누구를 통솔하지 못한다."라고 하였다. 번역은 張覺의 견해를 따랐다.

楊倞注 : 이 말들은 모두 명분이 차등이 없으면 서로 제어할 수 없다는 뜻이다.

9-32 有天有地하여 而上下有差하고 明王始立하여 而處國有制라

하늘이 있고 땅이 있어 상하의 차등이 있고 현명한 제왕이 처음 일어나 국가를 다스릴 적에 일정한 등급 제도가 있다.

制도 亦謂差等也라

楊倞注 : 制 또한 차등을 이른다.

9-33 夫兩貴之不能相事하고 兩賤之不能相使니 是天數也라

대체로 양쪽이 다 존귀하면 서로를 받들어 섬길 수 없고 양쪽이 다 미천하면 서로를 부릴 수 없는 것이니, 이는 숙명이다.

天之數也라

楊倞注 : 하늘의 법칙이란 것이다.

9-34 勢位齊而欲惡同이면 物不能澹이니 則必爭하고

권세나 지위가 동등하고 하고자 하는 것과 싫어하는 것이 같다면 재물이 그 수요를 충족시킬 수 없으니, 그렇게 되면 반드시 다툼이 일어나고

澹은 讀爲贍이라 旣無等級이면 則皆不知紀極이라 故物不能足也라

楊倞注 : 澹은 '贍(넉넉하다)'으로 간주해 읽는다. 이미 등급이 없으면 모든 사람이 한계를 모르기 때문에 재물이 그 수요를 충족시킬 수 없다.

9-35 爭則必亂하고 亂則窮矣라

다툼이 일어나면 반드시 혼란해지며 혼란해지면 곤경에 빠진다.

物窮竭也라

楊倞注 : 재물이 고갈되는 것이다.

9-36 **先王惡(오)其亂也**라 **故制禮義以分之**하여 **使有貧富貴賤之等**하여 **足以相兼臨者**하니 **是養天下之本也**라

고대의 聖王은 이와 같은 혼란을 유감스럽게 생각하였기 때문에 禮義를 제정해 그들을 구분하여 사람들로 하여금 貧富와 貴賤의 차별이 있게 함으로써 〈이것을 기반으로〉 전면적으로 통치할 수 있게 하였으니, 이것이 천하를 통치하는 기본원칙이다.

使物有餘而不窮竭이라

楊倞注 : 재물이 넉넉하여 고갈되지 않게 하였다는 것이다.

9-37 **書曰 維齊非齊**[16]라하니 **此之謂也**라

≪書經≫에 "가지런하게 되는 것은 가지런하지 않는 데에 있다."라고 하였으니, 이를 두고 하는 말이다.

書는 呂刑이라 言維齊一者乃在不齊니 以諭有差等然後可以爲治也라

楊倞注 : ≪書經≫은 〈呂刑〉편이다. 가지런하고 통일되는 것은 곧 가지런하지 않는 데에 있음을 말한 것이니, 차등이 있는 다음에야 국가를 제대로 다스릴 수 있다는 것을 비유한 것이다.

9-38 **馬駭輿**면 **則君子不安輿**하고

말이 수레를 끌 적에 놀라 내닫는다면 군자가 수레 안에서 편안할 수 없고

馬駭於車中也라

楊倞注 : 말이 수레를 끌던 도중에 놀란 것이다.

9-39 **庶人駭政**이면 **則君子不安位**라

---

16) 維齊非齊 : ≪書經≫의 본뜻은 형벌로써 정제하지 않은 것들을 정제하여 다스린다는 뜻이지만, 여기서는 斷章取義하여 본뜻과는 달리 동등하지 않아야만 비로소 동등하게 할 수 있다는 뜻으로 한 말이다.

백성들이 정치에 놀라 어수선하다면 군자가 그 자리에서 편안할 수 없다.

駭政은 不安上之政也라

楊倞注：駭政은 윗사람의 정사에 마음이 편치 않다는 것이다.

9-40 馬駭輿면 則莫若靜之요 庶人駭政이면 則莫若惠之라

말이 수레를 끌다가 놀라면 조용히 진정시키는 것보다 좋은 게 없고 백성들이 정사에 놀라면 사랑을 베푸는 것보다 좋은 게 없다.

惠은 恩惠也라 ○ 郝懿行曰 惠者는 順也라 注訓恩惠는 失之라 夫馬駭而脈僨에 靜以鎭之면 則馴矣요 人駭而圖反에 順以循之면 自安矣라 故鞭箠不加於奔駟요 而謗木不絶於堯年[17]이라 昔蘧伯玉治衛에 子貢問何以治오하니 對曰 以不治治之[18]라하니라 夫不治之治는 則靜之惠之之說也라

楊倞注：惠는 은혜의 뜻이다.

○ 郝懿行：惠린 '順'의 뜻이다. 楊倞의 注에 '은혜의 뜻이다.'라고 풀이한 것은 잘못되었다. 대체로 말이 놀라 혈관이 확장되었을 때 조용히 진정시키면 순종하고 백성들이 놀라 배반을 도모할 적에 그 뜻에 순응하여 쓰다듬으면 저절로 안정될 것이다. 그러므로 채찍과 회초리를 내닫는 말에게 가하지 않는 법이고 비방하는 팻말이 堯임금 시대에 철수되지 않았던 것이다. 옛날 蘧伯玉이 衛나라를 다스릴 적에 子貢이 그에게 어떻게 다스리느냐고 물으니, "다스리지 않는 것으로 다스린다."라고 대답하였다. 대체로 다스리지 않는 것으로 다스린다는 말은 진정시키고 순응한다는 설이다.

9-41 選賢良하고 擧篤敬하며 興孝弟[19]하고 收孤寡하며 補貧窮이라 如是면 則庶人安政矣리라 庶人安政 然後君子安位리라 傳曰 君者는 舟也요 庶人者는 水也라 水則載舟하고 水則覆舟[20]라하니 此之謂也라 故君人者 欲安이면 則莫若平政愛

17) 謗木不絶於堯年：전설에 의하면, 堯舜시대 때 사람이 많이 다니는 큰길가에 나무 팻말을 세워놓고 누구나 그 위에다가 간하는 말을 쓰도록 하였다고 한다.

18) 蘧伯玉治衛……以不治治之：≪論衡≫ 〈自然〉편에 나온다.

19) 弟：'悌(공손하다)'와 같다.

20) 君者……水則覆舟：魯 哀公이 공자에게, 자기는 깊은 궁중에서 태어나 부인의 손에서 자

民矣요 **欲榮**이면 **則莫若隆禮敬士矣**며 **欲立功名**이면 **則莫若尙賢使能矣**리라 **是君人者之大節**[21)]**也**라 **三節者當**이면 **則其餘莫不當矣**리라 **三節者不當**이면 **則其餘雖曲當**이라도 **猶將無益也**니라

덕과 재능이 있는 사람을 골라 쓰고 독실하고 신중한 사람을 끌어올리며, 부모에게 효도하고 어른에게 공손한 사람을 일으켜 세우고 고아와 과부를 거두어 보살피며, 가난하고 곤궁한 사람을 도와준다. 이와 같이 한다면 일반 백성들이 정사에 편안할 것이다. 백성들이 정사에 편안한 뒤에야 군자도 그 자리에서 편안할 것이다. 전해오는 말에 "군주란 배이고 백성이란 물이다. 물은 배를 띄울 수도 있고 그 물이 배를 뒤엎을 수도 있다."라고 하였으니, 이를 두고 하는 말이다.

그러므로 백성의 군주로 있는 사람이, 편안하기를 바란다면 정사를 잘 처리하고 백성을 사랑하는 것보다 더 좋은 일은 없고, 영예롭기를 바란다면 禮義를 높이고 士類를 공경하는 것보다 더 좋은 일은 없으며, 업적과 명망을 세우기를 바란다면 덕 있는 사람을 존중하고 재능 있는 사람을 부리는 것보다 더 좋은 일은 없을 것이다. 이것이 군주로 있는 자가 취해야 할 큰 원칙이다.

이 세 가지 원칙이 합당하게 행해진다면 그 나머지는 합당하게 행해지지 않는 일이 없을 것이다. 반면에 이 세 가지 원칙이 합당하게 행해지지 않는다면 그 나머지가 비록 자잘하게 모두 합당하게 행해지더라도 여전히 별다른 도움이 될 게 없다.

曲當은 **謂委曲皆當**이라 **當**은 **丁浪反**이라 ○ **盧文弨曰 猶**는 **元刻作由**하니 **與猶同**이라 **先謙案 群書治要作由**라

楊倞注 : 曲當은 잔단 일들이 모두 합당하게 행해진 것을 이른다. 當은 음이 丁과 浪의 反切이다.

○ 盧文弨 : 猶는 元刻本에 '由'로 되어 있으니, '猶(오히려)'와 같다.

先謙案 : ≪群書治要≫에는 〈猶가〉 '由'로 되어 있다.

랐기 때문에 위험이 무엇인지 모른다고 하면서 가르쳐달라고 하자, 공자가 대답한 말이다. ≪荀子≫ 〈哀公〉에 자세히 나와 있다.

21) 大節 : 여기서는 存亡과 安危에 관계된 큰일로서 중요한 원칙이란 뜻이다.

9-42 孔子曰 大節是也하고 小節是也는 上君也요 大節是也나 小節〔非也〕하여 一出焉하고 一入焉[22]은 中君也라

孔子가 말하기를 "큰 원칙이 맞고 작은 원칙도 맞는 경우는 상등의 군주이고, 큰 원칙은 맞더라도 작은 원칙이 틀려 한 번 틀리기도 하고 한 번 맞기도 하는 경우는 중등의 군주이다.

謂一得一失也라 ○ 盧文弨曰 宋本小節下有非也二字라

楊倞注 : 한 번은 맞고 한 번은 틀리는 것을 이른다.
○ 盧文弨 : 宋本에는 '小節' 밑에 '非也' 두 자가 있다.

9-43 大節非也면 小節雖是也나 吾無觀其餘矣라하니라 成侯嗣公은 聚斂計數之君也로

큰 원칙이 틀렸다면 작은 원칙이 비록 맞더라도 나는 그 나머지를 보지 않겠다."라고 하였다. 成侯와 嗣公은 백성의 재물을 착취하고 계산을 잘하는 군주로

成侯嗣公은 皆衛君也라 史記에 衛聲公卒에 子成侯立하고 成侯卒에 子平侯立하고 平侯卒에 子嗣君立이라하니라 韓子曰 衛嗣公重如耳하고 愛泄姬하되 而恐其皆因其愛重以雍己也라 乃貴薄疑以敵如耳하고 尊魏妃以耦泄姬하여 曰 以是相參也라하니라 又使客過關市하여 賂之以金이라 後召關市하여 問其有客過하여 與汝金이어늘 汝(回)〔因〕[23]遣之아하니 關市大恐하여 以嗣公爲明察이라하니라 此皆計數之類也라 ○ 盧文弨曰 所引韓子는 見內儲說上篇이라 魏妃作魏姬하고 汝回遣之作汝因遣之하니라

楊倞注 : 成侯와 嗣公은 모두 衛나라 군주이다. ≪史記≫ 〈衛康叔世家〉에 "衛 聲公이 죽은 뒤에 그의 아들 成侯가 즉위하고 成侯가 죽은 뒤에 그의 아들 平侯가 즉위하고 平侯가 죽은 뒤에 그의 아들 嗣君이 즉위하였다."라고 하였다. ≪韓非子≫에 "衛 嗣公이 如耳

---

22) 小節〔非也〕……一入焉 : '非也'가 저본에는 없으나 宋本에 의거하여 삽입하였다. '一出焉'은 '小節非也'를 가리키고 '一入焉'은 '大節是也'를 가리킨다. 이 '非也' 두 자가 없다면 一出과 一入이 모두 小節에 대해 말한 것이 되어 위아래 글 뜻과 균형이 맞지 않는다.

23) (回)〔因〕 : 저본에는 '回'로 되어 있으나, ≪韓非子≫ 〈內儲說 上〉에 의거하여 '因'으로 바로잡았다.

를 중시하고 泄姬를 총애하면서도 한편으로는 그들이 스스로 총애를 받고 있다는 것을 믿고 자기를 속일까 두려웠다. 그래서 薄疑의 위상을 높여 如耳와 필적하게 하고 魏妃를 존중하여 泄姬와 대등하게 하면서 하는 말이 '이 방법을 통해 그들로 하여금 서로 견제하게 하였다.'고 했다."라고 하였다. 또 "그가 외지의 행상으로 가장한 사람을 파견하여 關門의 저자를 통과할 때 관리에게 금을 뇌물로 주게 하였다. 나중에 關門 저자의 관리를 불러 '아무 때 외지에서 온 행상이 關門을 통과할 때 너에게 금을 주자 네가 그를 놓아 보내줬지 않았느냐.'고 따져 물으니, 關門 저자의 관리가 매우 두려워하면서 嗣公은 미세한 일도 잘 살핀다고 여겼다."라고 하였다. 이는 모두 계산에 관한 사례들이다.

○ 盧文弨 : 〈楊氏의 注에〉 인용한 ≪韓非子≫의 내용은 〈內儲說 上〉편에 보인다. 거기에 '魏妃'는 '魏姬'로 되어 있고 '汝回遺之'는 '汝因遺之'로 되어 있다.

9-44 未及取民[24)]也라

民心을 얻는 데까지는 미치지 못하였다.

未及은 謂其才未及也라 取民은 謂得民心이라

楊倞注 : 未及은 그 재능이 미치지 못한 것을 이른다. 取民은 민심을 얻는 것을 이른다.

9-45 子産[25)]取民者也나 未及爲政也며

子産은 민심을 얻은 사람이지만 정사를 잘하는 데까지는 미치지 못했으며,

禮記曰 子産猶衆人之母하여 能食之나 不能敎之也라하니라 ○ 兪樾曰 楊注以取民爲得民心이나 於義甚晦하니 殆非也라 老子曰 故取天下者는 常以無事의 河上公注曰 取는 治也라하니라 此取字도 亦當訓治니 取民은 言治民也라

---

24) 取民 : 鍾泰는 ≪大學≫에 "財聚則民散 財散則民聚(재물이 모이면 백성이 흩어지고 재물이 흩어지면 백성이 모인다.)"라고 한 것을 예로 들어 '取'는 '聚(모이다)'자로 보아야 한다고 하면서 '取民'이 '聚斂'과 대를 맞춘 것이므로 '聚民'으로 보는 것이 옳다고 하였다. 兪樾도 楊倞의 주를 인정하지 않았으나 번역은 楊倞의 주도 무방한 것으로 보여 그대로 따랐다.

25) 子産 : 公孫僑(B.C. 580~B.C. 522)의 자이다. 춘추 때 鄭나라의 正卿으로 40년 동안 대권을 장악하고서 백성을 위해 제도를 개혁하고 정치를 잘하여 민심을 크게 얻었다. 이로 인해 그의 생존 시에는 晉나라와 楚나라 등 강대국의 침범을 받지 않았다.

楊倞注 : ≪禮記≫ 〈仲尼燕居〉에 "子產은 백성의 어머니와 같아서 그들을 배불리 먹게 할 수는 있었으나 능히 가르쳐주지는 못했다."라고 하였다.

○ 兪樾 : 楊氏의 주는 取民이 민심을 얻는다는 뜻이라고 하였으나 의미로 볼 때 매우 분명치 않으니, 틀린 것으로 보인다. ≪老子≫에 "故取天下者 常以無事(그러므로 천하를 다스리는 자는 항상 행하는 일이 없는 것을 가지고 한다.)"라고 한 곳의 河上公의 주에 "取는 '治(다스리다)'이다."라고 하였다. 이 '取'자도 마땅히 '治'의 뜻으로 보아야 하니, 取民은 백성을 다스리는 것〔治民〕을 말한다.

子產

9-46 管仲[26]爲政者也나 未及修禮也라

管仲은 정치를 잘한 사람이지만 禮義를 행하는 데까지는 미치지 못했다.

言未及敎化也라 ○ 謝本從盧校하여 爲政修禮下에 俱有者字라 王念孫曰 元刻未及爲政未及修禮下에 皆無者字하고 宋龔本同하니 是也라 此兩者字는 皆涉上下文而衍이라 韓詩外傳群書治要及文選永明十一年策秀才文注引此나 皆無兩者字하고 上文未及取民也에도 亦無者字라 先謙案 王說是라 今從元

管仲

26) 管仲 : 춘추 때 齊나라 潁上 사람으로, 이름은 夷吾이고 자는 仲이다. 齊 桓公의 재상으로 있으면서 군대의 편제와 인재선발, 세금징수 및 형법에 관한 법을 개혁하고 重農政策을 시행함으로써 齊나라가 당시 제후국 가운데 가장 부강한 나라가 되는 데에 기여하였다.

刻删者字라

楊倞注 : 백성을 교화시키는 데까지는 미치지 못한 것을 말한다.

○ 謝本은 盧校本에 따라 '爲政'과 '修禮' 밑에 모두 '者'자가 있다.

王念孫 : 元刻本에는 '未及爲政'과 '未及修禮' 밑에 모두 '者'자가 없고 宋 龔本도 그와 같으니, 그것이 옳다. 이 두 '者'자는 모두 위아래 글과 연관되어 잘못 덧붙여진 것이다. ≪韓詩外傳≫·≪群書治要≫ 및 ≪文選≫ 〈永明十一年策秀才文〉의 注에 여기 글을 인용하였으나 모두 두 '者'자가 없고 윗글 '未及取民也'에도 '者'자가 없다.

先謙案 : 王氏의 설이 옳다. 여기서는 元刻本에 따라 '者'자를 삭제하였다.

9-47 **故修禮者王**하고 **爲政者彊**하며 **取民者安**하고 **聚斂者亡**이라 **故王者富民**하고 **霸者富士**하며

그래서 禮義를 행한 자는 천하에 王者로 불리고 국가를 잘 다스리는 자는 국가를 강대해지게 하며, 민심을 얻은 자는 국가를 안정시키고 백성의 재물을 착취하는 자는 멸망한다. 그러므로 王道로 다스리는 자는 백성을 부유하게 만들고 〈무력을 실행하여〉 霸道로 다스리는 자는 武士를 부유하게 만들며

士는 卒伍也라

楊倞注 : 士는 군대이다.

9-48 **僅存之國富大夫**라 **亡國富筐篋**하고 **實府庫**라 **筐篋已富**하고 **府庫已實**이로되 **而百姓貧**하니 **夫是之謂上溢而下漏**라

간신히 존속하는 나라는 大夫를 부유하게 만든다. 멸망할 국가의 군주는 자기 광주리만 넉넉하게 하고 자기 창고만 가득 채운다. 자기의 광주리가 이미 넉넉하고 창고가 가득 차 있는데도 백성들은 가난하니, 대체로 이것을 일러 위는 넘치지만 아래는 새어나갔다고 말하는 것이다.

如器之上溢下漏하여 空虛可立而待也라 ○ 王引之曰 溢은 滿也라 漏之言은 漉也니 字或作盝盝이라 爾雅曰 盝은 涸竭也라하고 方言曰 盝은 涸也라하고 漉은 極也라하니라 郭璞曰 滲漉은 極盡也라하고 月令曰 毋竭川澤하고 毋漉陂池라하니라 淮南本經篇

竭澤而魚의 高注曰 竭澤은 漏池也라하니 漏池는 卽所謂漉陂池也라 漉漏古同聲이라 故滲漉을 或謂之滲漏라하니라 本經篇又曰 禹疏三江五湖하여 流注東海하니 鴻水漏하고 九州乾이라하니 亦謂鴻水涸也라 上溢而下漏는 卽是上富而下貧이니 楊說溢漏二字皆未了라

楊倞注 : 마치 그릇이 위쪽은 넘치지만 아래쪽은 터져 새어나가는 것과 같아 그 안이 텅 비어버리는 상황을 당장 즉석에서 지켜볼 수 있다.

○ 王引之 : 溢은 가득하다는 뜻이다. 漏라는 말은 '漉(거르다)'의 뜻이니, 글자를 '盝' 혹은 '漉'으로 쓰기도 한다. ≪爾雅≫에 "盝은 고갈되었다는 뜻이다."라 하고, ≪方言≫에 "漉은 '涸(물이 마르다)'의 뜻이다."라 하고 "漉은 '極(다하다)'의 뜻이다."라고 하였다. 郭璞은 "滲漉은 모두 바닥이 났다는 뜻이다."라 하고, ≪禮記≫ 〈月令〉에 "毋竭川澤 毋漉陂池(하천과 호수의 물이 바닥나게 하지 말고 못물이 마르게 하지 말아야 한다.)"라고 하였다. ≪淮南子≫ 〈本經篇〉에 "竭澤而魚(호수를 말려 고기를 잡는다.)"라고 한 곳의 高誘의 주에 "竭澤은 '漏池(못을 말리다)'의 뜻이다."라고 하였으니, 漏池는 곧 이른바 '漉陂池'이다. '漉'과 '漏'는 옛날에 그 소리가 같았기 때문에 '滲漉'을 간혹 '滲漏'라 이르기도 한다. ≪淮南子≫ 〈本經篇〉에 또 "禹疏三江五湖 流注東海 鴻水漏 九州乾(禹가 三江과 五湖를 소통시켜 동해로 흘려보내니 큰물이 빠져나가고 九州의 대지가 건조해졌다.)"이라고 하였으니, 〈이 鴻水漏〉 또한 '鴻水涸'을 이른다. '上溢而下漏'는 곧 윗사람은 부유하고 아랫사람은 가난하다는 뜻이니, 楊氏가 설명한 '溢'·'漏' 두 자의 뜻은 모두 분명치 않다.

9-49 入不可以守하고 出不可以戰하니 則傾覆滅亡可立而待也라 故我聚之以亡하고 敵得之以彊이라 聚斂者는 召寇肥敵하고 亡國危身之道也라 故明君不蹈也라

〈이와 같은 국가는〉 안으로는 성읍을 지킬 수 없고 밖으로는 전쟁을 치를 수 없으니, 이렇게 되면 국가가 전복되고 멸망하는 상황을 당장 즉석에서 지켜볼 수 있다. 그러므로 자기는 백성의 재물을 착취한 것으로 인해 멸망을 초래하고 적은 이와 같은 재물을 얻어 그로 인해 부강해지는 것이다. 백성의 재물을 착취하는 일은 곧 침략자를 불러들여 적을 살찌우고, 국가를 멸망시키며 자기를 위태롭게 하는 길이다. 그러므로 현명한 군주는 이 길을 밟지 않는다.

9-50 **王奪之人**[27]하고 **霸奪之與**하며 **彊奪之地**라

王道를 행하여 쟁취하는 것은 人心이고 霸者가 되어 쟁취하는 것은 이웃국가와의 우호관계이며 강자가 되어 쟁취하는 것은 외국의 토지이다.

人은 **謂賢人**이라 **與**는 **謂與國也**라 **彊國之術**은 **則奪人地也**라

楊倞注 : 人은 현인을 이른다. 與는 동맹국을 이른다. 나라를 부강하게 하는 방법은 남의 토지를 빼앗는 것이다.

9-51 **奪之人者臣諸侯**하고 **奪之與者友諸侯**하며 **奪之地者敵諸侯**라 **臣諸侯者王**하고 **友諸侯者霸**하며 **敵諸侯者危**라 **用彊者**는

인심을 쟁취하는 자는 제후를 신하로 삼고 이웃나라와의 우호관계를 쟁취하는 자는 제후를 벗으로 삼으며 외국의 토지를 쟁취하는 자는 제후를 적이 되게 한다. 제후를 신하로 삼는 자는 王者가 되고 제후를 벗으로 삼는 자는 霸者가 되며 제후를 적이 되게 하는 자는 위험에 빠진다. 강한 무력을 사용하는 자는

用彊力勝人은 **非知彊道者**라

楊倞注 : 강한 힘으로 남을 이기는 것은 강한 자의 도리를 모르는 자이다.

9-52 **人之城守**하고 **人之出**[28]**戰**인대 **而我以力勝之也**라

상대방이 성곽을 굳게 지키기도 하고 상대방이 성 밖으로 나와서 맞아 싸우기도 하는데, 내 쪽이 무력으로 싸워 상대방을 이겨내려고 한다.

○ **兪樾曰 出當爲士**니 **字之譌也**라 **古書士出二字每相混**이라 **史記五帝紀稱以出**에 **集解引徐廣曰出一作士**라하고 **淮南子繆稱篇其出之誠也 新序襍事篇出作士**하니

27) 人 : 久保愛・梁啓雄・王天海 등이 모두 楊倞의 주를 인정하지 않고 人心의 뜻이라고 하였다. 이 견해에 따라 번역하였다.

28) 出 : 鍾泰는 싸움을 병사로 하기는 하지만 성을 지키는 것도 병사로 한다고 하고, 위 구절의 '人不可以守 出不可以戰'은 나의 입장에서 한 말이고 여기는 상대방의 입장에서 한 말이라고 하면서 '士'자의 잘못이라는 兪樾의 설을 반박하였다.

幷其證也라 守必以城하고 戰必以士라 人之城守와 人之士戰은 正相對成文이라 士譌爲出하니 義不可通矣라

○ 兪樾：出은 마땅히 '士'로 되어야 하니, 글자가 잘못된 것이다. 古書에 '士'·'出' 두 자가 늘 서로 섞여 있다. ≪史記≫ 〈五帝紀〉의 '稱以出'이라 한 곳에서 ≪史記集解≫에 徐廣의 말을 인용하여 "出이 어떤 판본에는 '士'로 되어 있다."라 하고, ≪淮南子≫ 〈繆稱篇〉의 '其出之誠也'라 한 것이 ≪新序≫ 〈襍事篇〉에 '出'이 '士'로 되어 있으니, 이것들이 모두 그 증거이다. 지킬 때는 반드시 성곽으로 하고 싸울 때는 반드시 병사로 하는 것이다. '人之城守'와 '人之士戰'은 정확하게 서로 짝을 맞춰 글이 된다. '士'가 잘못되어 '出'이 되었으니, 뜻이 통할 수 없다.

9-53 則傷人之民必甚矣리라 傷人之民甚이면 則人之民惡(오)我必甚矣요 人之民惡我甚이면 則日欲與我鬪리라 人之城守하고 人之出戰이어늘 而我以力勝之면 則傷吾民必甚矣리라 傷吾民甚이면 則吾民之惡我必甚矣요 吾民之惡我甚이면 則日不欲爲我鬪리라 人之民日欲與我鬪하고 吾民日不欲爲我鬪하니 是彊者之所以反弱也라 地來而民去하고 累多而功少라

그렇게 되면 상대방 백성에게 상해를 입히는 정도가 반드시 심할 것이다. 상대방 백성에게 상해를 입히는 정도가 심하면 상대방 백성들이 나를 미워하는 정도도 반드시 심할 것이고, 상대방 백성들이 나를 미워하는 정도가 심하면 날마다 내 쪽과 싸우기를 원할 것이다.

상대방이 성곽을 굳게 지키기도 하고 상대방이 성 밖으로 나와서 맞아 싸우기도 하는데, 내 쪽이 무력으로 싸워 상대방을 이겨내려고 하면 내 백성에게 상해를 입히는 정도도 반드시 심할 것이다. 내 백성에게 상해를 입히는 정도가 심하면 내 백성이 나를 미워하는 정도도 반드시 심할 것이고, 내 백성이 나를 미워하는 정도가 심하면 날마다 나를 위해 싸우기를 원하지 않을 것이다.

상대방의 백성이 날마다 내 쪽과 싸우기를 원하고 내 백성이 날마다 나를 위해 싸우기를 원하지 않으니, 이것이 곧 강자가 도리어 약해지는 원인이다. 토지가 손안에 들어왔으나 백성은 떠나고 고뇌는 많았으나 효과는 적다.

累는 憂累也라

楊倞注 : 累는 근심과 고뇌이다.

9-54 雖守者益이라도 所以守者損하니 是以大者之所以反削也라

그래서 비록 지켜야 할 토지는 늘어났지만 이로 인해 지킬 사람이 감소하니, 이것이 곧 큰 나라가 도리어 영토가 깎이는 원인이다.

守者는 謂地也라 守國以地爲本이라 故曰守者라 所以守者는 謂所以守地之人也라 ○ 兪樾曰 上以字衍文이라 是大者之所以反削也는 與上文是彊者之所以反弱也正相對라

楊倞注 : 守者는 토지를 이른다. 국가를 지키는 것은 토지를 근본으로 하기 때문에 '守者'라고 말한 것이다. 所以守者는 토지를 지키는 사람을 이른다.

○ 兪樾 : 위의 〈'是以大者'의〉 '以'자는 잘못 덧붙여진 글이다. '是大者之所以反削也'는 윗글의 '是彊者之所以反弱也'와 정확히 서로 짝이 된다.

9-55 諸侯莫不懷交接怨[29)]하여 而不忘其敵이라가

제후들이 모두 우호적인 나라는 감싸고 원망이 있던 나라와 접촉하면서 그 〈공동의〉 적을 잊지 않고 있다가

交接은 連結也라 旣以力勝而不義라 故諸侯皆欲相連結怨國하여 而不忘與之爲敵이라 本多作壞交接하니 言壞其與己交接之道也라 ○ 郝懿行曰 接者는 續也라 懷交는 謂私相締交요 接怨은 謂連續修怨이라 注非是라 王念孫曰 諸侯莫不懷交接爲句라 壞懷古字通①이라 楊後說以壞交接連讀이 是也요 前說以懷交接怨連讀은 失之라 兪樾曰 楊注二說皆未安이라 王氏謂當從後說非也라 疑怨字當在交接二字之上이니 本作諸侯莫不懷怨交接而不忘其敵이라 懷怨交接은 猶云匿怨而友其人[30)]也라 故

29) 懷交接怨 : 鍾泰의 설에 의하면, 평소에 우호적인 관계인 나라는 감싸고 원망이 있던 나라는 접촉한다는 뜻이라 하면서 원망하면서도 접촉하는 것은 큰 적이 앞에 있기 때문이라고 하였다. 이에 대해 駱瑞鶴과 王天海 등이 동의하였다. 鍾泰의 설에 따라 번역하였다.

30) 匿怨而友其人 : ≪論語≫ 〈公冶長〉에 나오는 말이다.

不忘其敵이라 傳寫奪怨字하여 而誤補之接字之下耳라 先謙案 郝說是也라

① 禮論篇의 諸侯不敢壞 史記(樂)〔禮〕31)書에 作懷하고 襄十四年左傳의 王室之不壞 釋文에 壞는 服本作懷라하니라

≪荀子≫ 〈禮論篇〉의 '諸侯不敢壞'의 〈'壞'자가〉 ≪史記≫ 〈禮書〉에 '懷'로 되어 있고, ≪春秋左氏傳≫ 襄公 14년 '王室之不壞'의 〈'壞'자가〉 ≪經典釋文≫에 "壞는 服虔本에 '懷'로 되어 있다."라고 하였다.

楊倞注 : 交接은 친교를 맺는다는 뜻이다. 〈강국이〉 이미 힘으로 이겨 의롭지 않았기 때문에 제후들이 모두 평소에 원망이 있던 나라들과 친교를 맺어 그들과 함께 〈공동의〉 적에 맞설 것을 잊지 않는다는 것이다. 본디 '壞交接'으로 되어 있는 판본이 많은데, 이럴 경우는 자기와 교제하는 길을 무너뜨리는 것을 말한다.

○ 郝懿行 : 接이란 '續(잇다)'자의 뜻이다. 懷交는 사적으로 서로 교제하는 것을 이르고, 接怨은 오래된 원망이 계속되는 것을 이른다. 楊氏의 주는 옳지 않다.

王念孫 : '諸侯莫不懷交接'이 한 구가 된다. '壞'와 '懷'는 옛 글자에 통용되었다. '壞交接'으로 이어서 읽은 楊氏의 뒤 설이 옳고, '懷交接怨'으로 이어서 읽은 앞 설은 틀렸다.

兪樾 : 楊氏 注의 두 설은 모두 온당치 못하다. 王氏가 마땅히 뒤 설을 따라야 한다고 한 것도 틀렸다. 아마도 '怨'자는 마땅히 '交接' 두 자의 위에 놓여 있어야 하니, 본디 '諸侯莫不懷怨交接而不忘其敵'으로 되어 있었을 것이다. '懷怨交接'은 원망을 숨기고서 그 사람을 사귄다는 말과 같기 때문에 그 적을 잊지 않는 것이다. 옮겨 쓰는 과정에 '怨'를 빠뜨렸고 이것을 '接'자 밑에 잘못 끼워 넣은 것일 뿐이다.

先謙案 : 郝氏의 설이 옳다.

9-56 伺彊大之間하고 承彊大之敝하니 此彊大之殆時也라

강대국의 허점을 엿보고 강대국이 피폐해진 기운을 타고서 〈침범하니〉 이것이 강대국의 위험한 시기이다.

殆는 危也라 ○ 盧文弨曰 元刻敝作弊라 宋本敝下有也字하고 又有知彊大之敝五字하니 各本多同이라 係衍文하여 今從元刻去之라

楊倞注 : 殆는 위태롭다는 뜻이다.

○ 盧文弨 : 元刻本에는 '敝'가 '弊'로 되어 있다. 宋本에는 '敝' 밑에 '也'자가 있고, 또 '知

31) (樂)〔禮〕: 저본에는 '樂'으로 되어 있으나, ≪史記≫에 의거하여 '禮'로 바로잡았다.

彊大之敝' 다섯 자가 있는데, 각 판본이 대부분 같다. 잘못 덧붙여진 글에 속하므로 여기서는 元刻本에 따라 삭제하였다.

9-57 知彊(大)〔道〕[32)]者不務彊也하고

강자의 도를 아는 자는 강한 힘을 추구하지 않고

知彊大之術者는 不務以力勝也라 ○ 王引之曰 彊大當爲彊道라 彊道는 謂所以致彊之道니 卽下文所謂以王命全其力하고 凝其德也라 不知此道而務以力勝이면 則務彊而反弱하니 卽下文所謂非其道而慮之以王也라 故曰 知彊道者不務彊也라하니라 下文云 是知彊道者也는 正與此句相應하고 又云 是知霸道者也와 是知王道者也도 皆與此句相應이라 此篇大旨는 皆言王道霸道彊道之不同이라 故此文云 知彊道者不務彊也라하니라 兩彊字亦上下相應하니 則彊下之字作道不作大明矣라 今本作彊大하니 大字蓋涉上文三彊大而誤라 楊云 知彊大之術者는 不務以力勝也라하니 則所見本已誤作彊大라

楊倞注 : 강대해지는 방법을 아는 자는 힘으로 이기는 것을 힘쓰지 않는다.

○ 王引之 : 彊大는 마땅히 '彊道'로 되어야 한다. 彊道는 강함을 이루는 도를 이르니, 곧 아래 글의 이른바 "천자의 명을 기반으로 삼아 자기의 역량을 온전히 갖추고 자기의 덕망을 공고히 하려고 한다.〔以王命全其力 凝其德〕"라는 것이 그것이다. 이 도를 알지 못하고 힘으로 남을 이길 것을 힘쓴다면 강해지려고 힘쓰더라도 도리어 약해질 것이니, 곧 아래 글의 이른바 "그들이 행한 것이 올바른 도가 아닌데도 그것에 의해 王者로 불리기를 꾀하였다.〔非其道而慮之以王也〕"라는 것이다. 그러므로 "강자의 도를 아는 자는 강한 힘을 추구하지 않는다."라고 말한 것이다. 아래 글에 "是知彊道者也(이것은 강자의 도를 아는 자이다.)"라는 말은 정확히 여기 문구와 호응하고, 또 "是知霸道者也(이것은 霸者의 도를 아는 자이다.)"라 한 것과 "是知王道者也(이것은 王者의 도를 아는 자이다.)"라 한 것도 모두 여기의 문구와 호응한다. 이 편의 요지는 모두 王道·霸道·彊道가 동일하지 않다는 것을 말한 것이므로 여기 글에 "강자의 도를 아는 자는 강한 힘을 추구하지 않는다."라고 말한 것이다. 두 '彊'자는 또 위아래에서 호응하는 것이니, '彊' 밑의 글자가 '道'가 되고 '大'로 되지는 않았을 것이라는 것이 분명하다. 지금 판본에는 '彊大'로 되어 있으니, 이 '大'자는 아마도 윗글에 보인 세 군데의 '彊大'와 연관되어 오류가 생겼을 것이다. 楊氏가

32) (大)〔道〕: 저본에는 '大'로 되어 있으나, 王引之의 설에 의거하여 '道'로 바로잡았다.

"강대해지는 방법을 아는 자는 힘으로 이기는 것을 힘쓰지 않는다."라고 하였으니, 그가 보았던 판본이 이미 '彊大'로 잘못되어 있었을 것이다.

9-58 慮以王命全其力하고 凝其德이라

대체로 천자의 명을 기반으로 삼아 자기의 역량을 온전히 갖추고 자기의 덕망을 공고히 하려고 한다.

慮는 計也요 以는 用也라 其計慮常用王命은 謂不敢擅侵暴也라 凝은 定也라 定其德은 謂不輕擧也라 ○ 王念孫曰 慮는 猶大氐也라 言知彊道者不務以力勝人하고 大氐以王命全其力하고 凝其德也라 議兵篇曰 諸侯慮敵之者削하고 反之者亡①이라하고 又曰 焉慮率用賞慶刑罰勢詐而已矣②라하며 漢書賈誼傳의 慮亡不帝制而天子自爲者에 師古曰 慮는 大計也[33]라 言諸侯皆欲同帝制而爲天子之事라하니 是其證矣라

① 楊注以慮爲謀慮하니 亦非라
楊氏의 주에 慮를 謀慮(고려)의 뜻이라고 하였으니, 이 또한 틀렸다.

② 楊注以慮爲大凡하니 是라
楊氏의 주에 慮를 大凡(대체로)의 뜻이라고 하였으니, 이는 옳다.

楊倞注 : 慮는 '計(꾀하다)'의 뜻이고 以는 '用(쓰다)'의 뜻이다. 그 꾀하는 것이 항상 천자의 명을 받들어야겠다고 하는 것은 감히 독단으로 제후국을 침범하지 않는다는 것을 이른다. 凝은 '定'의 뜻이다. 定其德은 경솔하게 움직이지 않는 것을 이른다.

○ 王念孫 : 慮는 大氐(대체로)와 같다. 강자의 도를 아는 자는 힘으로 남을 이기는 것을 힘쓰지 않고 대체로 천자의 명을 기반으로 삼아 자기의 역량을 온전히 갖추고 자기의 덕망을 공고히 하려 한다는 것을 말한다. 〈議兵篇〉에 "諸侯慮敵之者削 反之者亡(제후들 가운데 대체로 그와 대적하는 자는 영토가 깎이고 그를 배반하는 자는 멸망한다.)"이라 하고, 또 "焉慮率用賞慶刑罰勢詐……而已矣(대체로 포상과 표창, 처벌과 권모술수만……따름이다.)"라고 하였으며, ≪漢書≫ 〈賈誼傳〉의 "慮亡不帝制而天子自爲者(대체로 황제의 제도를 사용하

---

33) 師古曰 慮大計也 : 王念孫이 '慮'자가 '計(꾀하다)'의 뜻이 아닌 '대체로'의 뜻임을 주장하기 위해 관련 자료를 인용하고 말미에 이것이 그 증거라고 하였는데, 그의 주장과 배치되는 顔師古의 '大計(큰 계책)'라고 말한 것까지 인용문에 포함되었다. 이것은 顔師古의 그 견해를 인정해서가 아니라, ≪漢書≫ 본문을 인용하면서 거기에 딸린 注까지 자연스럽게 포함한 것에 지나지 않는다.

여 천자의 일을 자기가 행하지 않는 자가 없다.)"라고 한 곳에서 顔師古가 "慮는 큰 계책이다. 제후들이 다 황제의 제도를 그대로 사용하여 천자의 일을 자기가 해보기를 원한다는 것을 말한다."라고 하였으니, 이것이 그 증거이다.

9-59 力全則諸侯不能弱也하고 **德凝則諸侯不能削也**라 **天下無(王)**[34]**霸主**면 **則常勝矣**라 **是知彊道者也**라

역량이 온전히 갖춰지면 다른 제후들이 그를 허약하게 만들 수 없고, 덕망이 공고하면 다른 제후들이 그의 영토를 깎을 수 없다. 만약 천하에 霸業을 이룬 군주가 없다면 항상 승리할 것이니, 그는 다름 아닌 강자의 도를 아는 군주이다.

無王霸之主면 則彊國常勝이라 主는 或衍字라

楊倞注 : 王業을 이루거나 霸業을 이룬 군주가 없다면 강국은 항상 이긴다. 主는 혹시 잘못 덧붙여진 글자가 아닌가 한다.

9-60 彼霸者則不然이라 **辟田野**하고 **實倉廩**하고 **便**[35]**備用**하며

저 霸者는 그렇지 않다. 들판을 개간하고 곡물창고를 채우고 기물을 정비하며,

備用은 足用也라 左傳曰 無重器備라하니라 ○ 王念孫曰 楊訓備用爲足用이나 便足用之語不詞하고 且與田野倉廩不對라 余謂備用二字平列이라 備는 說文本作葡하여 字從用從苟省①이라 淮南修務篇注云 備는 猶用也라하니라 故或謂之器用하고 或謂之器備라 便備用은 猶言便器用耳이라 便備用三字는 本篇凡三見하니 與田野倉廩對文者二요 與功苦完利對文者一이라 其見於儒效篇者는 則與規矩準繩對文이요 見於富國篇者도 亦與田野倉廩對文이니 皆以二字平列이라 先謙案 王說是矣라 荀書多言械用하고 罕言器用이라 便備用은 猶言便械用耳라 議兵篇云 械用兵革攻完

34) (王) : 저본에는 '王'이 있으나, 諸家의 설에 의거하여 삭제하였다. 陶鴻慶이 강국은 王者에 의해 세워진 것이므로 王者에 대해 승패를 말할 수 없다고 하면서 잘못 덧붙여진 글자라고 하였다. 安積信과 王天海 등의 견해도 이와 같다.

35) 便 : '辨'과 통용하는 글자로, 정비한다는 뜻이다.

便利者强하고 械用兵革窳楛不便利者弱이라하니 械用便利는 正與便備用同意라 以下文辨功苦②하고 尙完利하며 便備用으로 互證之而義益明이라

① 苟音棘(극)이라

苟는 음이 棘이다.

② 功은 與攻同하고 苦는 與楛同이라

功은 '攻'과 같고, 苦는 '楛'와 같다.

楊倞注 : 備用은 '足用(충분히 사용하다)'의 뜻이다. ≪春秋左氏傳≫ 襄公 5년에 "無重器備(사용하는 도구는 같은 것이 두 개가 없었다.)"라고 하였다.

○ 王念孫 : 楊氏는 '備用'의 뜻을 '足用'이라 풀이하였으나 '便足用'이란 말은 글이 되지 않고, 또 '田野'·'倉廩'과 짝이 맞지 않다. 나는 '備用' 두 자는 〈뜻이 같은 글자를〉 병렬한 것이라고 생각한다. '備'는 ≪說文解字≫에 본디 '葡'로 된 것으로서 글자가 '用'이 '苟' 아래의 '口'가 빠진 자리에 들어간 모양이다. ≪淮南子≫ 〈修務篇〉의 주에 "備는 '用'과 같다."라고 하였다. 그러므로 혹은 '器用'이라 하고 혹은 '器備'라 하기도 한다. '便備用'은 '便器用'이란 말과 같다. '便備用' 세 자는 이 편에 모두 세 군데에 보이니, '田野'·'倉廩'과 대구로 쓴 것이 두 군데이고, '功苦'·'完利'와 대구로 쓴 것이 한 군데이다. 〈儒效篇〉에 보이는 것은 '規矩'·'準繩'과 대구이고, 〈富國篇〉에 보이는 것도 '田野'·'倉廩'과 대구로서 모두 두 자씩 병렬하였다.

先謙案 : 王氏의 설이 옳다. ≪荀子≫에 '械用'를 많이 말하고 '器用'은 드물게 말하였다. '便備用'은 '便械用'이라는 말과 같다. 〈議兵篇〉에 "械用兵革攻完便利者强 械用兵革窳楛不便利者弱(기물과 무기가 정밀하고 견고하여 사용하기에 편리한 자는 강성하고 기물과 무기가 조잡하고 허술하여 사용하기에 편리하지 않은 자는 허약하다.)"이라 하였으니, '械用便利'는 정확하게 '便備用'과 같은 뜻이다. 아래 글 "辨功苦 尙完利 便備用(생산품의 좋고 나쁨을 구별하고 견고함과 편리성을 제고하여 장비물자가 사용하기에 편하도록 한다.)"을 가지고 서로 증명해보면 그 뜻이 더욱 분명해진다.

9-61 案[36]謹募選하여 閱[37]材伎之士라

36) 案 : '安'자와 같다. 한 단락의 맨 앞에 쓰이는 發語詞인 '乃'자와 같은 것으로, 별다른 뜻이 없다. 아래 글에 이 문구가 또 나오는데, 거기에는 '安'으로 되어 있다. ≪荀子≫에는 '案'과 '安'이 함께 사용되었다.

37) 閱 : ≪詩經≫ 〈邶風 谷風〉에 "我躬不閱 遑恤我後(내 몸도 용납되지 못하는 처지, 어느 틈에 내 자손 돌아볼 건고.)"라고 한 곳의 〈毛傳〉에 "閱은 '容'의 뜻이다."라고 하였다.

모집과 선발을 신중히 하여 재능과 기예가 출중한 武士를 받아들인다.

案은 發聲이라 謹은 嚴也요 募는 招也니 謹募는 猶重募也라 選閱은 揀擇也라 材伎는 武藝過人者니 猶漢之材官[38]也라 ○ 兪樾曰 募는 乃纂字之譌라 毛詩猗嗟篇舞則選兮 韓詩作舞則纂兮라하니 是纂與選聲近義同이라 故此以連文이라 纂選皆具也라 說文人部에 僎은 具也라하고 食部에 籑은 具食也라하니라 選與僎幷從巽聲하고 纂與籑幷從算聲하여 於義得通이라 閱도 亦具也라 說文門部에 閱은 具數於門中也라하고 小爾雅廣詁에 閱은 具也라하니 是纂選閱三字同義라 古書往往有之라 襄三十一年左傳繕完葺牆의 繕完葺이 一義也요 楚語蓄聚積實의 蓄聚積이 一義也니 幷其例也라 案謹纂選閱材技之士는 質言之컨대 止是具材技之士耳라 纂誤爲募하여 楊注曰 募는 招也라하니 非古義矣라 管子心術篇纂選者는 所以等事也 今本皆作慕選하니 誤與此同이라 說詳管子라

楊倞注 : 案은 發語詞이다. 謹은 '嚴(엄격하다)'의 뜻이고 募는 '招(부르다)'의 뜻이니, 謹募는 '重募(정중하게 부르다)'와 같다. 選閱은 가리고 고른다는 뜻이다. 材伎는 무예가 보통 사람보다 뛰어난 사람이니, 漢나라 때 材官과 같다.

○ 兪樾 : 募는 곧 '纂'자가 잘못된 것이다. ≪毛詩≫ 〈齊風 猗嗟〉편의 "舞則選兮(춤사위 가락 맞아 경쾌하고요)"가 ≪韓詩外傳≫에 '舞則纂兮'로 되어 있다. 이로 볼 때 '纂'과 '選'은 聲韻이 비슷하고 뜻이 같기 때문에 여기에 이 두 자를 연이어 쓴 것이다. '纂'과 '選'은 모두 '具(갖추다)'의 뜻이다. ≪說文解字≫ 人部에 "僎은 갖춘다는 뜻이다."라 하고, 食部에 "籑은 음식을 갖춘다는 뜻이다."라고 하였다. '選'과 '僎'은 모두 巽의 성운이 붙고, '纂'과 '籑'은 모두 算의 성운이 붙어 그 뜻도 서로 통한다. '閱'도 '具'의 뜻이다. ≪說文解字≫ 門部에 "閱은 문 안에서 갖추어 세어본다는 뜻이다."라 하고, ≪小爾雅≫ 〈廣詁〉에 "閱은 '具'의 뜻이다."라 하였으니, 이로 볼 때 '纂'·'選'·'閱' 세 자는 같은 뜻이다. 옛 서적에도 가끔 그 사례가 있다. ≪春秋左氏傳≫ 襄公 31년에 "繕完葺牆(담을 수리하였다.)"이라고 한 곳의 '繕'·'完'·'葺'이 동일한 뜻이고, ≪國語≫ 〈楚語〉에 "蓄聚積實(재물을 축적하였다.)"이라고 한 곳의 '蓄'·'聚'·'積'이 동일한 뜻이니, 이 모두 그와 같은 사례이다. '案

38) 漢之材官 : 材官은 漢나라 초기에 설치한 보병부대의 별칭으로, 지방예비병 가운데 하나이다. 漢 高祖의 명에 의해 전국 각지에서 활과 쇠뇌를 잘 쏘고 용맹한 무사를 선발하여 輕車·騎士·材官·樓船 네 종류의 부대로 편성하였다. 평지에서는 輕車와 騎士를 동원하고 산악지대는 材官을, 물에서는 樓船을 동원하였다. ≪後漢書 光武帝紀 下 注 漢官儀≫

謹纂選閱材技之士'는 단순하게 말하면 그저 재능과 기예를 갖춘 무사라는 뜻일 뿐이다. '纂'이 '募'로 잘못된 것으로 인해 楊氏의 주에 "募는 '招'의 뜻이다."라고 하였으니, 이는 옛날의 올바른 뜻이 아니니다. ≪管子≫ 〈心術篇〉에 "纂選者 所以等事也(널리 구하고 정밀하게 선택하는 것은 그 일을 공정하게 하기 위해서이다.)"의 〈纂選이〉 지금 판본에는 모두 '慕選'으로 되어 있으니, 그 오류가 여기의 경우와 같다. 이에 관한 설명은 ≪管子≫에 자세하다.

9-62 然後漸慶賞以先之하고

그런 다음 점차 포상의 범위를 늘림으로써 그들을 앞에서 인도하고

漸은 進也니 言進勉以慶賞也라 ○ 郝懿行曰 漸은 子廉切이니 讀若漸民以仁之漸이라 其訓은 漬也浸也니 深染入也라 楊注凡漸皆訓進이라 故多失之라

楊倞注 : 漸은 '進(나아가다)'의 뜻이니, 상을 주는 것으로 더 진보하고 힘쓰게 하는 것을 말한다.

○ 郝懿行 : 漸은 음이 子와 廉의 反切이니, '漸民以仁(仁으로 백성을 차츰 젖어들게 한다.)'의 '漸'처럼 읽어야 한다. 그 뜻은 젖어들고 스며든다는 것이니, 깊이 물들어가는 것이다. 楊氏의 주는 일반적으로 '漸'을 모두 '進'의 뜻으로 풀이하였기 때문에 잘못된 경우가 많다.

9-63 嚴刑罰以糾之라

형벌을 엄하게 함으로써 그들을 독려한다.

○ 先謙案 下文賞慶刑罰對文하니 則此亦當作刑罰이라 各本罰誤賞하니 據宋台州本改正이라

○ 先謙案 : 아래 글(9-219)에 '賞慶'과 '刑罰'로 짝을 맞췄으니, 이곳도 마땅히 '刑罰'로 되어야 한다. 각 판본에는 '罰'이 '賞'으로 잘못되었으니, 宋 台州本에 의거하여 바로잡았다.

9-64 存亡繼絶하고 衛弱禁暴하며 而無兼幷之心이면 則諸侯親之矣요

그리고 망해가는 나라를 존속시키고 이미 단절된 후대를 잇게 하며 약소한 나

라를 보호하고 포악한 나라를 금지한다. 그러면서 다른 나라를 병탄할 야심이 없다면 제후들이 그를 친근하게 여길 것이고,

幷은 讀爲倂이라 下同이라

楊倞注 : 幷은 '倂(아우르다)'자로 간주해 읽는다. 아래의 경우도 같다.

9-65 **修友敵之道**하여 **以敬接諸侯**면 **則諸侯說**(열)**之矣**리라

역량이 대등한 나라와 우호적인 관계를 유지하는 도리를 준수하여 제후들을 정중히 접대한다면 제후들이 그를 좋아할 것이다.

說은 讀爲悅이라 下同이라

楊倞注 : 說은 '悅(즐겁다)'자로 간주해 읽는다. 아래의 경우도 같다.

9-66 **所以親之者**는 **以不幷也**니 **幷之見**(현)이면 **則諸侯疏矣**요

제후들이 그를 친근히 여기는 까닭은 그가 다른 나라를 병탄하지 않기 때문이니 만약 병합할 야심이 드러난다면 제후들이 그를 멀리할 것이고,

見은 賢偏反이라 ○ 謝本從盧校하여 疏下有之字라 王念孫曰 元刻疏下無之字하니 是也라 下文에 則諸侯離矣라하여 離下無之字하니 是其證이라 宋本作諸侯疏之하니 涉上文諸侯親之諸侯說之而誤라 先謙案 王說是라 今從元刻刪之字라

楊倞注 : 見은 음이 賢과 偏의 反切이다.

○ 謝本은 盧校本에 따라 疏 밑에 '之'자가 있다.

王念孫 : 元刻本에는 疏 밑에 '之'자가 없으니, 이것이 옳다. 아래 글에 '則諸侯離矣'라 하여 離 밑에 '之'자가 없으니, 이것이 그 증거이다. 宋本에는 '諸侯疏之'로 되어 있으니, 이는 윗글의 '諸侯親之'·'諸侯說之'와 연관되어 잘못된 것이다.

先謙案 : 王氏의 설이 옳다. 여기서는 元刻本에 따라 '之'자를 삭제하였다.

9-67 **所以說之者**는 **以友敵也**니 **臣之見**이면 **則諸侯離矣**리라 **故明其不幷之行**하고 **信其友敵之道**라

제후들이 그를 좋아하는 까닭은 역량이 대등한 나라와 우호적인 관계를 유지하기 때문이니 만약 복종하게 해야겠다는 의도가 드러난다면 제후들이 그를 떠나버릴 것이다. 그러므로 다른 나라를 병탄하지 않는 행위를 표명하고 역량이 대등한 나라와 우호적인 관계를 유지하는 도리를 믿도록 하여야 한다.

行은 下孟反이라 信은 謂使人不疑라

楊倞注 : 行은 음이 下와 孟의 反切이다. 信은 상대방으로 하여금 의심하지 않게 하는 것을 이른다.

9-68 天下無王(霸)[39]主면 則常勝矣리니 是知霸道者也라

만약 천하에 王業을 이룬 군주가 없다면 항상 승리할 것이니, 그는 다름 아닌 霸者의 도를 아는 군주이다.

無王者則霸主常勝也라 ○ 王念孫曰 天下無王霸主는 本作天下無王主라 上文說彊者之事云 天下無王霸主①면 則常勝矣는 言天下無王霸主면 則彊者常勝也요 此文說霸者之事云 天下無王主면 則常勝矣는 言天下無王主면 則霸者常勝也라 王主二字之間에 不當更有霸字니 蓋涉上文王霸主而衍이라 楊不知霸字之衍하여 而讀天下無王爲句하고 霸主則常勝矣爲句②하니 則句法與前不合이라

① 句라
句이다.

② 具見楊注라
모두 楊氏의 주에 보인다.

楊倞注 : 王者가 없다면 霸主가 항상 승리한다.

○ 王念孫 : '天下無王霸主'는 본디 '天下無王主'로 되어 있었다. 윗글(9-59)에 강자에 관한 일을 설명한 곳에서 '天下無王霸主 則常勝矣'라고 한 것은 천하에 王業을 이루거나 霸業을 이룬 군주가 없다면 강자가 항상 승리할 것이라는 뜻으로 말한 것이고, 이곳 글에 霸者에 관한 일을 설명하면서 '天下無王主 則常勝矣'라고 한 것은 천하에 王業을 이룬 군주가 없다면 霸者가 항상 승리할 것이라는 뜻으로 말한 것이다. 그러므로 '王主' 두 자

---

39) (霸) : 저본에는 '霸'가 있으나, 王念孫의 注에 의거하여 삭제하였다.

사이에 마땅히 '霸'자가 또 있어서는 안 되니, 이는 윗글의 '王霸主'와 연관되어 잘못 덧붙여진 것이다. 楊氏는 '霸'자가 잘못 덧붙여진 글자라는 것을 알지 못해 '天下無王'을 한 구로 만들고 '霸主則常勝矣'를 한 구로 만들어 읽었으니, 句法이 앞서의 경우와 합치되지 않는다.

9-69 閔王毁於五國[40)]하고

齊 閔王이 다섯 나라에 의해 무너지고

史記齊湣王四十年에 **樂毅以燕趙楚魏秦破齊**하여 **湣王出奔莒也**라하니라

楊倞注 : ≪史記≫에 의하면, 齊 湣王 40년에 樂毅가 燕·趙·楚·魏·秦의 연합군으로 齊나라를 격파하여 湣王이 莒城으로 달아났다고 하였다.

9-70 桓公劫於魯莊[41)]은

齊 桓公이 魯 莊公에게 협박당한 일은

公羊傳柯之盟에 **齊桓公爲魯莊公之臣曹沫所劫也**라하니라

楊倞注 : ≪春秋公羊傳≫에 의하면, 柯邑에서 맹약을 체결할 때 齊 桓公이 魯 莊公의 신하 曹沫에게 협박을 받았다고 하였다.

9-71 無它故焉이라 非其道而慮之以王也라

다른 이유가 아니라 〈그들이 행한 것이〉 올바른 도가 아닌데도 그것에 의해 王

40) 閔王毁於五國 : 閔王은 齊 宣王의 아들로, B.C. 323년부터 B.C. 284년까지 재위하였다. 湣王, 滑王, 愍王으로 표기하기도 한다. 한때는 강성하여 秦 昭王과 함께 東·西帝로 불렸으며 宋나라를 공격하여 멸망시켰다. B.C. 284년에 燕·秦·魏·韓·趙 등 5개국이 연합하여 齊나라를 공격할 때 燕나라 장수 樂毅가 齊나라 도성 臨淄를 공격해 들어오자, 閔王이 지금의 山東 莒縣인 莒城으로 도망하였다. 그 뒤에 나라를 구제해준 楚나라 장수 淖齒에 의해 살해되었다.

41) 桓公劫於魯莊 : 魯莊은 魯 莊公으로, B.C. 693년부터 B.C. 662년까지 재위하였다. 五霸 가운데 한 사람인 齊 桓公이 B.C. 681년에 魯 莊公과 齊나라 고을인 柯邑에서 맹약을 체결할 때 魯 莊公의 신하 曹沫이 비수로 齊 桓公을 협박하여 이전에 齊나라가 침략하여 차지하고 있던 汶水 북쪽의 토지를 돌려받았다.

者로 불리기를 꾀하였기 때문이다.

不行其道而以計慮爲王하니 所以危亡也라

楊倞注 : 王者의 도를 행하지 않고 王者가 되려고 꾀하였으니, 이 때문에 존망의 위기에 처하게 되었다는 것이다.

9-72 彼王者不然이라 仁眇(묘)天下하고 義眇天下하며 威眇天下라

저 王者는 그렇지 않다. 그의 仁이 천하에 높고 義가 천하에 높으며 위엄이 천하에 높다.

眇는 盡也라 盡天下皆懷其仁하고 感其義하고 畏其威也라 ○ 郝懿行曰 眇는 古妙字라 古書皆以眇爲妙하니 荀書亦然이라 注皆失之라 周易眇萬物而爲言이 今亦改爲妙矣라 古無妙字라 王念孫曰 諸書無訓眇爲盡者라 且正文但言眇天下어늘 而注言盡天下皆懷其仁하고 感其義하며 畏其威라하여 加數語以釋之하니 其失也迂矣라 余謂眇者는 高遠之稱[①]이니 言仁高天下하고 義高天下하고 威高天下耳라 若懷其仁하고 感其義하고 畏其威는 自見下文하니 非此三句意라 先謙案 郝王二說幷通이라

① 漢書王褒傳의 眇然絶俗離世에 顔師古曰 眇然은 高遠之意라하고 文選文賦의 志眇眇而臨雲에 李善曰 眇眇는 高遠貌라하니라
≪漢書≫ 〈王褒傳〉의 "眇然絶俗離世(초연히 세속을 벗어난다.)"라고 한 곳에서 顔師古가 "眇然은 高遠의 뜻이다."라 하고, ≪文選≫ 〈文賦〉의 "志眇眇而臨雲(뜻이 드높아 구름에 닿는다.)"라고 한 곳에서 李善이 "眇眇는 高遠한 모양이다."라고 하였다.

楊倞注 : 眇는 '盡(다하다)'의 뜻이다. 온 천하가 모두 그의 仁을 흠모하고 그의 義에 감복하고 그의 위엄을 두려워한다는 것이다.

○ 郝懿行 : '眇'는 옛날의 '妙'자이다. 옛 서적에는 모두 '眇'를 '妙'로 사용하였으니, ≪荀子≫도 마찬가지이다. 楊氏의 주는 모두 잘못되었다. ≪周易≫의 "眇萬物而爲言(만물을 기묘하게 생성하는 것을 가리켜 하는 말이다.)"이 지금은 이것도 고쳐져서 '妙'가 되었다. 옛날에는 '妙'자가 없었다.

王念孫 : 여러 모든 글에 '眇'의 뜻을 '盡'이라고 풀이한 경우는 없다. 그리고 본문에는 '眇天下'라고만 하였는데도 楊氏의 주는 "온 천하가 모두 그의 仁을 흠모하고 그의 義에 감복하고 그의 위엄을 두려워한다는 것이다."라고 말하여 몇 마디 말을 더 붙여 풀이하

였으니, 그 잘못이 너무 황당하다. 나의 생각에는 '眇'란 高遠을 지칭한 것으로, '仁이 천하에 높고 義가 천하에 높고 위엄이 천하에 높다.'고 말한 것일 뿐이다. '그의 仁을 흠모하고 그의 義에 감복하고 그의 위엄을 두려워한다.'는 뜻은 따로 아래 글에 보이니, 여기 세 문구의 뜻은 아니다.

先謙案 : 郝氏와 王氏의 두 설은 모두 맞다.

9-73 仁眇天下라 故天下莫不親也하고 義眇天下라 故天下莫不貴也하며 威眇天下라 故天下莫敢敵也라 以不敵之威로 輔服人之道라

仁이 천하에 높기 때문에 천하가 친근히 여기지 않을 수 없고, 義가 천하에 높기 때문에 천하가 존귀하게 여기지 않을 수 없으며, 위엄이 천하에 높기 때문에 천하에 감히 대적할 자가 없다. 대적할 수 없는 위엄을 가지고 인심을 승복시킬 도를 돕기 때문에

其道可以服人이라 ○ **先謙案 服人之道**는 **謂上文仁義**라

楊倞注 : 그의 도가 인심을 복종시킬 수 있다는 것이다.

○ 先謙案 : '인심을 승복시킬 도'는 윗글의 仁과 義를 이른다.

9-74 故不戰而勝하고 不攻而得하고 甲兵不勞而天下服하니 是知王道者也라 知此三具[42]者는 欲王而王하고 欲霸而霸하고 欲彊而彊矣리라

싸우지 않아도 이기고 공격하지 않아도 얻고 군대를 사용하지 않아도 천하가 승복하니, 이것은 王者의 도를 아는 자이다. 이 세 가지 조건을 아는 군주는 王者가 되려고 하면 왕자가 되고 霸者가 되려고 하면 패자가 되고 强者가 되려고 하면 강자가 될 것이다.

9-75 王者之人[43]이라

42) 三具 : 위에서 말한 王者・霸者・强者를 이루기 위한 조건을 말한다.

43) 王者之人 : 소제목의 성격이다. 아래 보이는 '王者之制'・'王者之論'・'王者之法' 등 세 문구도 모두 같다.

王者를 보좌하는 사람.

王者之佐라

楊倞注：王者를 보좌하는 사람이란 뜻이다.

9-76 飾(칙)動以禮義하고

행동을 단속하기를 禮義로써 하고

所修飾及擧動을 必以禮義라 ○ 王念孫曰 飾은 讀爲飭[①]이라 言動作必以禮義自飭也라 楊分飾動爲二義하니 失之라

① 古字通以飾爲飭이라
옛 글자에서는 일반적으로 '飾'을 '飭'의 뜻으로 사용하였다.

楊倞注：외양을 꾸미거나 행동하는 것을 반드시 禮義로써 한다는 것이다.

○ 王念孫：飾은 '飭(경계하다)'으로 간주해 읽는다. 동작할 때 반드시 禮義로써 스스로 단속하는 것을 말한다. 그런데 楊氏는 飾과 動을 나누어 두 가지 뜻으로 풀이하였으니, 잘못되었다.

9-77 聽斷以類하며

법도에 따라 정사를 처리하며,

所聽斷之事 皆得其善類니 謂輕重得中也라 ○ 先謙案 類는 法也니 說見非十二子篇이라

楊倞注：처리하는 일들이 모두 그 선한 부류를 얻어서 한 것이니, 輕重이 中道를 얻은 것을 이른다.

○ 先謙案：類는 '法'의 뜻이니, 이에 관한 설명은 〈非十二子篇〉에 보인다.

9-78 明振毫末하고

밝은 지혜는 털끝처럼 미세한 일도 적발해내고

振은 擧也니 言細微必見이라

楊倞注 : 振은 '擧(들다)'의 뜻이니, 미세한 것도 반드시 알아보는 것을 말한다.

9-79 擧措應變而不窮하니 夫是之謂有原이라 是王者之人也라

각종 변화에 따라 상응한 조치를 취하여 막히지 않아야 하니, 이를 두고 근본이 있다고 이르는 것이다. 이것이 곧 王者를 보좌하는 사람이다.

原는 本也니 知爲政之本이라

楊倞注 : 原는 '本(근본)'의 뜻이니, 정사를 처리하는 근본을 아는 것이다.

9-80 王者之制라

王者가 행하는 제도.

說王者制度也라

楊倞注 : 王者가 행하는 제도에 관해 설명한 것이다.

9-81 道不過三代요 法不貳後王이니

王道를 논할 때는 三代를 넘어가면 안 되고 법도를 논할 때는 후대 제왕의 법을 벗어나면 안 되니,

論王道不過夏殷周之事니 過則久遠難信이라 法不貳後王은 言以當世之王爲法하여 不離貳而遠取之라

楊倞注 : 王道를 논할 때는 夏·殷·周의 일을 넘어가면 안 되니, 넘어가게 되면 세월이 오래되어 믿기가 어렵다. 법도는 후대 제왕의 법을 벗어나면 안 된다는 것은 당대 왕의 법을 법으로 삼을 것이고 그것을 벗어나 멀리서 취해서는 안 된다는 것을 말한다.

9-82 道過三代謂之蕩하고 法貳後王謂之不雅라

王道를 논할 때 三代를 넘어가는 것을 허황하다 이르고 법도를 논할 때 후대 제왕의 법을 벗어나는 것을 바르지 못하다고 이른다.

幷已解上이라 ○ 先謙案 見儒效篇이라

楊倞注 : 모두 이미 위에서 풀이하였다.

○ 先謙案 : 〈儒效篇〉에 보인다.

9-83 衣服有制하고 宮室有度하고 人徒有數하며

〈신분등급에 따라〉 의복은 각기 규격이 있고 주택은 각기 원칙이 있고 수행하는 인원은 각기 정해진 수효가 있으며,

人徒는 謂士卒胥徒也라

楊倞注 : 人徒는 병사와 하인을 이른다.

9-84 喪祭械用皆有等宜[44]라

喪禮나 祭祀에 사용하는 기물도 모두 〈신분에 따라〉 차등이 있다.

械는 器也라 皆有等級하여 各當其宜也라 ○ 王念孫曰 楊注失之迂라 宜는 讀爲儀①라 儀與等義相近이라 周官大司徒曰 以儀辨等하면 則民不越이라하고 典命曰 掌諸侯之五儀와 諸臣之五等之位라하며 大行人曰 以九儀辨諸侯之命하고 等諸臣之爵이라하니 皆是也라 衣服有制하고 宮室有度하고 人徒有數의 制度數與等儀는 義亦相近이라 哀公篇曰 人有五儀하니 有庸人하고 有士하고 有君子하고 有賢人하고 有大聖이라하니 謂人有此五等也라 楊以儀爲儀法하니 亦失之라

① 大雅文王篇宜鑑于殷이 大學引此宜作儀하고 楚語采服之儀 春官注引此儀作宜라

---

44) 等宜 : '宜'자의 뜻에 관해 여러 설이 있다. 楊倞은 이 글자의 기본 뜻인 '마땅하다'로 보아 '적합하다'로 풀이하였고, 王念孫은 '禮儀'의 '儀'자로 간주해 읽어야 한다고 하였다. 劉師培는 '威'자와 같은 것으로 보아야 한다고 하면서 그 증거로 ≪春秋左氏傳≫ 宣公 12년의 "賤有等威(미천한 자에 대해서는 그에 상응한 威儀가 있다.)"를 인용하였고, 王天海는 朱起鳳이 "宜와 差는 음이 가까워 통용한다."라고 한 말을 인용하여 '差'자로 이해해야 한다고 하였다. 王天海의 설에 따라 차등으로 번역하였다.

≪詩經≫ 〈大雅 文王篇〉의 '宜鑑于殷(마땅히 殷나라를 거울로 삼아야)'이 ≪大學≫에 이것을 인용한 곳에 '宜'가 '儀'로 되어 있고, ≪國語≫ 〈楚語〉의 '采服之儀(색채 있는 의복의 기준)'가 ≪周禮≫ 〈春官〉의 주에 이것을 인용한 곳에 '儀'가 '宜'로 되어 있다.

楊倞注 : 械는 기물이란 뜻이다. 이것들이 모두 등급이 있어 각기 그에 적합하다.

○ 王念孫 : 楊氏의 주는 황당하여 잘못되었다. 宜는 '儀'자로 간주해 읽는다. '儀'는 '等'과 뜻이 서로 가깝다. ≪周禮≫ 〈地官 司徒〉의 〈大司徒〉에 "以儀辨等 則民不越(예의의 형식으로 상하의 등급을 변별하면 백성들이 참람할 수 없다.)"이라 하고, ≪周禮≫ 〈春官 宗伯〉의 〈典命〉에 "掌諸侯之五儀 諸臣之五等之位(제후의 다섯 등급에 관한 예의와 〈천자〉 신하들의 다섯 등급의 지위에 관한 예의를 관장한다.)"라 하였으며, ≪周禮≫ 〈秋官 司寇〉의 〈大行人〉에 "以九儀辨諸侯之命 等諸臣之爵(아홉 가지 예의로써 제후들의 등급에 따른 기물을 변별하고 〈천자의〉 신하들에 관한 관작을 구분한다.)"이라 하였으니, 모두 같은 사례이다. '衣服有制 宮室有度 人徒有數'의 '制'·'度'·'數'와 '等'·'儀'는 그 뜻이 또한 서로 가깝다. 〈哀公篇〉에 "人有五儀 有庸人 有士 有君子 有賢人 有大聖(사람은 다섯 가지의 전형이 있으니, 평범한 사람이 있고 士類가 있고 君子가 있고 賢人이 있고 大聖人이 있다.)"이라 하였으니, 사람은 이와 같은 다섯 등급이 있다는 것을 말한다. 그런데 楊氏는 〈그곳의 주에〉 '儀'를 의식 제도라고 풀이하였으니, 그 또한 잘못된 것이다.

9-85 聲則凡非雅聲者擧廢하고

음악은 〈올바른 음악인〉 雅樂이 아닌 것은 다 폐기하고

擧는 皆라

楊倞注 : 擧는 '皆'의 뜻이다.

9-86 色則凡非舊文[45]者擧息하며

색채는 기본 문채가 아닌 것은 다 금지하며

---

45) 舊文 : 張覺은 原色으로 구성된 문채, 곧 靑·黃·赤·白·黑 등 다섯 가지 색으로 조성한 문양으로 '黼黻文章'과 같은 것들이라고 하였고, 王天海는 고대의 예법에서 규정한 수레와 의복, 기물 등 물건에 그린 채색도안을 말한다고 하였다.

謂染綵畫續(회)之事也라

楊倞注 : 채색을 물들이고 그림을 그리는 일을 이른다.

9-87 械用則凡非舊器[46]者擧毁니

기물은 원래의 기물이 아닌 것은 다 못쓰게 만들어야 하니,

舊는 謂三代故事라

楊倞注 : 舊는 三代의 옛일을 이른다.

9-88 夫是之謂復古[47]라 是王者之制也라

대체로 이를 두고 復古라 이른다. 이것이 곧 王者가 행하는 제도이다.

復三代故事면 則是復古니 不必遠擧也라

楊倞注 : 三代의 옛일을 회복하면 이것이 곧 復古니, 굳이 멀리 고대의 사례를 열거할 것이 없다는 것이다.

9-89 王者之論[48]이라

王者가 행하는 評定.

論은 謂論說賞罰也라 盧困反이라 ○ 先謙案 楊說非라 論은 亦當讀爲倫이라 倫者는 等也니 言爲君者能行此政이면 則是王者之等也라 下文云 此五等者는 王霸安存危殆滅亡之具也라하여 以王者之政爲一等하니 與此可互證이라 儒效篇人論과 臣道篇人臣之論은 王氏念孫皆讀爲倫이나 而於此失之라

楊倞注 : 論은 상벌에 관해 논하고 설명하는 것을 이른다. 그 음은 盧와 困의 反切이다.

46) 舊器 : 여기서는 고대의 예의제도에서 규정한 기물과 사용도구를 가리킨다.

47) 復古 : 여기서는 夏·商·周 三代의 예의제도와 습속을 회복하는 것을 가리킨다.

48) 王者之論 : 王者가 관리를 임용하는 일과 유공자에게 상을 주고 죄인에게 벌을 가하는 일을 살펴 처리하는 정사에 관해 말한 것이다. 論은 評定으로, 살펴보고 처리한다는 뜻이다.

○ 先謙案 : 楊氏의 설은 틀렸다. 論은 여기서도 마땅히 '倫'으로 간주해 읽어야 한다. 倫은 등급이란 뜻이니, 군주로 있는 사람이 능히 이와 같은 정사를 행한다면 곧 王者의 등급에 해당된다는 것을 말한다. 아래 글(9-228)에 "이 다섯 가지 서로 다른 방법은 王者가 되거나 霸者가 되거나 보존되거나 위태롭거나 멸망되거나 하는 등의 조건이다.〔此五等者 王霸安存危殆滅亡之具也〕"라고 하여 王者가 행하는 정사를 상등으로 삼았으니, 이곳의 글과 서로 증명할 수 있다. 〈儒效篇〉의 '人論'과 〈臣道篇〉의 '人臣之論'에서 王念孫이 〈論을〉 모두 '倫'으로 간주해 읽었으나, 여기서는 이해를 잘못하였다.

9-90 **無德不貴**하고 **無能不官**하며 **無功不賞**하고 **無罪不罰**이라 **朝無幸位**하고 **民無幸生**이라

덕 있는 자를 존귀하게 해주지 않는 일이 없고 유능한 자를 임용하지 않는 일이 없으며, 공이 있는 자에게 상을 주지 않는 일이 없고 죄가 있는 자에게 벌을 가하지 않는 일이 없다. 그리하여 조정에는 요행히 자리를 차지한 자가 없고 백성 중에 한가롭게 놀면서 요행히 살아가는 자가 없다.

幸은 僥幸也라

楊倞注 : 幸은 요행이란 뜻이다.

9-91 **尙賢使能**하되 **而等位不遺**하고

현자를 숭상하고 유능한 자를 임용하되 부여하는 등급이 〈그들의 자질과 걸맞아〉 빠뜨리는 일이 없고

不遺는 言各當其材라 等位는 等級之位也라

楊倞注 : 不遺는 각기 그 재능에 적합한 것을 말한다. 等位는 등급의 위치이다.

9-92 **析愿禁悍**하되 **而刑罰不過**라

교활한 자를 제재하고 흉포한 자를 금지하되 가하는 형벌이 〈그들의 행위와 걸맞아〉 중도를 벗어나지 않는다.

析은 分異也니 分其愿慤之民하여 使與凶悍者異也라 悍는 凶暴也라 刑罰不過는 但禁之而已요 不刻深也라 ○ 王念孫曰 析愿二字는 義不可通이라 當從韓詩外傳作折暴니 字之誤也라 折暴與禁悍對文이라 下文曰 如是而可以誅暴禁悍矣라하고 富國篇曰 不足以禁暴勝悍이라하여 皆以暴悍對文하니 則此亦當作折暴禁悍明矣라 楊不得其解而爲之詞라 又下文抃急禁悍하고 防淫除邪의 抃急二字는 語意不倫하니 當亦是折暴之誤라 下文暴悍以變하여 姦邪不作은 正承此文而言이니 則當作折暴禁悍又明矣라 楊云抃當爲析이요 急當爲愿이라하니 亦失之라 又曰 析當爲折이니 折之言制也①라 愿은 讀爲傆이라 說文에 傆②은 黠也라하니 言制桀黠之民하여 使畏刑也라 作愿者는 借字耳라 余前說改愿爲暴는 未確③이라 又下文抃急禁悍하고 防淫除邪의 抃도 亦當爲折이요 急卽愿之譌라 前改急爲暴도 亦未確④이라

① 呂刑制以刑이 墨子尙同篇에 引作折則刑이라 論語顔淵篇에 片言可以折獄者의 鄭注에 魯讀折爲制라하니라

≪書經≫ 〈呂刑〉에 "制以刑(형벌로 제재하였다.)"으로 된 것이 ≪墨子≫ 〈尙同篇〉에 인용하면서 '折則刑'으로 되어 있다. ≪論語≫ 〈顔淵篇〉에 "片言可以折獄(한쪽 편의 진술만으로도 안건을 판결할 수 있다.)"이라고 한 곳의 鄭玄의 주에 "≪魯論≫에는 '折'을 '制'로 간주해 읽었다."라고 하였다.

② 音與愿同이라

〈傆의〉 음은 '愿'과 같다.

③ 韓詩外傳에 作折暴는 恐是以意改니 未可援以爲據라 下文之誅暴禁悍과 富國篇之禁暴勝悍은 文各不同하니 皆未可據彼以改此라

≪韓詩外傳≫에 '折暴'로 되어 있는 것은 아마도 자의적으로 고친 것 같으니, 이것을 끌어다가 근거로 삼을 수는 없다. 아래 글의 '誅暴禁悍'과 〈富國篇〉의 '禁暴勝悍'은 글이 각기 같지 않으니, 모두 그쪽을 근거로 삼아 이쪽을 고칠 수 없다.

④ 急與暴는 形聲皆不相似하니 若本是暴字면 無緣譌而爲急이라

'急'과 '暴'는 모양과 聲韻이 모두 서로 비슷하지 않으니, 만약 이것이 본디 '暴'자라면 잘못된 것에 따라 '急'으로 바꿀 이유가 없다.

楊倞注 : 析은 나누어 다르게 한다는 뜻이니, 성실한 백성을 구분하여 사납고 흉악한 자와 다르게 대한다는 것이다. 悍은 흉포하다는 뜻이다. 刑罰不過는 금지하기만 할 뿐이고 가혹하게 하지 않는다는 뜻이다.

○ 王念孫 : '析愿' 두 자는 그 뜻을 알 수가 없다. 마땅히 ≪韓詩外傳≫에 따라 '折暴'로

되어야 하니, 글자가 잘못된 것이다. '折暴'와 '禁悍'은 대구로 된 글이다. 아래 글(9-218)에 "如是而可以誅暴禁悍矣(이와 같이 함으로써 포악한 자를 제거하고 흉포한 자를 금할 수 있었던 것이다.)"라 하고, 〈富國篇〉에 "不足以禁暴勝悍(충분히 포악한 자를 금하고 흉악한 자를 이겨낼 수가 없다)"이라 하여 모두 '暴'·'悍'으로 짝을 맞췄으니, 이곳도 마땅히 '折暴禁悍'으로 되어야 한다는 것이 분명하다. 楊氏는 그 뜻을 이해하지 못해 그와 같이 풀이한 것이다. 또 아래 글(9-195)에 '抃急禁悍 防淫除邪(교활한 백성을 제재하고 사나운 자를 금지하며 음란한 것을 방지하고 사악한 것을 물리친다.)'라고 한 '抃急' 두 자는 말뜻이 조리가 맞지 않으니, 이 또한 분명히 '折暴'의 잘못일 것이다. 아래 글(9-196)의 "暴悍以變 姦邪不作(포악하고 사나운 사람이 이로 인해 달라져서 음란하고 사악한 일이 다시 일어나지 않게 한다.)"이라고 한 것은 정확히 이곳의 글을 이어받아 말한 것이니, 마땅히 '折暴禁悍'으로 되어야 한다는 것이 또 분명할 것이다. 楊氏는 "'抃'은 마땅히 '析'이 되어야 하고, '急'은 마땅히 '愿'이 되어야 한다."라고 하였으니, 이 또한 잘못되었다.

王念孫 : '析'은 마땅히 '折(꺾다)'이 되어야 하니, 꺾는다는 것은 제재한다는 말이다. 愿은 '傆'으로 간주해 읽는다. ≪說文解字≫에 "傆은 교활하다는 뜻이다."라고 하였으니, 교활한 백성을 제재하여 형벌을 두려워하게 하는 것을 말한다. '愿'으로 되어 있는 것은 假借字일 뿐이다. 나의 이전 설에 '愿'을 고쳐 '暴'라고 한 것은 분명치 않다. 또 아래 글 '抃急禁悍 防淫除邪'의 '抃'도 마땅히 '折'이 되어야 하고 '急'은 곧 '愿'의 오자이다. 이전에 '急'을 고쳐 '暴'라고 한 것도 분명치 않다.

9-93 百姓曉然皆知夫爲善於家라도 而取賞於朝也하고 爲不善於幽라도 而蒙刑於顯也하니 夫是之謂定論이라 是王者之論也라

그리하여 백성들이 모두 집안에서 善을 행하더라도 조정에서 상을 받고 암암리에 惡을 저지르더라도 백일하에 처벌받을 수 있다는 것을 분명히 알게 되니, 대체로 이를 두고 확고부동한 평정이라 이른다. 이것이 곧 王者가 행하는 평정이다.

定論은 不易之論이라 論不易이면 則人知沮勸也라

楊倞注 : 定論은 바꾸지 못할 논의이다. 논의가 바뀌지 않으면 사람들이 악행을 멈추고 선행을 힘쓸 줄을 안다.

9-94 王者之〔法〕[49]이라

王者가 행하는 법도.

9-95 等賦政事[50)]하며 財萬物하니 所以養萬民也라

균등하게 세금을 부과하고 백성의 정사를 정당하게 처리하며 만물을 이뤄주니, 이는 만백성을 생육하기 위한 것이다.

等賦는 賦稅有等이라 所以爲等賦하고 及政事裁制萬物은 皆爲養人이요 非貪利也라 財與裁同이라 ○ 劉台拱曰 所以字는 當在財萬物上이라 王念孫曰 之下當有法字라 王者之法은 乃總目下文之詞라 下文是王者之法也 正與此句相應이라 上文王者之人과 王者之制와 王者之論이 皆上下相應하니 此文脫法字면 則上下不相應矣라 等賦二字連讀①이라 政은 讀爲正이라 言等地賦하고 正民事하여 以成萬物而養萬民也②라 楊讀王者之等賦爲句하고 政事財萬物爲句하니 皆失之라

① 楊云 賦稅有等 所以爲等賦는 富國篇云 等賦府庫者는 貨之流也라
楊氏가 "賦稅有等 所以爲等賦……(세금을 매기는 것이 차등이 있다는 뜻이다. 차등 있게 세금을 매기고……)"라고 말한 것은, 〈富國篇〉에 "等賦府庫者 貨之流也(차등 있게 세금을 매기고 국고에 들이는 것은 재화의 지류이다.)"라고 한 것에 의한 것이다.

② 財者는 成也니 說見非十二子篇이라
財는 이룬다는 뜻이니, 이에 관한 설명은 〈非十二子篇〉에 보인다.

楊倞注 : 等賦는 세금을 매기는 것이 차등이 있다는 뜻이다. 세금을 매기는 것이 차등이 있고 백성의 일을 정당하게 처리하며 만물을 제재하는 이유는 모두 백성을 보살피기 위해서이고 이익을 탐한 것은 아니라는 것이다. '財'는 '裁'와 같다.

○ 劉台拱 : '所以' 두 자는 마땅히 '財萬物' 위에 있어야 한다.

王念孫 : '之' 밑에 마땅히 '法'자가 있어야 한다. '王者之法'은 곧 아래 글을 총칭하는 말

---

49) 王者之〔法〕: 저본에는 아래 글과 이어져 있으나 이 문구는 제목이므로 단락을 나누어 구분하였다. '法'은 王念孫의 설에 따라 보충하였다.

50) 等賦政事 : 等은 균등의 뜻이다. 政은 '正'과 통용하고 事는 '民事'의 약칭이다. 朝川鼎은 事는 力役, 곧 賦役(국가가 공익을 위하여 보수 없이 백성에게 의무적으로 책임을 지우는 노역)의 뜻이라고 하였고, 屈守元은 政은 징발의 뜻인 '征'으로 간주해 읽어야 한다고 하였다. 王天海는 政事에 대해 이들 두 사람의 의견에 동의하면서 아래 글(9-100)에 "도로의 원근을 구별하여 공물을 거둔다.〔理道之遠近而致貢〕"라고 한 말이 이것과 호응한다고 하였다.

이다. 아래 글(9-105)에 "是王者之法也(이것이 곧 王者가 행하는 법도이다.)"라고 한 것이 정확히 이 문구와 호응한다. 윗글의 '王者之人'과 '王者之制'와 '王者之論'이 모두 위아래에서 호응하니, 이곳의 글에 '法'자가 빠지면 위아래가 호응하지 않을 것이다. '等賦' 두 자는 연이어 읽는다. 政은 '正'으로 간주해 읽는다. 토지의 부세를 균등하게 거두고 백성의 정사를 정당하게 처리하여 만물의 생성을 도와 이뤄주고 만백성을 생육하는 것을 말한다. 楊氏는 '王者之等賦'로 읽어 한 구로 삼고 '政事財萬物'을 한 구로 삼았으니, 모두 잘못되었다.

9-96 田野什一하고

농지에 대해 10분의 1을 세금으로 거두고

什稅一也라

楊倞注 : 수입의 10분의 1을 세금으로 부과한다는 것이다.

9-97 關市幾而不征하며

관문과 저자에 대해서는 검열만 하고 세금을 징수하지 않으며,

幾는 呵察也라 但呵察姦人而不征稅也라 禮記幾作譏[51]라

楊倞注 : 幾는 제지하고 살펴본다는 뜻이다. 다만 간사한 사람을 살펴보기만 할 뿐, 세금을 징수하지 않는다는 것이다. ≪禮記≫ 〈王制〉에는 '幾'가 '譏'로 되어 있다.

9-98 山林澤梁은 以時禁發而不稅라

山林과 澤梁에 대해서는 때에 따라 금하거나 개방만 하고 세금을 징수하지 않는다.

石絶水爲梁이니 所以取魚也라 非時則禁하고 及時則發이라 禮記曰 獺祭魚[52] 然後

---

51) 禮記幾作譏 : ≪孟子≫ 〈梁惠王 下〉에도 '幾'가 '譏'로 되어 있다.

52) 獺祭魚 : 獺祭라고도 한다. 수달이 물고기를 많이 잡아 제물처럼 늘어놓는다는 뜻인데, 이와 같은 현상은 주로 정월에 벌어진다고 하여 정월을 뜻한다.

虞人[53]入澤梁하고 草木零落 然後入山林也라

楊倞注 : 돌로 물을 끊어 막은 것이 澤梁이니, 물고기를 잡기 위한 장치이다. 〈물고기나 짐승을 잡을〉 시기가 아니면 출입을 금하고 시기가 되면 개방하는 것이다. ≪禮記≫ 〈王制〉에 "수달이 물고기를 잡아 제물처럼 늘어놓은 다음에 虞人이 澤梁에 들어가고, 초목이 시들어 잎이 떨어진 다음에 산림에 들어간다."라고 하였다.

魚梁

9-99 相地而衰(최)政하고

토질을 살펴 세액에 차등을 두고

相은 視也라 衰는 差也니 政爲之輕重이라 政은 或讀爲征이라 衰는 初危反이라 ○ 盧文弨曰 齊語正作相地而衰征이라 韋昭注云 視土地之美惡及所生出하여 以差征賦之輕重也라하니라

楊倞注 : 相은 살펴본다는 뜻이다. 衰는 차등의 뜻이니, 세금부과를 가볍게 하거나 무겁게 하는 것이다. 政은 간혹 '征'으로 간주해 읽기도 한다. 衰는 음이 初와 危의 反切이다.

○ 盧文弨 : ≪國語≫ 〈齊語〉에는 바르게 '相地而衰征'으로 되어 있다. 韋昭의 주에 "토지가 좋고 나쁜지의 여부와 생산된 〈곡물이 많고 적은지의 여부를〉 살펴보아 부과하는 세금이 가볍거나 무거운 차등을 두는 것이다."라고 하였다.

9-100 理[54]道之遠近而致貢하며

53) 虞人 : 산림과 호수, 정원을 관리하던 벼슬이다.

54) 理 : 龍宇純의 설에 의하면, 이 글자는 본디 '里'로 되어 있었는데, 理와 음이 같아 잘못된 것이라고 하면서 헤아린다는 뜻의 동사로 보는 것이 옳다고 하였다. 이에 따라 번역하였다.

도로의 遠近을 헤아려 貢物을 거두며,

理는 條理也라 貢은 任土所貢也니 謂若百里賦納總하고 二百里納銍之類也라 ○ 王念孫曰 小雅信南山傳曰 理는 分地里也라하니 謂貢以遠近分也라 上句相地而衰政이라하니 衰與分은 義相近이라 楊說未確이라

楊倞注：理는 條理(높고 낮은 차이)의 뜻이다. 貢은 토산품을 공물로 바치게 하는 것이니, 예를 들면 《書經》 〈禹貢〉에 "백 리 거리는 부세로 볏짚을 바치고 2백 리 거리는 곡식의 이삭을 바친다.〔百里賦納總 二百里納銍〕"라고 한 사례와 같은 것을 이른다.

○ 王念孫：《詩經》 〈小雅 信南山〉의 〈毛傳〉에 "理는 땅의 거리를 구분〔分〕한다는 뜻이다."라고 하였으니, 바치는 공물의 종류를 거리의 원근으로 구분하는 것을 이른다. 위 문구에 '相地而衰政'이라 하였는데, '衰'와 '分'은 뜻이 서로 가깝다. 楊氏의 설은 분명치 않다.

9-101 通流財物粟米하여 無有滯留하고

재물과 곡식을 유통시켜 정체되는 일이 없게 하고

(貿)〔懋〕遷有無化居[55]하여 不使有滯積也라

楊倞注：백성들에게 당부하여 있는 것을 없는 지방으로 옮기고 쌓아둔 화물을 교역하여 어느 한곳에만 적체되는 일이 없도록 한다는 것이다.

9-102 使相歸移也하여 四海之內若一家라

각 지방으로 하여금 〈물자와 곡식을〉 서로 제공하고 운반하게 함으로써 온 천하가 마치 한 집안이나 다름없게 되는 것이다.

歸는 讀爲饋라 移는 轉也라 言通商及轉輸相救하여 無不豐足하여 雖四海之廣이라도 若一家也라

楊倞注：歸는 '饋(제공하다)'로 읽는다. 移는 '轉(이동하다)'의 뜻이다. 화물을 교역하고 수송하는 방법으로 서로 구제함으로써 풍족하지 않은 곳이 없어 비록 드넓은 천하라도

55) (貿)〔懋〕遷有無化居：《書經》 〈虞書 益稷〉의 내용을 인용한 것이다. 저본에는 '貿'로 되어 있으나, 《書經》에 의거하여 '懋'로 바로잡았다.

한 집안이나 다름없다는 것을 말한다.

9-103 故近者不隱其能하고 遠者不疾其勞라

그러므로 가까운 지역 사람은 그의 재능을 숨기지 않고 먼 지역 사람은 〈王者에게 부림을 받는〉 노고를 꺼리지 않는다.

不隱其能은 謂竭其才力也라 不疾(苦)[56]其勞는 謂奔走來王[57]也라

楊倞注 : 不隱其能은 그의 재능과 힘을 다 발휘하는 것을 이른다. 不疾其勞는 분주하게 귀의하는 것을 이른다.

9-104 無幽閒(산)隱僻之國하고 莫不趨使而安樂之하니

막혀 있고 궁벽한 나라를 막론하고 모두 달려와 부림을 받으면서 편안하게 즐기지 않는 일이 없으니,

幽는 深也요 閒은 隔也라 言無有深隔之國이 不爲王者趨使하여 而安樂政教也라 ○ 先謙案 富國篇彊暴之國이 莫不趨使라하니 荀書多用趨使字라 或疑使當爲便이나 非라

楊倞注 : 幽는 '深'의 뜻이고, 閒은 '隔'의 뜻이다. 깊숙하고 막혀 있는 나라들이 王者를 위해 달려와 부림을 받으면서 그 정치와 교화를 편안하게 즐기지 않는 일이 없다는 것을 말한다.

○ 先謙案 : 〈富國篇〉에 "彊暴之國 莫不趨使(강하고 포악한 나라도 모두 달려와 부림을 받지 않는 일이 없을 것이다.)"라고 하였으니, ≪荀子≫에 '趨使'라는 문자를 많이 사용하였다. 혹자는 '使'는 마땅히 '便'으로 되어야 하지 않을까 의심하였으나 그것은 틀리다.

9-105 夫是之爲人師라 是王者之法也라

대체로 이를 두고 백성의 師表라 이른다. 이것이 곧 王者가 행하는 법도이다.

---

56) (苦) : 저본에는 '苦'가 있으나, 大文에는 없으므로 잘못 덧붙여진 글자로 보았다.

57) 來王 : ≪書經≫ 〈大禹謨〉의 "四夷來王(먼 사방의 오랑캐가 와서 귀의할 것이다.)"이라고 한 데서 인용한 것으로 보인다. 王은 '往'과 통용하는 글자로, 귀의한다는 뜻이다.

師는 長也라 言爲政如此라야 乃可以長人也라 師者는 亦使人法效之者也라

楊倞注：師는 '長(어른)'의 뜻이다. 정사를 이와 같이 행하여야 비로소 백성의 어른이 될 수 있다는 것을 말한다. 스승이란 그 또한 남으로 하여금 그를 본받게 하는 사람이다.

9-106 北海[58]則有走馬吠犬焉이나 然而中國得而畜(흌)使之하며

北海에는 잘 달리는 말과 잘 짖는 개가 나오지만 중국이 그것을 얻어 기르고 부릴 수 있으며,

海는 謂荒晦絶遠之地니 不必至海水也라 走馬吠犬은 今北地之大犬也라 ○ 盧文弨曰 冀之北土는 馬之所生이라 注走馬下當有脫文이라 先謙案 謝本不提行이나 今案當分段이라 注地字는 各本脫이나 據宋台州本增이라

楊倞注：海는 미지의 먼 지역을 이르니, 반드시 바닷물까지 이르는 것은 아니다. 走馬吠犬은 지금의 북방 지역에서 나오는 큰 개이다.

○ 盧文弨：冀州 북방은 말이 나오는 곳이다. 楊氏 注의 '走馬' 밑에 분명히 빠진 글이 있을 것이다.

先謙案：謝本에는 줄을 바꾸지 않았으나 이제 살펴보건대, 마땅히 문단을 나누는 것이 마땅하다. 楊氏 注의 '地'자는 각 판본에는 빠져 있으나, 宋 台州本에 의거하여 보충하였다.

9-107 南海則有羽翮齒革曾青[59]丹干[60]焉이나 然而中國得而財[61]之하며

---

58) 北海：북방의 가장 멀고 궁벽한 지역을 가리킨다. 아래의 '東海'·'南海'·'西海'도 이와 같은 사례이다. 《說文解字》 段玉裁의 주에 "일반적으로 땅이 넓고 생산물이 풍부한 것은 모두 바다라고 말할 수 있다."라고 하였다.

59) 曾青：銅綠·銅青이라고도 하는데, 탄산구리라는 설도 있다. 구리의 화합물로, 색깔이 푸르며 그림을 그리는 물감이나 황금을 용해하는 용도로 사용된다. 중국 四川省 西昌 일대에서 생산된다. 曾은 '層'과 같다. 이 구리의 푸른색이 층을 이루면서 생긴다고 하여 붙여진 이름이다.

60) 丹干：丹矸과 같다. 丹砂·硃砂·辰沙·硫化汞(황화수은)이라고도 한다. 붉은색의 물감이나 약재로 사용할 수 있다.

61) 財：여기서는 財寶의 약칭으로, 재물과 보배라는 뜻이다.

南海에는 깃털・상아・무소가죽・曾青・丹砂가 나오지만 중국이 그것을 얻어 재물과 보배로 삼을 수 있으며,

翮은 大鳥羽라 齒는 象齒라 革은 犀兕之革이라 曾青은 銅之精으로 可績畫及化黃金者니 出蜀山越巂[62]라 丹干은 丹砂也니 蓋一名丹干이라 干은 讀爲矸이니 胡旦反이라 或曰 丹은 丹砂也며 干은 當爲玕이라하니라 尙書禹貢雍州球琳琅玕에 孔云 石而似玉者라하니라 爾雅亦云 西北方之美者는 有(球)〔璆〕[63]琳琅玕焉이라하니 皆出西方이어늘 此云南方者는 蓋南方亦有也라 ○ 王念孫曰 楊前說以丹干爲丹砂는 未知是否요 後說以干爲琅玕은 非也라 琅玕不得但謂之玕이라 正論篇云 加之以丹矸하고 重之以曾青하며 犀象以爲樹하고 琅玕龍玆華覲以爲實이라하니 丹矸卽丹干也라 旣言丹矸하고 又言琅玕하니 則丹干之干非琅玕明矣리

楊倞注：翮은 큰 새의 깃이다. 齒는 코끼리의 이빨이다. 革은 무소의 가죽이다. 曾青은 구리를 정제한 것으로 그림을 그릴 수 있고 황금을 용해할 수 있는 것이니, 蜀山과 越巂에서 나온다. 丹干은 丹砂니, 그 다른 이름이 丹干이다. 干은 '矸'으로 간주해 읽어야 하니, 그 음은 胡와 旦의 反切이다. 혹자는 "丹은 丹砂이며, 干은 마땅히 玕으로 되어야 한다."라고 하였다. ≪尙書≫〈禹貢〉"雍州球琳琅玕(雍州에서 〈바치는 공물은〉 球와 琳과 琅玕이다.)"의 孔安國의 傳에 "〈琅玕은〉 돌인데 옥과 비슷한 것이다."라고 하였다. ≪爾雅≫에도 "서북방의 아름다운 것으로는 璆와 琳과 琅玕이 있다."라고 하였으니, 이것들은 모두 서쪽 지방에서 나오는 것인데, 여기에 남방이라고 한 것은 그것이 남방에도 있기 때문일 것이다.

○ 王念孫：丹干을 丹砂라고 한 楊氏의 앞 설은 과연 옳은지 모르겠고 干을 琅玕이라고 한 뒤의 설은 틀렸다. 琅玕은 玕이라고만 말할 수 없다. 〈正論篇〉에 "加之以丹矸 重之以曾青 犀象以爲樹 琅玕龍玆華覲以爲實(〈관을〉 朱砂로 바르고 曾青으로 장식하며 〈무덤 속을〉 무소뿔과 상아로 조각하여 나무를 만들고 琅玕・龍玆・華覲으로 그 나무의 열매를 만들었다.)"이라고 하였으니, '丹矸'은 곧 '丹干'이다. 이미 '丹矸'을 말하고 또 '琅玕'을 말했으니, '丹干'의 干이 琅玕이 아니라는 것은 분명하다.

62) 蜀山越巂：蜀山은 지금의 四川省에 있는 산 이름이고, 越巂는 지금의 雲南省에 속해 있던 郡 이름이다.

63) (球)〔璆〕：저본에는 '球'로 되어 있으나, ≪爾雅≫〈八陵〉에 의거하여 '璆'로 바로잡았다.

9-108 東海則有紫紶[64)]魚鹽焉이나 然而中國得而衣食之하며

東海에는 갈포와 생선·소금이 나오지만 중국이 그것을 얻어 옷을 지어 입고 먹을거리로 삼을 수 있으며,

紫는 紫貝[65)]也라 紶는 未詳이라 字書亦無紶字하니 當爲蚨(겁)이라 郭璞江賦曰 石蚨應節而揚葩에 注云 石蚨는 龜形이니 春則生花[66)]라하니 蓋亦蚌蛤之屬이라 今案本草謂之石決明이라하고 陶云 俗傳是紫貝나 定小異라 附石生하니 大者如手하고 明耀五色하며 內亦含珠라하니라 古以龜貝爲貨라 故曰衣食之라하니라 蚨는 居怯反이라 ○ 盧文弨曰 注蚨는 元刻作蜐이나 同이라 今從宋本이라 王引之曰 下文云 中國得而衣食之라하니 則紫紶爲可衣之物이요 魚鹽은 爲可食之物이 較然甚明이라 紫與茈通이라 管子輕重丁篇에 昔萊人善染이러니 練茈之於萊純(준)錙[67)]하고 緺綬之於萊亦純錙也로되 其周는 中十金이라하니 是東海有紫之證이라 紶는 當爲綌이니 右傍谷字 與去相似[①]라 葛精曰絺요 麤曰綌[②]이라 禹貢에 靑州는 厥貢鹽絺요 海物惟錯이라하니 有絺則有綌矣라 管子輕重丁篇에 東方之萌은 帶山負海하여 漁獵之萌也며 治葛縷而爲食이라하니 言以葛爲絺綌也며 是東海有綌之證이라 紫與綌皆可以爲衣라 故曰 中國得而衣之라하니라 楊注大誤라

① 綌之譌紶는 猶卻之譌却也라 說見榮辱篇이라
'綌'이 '紶'로 잘못된 것은 '卻'이 '却'으로 잘못된 경우와 같다. 이에 관한 설명은 〈榮辱篇〉에 보인다.

② 周南葛覃傳이라
≪詩經≫ 〈周南 葛覃〉의 〈毛傳〉에 보인다.

楊倞注 : 紫는 紫貝이다. 紶는 알 수 없다. 字書에도 '紶'자는 없으니, 마땅히 '蚨'으로

---

64) 紫紶 : 于省吾·龍宇純·王天海 등은 모두 絺綌의 잘못이라고 하였다. 특히 '紫'에 대해 龍宇純은 金文에는 '黹(치)'가 '紫'와 모양이 비슷하기 때문에 잘못된 것이라고 하였다. 그러면서 '黹'와 '絺'가 성운이 같고 음이 가깝기 때문에 통용한 것이라고 하였다. 이에 따라 번역하였다.

65) 紫貝 : 文貝·砑螺로도 불리는 바다의 연체동물이다. 껍질은 둥글고 자줏빛이며 큰 것은 한 자나 된다고 한다.

66) 龜形 春則生花 : ≪文選≫ 〈江賦〉의 주에는 '形如龜脚 得春雨則生花'로 되어 있다. 이에 따라 번역하였다.

67) 純(준)錙 : 純은 포백의 길이 단위로 疋(필)과 같고, 錙는 무게의 단위로 1냥의 4분의 1이다.

되어야 한다. 郭璞의 〈江賦〉에 "石蚨應節而揚葩(石蚨이 계절에 맞춰 꽃을 피운다.)"라 한 곳의 주에 "石蚨은 그 모양이 거북이 발과 같은데 봄을 만나면 꽃이 핀다."라고 하였으니, 이 또한 조개의 일종이다. 이제 살펴보건대, ≪本草綱目≫에 이것을 石決明이라 하였고, 陶弘景이 "세속에서는 이것이 紫貝라고 전해오지만 분명히 조금 다르다. 바위에 붙어 자라는데 큰 것은 손바닥 크기와 같고 오색이 밝게 빛나며 그 안에는 또 진주를 머금고 있다."라고 하였다. 옛날에는 거북등껍질을 화폐로 사용하였기 때문에 그것으로 옷을 입고 밥을 먹었다고 말한 것이다. 蚨은 음이 居와 怯의 反切이다.

○ 盧文弨 : 楊氏 주의 '蚨'은 元刻本에 '蜐'으로 되어 있으나, 이는 같은 글자이다. 여기서는 宋本을 따랐다.

王引之 : 아래 글에 "중국이 그것을 얻어 옷을 지어 입고 먹을거리로 삼을 수 있었다."라고 하였으니, 紫紶는 입을 수 있는 물건이고 생선과 소금은 먹을 수 있는 물건이라는 것이 뚜렷하게 매우 분명하다. 紫는 '此'와 통용한다. ≪管子≫ 〈輕重 丁篇〉에 "昔萊人善染 練茈之於萊純錙 緺綬之於萊亦純錙也 其周 中十金(옛날 萊나라 사람들이 염색기술이 뛰어났는데, 자줏빛의 명주베가 萊나라에서는 값이 1필에 황금 1錙이고 자청색의 명주실 띠가 萊나라에서는 그것도 1필에 1錙였으나 周나라 지방에서는 값이 1필에 황금 10근이었다.)"이라고 하였으니, 이는 동해에 자줏빛 비단이 있었다는 증거이다. '紶'는 마땅히 '綌'으로 되어야 하니, 오른쪽 곁의 '谷'자는 '去'와 모양이 비슷하다. 갈포가 올이 가는 것을 '絺'라 하고, 굵은 것을 '綌'이라 한다. ≪書經≫ 〈禹貢〉에 "靑州 厥貢鹽絺 海物惟錯(靑州에서 바치는 공물은 소금과 올이 가는 갈포이고 해산물은 다양하다.)"이라고 하였으니, 올이 가는 갈포가 있다면 굵은 갈포도 있을 것이다. ≪管子≫ 〈輕重 丁篇〉에 "동방의 백성은 산과 바다를 끼고서 고기잡이와 사냥을 하는 백성들이며 갈포를 짜 그것으로 먹고 산다."라고 하였으니, 칡넝쿨로 올이 가늘거나 굵은 갈포를 만들었다는 것을 말한 것이며, 이는 동해에 올이 굵은 갈포가 있었다는 증거이다. 자줏빛 비단과 올이 굵은 갈포는 모두 옷을 지어 입을 수 있기 때문에 중국이 그것을 얻어 옷을 지어 입었다고 말한 것이다. 楊氏의 주는 크게 잘못되었다.

9-109 西海則有皮革文旄焉이나 然而中國得而用之라

西海에는 피혁과 색채가 아름다운 쇠꼬리털이 나오지만 중국이 그것을 얻어 이용할 수 있다.

禹貢梁州貢熊羆狐狸織皮에 孔云 貢四獸之皮라하니라 織皮는 今之罽也라 旄는 旄

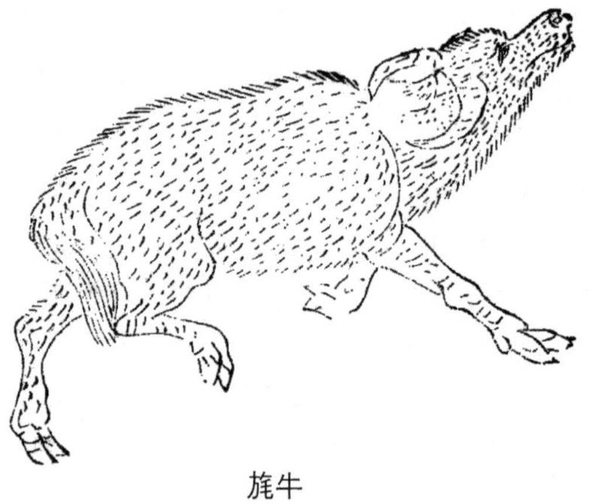

旄牛

牛[68]尾라 文旄는 謂染之爲文綵也라

楊倞注：≪書經≫〈禹貢〉"梁州貢熊羆狐狸織皮(梁州에서 바치는 공물은 곰·큰곰·여우·살쾡이 등의 털로 짠 융단이다.)"의 孔安國의 傳에 "네 짐승의 가죽을 바친다."라고 하였다. 織皮는 지금의 융단이다. 旄는 旄牛의 꼬리이다. 文旄는 그것에 물을 들여 아름다운 색채를 지니게 한 것을 이른다.

9-110 故澤人足乎木하고 山人足乎魚하며 農夫不斲削하고 不陶冶로되 而足械用하고 工賈不耕田이로되 而足菽粟이라 故虎豹爲猛矣나 然君子剝而用之라 故天之所覆와 地之所載에 莫不盡其美하고 致其用[69]하니

그러므로 호숫가에 사는 사람들도 재목이 충분하고 산간에 사는 사람들도 생선이 충분하며, 농부가 나무를 자르거나 깎지 않고 질그릇을 굽거나 쇠붙이를 녹이지 않아도 기물이 충분하고 匠人과 商人이 농사를 짓지 않아도 곡식이 충분하다. 그리고 호랑이나 표범은 사나운 짐승이지만 군자가 그 가죽을 벗겨 사용할 수 있다. 그러므로 〈군자는〉 하늘이 덮고 있는 것과 대지가 싣고 있는 것들에 대해 그 장점을 충분히 이용하고 그 효용을 극대화하지 않는 일이 없으니,

物皆盡其美하여 而來爲人用也라

楊倞注：만물이 모두 그 장점을 충분히 지니고 있어 그로 인해 사람들에게 사용된다는 것이다.

---

68) 旄牛：야크(yak)를 말한다. 소와 비슷한데 어깨의 높이는 2미터 정도이며 몸 아랫면에 나 있는 털은 직물로 사용된다. 티베트 고원이나 북인도, 히말라야 지방이 원산지이다.

69) 盡其美 致其用：桃源藏이 盡과 致는 군자에게 속하고 두 '其'자는 모두 만물을 가리키는 것이라고 하면서 楊倞의 주가 틀렸다고 하였는데, 王天海도 그에 동의하였다. 이에 따라 번역하였다. 致는 '極(극진하다)'의 뜻이다.

9-111 上以飾賢良하고 下以養百姓而安樂之라

위로는 그것으로 덕과 재능이 있는 사람의 품격을 꾸며주며 아래로는 그것으로 백성들을 길러주어 안락하게 한다.

飾은 謂車服이라 養은 謂衣食이라

楊倞注 : 飾은 수레와 예복을 이른다. 養은 입고 먹는 것을 이른다.

9-112 夫是之謂大神이라

대체로 이것을 두고 크게 다스려진 것이라 이른다.

能變通裁制萬物이라 故曰大神也라 ○ 郝懿行曰 釋詁에 神者는 治也라하니라 然則大神謂大治니 猶禮運云大當也라 楊注以變通裁制萬物爲言하니 亦卽大治之意라

楊倞注 : 능히 만물을 상황에 따라 요령 좋게 처리하여 제어하기 때문에 크게 신묘하다고 말한 것이다.

○ 郝懿行 : ≪爾雅≫ 〈釋詁〉에 "神이란 '治'의 뜻이다."라고 하였다. 그렇다면 大神은 大治을 말한 것이니, ≪禮記≫ 〈禮運〉에 '大當'이라 말한 것과 같다. 楊氏의 주에, 만물을 상황에 따라 요령 좋게 처리하여 제어하는 것이라고 말했는데, 이 또한 大治의 뜻이다.

9-113 詩曰 天作高山이어늘 大(태)王荒之로다 彼作矣어늘 文王康之[70)]로다하니 此之謂也니라

≪詩經≫에 "하늘이 높은 산을 만들었거늘 太王께서 그곳을 떠받드셨네. 太王께서 저 도읍 조성했거늘 文王께서 그곳을 안정시켰네."라고 하였으니, 이를 두고 하는 말이다.

---

70) 詩曰……文王康之 : 큰 지혜와 덕을 지닌 군자가 자연의 여건과 사물의 장점을 잘 이용하고 그 효용을 극대화한다는 것을 증명하기 위해 인용한 것이다. 高山은 岐山을 가리킨 것으로, 지금의 陝西 岐山縣 북쪽에 있다. 大王은 太王과 같으며, 周族의 족장으로 文王의 조부인 古公亶父이다. 전설에 의하면, 그가 戎族과 狄族의 압박을 피해 지금의 陝西 彬縣 동북방인 豳으로부터 岐山 밑으로 거주지를 옮겼는데, 이때부터 세력이 강성해졌다고 한다. 彼作은 太王이 周 도읍을 조성한 것을 가리킨다.

詩는 周頌天作之篇이라 荒은 大也요 康은 安也라 言天作此高山하여 使興雲雨할새 大王自豳遷焉하여 則能尊大之하고 彼大王作此都하니 文王又能安之也라

楊倞注 : ≪詩經≫은 〈周頌 天作〉편이다. 荒은 크다는 뜻이고, 康은 편안하다는 뜻이다. 하늘이 이 높은 산을 만들어 구름과 비가 일어나게 하였는데 太王이 豳으로부터 옮겨와 능히 그 산을 존귀하고 위대해지게 하였고, 저 太王이 이 도읍을 조성해놓으니 文王이 또 능히 그곳을 편안하게 하였다는 말이다.

9-114 以類行雜[71]하고

사물의 원칙으로 복잡한 사물을 다스리고

得其統類면 則不患於雜也라

楊倞注 : 큰 줄거리와 세목의 원칙을 알면 기타 복잡한 〈사물을 다스리는 데에〉 걱정할 일이 없다는 것이다.

9-115 以一行萬하되

통일된 원칙으로 만사를 다스리되

行於一人이면 則萬人可治也니 皆謂得其樞要也라

楊倞注 : 한 사람에게 행해지면 만 사람을 다스릴 수 있으니, 이는 모두 그 관건을 얻은 것을 이른다.

9-116 始則終하고 終則始하여 若環之無端也라 舍是而天下以衰矣리라

처음에서 끝까지 가고 다시 끝에서 처음으로 가 마치 둥근 고리가 끝이 없는 것처럼 한다. 만약 이와 같은 원칙을 놓아버린다면 천하는 그로 인해 쇠퇴할 것이다.

始는 謂類與一也요 終은 謂雜與萬也라 言以此道爲治하되 終始不窮하여 無休息이면

71) 以類行雜 : 아래의 '以一行萬'과 뜻이 유사한 互文이다. 類는 같은 유의 사물이 공유한 원칙이고 一은 모든 것을 총괄하는 통일된 원칙인데, 모두 禮義를 가리킨다.

則天下得其次序하고 舍此則亂也라 衰는 初危反이라 ○ 王念孫曰 始終二字는 泛指治道而言이라 下文曰 君臣父子兄弟夫婦 始則終하고 終則始 義亦同也라 始는 非謂類與一이요 終도 亦非謂雜與萬이라

楊倞注 : 始는 '類'와 '一'을 말하고, 終은 '雜'과 '萬'을 말한 것이다. 이와 같은 방법으로 국가를 다스리되 처음부터 끝까지 변함이 없고 중단하는 일이 없으면 천하의 일이 그 질서를 얻게 되고 이 원칙을 놓아버리면 혼란해진다는 것을 말한다. 衰는 음이 初와 危의 反切이다.

○ 王念孫 : '始終' 두 자는 다스리는 도를 총괄적으로 가리켜 말한 것이다. 아래 글에 "君臣父子兄弟夫婦 始則終 終則始(임금과 신하, 부모와 자식, 형과 아우, 남편과 아내 〈상호간의 윤리관계가〉 처음에서 끝까지 가고 다시 끝에서 처음으로 간다.)"라고 하였는데, 그 뜻이 또한 이곳과 같다. 始는 '類'와 '一'을 말한 것이 아니고, 終도 '雜'과 '萬'을 말한 것이 아니다.

9-117 天地者는 生之始也요 禮義者는 治之始也며 君子者는 禮義之始也라

천지는 생명의 근본이고, 禮義는 국가를 다스리는 근본이며, 군자는 禮義의 근본이다.

始는 猶本也라 言禮義本於君子也라

楊倞注 : 始는 '本'과 같다. 禮義는 君子에게 근본을 두고 있다는 것을 말한다.

9-118 爲之하고 貫之하며 積重之하여 致好之者 君子(之始)[72]也라

禮義를 배우고 禮義를 익히며 禮義를 축적하여 완전한 정도까지 도달하게 하는 것이 곧 군자이다.

言禮義以君子爲本하고 君子以習學爲本이라 貫은 習也라 積重之는 謂學使委積重多也라 致는 極也라 好之는 言不倦也라 ○ 王引之曰 君子之始也의 之始二字는 蓋涉上三之始而衍이라 此言禮義爲治之始나 而爲之하고 貫之하며 積重之하여 致好之者는 則君子也라 故君子又爲禮義之始라 下文無君子則天地不理하고 禮義無統이

72) (之始) : 저본에는 '之始'가 있으나, 王引之의 주에 의거하여 삭제하였다.

仍是此意라 此承上文君子爲禮義之始而申言之하니 則君子下不當更有之始二字라 楊云 君子以積學爲本이라하니 則所見本已衍此二字라

楊倞注 : 禮義는 군자를 근본으로 삼고 군자는 익히고 배우는 것을 근본으로 삼는다는 것을 말한다. 貫은 익힌다는 뜻이다. 積重之는 배운 것을 축적하여 많아지게 한 것을 이른다. 致는 '極(극진하다)'의 뜻이다. 好之는 게을리하지 않는다는 것을 말한다.

○ 王引之 : '君子之始也'의 '之始' 두 자는 아마도 위 세 군데의 '之始'와 연관되어 잘못 덧붙여졌을 것이다. 여기서는, 禮義가 국가를 다스리는 근본이 되기는 해도 禮義를 배우고 禮義를 익히며 禮義를 축적하여 완전한 정도까지 도달하게 하는 것은 군자이기 때문에 군자가 또 禮義의 근본이 된다는 것을 말한다. 아래 글(9-120)에 "군자가 없다면 천지가 다스려질 수 없고 禮義가 체계가 없다.〔無君子則天地不理 禮義無統〕"라고 한 것이 여전히 이 뜻이다. 여기는 윗글의 "군자는 禮義의 근본이다."라고 한 것을 이어받아 거듭 말한 것이니, '君子' 밑에 마땅히 다시 '之始' 두 자가 있으면 안 된다. 楊氏가 "군자는 익히고 배우는 것을 근본으로 삼는다."라고 하였으니, 그가 보았던 저본에 이미 이 두 자가 잘못 덧붙여져 있었을 것이다.

9-119 故天地生君子하고 君子理天地라 君子者는 天地之參也요 萬物之摠也로 民之父母也라

그러므로 천지는 군자를 낳아 기르고 군자는 천지를 다스린다. 이로 인해 군자는 천지운행의 참여자이자 만물화육의 총수로 백성의 부모이다.

參은 謂與之相參하여 共成化育也라 摠은 領也라 ○ 盧文弨曰 俗本又有要也二字나 宋本元刻皆無라

楊倞注 : 參은 함께 서로 참여하여 만물의 생성과 발육을 공동으로 이루는 것을 이른다. 摠은 '領(우두머리)'의 뜻이다.

○ 盧文弨 : 세간의 판본에는 〈楊氏의 주 '領也' 밑에〉 또 '要也' 두 자가 있으나 宋本과 元刻本에는 모두 없다.

9-120 無君子면 則天地不理하고 禮義無統하며 上無君師하고 下無父子리니 夫是之謂至亂이라 君臣父子兄弟夫婦 始則終하고 終則始하여 與天地同理하고 與萬

世同久하리니 夫是之謂大本이라

군자가 없다면 천지가 다스려질 수 없고 禮義가 체계가 없으며 위로 군주와 스승의 존엄이 없고 아래로 부자간의 윤리가 없게 될 것이니, 대체로 이를 두고 극도로 혼란하다고 이른다. 임금과 신하, 부모와 자식, 형과 아우, 남편과 아내 〈상호간의 윤리관계가〉 처음에서 끝까지 가고 다시 끝에서 처음으로 감으로써 천지와 함께 다스리고 천추만세와 함께 장구할 것이니, 대체로 이를 두고 가장 큰 근본이라 이른다.

始則終하고 終則始는 謂一世始[73]라 言上下尊卑는 人之大本이니 有君子然後可以長久也라 ○ 盧文弨曰 注謂一世始句有誤하니 疑當作謂治世也라

楊倞注 : 처음에서 끝까지 가고 다시 끝에서 처음으로 간다는 것은 다스려진 세상을 이른다. 신분의 위아래와 높낮이는 사람의 큰 근본인데 군자가 있고 난 다음에 비로소 그것이 장구하게 유지될 수 있다는 것을 말한다.

○ 盧文弨 : 楊氏 주의 '謂一世始' 문구는 오류가 있으니, 아마도 마땅히 '謂治世也'로 되어야 할 것 같다.

9-121 故喪祭朝聘師旅[74]는 一[75]也요

그러므로 喪禮와 祭禮, 朝聘과 군대의 일은 그 이치가 하나이고,

此已下는 明君子禮義之治라 爲之制喪祭朝聘之禮하니 所以齊一民하여 各當其道하여 不使淫放也라 下一之義皆同이라 ○ 盧文弨曰 注之治는 舊作之始하니 譌라 王引之曰 師旅二字는 後人以意加之也라 此言祭祀賓客喪紀之事하고 而師旅不與焉이라 故楊注但言喪祭朝聘而不言師旅하니 則本無師旅二字明矣라

楊倞注 : 이곳 이하는 군자가 禮義로 국가를 다스리는 것을 말한다. 그렇게 하기 위해 상례와 제례, 朝聘 등의 예법을 제정하였으니, 이는 백성을 동일시켜 각자 그들의 노리

---

73) 謂一世始 : 마땅히 '謂治世也'로 되어야 할 것 같다는 盧文弨의 설에 따라 번역하였다.

74) 朝聘師旅 : 朝는 제후가 천자에게 와서 알현하는 것이고, 聘은 제후의 大夫들끼리 서로 예방하는 것을 말한다. 師旅는 군대의 단위로, 師는 2,500인이고, 旅는 500인이다.

75) 一 : 禮義를 가리킨다. 모든 정사의 근본으로 매우 간단하다는 뜻을 드러내기 위한 것이다.

를 올바로 행함으로써 제멋대로 행동하지 않게 하기 위해서이다. 아래 '一'의 뜻도 모두 같다.

○ 盧文弨 : 楊氏 주의 '之治'는 예전에는 '之始'로 되어 있었으니, 이는 잘못된 것이다.

王引之 : '師旅' 두 자는 뒷사람이 자의적으로 추가한 것이다. 여기서는 제사와 빈객과 상례에 관한 일을 언급하고 군대는 연관이 없다. 그러므로 楊氏의 주에 상례와 제례, 조빙에 관해서만 말하고 군대를 말하지 않았으니, 본디 '師旅' 두 자가 없었다는 것이 분명하다.

9-122 貴賤殺生與奪도 一也요

사람을 귀하게 하고 천하게 하며 죽이고 살리며 주고 빼앗는 것도 그 이치가 하나이고,

使民一於沮勸이라

楊倞注 : 백성이 악행을 멈추고 선행을 힘쓰는 데에 전일하게 하는 것이다.

9-123 君君臣臣父父子子兄兄弟弟도 一也요

군주는 군주답고 신하는 신하답고 아비는 아비답고 자식은 자식답고 형은 형답고 아우는 아우답게 하는 것도 그 이치가 하나이고,

使人一於恩義라

楊倞注 : 사람들이 恩情과 道義에 전일하게 하는 것이다.

9-124 農農士士工工商商도 一也라

農夫는 농부답고 士類는 사류답고 工人은 공인답고 商人은 상인답게 하는 것도 그 이치가 하나이다.

使人一於職業이라

楊倞注 : 사람들이 각자의 직업에 전일하게 하는 것이다.

9-125 水火有氣而無生하고 草木有生而無知하며

물과 불은 氣가 있으나 생명은 없고, 草木은 생명이 있으나 지각은 없으며,

生은 謂滋長하고 知는 謂性識이라

楊倞注 : 生은 성장하는 것을 이르고, 知는 정신 작용을 이른다.

9-126 禽獸有知而無義라

禽獸는 지각이 있으나 禮義는 없다.

○ 郝懿行曰 釋詁에 知者는 匹也라하고 詩曰 樂子之無知라하니 此草木有生無知之說也라 曲禮曰 禽獸無禮라 故父子聚麀라하니 此禽獸有知無義之說也라 楊注知謂性識이 是已라 蓋因有性識然後有匹偶라 故此二義兼之乃備라

○ 郝懿行 : ≪爾雅≫ 〈釋詁〉에 "知란 '匹(짝)'의 뜻이다."라 하고, ≪詩經≫ 〈隰有萇楚〉에 "네가 지각없음을 좋아하노라.〔樂子之無知〕"라고 하였으니, 이는 초목은 생명이 있으나 지각은 없다는 설이다. ≪禮記≫ 〈曲禮〉에 "금수는 예법이 없기 때문에 아비와 새끼가 암컷에게 함께 붙는다.〔禽獸無禮 故父子聚麀〕"라고 하였으니, 이는 금수는 지각이 있으나 禮義는 없다는 설이다. 楊氏의 주에 "知는 정신 작용을 이른다."라고 한 말이 이것이다. 대체로 정신 작용이 있어야만 배필이 있는 것이므로 〈知자가〉 이 두 가지 뜻을 겸해야 비로소 완전하다.

9-127 人有氣하고 有生하고 有知하며 亦且有義라 故最爲天下貴也[76]라

사람은 氣가 있고 생명이 있고 지각이 있으며 또 게다가 禮義까지 있기 때문에 천하에서 가장 고귀하다.

76) 水火有氣而無生……故最爲天下貴也 : 李瀷(1681~1763)이 이 설에 대해 이전의 聖人이 밝히지 못한 것을 밝힌 것으로, 마음을 다스리는 학문에 큰 도움이 될 것이라고 하면서 "知覺이 있고 禮義가 있다는 것은 人心, 道心과 합치되는 말로, 이치의 근원을 유감없이 밝혔다. 그(荀子)가 性惡說을 주장했다 하여 儒家에서 이것까지 채택하지 않은 것은 지나쳤다."라고 하였다. ≪星湖僿說 권29 經史門 荀子≫
'氣'는 고대 철학개념에서 일반적으로 만물을 구성하는 근원을 가리킨다.

亦且者는 言其中亦有(無)[77]義者也라 ○ 盧文弨曰 亦且二字는 乃謂異於禽獸라 注誤라

楊倞注 : 亦且라는 것은 그 가운데 또 禮義란 것이 있음을 말한 것이다.

○ 盧文弨 : '亦且' 두 자는 곧 금수와 다르다는 것을 이른 것이다. 楊氏의 주는 잘못되었다.

9-128 力不若牛하고 走不若馬로되 而牛馬爲用은 何也오 曰 人能群[78]이나 彼不能群也라 人何以能群고 曰 分[79]이라

〈사람이〉 힘은 소만 못하고 달리는 것은 말만 못하나 소나 말이 사람에게 부림을 당하는 것은 무슨 까닭인가? 사람은 무리를 형성할 수 있으나 그것들은 무리를 형성하지 못하기 때문이다. 사람은 무슨 까닭으로 능히 무리를 형성하는가? 명분이 있기 때문이다.

無分則爭하고 爭則不能群也라

楊倞注 : 등급 명분의 제한이 없으면 다툼이 일어나고 다투면 무리를 형성하지 못한다.

9-129 分何以能行고 曰 義라 故義以分則和하고

명분은 무슨 까닭으로 능히 행해지는가? 禮義가 있기 때문이다. 그러므로 禮義로써 명분을 확정하면 사람들이 화합하고,

言分義相須也라 義는 謂裁斷也라 ○ 謝本從盧校하여 作曰以義라 盧文弨曰 正文曰以義나 元刻無以字라 王念孫曰 元刻無以字①하니 是也라 曰義與曰分對文②이니 則不當有以字라 宋本有以字者는 涉上兩以字而衍이라 先謙案 元刻是니 今依王說改라

---

77) (無) : 저본에는 '無'자가 있으나, 윗글의 '無義'로 인해 잘못 덧붙여진 것으로 보인다.

78) 群 : 명사 겸 동사로, 무리 혹은 집단을 형성한다는 뜻이다. 지금의 개념으로는 단체 혹은 사회를 형성하는 것이라 할 수 있다.

79) 分 : 명분으로, 각각의 명칭이나 신분에 따라 마땅히 지켜야 할 도리이다. 이를테면 군신·부자·부부 등 구별된 사이에 서로가 지켜야 할 도덕상의 일을 말한다.

① 宋龔本同이라

宋 龔本도 같다.

② 繫辭傳에 何以守位오 曰仁이요 何以聚人고 曰財니 理財正辭하며 禁民爲非曰義라하여 亦以曰義對曰仁曰財라

≪周易≫ 〈繫辭傳〉에 "何以守位 曰仁 何以聚人 曰財 理財正辭 禁民爲非曰義(어떻게 권위를 지킬 것인가? 그것은 仁政을 행하는 것이다. 어떻게 많은 사람을 모을 것인가? 그것은 재물을 나누어주는 것이다. 재물을 관리하고 언행을 단정히 하며 백성이 비위를 저지르는 것을 금지하는 것을 정의라 한다.)"라 하여 그 또한 '曰義'로 '曰仁'·'曰財'와 대를 맞췄다.

楊倞注 : 명분과 義가 서로 의지한다는 것을 말한다. 義는 바르게 판단하여 결정하는 것을 이른다.

○ 謝本은 盧校本에 따라 〈曰義가〉 '曰以義'로 되어 있다.

盧文弨 : 본문에 '曰以義'로 되어 있으나, 元刻本에는 '以'자가 없다.

王念孫 : 元刻本에는 〈'曰'과 '義' 사이에〉 '以'자가 없으니, 그것이 옳다. '曰義'와 '曰分'은 대를 맞춘 글이니, 마땅히 '以'자가 있어서는 안 된다. 宋本에 '以'자가 있는 것은 위의 두 '以'와 연관되어 잘못 덧붙여진 것이다.

先謙案 : 元刻本이 옳으니, 여기서는 王氏의 설에 따라 고쳤다.

9-130 和則一하고 一則多力하며 多力則彊하고 彊則勝物[80)]이라 故宮室可得而居也라

화합하면 일치단결하고 일치단결하면 역량이 커지며, 역량이 커지면 강성해지고 강성해지면 外物을 이길 수 있다. 이 때문에 사람이 집에서 편히 살아갈 수 있는 것이다.

物不能害니 所以安居라

楊倞注 : 외물이 해칠 수 없으니, 이 때문에 편안하게 사는 것이다.

9-131 故序四時하여 裁萬物하고

80) 物 : 外物로, 禽獸·毒蟲·비바람·추위·더위 등을 포함한 말이다.

그러므로 사계절에 순응하여 만물을 이뤄주고

○ 先謙案 裁亦成也라 說見非十二子篇이라

○ 先謙案 : 裁자 또한 '成'의 뜻이다. 이에 관한 설명은 〈非十二子篇〉에 보인다.

9-132 兼利天下하니 無它故焉이라 得之分義也라

천하를 두루 이롭게 하니, 이는 다른 이유가 없다. 명분과 禮義로부터 얻어진 것이다.

以有分義라 故能治天下也라

楊倞注 : 명분과 禮義를 지녔기 때문에 능히 천하를 다스리는 것이다.

9-133 故[81]人生不能無群이라 群而無分則爭하고 爭則亂하고 亂則離하고 離則弱하니 弱則不能勝物이라 故宮室不可得而居也니 不可少頃舍禮義之謂也라 能以事親謂之孝요 能以事兄謂之弟[82]며 能以事上謂之順이요 能以使下謂之君이라

대체로 사람은 살면서 무리를 이루지 않을 수 없다. 무리를 이루되 등급 명분의 제한이 없으면 다투게 되고 다투면 어지러워지며, 어지러우면 흩어지게 되고 흩어지면 약해지며, 약해지면 외물을 이길 수 없다. 이 때문에 집에서 편히 살아갈 수 없으니, 이래서 사람은 잠시라도 禮義를 버릴 수 없다고 하는 것이다. 능히 〈禮義로써〉 부모를 섬기는 것을 '孝'라 이르고 능히 〈禮義로써〉 형을 섬기는 것을 '弟'라 이르며, 능히 〈禮義로써〉 윗사람을 섬기는 것을 '順'이라 이르고 능히 〈禮義로써〉 아랫사람을 부리는 것을 '君'이라 이른다.

能以는 皆謂能以禮義也라

楊倞注 : '能以'는 모두 능히 禮義를 가지고 하는 것을 이른다.

---

81) 故 : '夫'와 같은 것으로, 發語詞이다.

82) 弟 : '悌(공손하다)'자와 통용한다.

9-134 **君者**는 **善群也**라

군주란 사람들을 모아 무리를 잘 형성하는 사람이다.

善〔群〕[83]은 **能使人爲群也**라

楊倞注 : '善群'은 능히 사람들이 무리를 형성하게 한다는 것이다.

9-135 **群道當**[84]이면 **則萬物皆得其宜**하고 **六畜**[85]**皆得其長**하고 **群生皆得其命**이라

무리를 형성하는 원칙이 사리에 맞으면 만물이 모두 적절하게 배치되고 여섯 종류의 가축이 모두 잘 길러질 수 있고 일체의 생물들이 그 천성을 보전할 수 있다.

安其性命이리

楊倞注 : 〈得其命은〉 타고난 본성을 편안히 보전한다는 뜻이다.

9-136 **故養長時則六畜育**하고 **殺生時則草木殖**하며

대체로 기르기를 적기에 하면 여섯 종류의 가축이 잘 자라고 베어내고 심는 것을 적기에 하면 초목이 우거지며,

殺生은 **斬伐**이라

楊倞注 : 殺生은 베고 자르는 것이다.

9-137 **政令時則百姓一**하고 **賢良服**하리라

정책과 법령을 내리기를 적기에 하면 백성이 통일되고 덕과 재능이 있는 사람이 심복할 것이다.

---

83) 〔群〕: 저본에는 '群'이 없으나, 久保愛의 설에 따라 보충하였다.

84) 群道當 : 무리를 형성하는 원칙이 사리에 맞다는 뜻인데, 아래 글의 '養長時(기르기를 적기에 한다.)', '殺生時(베어내고 심는 것을 적기에 한다.)', '政令時(정책과 법령을 내리기를 적기에 한다.)'를 가리킨다.

85) 六畜 : 여섯 종류의 가축으로, 돼지·양·소·말·닭·개를 말한다.

時는 謂有常이라 服은 謂爲之任使라

楊倞注 : 時는 일정한 법이 있는 것을 이른다. 服은 그들을 등용하는 것을 이른다.

9-138 聖王之制也[86)]라

聖王의 제도.

9-139 草木榮華[87)]滋碩之時엔 則斧斤不入山林하니 不夭其生하고 不絶其長也라 黿鼉魚鱉鰌鱣孕別之時엔

초목이 꽃 피고 자랄 시기에는 도끼가 산림 속에 들어가는 것을 허용하지 않으니, 이는 그 생명을 단축하지 않고 그 성장을 끊어버리지 않기 위해서이다. 큰 자라와 악어, 잡어, 자라, 미꾸라지, 드렁허리 등이 새끼를 배고 알을 낳는 시기에는

別은 謂生育 與母分別也라 國語에 里革諫魯宣公曰 魚方別孕에 韋昭曰 自別於雄而懷子也라하니라

楊倞注 : 別은 부화하여 자라느라 어미와 함께 따로 헤어져 있다는 것을 이른다. ≪國語≫ 〈魯語〉에 "里革이 魯 宣公에게 간하기를 '지금은 물고기가 한창 알을 낳고 자라나는 시기입니다."라고 한 곳에, 韋昭가 "스스로 수컷과 헤어져 새끼를 품고 있다는 말이다." 라고 하였다.

9-140 罔罟毒藥不入澤하니 不夭其生하고 不絶其長也라

그물이나 독약을 호수 속에 집어넣는 것을 허용하지 않으니, 이 또한 그 생명을 단축하지 않고 그 성장을 끊어버리지 않기 위해서이다.

毒藥은 毒魚之藥이니 周禮雍氏禁澤之沈者也라

楊倞注 : 毒藥은 물고기를 해치는 약이니, ≪周禮≫ 〈雍氏〉의 "호수 속에 독약을 던지

86) 聖王之制也 : 제목 성격이다. 저본에는 윗글에 이어져 있으나 鍾泰와 張覺의 견해에 따라 단락을 바꾸었다. 아래의 '도끼가 산림 속에 들어가는 것을 허용하지 않는다.'라고 한 것부터 그 이하의 내용이 모두 聖王의 제도에 관한 것들이다.

87) 榮華 : 榮은 풀에서 핀 꽃이고, 華는 나무에서 핀 꽃이다.

는 것을 금지한다."는 것이다.

9-141 春耕夏耘하고 秋收冬藏 四者不失時라 故五穀不絶하여 而百姓有餘食也하고 汙池淵沼川澤에 謹其時禁이라

봄에 밭을 갈고 여름에 김을 매고 가을에 거둬들이고 겨울에 저장하는 등 이 네 가지 일이 시기를 어기지 않기 때문에 오곡이 끊임없이 생산되어 백성들이 남아도는 식량이 있고, 웅덩이, 못, 하천, 호수 등지에서 특정한 기간에 고기를 잡는 행위를 엄격하게 금지하기 때문에

汙는 停水之處라 謹은 嚴也라

楊倞注 : 汙는 물이 머물러 있는 곳이다. 謹은 엄격하다는 뜻이다.

9-142 故魚鼈優多하여 而百姓有餘用也하며

물고기와 자라 등이 많아져서 백성들이 남아도는 먹을거리가 있으며,

〔餘〕[88]用은 謂食足之外 可用貿易이라

楊倞注 : 餘用은 충분히 먹고 난 여분이 다른 물건으로 교환할 정도가 되는 것을 이른다.

9-143 斬伐養長不失其時라 故山林不童하여 而百姓有餘材也니라

나무를 벌채하고 기르는 일이 모두 일정한 시기를 어기지 않기 때문에 산림이 민둥산이 안 되어 백성들이 남아도는 재목이 있는 것이다.

山無草木曰童이라

楊倞注 : 산에 초목이 없는 것을 童이라 이른다.

9-144 聖王之用也[89]라

88) 〔餘〕 : 저본에는 '餘'가 없으나, 久保愛의 설에 따라 보충하였다.

聖王의 작용.

用은 財用也라

楊倞注 : 用은 재물의 씀씀이이다.

9-145 上察於天[90]하고 下錯(조)於地하여

위로는 天時의 변화를 살피고 아래로는 토지의 특성에 따라 조치하여

順天時以養地財也라 錯는 千故反이라

楊倞注 : 天時에 순응하여 땅의 재물을 기른다는 것이다. 錯는 음이 千과 故의 反切이다.

9-146 塞備天地之間하고 加施萬物之上하니

〈성왕의 작용이〉 천지 사이에 충만하고 만물 위에 가해지니,

言聖王之用이 使天地萬物皆得其所라 ○ 王引之曰 塞備二字는 義不相屬하니 備는 當爲滿字之誤也①라 塞滿天地之間은 卽承上上察於天하고 下錯於地而言이라

① 備字는 俗書作俻하고 滿字는 俗書作満이라 二形相似라 故傳寫多譌라 管子霸言篇文武具備 今本備譌作滿이라

'備'자는 통속적인 서체로는 '俻'로 되어 있고, '滿'자는 통속적인 서체로는 '満'으로 되어 있다. 두 자의 모양이 서로 비슷하기 때문에 옮겨 쓰는 과정에 잘못되는 경우가 많다. ≪管子≫ 〈霸言篇〉의 '文武具備'의 '備'가 지금 판본에는 잘못되어 '滿'으로 되어 있다.

楊倞注 : 聖王의 재물 씀씀이가 천지만물로 하여금 모두 제자리를 얻게 한다는 것을 말한다.

---

89) 聖王之用也 : 아래 글의 제목이다. 用자의 뜻에 대해 豬飼彦博은 "功用이다."라 하고, 朝川鼎은 "聖王이 禮義를 쓰는 것을 말한다."라 하고, 鍾泰는 "體用의 用이다."라 하고, 楊柳橋는 "用事를 이른다."라고 하면서 모두 財用으로 풀이한 楊倞의 주를 인정하지 않았다. 張覺은 '作用'으로 풀이하였고, 王天海는 "몸으로 힘써 행하는 것을 이른다. 楊氏의 주는 틀렸다. 鍾氏와 楊氏 두 사람의 설이 옳다."라고 하였다. 번역은 張覺의 풀이를 따랐다.

90) 天 : 天時의 약칭으로, 때를 따라 돌아가는 자연현상이다. 계절, 밤과 낮, 더위와 추위 따위를 이른다.

○ 王引之 : '塞備' 두 자는 그 뜻이 서로 어울리지 않으니, '備'자는 분명히 '滿'자가 잘못되었을 것이다. 塞滿天地之間은 곧 위의 '上察於天 下錯於地'를 이어받아 말한 것이다.

9-147 微而明하고 短而長하며 狹而廣하여

〈그 효용은〉 희미하면서도 밝게 빛나고 짧으면서도 길며 좁으면서도 광활하여

言用禮義라 故所守者近이나 所及者遠也라

楊倞注 : 禮義를 가지고 하기 때문에 지키는 것은 가깝지만 파급되는 것은 멀다는 것을 말한다.

9-148 神明博大以至約이리

神明하고 넓고 크지만 지극히 간략하다.

言用禮義治化할새 雖神明博大라도 原其本이면 至簡約也라 ○ 先謙案 詳文義컨대 以當爲而라 與上三而字相配하여 反復言之리

楊倞注 : 禮義로써 다스리고 교화하기 때문에 〈그 효용이〉 비록 神明하고 넓고 크더라도 그 근본을 따져보면 지극히 간략하다는 것을 말한다.

○ 先謙案 : 글 뜻을 살펴보건대, '以'는 마땅히 '而'로 되어야 한다. 위의 세 '而'자와 서로 짝을 이루면서 반복하여 말한 것이다.

9-149 故曰 一與一이라하니 是爲人者[91]를 謂之聖人이니라

그러므로 "禮義로써 통일된 백성에게 행한다."라고 말하는 것이니, 이처럼 백성을 다스리는 자를 聖人이라 이른다.

一與一은 動皆一也라 是는 此也라 以此爲人者는 則謂之聖人也라 ○ 先謙案 與는

91) 一與一 是爲人者 : 楊倞을 위시하여 物雙松·冢田虎·久保愛·朝川鼎·于鬯·陶鴻慶·梁啓雄을 포함한 15명의 학자들이 제시한 견해가 매우 다양하다. 그중에 王天海의 견해가 비교적 타당하다고 판단되어 그의 설을 따랐다. 그의 설에 의하면, '一與'의 '一'은 기본이며 간단한 도리인 禮義를 말하고, '與'는 '用'과 '行'의 뜻이며, '與一'의 '一'은 윗글에 보이는 '百姓一'의 약칭이라 하였다. '爲'는 '治'의 뜻이고 '人'은 '民'과 통용한다.

讀爲擧[①]라 上言以一行萬은 是上之一也요 喪祭朝聘師旅諸事는 皆所以一民은 是下之一也라 以上之一擧下之一이라 故曰一擧一이라하니라 富國篇云 故曰 上一則下一矣라하니 義可互證이라 楊注未晰이라

① 見下王注라
아래(9-203) 王念孫의 注에 보인다.

楊倞注 : 一與一은 움직일 때마다 모두 하나의 이치를 따른다는 뜻이다. 是는 '此'의 뜻이다. 이것으로 백성을 다스리는 자는 곧 성인이라 이르는 것이다.

○ 先謙案 : 與는 '擧(총괄하다)'로 간주해 읽는다. 윗글에서 말한 '以一行萬(통일된 원칙으로 만사를 다스린다.)'은 위에 있는 '一'이고, '喪祭朝聘師旅諸事 皆所以一民(상례와 제례, 朝聘과 군대에 관한 일들은 모두 백성을 통일시키기 위한 것이다.)'은 아래에 있는 '一'이다. 위의 '一'로 아래의 '一'을 총괄하기 때문에 '一擧一'이라고 말한 것이다. 〈富國篇〉에 "故曰 上一則下一矣(그러므로 말하기를 위쪽이 한마음이면 아래쪽도 한마음이다.)"라고 하였으니, 그 뜻이 서로 증명할 만하다. 楊氏의 주는 분명치 않다.

9-150 序官이라

관직을 배정하는 법.

謂王者序官之法也라 ○ 先謙案 樂論篇云 其在序官也에 曰 修憲命하고 審(誅賞)〔詩商〕[92]하며 禁淫聲하고 以時順修하여 使夷俗邪音不敢亂雅 太師之事也라하니 則序官是篇名이라 上文王者之人과 王者之制等語와 及各篇分段首句類此者는 疑皆篇名이니 應與下文離析이라 經傳寫雜亂하여 不可考矣라

楊倞注 : 王者의 관직을 배정하는 법을 이른다.

○ 先謙案 : 〈樂論篇〉에 "그가 관직을 배정할 적에 '법령을 정비하고 詩歌와 樂章을 살펴보며 음란한 음악을 금지하되 시기적절하게 처리함으로써 오랑캐 풍속의 간사한 음악이 감히 바른 음악을 어지럽히지 못하게 하는 것이 太師의 직무이다.'라 했다."라고 하였으니, 〈이로 볼 때〉 '序官'은 편명이다. 윗글에 보이는 '王者之人'과 '王者之制' 등 어구와 각 편에서 문단을 나눈 부분의 첫 구절로 이와 유사한 경우는 어쩌면 모두 편명일 것이

92) 審(誅賞)〔詩商〕 : ≪荀子≫ 〈樂論篇〉에는 '審誅賞'으로 되어 있으므로 王先謙이 그대로 인용하였으나, 이것은 이 편에 보이는 '審詩商'(9-155)의 잘못이므로 '誅賞'을 '詩商'으로 바로잡았다.

니, 그 아래의 글과 분리하는 것이 옳을 것이다. 옮겨 쓰는 작업을 거치는 과정에 뒤죽박죽되어 알아볼 수 없게 되었다.

9-151 宰爵知賓客祭祀饗食犧牲之牢[93)]數하고

宰爵은 빈객의 접대와 제사 및 연회 때 쓰는 희생의 수량을 파악하는 일을 주관하고,

宰는 膳宰[94)]요 爵은 主掌也라 饗食은 饗宴也라 周禮膳夫之屬有庖人獸人하니 皆掌犧牲이라 一曰 爵은 官爵也라하니 言膳宰之官爵掌犧牲之事者也라 ○ 兪樾曰 楊注二說皆未安이라 以爵爲主掌이면 則旣言主掌에 不必更言知矣요 以爵爲官爵이면 則下文司徒司馬何獨不言爵乎아 今以下文例之건대 曰 司徒知百宗城郭立器之數하고 司馬知師旅甲兵乘白之數라하니 上二字皆官名이니 則宰爵二字亦官名也라 周官天官序官鄭注曰 宰는 主也라하니 然則宰爵者는 主爵也라 漢書百官公卿表에 主爵中尉는 秦官이니 掌列侯라하니 秦官之有主爵은 殆本於古之宰爵乎아 其所掌爲列侯라 故賓客祭祀饗食犧牲之牢數를 無不與知라 考主爵中尉所屬有掌畜令丞하니 正合古制矣라 學者徒以周官之膳宰說此文일새 遂失其解라

楊倞注 : 宰는 膳宰이고, 爵은 주관한다는 뜻이다. 饗食은 향연이다. ≪周禮≫에 의하면 膳夫에게 소속된 庖人과 獸人이 있으니, 이들은 모두 희생을 주관한다. 혹자는 "爵은 관작이니, 요리하는 관작으로 희생에 관한 일을 주관하는 사람을 말한다."라고 하였다.

○ 兪樾 : 楊氏의 주에 보이는 두 설은 모두 온당치 못하다. 爵을 주관의 뜻이라고 한다면 이미 주관을 언급한 마당에 굳이 다시 '知'를 말할 이유가 없고, '爵'을 관작의 뜻이라고 한다면 아래 글의 '司徒'와 '司馬'만 어찌 '爵'을 말하지 않았겠는가. 지금 아래 글로 살펴보건대 "司徒知百宗城郭立器之數 司馬知師旅甲兵乘白之數"라고 하였는데, 〈이 두 구의〉 처음 두 자는 모두 관직명이니, '宰爵' 두 자도 관직명이다. ≪周禮≫ 〈天官〉의 관직을 배정한 곳에서 鄭玄의 주에 "宰는 주관한다는 뜻이다."라고 하였으니, 그렇다면 宰爵이란 곧 主爵이다. ≪漢書≫ 〈百官公卿表〉에 "主爵中尉는 秦나라 관직이니, 列侯를 맡는다."라

93) 牢 : 본디 희생으로, 소를 太牢라 하고 양을 少牢라 한다. 그러나 여기서는 희생 수효를 세는 단위이다. ≪春秋左氏傳≫ 僖公 15년에 "饋七牢焉(희생 일곱 조를 선물로 보냈다.)"이라 한 곳의 杜預의 주에 "소 한 마리, 양 한 마리, 돼지 한 마리를 1牢라 한다."라고 하였다.

94) 膳宰 : 관직명으로, 膳夫와 같다. 가축을 잡고 음식을 만드는 일을 주관한다.

고 하였으니, 秦나라 관직명에 主爵이 있는 것은 아마도 옛날의 宰爵에 뿌리를 둔 것이 아니겠는가. 그가 맡은 것이 列侯이기 때문에 빈객의 접대, 제사와 연회 때 쓰는 희생의 수량에 관해 주관하지 않는 일이 없는 것이다. 살펴보건대, 主爵中尉에게 소속된 관직 중에 掌畜令丞이 있으니, 옛 제도와 정확히 부합된다. 학자들은 그저 ≪周禮≫의 膳宰로 이 글을 설명하였기 때문에 올바로 풀이하지 못한 것이다.

9-152 司徒知百宗城郭立器之數하고

司徒는 많은 종족의 호적과 성곽 설비기구의 수량을 파악하는 일을 주관하고,

百宗은 百族也라 城郭은 謂其小大也라 立器는 所立之器用也라 周禮大司徒之職은 掌建邦土地之圖와 與其人民之數라하니라 立器는 言五方器械異制라도 皆知其數하여 不使作奇伎奇器也라 ○ 先謙案 注奇器 各本奇作之라 據宋台州本改正이라

楊倞注 : 百宗은 百族과 같다. 城郭은 크고 작은 성을 이른다. 立器는 설비한 기구이다. ≪周禮≫에 "大司徒의 직책은 각국 토지의 지도와 백성의 수효를 〈기록한 호적을〉 관장한다."라고 하였다. 立器는 다섯 방위의 〈각지에서 사용하는〉 도구들이 그 방식이 다르더라도 모두 그 수량을 파악하여 특이한 기술로 특이한 도구를 만들지 않도록 하는 것을 말한다.

○ 先謙案 : 楊氏의 주 '奇器'가 각본에는 '奇'가 '之'로 되어 있다. 宋 台州本에 의거하여 바로잡았다.

9-153 司馬知師旅甲兵乘(白)〔伯〕[95]之數라

司馬는 군대, 갑옷과 무기, 전차와 병사의 수량을 파악하는 일을 주관한다.

周禮二千五百人爲師요 五百人爲旅라하니라 四井爲邑이요 四邑爲丘요 四丘爲甸이라하니 亦謂之乘이라 以其治田이면 則謂之甸하고 出長轂一乘이면 則謂之乘이라 每乘又有甲士三人과 步卒七十二人이라 白은 謂甸徒[96]니 猶今之白丁[97]也라 或

95) (白)〔伯〕: 저본에는 '白'으로 되어 있으나, 王引之의 설에 의거하여 '伯'으로 바로잡았다.

96) 甸徒 : 甸 단위로 징집된 병졸과 인부를 말한다. 甸은 토지면적의 단위로, 64井이다. 1井은 9백 畝인데, 1畝는 240평방步이다. 1步가 周代에는 8평방尺이고 1尺이 周尺으로 23.1cm이다.

曰 白은 當爲百이니 百人也라하니라 ○ 郝懿行曰 乘白은 似不成文이라 白蓋甸字니 形近之譌라 周禮四丘爲甸의 注云 甸之言乘이라하고 詩曰 維禹甸之라하니 甸은 卽乘也라 故此言乘甸矣라 劉台拱曰 管子乘馬篇에 白徒三十人이 奉車兩이라하고 又七法篇以教卒練士로 繫敺衆白徒의 尹注云 白徒는 謂不練之卒이니 無武藝라하고 呂氏春秋決勝篇廝輿白徒의 高注云 白衣之徒라하니라 王引之曰 白丁白徒를 皆不得但謂之白이라 竊謂白與伯同이라 逸周書武順篇에 五五二十五曰元卒①이요 四卒成衛曰伯이라하니 是百人爲伯也②이라 昭二十一年左傳에 不死伍乘은 軍之大刑也라하니 彼言伍乘은 猶此言乘伯也요 隱元年傳에 繕甲兵하고 具卒乘이라하니 彼言甲兵卒乘은 猶此言甲兵乘伯也라 作白者는 借字耳③라 乘乃車乘之乘이요 非四丘爲甸之甸이라 或謂白爲甸之譌는 尤非④라

① 此以二十五人爲卒하니 與周官百人爲卒不同이라
여기서는 25인을 '卒'이라 하였으니, ≪周禮≫ 〈夏官 行司馬〉에 100인을 '卒'이라 한 경우와는 다르다.

② 淮南氾論篇曰 隊伯之卒이라하고 兵略篇曰 正行五하고 連什伯이라하며 史記秦始皇紀曰 躡足行伍之間이라가 而倔起仟伯之中이라하니라
≪淮南子≫ 〈氾論篇〉에 "隊伯之卒(隊伍와 什伯의 병사들)"이라 하고, 〈兵略篇〉에 "正行五 連什伯(〈군대의 기초단위인〉 行五를 정돈하고 什伯을 조직한다.)"이라 하며, ≪史記≫ 〈秦始皇本紀〉에 "躡足行伍之間 而倔起什伯之中(行伍 사이에 발을 들여놓았다가 什伯 속에서 갑자기 일어났다.)"이라 하였다.

③ 史記伍子胥傳伯嚭 吳越春秋作白喜하고 古鍾鼎文多以白爲伯이라
≪史記≫ 〈伍子胥傳〉의 '伯嚭'가 ≪吳越春秋≫에는 '白喜'로 되어 있고, 옛 鍾鼎 문자에는 '白'이 '伯'으로 되어 있는 경우가 많다.

④ 乘可言數나 甸不可言數요 乘甸之數는 則尤不成語라
乘에 대해서는 수량을 말할 수 있지만 甸에 대해서는 수량을 말할 수 없고, '乘甸之數'는 더더욱 말이 되지 않는다.

楊倞注 : ≪周禮≫에 "2,500인이 師가 되고 500인이 旅가 된다."라고 하였다. 또 "4井이 1邑이 되고 4邑이 1丘가 되고 4丘가 1甸이 된다."라고 하였는데, 〈甸을〉 乘이라 하기도 한다. 그곳에서 농사를 지으면 '甸'이라 하고 전차 한 대를 바치면 그것을 '乘'이라 한다. 전차 1대마다 또 甲士 3인과 보병 72인이 딸려 있다. 白은 甸徒를 말하니, 지금

97) 白丁 : 임시로 징집된 장정을 가리킨다.

의 白丁과 같다. 혹자는 "白은 마땅히 '百'으로 되어야 하니, 百人이란 뜻이다."라고 하였다.

○ 郝懿行 : '乘白'은 글이 이루어지지 않는 것 같다. '白'은 아마도 '甸'자일 것이니, 모양이 비슷하여 생긴 오류이다. ≪周禮≫ 〈地官 司徒〉 '四丘爲甸'의 주에 "甸이라는 말은 곧 乘이다."라 하고, ≪詩經≫ 〈小雅 信南山〉에 "維禹甸之(禹임금이 그 토지 개척하였네.)"라고 하였는데, 甸은 곧 乘이다. 그러므로 여기서 '乘甸'이라 말한 것이다.

劉台拱 : ≪管子≫ 〈乘馬篇〉에 "白徒三十人 奉車兩(임시로 징집된 민간인 30인이 전차의 후방을 책임진다.)"이라 하고, 또 〈七法篇〉 "以敎卒練士 繫敺衆白徒(훈련받은 병사로 오합지졸을 타격한다.)"의 尹知章의 주에 "白徒는 훈련을 받지 않은 병사를 이르니, 무예가 없다."라 하였으며, ≪呂氏春秋≫ 〈決勝篇〉 "廝輿白徒(노복과 민간인)"의 高誘의 주에 "白衣之徒(흰옷을 입은 민간인이다.)"라고 하였다.

王引之 : 白丁과 白徒를 모두 '白'이라고만 말할 수 없다. 나의 생각에는 '白'은 '伯'과 같다고 본다. ≪逸周書≫ 〈武順篇〉에 "5인씩 5줄인 25인을 '元卒'이라 이르고 4卒로 1衛를 형성한 것을 '伯'이라 이른다."라고 하였으니, 이로 볼 때 百人은 '伯'이 된다. ≪春秋左氏傳≫ 昭公 21년에 "不死伍乘 軍之大刑也(전우와 함께 죽지 않는 것은 군대의 중대한 법을 범한 것이다.)"라 하였는데, 거기에 '伍乘'이라 한 말은 이곳에 '乘伯'이라 한 말과 같고, 역시 ≪春秋左氏傳≫ 隱公 元年에 "繕甲兵 具卒乘(갑옷과 병기를 수리하고 병사와 전차를 갖추었다.)"이라 하였는데, 거기에 '甲兵'과 '卒乘'이라 한 말은 이곳에 '甲兵'과 '乘伯'이라 한 말과 같다. '白'으로 되어 있는 것은 假借字일 뿐이다. 乘은 곧 '車乘'의 '乘'이고 '四丘爲甸'의 '甸'은 아니다. 혹자가 '白'은 '甸'의 오류라고 한 것은 더더욱 틀린 말이다.

9-154 脩憲命하고

〈學宮의〉 법령을 정비하고

脩憲法之命은 所以表示人也니 謂若以樂德敎國子中和祗庸孝友[98]之類也라

楊倞注 : 헌법에 관한 법령을 정비한다는 것은 사람들에게 〈그 효용을〉 드러내 보이기 위한 것이니, 이를테면 '음악의 기능으로 國子들에게, 中을 통해 화합하고 공경하는 심성과 庸을 통해 효도하고 우애하는 행실을 갖추도록 가르친다.'는 사례와 같은 것을 이른다.

---

98) 以樂德敎國子中和祗庸孝友 : ≪周禮≫ 〈大司樂 小師〉에 보이는 내용이다. 國子는 公卿大夫들의 자제를 말한다. '中'은 道의 體이고, '庸'은 道의 用이다.

9-155 審詩商하며

詩歌와 樂章을 살펴보며

詩商은 當爲誅賞이니 字體及聲之誤라 故樂論篇曰 其在序官也에 修憲命하고 審誅賞이라하니 謂誅賞其所屬之功過者라 或曰 詩는 謂四方之歌謠요 商은 謂商聲哀思之音이니 如寧戚之悲歌[99]也라하니라 ○ 盧文弨曰 注中謂誅賞三字는 各本皆脫이라 今案文義補라 王引之曰 商은 讀爲章이니 章商古字通①라 太師掌教六詩[100]라 故曰 審詩章이라하니라 賈子輔佐篇曰 觀民風俗하고 審詩商하며 〔修憲〕[101]命하고 禁邪音하며 息淫聲이라하니 語意略與此同하니 則詩商非誅賞之誤明矣라 且誅賞非太師之職이라 而商賞聲相近하고 樂論篇之誅字는 恐轉是後人所改라 楊謂誅賞其所屬之功過者는 曲爲之說耳②라

① 柴誓[102]我商賚女에 商 徐邈音章이라하니라 呂氏春秋勿躬篇臣不如弦章이 韓子外儲說左篇作弦商이라

≪書經≫〈柴誓(費誓)〉의 "我商賚女(내가 너희들의 공을 헤아려 〈전리품을〉 너희에게 주겠다.)"라고 한 곳에서 商에 대해 徐邈이 그 음이 '章'이라 하였다. ≪呂氏春秋≫〈勿躬篇〉의 "臣不如弦章(신은 弦章만 못합니다.)"의 〈'弦章'이〉 ≪韓非子≫〈外儲說 左篇〉에는 '弦商'으로 되어 있다.

② 陳[103]說同이라 又云 詩章은 雅也라 淫聲은 夷俗邪音也니 審之禁之하여 使不亂也라하니라

---

99) 寧戚之悲歌 : 寧戚(甯戚)은 춘추 때 衛나라 사람이다. 가난으로 행상이 되어 짐수레를 끌고 다니다가 齊나라로 가 도성문 밖에서 소뿔을 치며 구슬픈 노래를 불렀다. 齊 桓公이 그 소리를 듣고 특이하게 여겨 만나본 뒤에 그를 大夫로 임명하였다고 한다.

100) 太師掌教六詩 : ≪周禮≫〈春官 大師〉에 "여섯 종류의 시를 가르치니, 風·賦·比·興·雅·頌이다.〔教六詩 曰風 曰賦 曰比 曰興 曰雅 曰頌〕"라고 하였다. 風은 민속가요의 시이고, 賦는 현 상황을 직설적으로 전개하는 것이고, 比는 유사한 사례를 취해 비유하는 것이고, 興은 먼저 다른 사물을 말하여 읊을 말을 일으키는 것이고, 雅는 王政이 폐지되고 흥성하게 된 까닭을 말하는 것이고, 頌은 거룩한 덕을 칭송하여 그 이룬 업적을 신명에게 고하는 것이다. 六詩는 六義와 같다.

101) 〔修憲〕 : 저본에는 '修憲'이 없으나, 于智榮 譯注 ≪價誼新書≫와 ≪荀子≫〈樂論〉에 의거하여 보충하였다.

102) 柴誓 : ≪書經≫의 편명으로, 費誓와 같다.

103) 陳 : 陳奐(1785~1863)을 가리킨 것으로 보인다. 江蘇 長洲 사람으로, 자는 倬雲이고, 호는 碩甫·師竹·南園老人이다. 江沅·段玉裁와 종유하며 배웠고, 王念孫·王引之 부자와

陳氏의 설도 같다. 그가 또 "詩章은 바른 음악이고 淫聲은 오랑캐 풍속의 간사한 음악이니, 살펴보고 금지하여 바른 음악을 어지럽히지 않도록 한다는 것이다."라고 하였다.

楊倞注 : 詩商은 마땅히 '誅賞'으로 되어야 하니, 글자체와 소리로 인해 잘못된 것이다. 그러므로 〈樂論篇〉에 "其在序官也 修憲命 審誅賞(관원의 직책에 관해 서술한 곳에서 '법령을 정비하고 벌과 상을 주는 것을 살펴본다.)"이라 하였으니, 이는 그에게 소속된 관원의 공과 허물에 대해 벌을 주고 상을 주는 것을 이른다. 혹자는 "詩는 사방 각지의 가요를 이르고 商은 서글픈 느낌을 일으키는 가을소리 같은 음악을 말하니, 寗戚(甯戚)의 구슬픈 노래와 같은 것이다."라고 하였다.

寗戚

○ 盧文弨 : 楊氏의 주 가운데 '謂誅賞' 세 자는 각 판본에 모두 빠져 있다. 지금 글 뜻에 의거하여 보충하였다.

王引之 : 商은 '章'으로 간주해 읽어야 하니, '章'과 '商'은 옛 글자에 통용하였다. 太師는 여섯 종류의 시를 가르치는 일을 관장한다. 그러므로 '審詩章'이라고 말한 것이다. ≪賈誼新書≫ 〈輔佐篇〉에 "觀民風俗 審詩商 修憲命 禁邪音 息淫聲(민중의 풍속을 관찰하고 詩歌와 악장을 살펴보며 법령을 준수하고 간사한 음악을 금지하며 음란한 음악을 멈추게 한다.)"이라 하여 그 말뜻이 이곳과 같으니, '詩商'이 '誅賞'의 오류가 아님이 분명하다. 그리고 '상벌을 행하는 일〔誅賞〕'은 太師의 직무가 아니다. '商'과 '賞'이 그 발음이 서로 비슷하여 〈잘못되었고,〉 〈樂論篇〉의 '誅'자는 자꾸 더 나아가 뒷사람이 자의적으로 고친 것일 것이다. 楊氏가 "그에게 소속된 관원의 공과 허물에 대해 벌을 주고 상을 주는 것을 이른다."라고 한 것은 억지로 말한 것일 뿐이다.

9-156 禁淫聲하되

음란한 음악을 금지하되

학문을 교류하였다. 王念孫의 ≪讀書雜志≫ 권8 〈校荀子〉 속에 ≪荀子≫에 관한 그의 학설이 수록되어 있다.

周禮大司樂禁其淫聲慢聲에 鄭云 淫聲은 鄭衛之音也라하니라

楊倞注 : ≪周禮≫ 〈大司樂〉의 "禁其淫聲慢聲(그 음란한 음악과 오만한 음악을 금지한다.)"이라고 한 곳에 鄭玄이 "음란한 음악은 鄭나라와 衛나라의 음악이다."라고 하였다.

9-157 以時順修하여

시의적절하게 정비함으로써

謂不失其時而順之修之라

楊倞注 : 그 적기를 놓치지 않고 그와 같은 일을 정비하는 것을 말한다.

9-158 使夷俗邪音不敢亂雅 大(태)師之事也라

오랑캐 풍속의 간사한 음악이 감히 바른 음악을 어지럽히지 못하게 하는 것이 太師의 직무이다.

夷俗은 謂蠻夷之樂이라 雅는 正聲也라 大師는 樂官之長이라 大는 讀曰太라

楊倞注 : 夷俗은 오랑캐의 음악을 이른다. 雅는 바른 음악이다. 太師는 樂官의 우두머리이다. 大는 '太'로 읽는다.

9-159 脩隄梁하고

제방과 교량을 수리하고

隄는 所以防水라 梁은 橋也라

楊倞注 : 隄는 홍수를 막기 위한 것이다. 梁은 다리이다.

溝(≪和漢三才圖會≫)

9-160 通溝澮[104]하며

104) 溝澮 : 溝는 농토 사이의 물을 끌어들이는 작은 봇도랑이고, 澮는 물을 밀어내는 큰 봇도랑이다.

작은 봇도랑과 큰 봇도랑을 소통시키며

溝澮는 皆所以通水라 周禮十夫[105]之田有溝하니 溝上有畛하고 千夫有澮하니 澮上有道에 鄭云 溝廣深各四尺이요 澮廣二尋深二仞[106]也라하니라

楊倞注 : 溝와 澮는 모두 물을 소통시키기 위한 것이다. ≪周禮≫ 〈地官〉의 "10夫와 10夫의 농지 사이에 작은 봇도랑〔溝〕이 있는데 작은 봇도랑 위에는 두렁길이 있고, 千夫와 千夫의 농지 사이에 큰 봇도랑〔澮〕이 있는데 큰 봇도랑 위에는 큰 길이 있다."라고 한 곳에, 鄭玄이 "溝는 너비와 깊이가 각 4尺이고, 澮는 너비가 2尋, 깊이가 2仞이다."라고 하였다.

9-161 行水潦하고

고인 물을 흘려보내고

行은 巡行也니 下孟反이라

楊倞注 : 行은 순행의 뜻이니, 그 음은 下와 孟의 反切이다.

9-162 安水臧하되

저수지를 안전하게 관리하되

使水歸其壑이라 安은 謂不使漏溢이라 臧은 才浪反이라

楊倞注 : 물이 깊은 골짝으로 돌아가게 하는 것이다. 安은 물이 새거나 넘치지 않게 하는 것을 이른다. 臧은 음이 才와 浪의 反切이다.

9-163 以時決塞하여

상황에 따라 트거나 막음으로써

105) 夫 : 농지면적의 한 단위이다. 고대의 정전법에서 한 농부〔一夫〕가 국가로부터 농지 百畝를 할당받기 때문에 百畝를 1夫라 한다.

106) 廣二尋深二仞 : 너비를 잴 때는 서 있는 자세로 두 팔을 펴는데 이것을 尋이라 하고, 깊이를 잴 때는 몸을 굽힌 자세로 두 팔을 펴는데 이것을 仞이라 한다. 尋과 仞은 모두 8尺의 단위로 쓰인다.

旱則決之하고 水則塞之하여 不使失時也라

楊倞注 : 날이 가물면 고인 물을 트고 큰물이 지면 물길을 막아 그 적기를 놓치지 않도록 한다는 것이다.

9-164 **歲雖凶敗水旱**이라도 **使民有所耘艾 司空**[107]**之事也**라

농사가 홍수나 가뭄으로 인해 작황이 좋지 않더라도 백성으로 하여금 농사지을 수 있게 하는 것이 司空의 직무이다.

艾는 讀爲刈라

楊倞注 : 艾는 '刈(베다)'로 간주해 읽는다.

9-165 **相高下**하고 **視肥墝**하여 **序五種**하며

地勢의 높낮이를 살피고 土質이 비옥한지 척박한지를 헤아려 五穀을 심는 것을 적절히 안배하며

高下는 原隰也라 五種은 黍稷豆麻麥이니 觀其地所宜而種之라 墝는 若交反이라

楊倞注 : 高下는 평원과 습지이다. 五種은 기장·조·콩·참깨·보리이니, 그 토질이 적합한가를 살펴보아 그것들을 심는 것이다. 墝는 음이 若과 交의 反切이다.

9-166 **省農功**하고

농부들의 勤怠를 살피고

省은 觀也니 觀其勤惰而勸之라

楊倞注 : 省은 '觀'의 뜻이니, 그들이 부지런한지 게으른지를 살펴 권면하는 것이다.

9-167 **謹蓄藏**하되

저축과 저장을 엄격히 하되

---

107) 司空 : 토목공정을 관장하는 관직명이다.

謹은 **嚴**이라

楊倞注 : 謹은 '嚴'의 뜻이다.

9-168 **以時順修**하여 **使農夫樸力而寡(能)〔罷〕**[108] **治田**[109]**之事也**라

시의적절하게 정비함으로써 농부로 하여금 순박하게 노력하고 지치지 않게 하는 것이 治田의 직무이다.

使農夫敦朴於力穡하고 **禁其它能也**라 **治田**은 **田畯**[110]**也**라 ○ **郝懿行曰 樸與朴異**라 **樸**은 **木素也**[111]라 **樸力寡能**은 **謂力作樸素**하고 **技能寡少**라 **故專治於田事**라

楊倞注 : 농부에게 농사만 치중하고 다른 기능을 습득하는 일은 금하게 한다는 것이다. 治田은 田畯이다.

○ 郝懿行 : '樸'은 '朴'과 〈모양이〉 다르다. 樸은 木과 素로 되어 있다. 樸力寡能은 순박하게 노동하고 기능은 적기 때문에 농사일에 치중한다는 것을 이른다.

9-169 **脩火憲**하고

〈산림을〉 불사르는 법령을 제정하고

不使非時焚山澤이니 **月令二月無焚山林**이라하니라 **鄭注周禮**에 **憲**은 **表也**니 **主表其刑禁也**라하니라

楊倞注 : 적기가 아닐 때는 산림과 늪을 불태우게 하지 않는 것이니, ≪禮記≫ 〈月令〉에 의하면 2월에는 산림을 불사르지 말라고 하였다. 鄭玄의 ≪周禮≫ 주에 "憲은 '表(드러내다)'의 뜻이니, 나라의 형법과 금령을 선포하는 일을 주관한다."라고 하였다.

9-170 **養山林藪澤草木魚鼈百索**하되

---

108) (能)〔罷〕: 저본에는 '能'으로 되어 있으나, 熊公哲의 설에 의거하여 '罷'로 바로잡았다.

109) 治田 : 司田과 같은 것으로, 농사를 관리하는 관직명이다.

110) 田畯 : 司空에게 소속된 권농관으로, 嗇夫와 같다.

111) 樸 木素也 : 樸자의 구성이 木과 素로 되어 있다는 뜻이다. 木과 素로 된 것은 사실 '榡'이지만 '樸'과 통용한다.

산림 및 늪과 호수의 초목, 물고기, 자라와 각종 채소를 기르되

百索은 上所索百物也라 ○ 郝懿行曰 索者는 求也라 百物은 供民求索皆是라 注以索爲上索이라하니 非是라 王引之曰 百索二字는 義不可通이라 索은 當爲素字之誤也라 百素는 卽百蔬라 富國篇曰 葷菜百蔬라하고 魯語曰 能殖百穀百蔬라하니라 作素者는 借字耳라 月令曰 取蔬食이라하고 管子禁藏篇曰 果(蓏)〔蓏〕[112]素食이라하니 是蔬素古字通이라 楊望文生義而非其本旨라

楊倞注 : 百索은 윗사람이 요구하는 온갖 물건이다.

○ 郝懿行 : 索이란 '求'의 뜻이다. 百物은 백성의 요구대로 공급해주는 것들이 모두 해당된다. 楊氏의 주는 索을 윗사람이 요구하는 것이라고 하였으니, 옳지 않다.

王引之 : '百索' 두 자는 뜻이 통할 수 없다. 索은 분명히 '素'자의 잘못일 것이다. '百素'는 곧 '百蔬'이다. 〈富國篇〉에 "葷菜百蔬(매운 채소와 각종 채소)"라 하고, ≪國語≫ 〈魯語〉에 "能殖百穀百蔬(능히 각종 곡물과 채소를 재배하였다.)"라고 하였다. '素'로 되어 있는 것은 〈'蔬'의〉 假借字일 뿐이다. ≪禮記≫ 〈月令〉에 "取蔬食(채소 등 먹거리를 취한다.)"이라 하고, ≪管子≫ 〈禁藏篇〉에 "果蓏素食(과일과 오이며 채소 등 먹을거리)"이라 하였으니, 이로 볼 때 '蔬'와 '素'는 옛 글자에 통용하였다. 楊氏는 글자만 보고 대강 뜻을 짐작한 것으로서 그 본래의 취지가 아니다.

9-171 以時禁發하여

시기적절하게 금지하고 개방함으로써

禁은 謂爲之厲禁이라 發은 謂許民采取라

楊倞注 : 禁은 엄하게 금지하는 것을 이른다. 發은 백성에게 채취하도록 허용하는 것을 이른다.

9-172 使國家足用而財物不屈이 虞師[113]之事也라

국가가 충분히 쓰고도 재물이 모자라지 않도록 하는 것이 虞師의 직무이다.

112) (蓏)〔蓏〕: 저본에는 '蓏'로 되어 있으나, ≪管子≫ 〈禁藏〉에 의거하여 '蓏'로 바로잡았다.

113) 虞師 : 山林과 川澤을 관장하는 관직명이다.

屈은 竭也라 虞師는 周禮山虞澤虞也라

楊倞注 : 屈은 '竭'의 뜻이다. 虞師는 ≪周禮≫에 보이는 '山虞'와 '澤虞'이다.

9-173 順[114)]州里하고

鄕里를 다스리고

使之和順이라

楊倞注 : 鄕里의 인심을 화목하고 온순하게 하는 것이다.

9-174 定廛宅하며

저자의 점포와 일반 주택의 경계를 확정하며,

廛은 謂市內百姓之居요 宅은 謂邑內居也라 定其分界하여 不使相侵奪也라 ○ 郝懿行曰 廛宅은 皆謂邑里之居라 在市曰舍요 在田曰廬라 此以廛宅弁言하니 則廛在市하고 宅在邑이라

楊倞注 : 廛은 저자 안의 백성이 사는 곳을 이르고, 宅은 읍내의 거주하는 곳을 이른다. 그 경계를 확정하여 서로 침해하지 않도록 하는 것이다.

○ 郝懿行 : 廛과 宅은 모두 읍과 마을의 거주하는 곳을 이른다. 저자에 있는 것을 '舍'라 하고, 밭에 있는 것을 '廬'라 한다. 이곳에 廛과 宅을 함께 말했는데, 廛은 저자에 있고 宅은 읍에 있는 것이다.

9-175 養六畜[115)]하고

六畜을 기르고

勸人養之也라

楊倞注 : 사람들에게 그것을 기르도록 권면한다는 것이다.

114) 順 : 여기서는 〈榮辱篇〉의 '枉而順(굽은 것이 있어야 반듯해진다.)'의 '順'과 같은 것으로, '調治'의 뜻이다.

115) 六畜 : 여섯 종의 가축으로, 소·말·양·돼지·닭·개를 말한다.

9-176 閒(한)樹藝하며

농작물을 심는 일을 익히게 하며,

樹藝는 種樹及桑柘(자)也라 閒(간)之하여 使疏密得宜也라 ○ 郝懿行曰 閒은 更代也라 樹藝者는 五穀也라 閒代는 謂田分上中下三等하여 歲一易之하여 三歲而徧[116)]하니 更代休息하여 美惡同之라 詳見周禮地官及漢食貨志라 王念孫曰 閒與閑同이라 爾雅에 閑은 習也라하니 謂習樹藝之事也라 先謙案 王說是라

楊倞注 : 樹藝는 일반 수목 및 뽕나무를 심는다는 뜻이다. 그 사이를 벌려 서로간의 간격이 적절하게 한다는 것이다.

○ 郝懿行 : 閒은 교대한다는 뜻이다. 심는다는 것은 오곡이다. 교대한다는 것은 농지를 상·중·하 세 등급으로 구분하여 매년 한 번씩 바뀌가며 경작하여 3년에 한 비퀴를 도는데, 농지를 교대로 쉬게 함으로써 좋은 농지나 나쁜 농지가 〈한 해에 수확하는 곡물의 양이〉 같게 하는 것을 말한다. 자세한 내용은 ≪周禮≫ 〈地官〉 및 ≪漢書≫ 〈食貨志〉에 보인다.

王念孫 : 閒은 '閑'과 같다. ≪爾雅≫에 "閑은 '習'의 뜻이다."라고 하였으니, 심고 가꾸는 일을 익히는 것을 이른다.

先謙案 : 王氏의 설이 옳다.

9-177 勸教化하고 趨(촉)孝弟하되

교화에 따를 것을 권하고 효도와 공경의 도리를 재촉하되

勸之使從教化하고 趨之使敦孝弟라 趨은 讀爲促(촉)이라

---

116) 田分上中下三等……三歲而徧 : 상고 때의 農政 제도는 가정을 가진 농부 한 사람이 한 해에 농지 100畝를 경작하게 되어 있다. 그런데 토질의 비옥 여부에 따라 수확량이 차이가 나기 때문에 농지를 상·중·하 세 등급으로 구분하여 상급은 100畝, 중급은 200畝, 하급은 300畝를 한 단위로 묶어 농부들에게 경작권을 준다. 상급 농지를 받은 농부는 해마다 경작하고 중급 농지를 받은 농부는 한 해를 걸러 경작하고 하급 농지를 받은 농부는 두 해를 걸러 경작한다. 이렇게 함으로써 척박한 농지는 地力이 회복되어 수확량이 상급 농지의 그것과 비슷해지고, 농부들도 해마다 100畝를 경작하면서 균등한 수확량을 확보할 수 있다. '歲一易之 三歲而徧'은 하급 농지의 경우를 기준으로 하는 말이다. ≪漢書 권24 上 食貨志 제4 上≫

楊倞注 : 백성을 권면하여 교화를 따르도록 하고 백성을 재촉하여 효도와 공경의 도리를 돈독히 하도록 한다는 것이다. 趨은 '促'으로 간주해 읽는다.

9-178 **以時順修**하여 **使百姓順命**하고 **安樂處鄕**이 **鄕師**[117]**之事也**라

시의적절하게 정비함으로써 백성으로 하여금 명령에 따르고 그 고을에서 편안하고 즐겁게 살도록 하는 것이 鄕師의 직무이다.

鄕師는 **公卿也**라 **周禮**에 **鄕老**는 **二鄕公一人**이요 **鄕大夫**는 **每鄕卿一人**이라하니라

楊倞注 : 鄕師는 公卿이다. ≪周禮≫ 〈地官 司徒〉에 "鄕老는 매 2鄕마다 公 1인이 겸직하고, 鄕大夫는 매 鄕마다 卿 1인이 담당한다."라고 하였다.

9-179 **論百工**하고

각 장인들의 기예를 평가하고

論其巧拙이라 **月令曰 物勒工名**하여 **以考其誠**하고 **功有不當**이면 **必行其罪也**라

楊倞注 : 그 기예의 우열을 평가하는 것이다. ≪禮記≫ 〈月令〉에 "물건에다 만든 사람의 이름자를 새겨 넣어 추후에 과연 정성을 들였는지를 살펴볼 수 있게 하고, 작업이 부당한 점이 있을 경우에는 반드시 그 죄를 다스린다."라고 하였다.

9-180 **審時事**하며

계절에 알맞은 일을 살피며

考工記曰 天有時하고 **地有氣**하고 **材有美**하고 **工有巧**하니 **合此四者然後**에 **可以爲良**이라하고 **月令曰 監工日號**하여 **毋悖於時**라하니 **皆審其時之事也**라

楊倞注 : ≪周禮≫ 〈考工記〉에 "하늘에는 춥고 따뜻한 시기가 있고 땅에는 강하고 부드러운 기운이 있고 재료는 좋고 나쁜 차이가 있고 장인은 정교하고 졸렬한 차등이 있으니, 이 네 가지의 좋은 점이 합쳐진 뒤에 비로소 양질의 물건을 만들 수 있다."라 하고,

117) 鄕師 : 地官 司徒에 소속된 관직명이다. 周나라 제도에 1鄕은 12,500호인데, 鄕師 2인이 3鄕을 맡아 산하 鄕의 교육행정과 산하 지방의 행정장관의 정무처리를 감독하는 일을 관장한다.

≪禮記≫ 〈月令〉에 "장인을 감독하는 사람이 매일 경고하여 계절을 거스르지 말라고 한다."라고 하였으니, 이 모두 그 계절에 알맞은 일을 살피는 행위이다.

9-181 辨功苦하고

생산품의 좋고 나쁨을 구별하고

功은 謂器之精好者라 苦는 謂濫惡者라 韋昭曰 功은 堅이요 苦는 脆也라하니라

楊倞注 : 功은 기물이 정교하고 좋은 것을 이른다. 苦는 조악한 것을 이른다. 韋昭가 "功은 견고하다는 뜻이고, 苦는 부실하다는 뜻이다."라고 하였다.

9-182 尙完利하여

견고함과 편리성을 제고하여

完은 堅也라 利는 謂便於用이니 若車之利轉之類也라

楊倞注 : 完은 견고하다는 뜻이다. 利는 사용하기에 편리한 것을 이르니, 이를테면 수레가 부드럽게 잘 굴러가는 사례와 같다.

9-183 便備用하되 使雕琢文采不敢專造於家 工師[118)]之事也라

장비물자가 사용하기에 편하도록 하되 도안을 조각하는 기구와 채색무늬가 있는 예복은 감히 민간에서 독점하여 만들지 못하게 하는 것이 工師의 직무이다.

專造는 私造也라

楊倞注 : 專造는 개인적으로 만든다는 뜻이다.

9-184 相陰陽[119)]하고

陰陽의 변화를 살피고

---

118) 工師 : 司空에 소속된 관직명으로, 건축공정과 百工을 지도하는 등의 일을 주관한다.

119) 相陰陽 : 음양의 변화를 살펴본다는 뜻으로, 고대에는 만물이 모두 음양 두 기운으로 인해 형성된다고 생각하였기 때문에 음양을 통해 吉凶 여부를 살폈다.

相은 **視也**라 **陰陽**은 **謂數也**라

楊倞注 : 相은 살펴본다는 뜻이다. 陰陽은 운수를 이른다.

9-185 **占祲兆**하며

妖氣의 조짐을 점치며,

占은 **占候也**라 **祲**은 **陰陽相侵之氣**니 **赤黑之祲**이 **是其類也**라 **兆**는 **謂龜兆**라 **或曰 兆**는 **萌兆**니 **謂望其雲物**하여 **知歲之吉凶也**라

楊倞注 : 占은 자연현상을 보고 점친다는 뜻이다. 祲은 음양이 서로 침해하는 기운이니, 〈陽火의 기운인〉 赤氣와 〈陰水의 기운인〉 黑氣가 서로 침해하는 것과 같은 사례이다. 兆는 거북점을 이른다. 혹자는 "兆는 징조의 뜻이니, 구름의 색깔을 바라보고서 그해 농사의 길흉을 아는 것을 이른다."라고 하였다.

9-186 **鑽龜陳卦**[120]하며

거북등껍질에 구멍을 뚫고 〈蓍草를 헤아려〉 卦를 배열하며,

鑽龜는 **謂以火爇荊菙灼之也**라 **陳卦**는 **謂揲蓍布卦也**라

楊倞注 : 鑽龜는 〈거북등껍질에 구멍을 뚫어 거기에〉 불로 나뭇가지를 태워 굽는 것을 이른다. 陳卦는 蓍草를 헤아리고 卦象을 배열하는 것을 이른다.

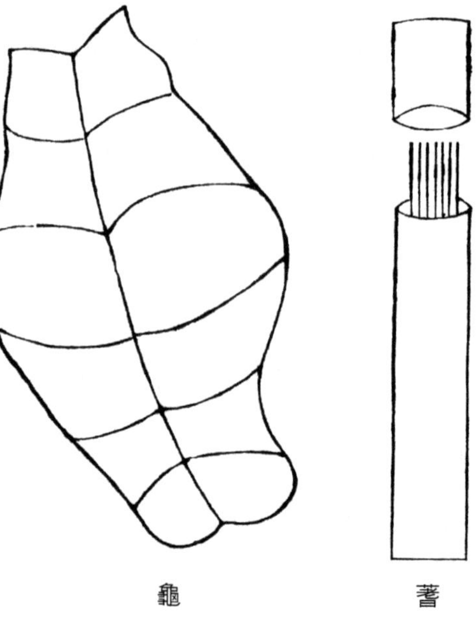

龜　　蓍

120) 陳卦 : 蓍草(톱풀)를 이용하여 점괘를 뽑아 점을 치는 것을 말한다. 49개의 蓍草 줄기를 적당히 반으로 나눈 뒤에 넷씩 세어가 마지막에 남는 개수를 모아 六爻를 만든다. 初爻에서 上爻에 이르기까지 각 爻마다 3變의 절차를 거치므로 18變을 거듭해야 六爻가 완성된다. 자세한 방법은 ≪周易≫ 〈筮儀〉에 나와 있다.

建立卜筮圖(≪書經圖≫)

9-187 主攘擇[121)]五卜하여

재앙을 몰아내기 위해 지내는 제사와 거북점을 칠 때 나타난 다섯 가지 모양을 분석하는 일을 주관하여

攘擇은 攘除不祥하고 擇取吉事也라 五卜은 洪範所謂曰雨曰霽曰蒙曰驛曰剋[122)]이니 言兆之形也라

楊倞注 : 攘擇은 상서롭지 못한 기운을 몰아내고 경사스러운 일을 가려 취한다는 뜻이다. 五卜은 ≪書經≫ 〈洪範〉의 이른바, 雨라는 것과 霽라는 것과 蒙이라는 것과 驛이라는 것과 剋이라는 것이니, 거북점의 길흉이 드러난 형태를 말한다.

9-188 知其吉凶妖祥이 傴巫跛擊之事也라

그 길흉화복의 조짐을 알아내는 것이 곱사등이 무당과 절름발이 박수의 직무이다.

擊는 讀爲覡(격)이니 男巫也라 古者以廢疾之人主卜筮巫祝[123)]之事라 故曰傴巫跛覡이라하니라 覡은 胡狄反이라

楊倞注 : 擊는 '覡(박수)'으로 간주해 읽어야 하니, 남자 무당이다. 옛날에는 불구자가 卜筮와 巫祝에 관한 일을 주관하였기 때문에 '곱사등이 무당과 절름발이 박수'라고 말한 것이다. 覡은 음이 胡와 狄의 反切이다.

9-189 脩採淸[124)]하고

121) 攘擇 : 禳釋과 통용한다. 禳釋은 재앙을 없애고 화를 면하게 해달라고 신에게 올리는 제사이다.

122) 曰雨曰霽曰蒙曰驛曰剋 : ≪書經≫ 〈周書 洪範〉의 내용이다. 거북점을 칠 때 거북등껍질을 불에 구워 그 열로 인해 갈라진 선의 모양과 특징에 따라 다섯 가지로 길흉을 구분한 것이다. 雨는 빗방울이 떨어지는 것과 같은 모양으로 水에 해당하고, 霽는 비가 그치고 하늘이 개었을 때 구름과 안개가 걷힌 모양으로 火에 해당하고, 蒙은 하늘이 흐릴 때 구름과 안개가 짙게 끼어 있는 모양으로 木에 해당하고, 驛은 구름의 기운이 이어져 있지 않은 모양으로 金에 해당하고, 剋은 서로 엇갈리는 모양으로 土에 해당한다.

123) 卜筮巫祝 : 卜筮는 거북등껍질과 蓍草로 점을 치는 것이고, 巫祝은 귀신을 섬기고 제사 때 의식을 맡아 진행하는 것을 말한다.

관아의 변소를 정비하고

修其採淸之事라 採는 謂採去其穢요 淸은 謂使之淸潔이니 皆謂除道路穢惡也라 周禮에 蜡(사)氏掌除骴라 凡國之大祭祀엔 令州里除不蠲也라하니라 ○ 兪樾曰 採는 乃埰字之誤라 方言曰 塚은 秦晉之間謂之埰라하니 是也라 淸者는 說文广部에 廁은 淸也라하고 急就篇에 屛廁淸溷이 糞土壤이라하니 字亦作圊이라 玉篇口部에 圊은 圊圂也라하니라 蓋墟墓之間과 淸溷之處는 皆穢惡所積聚라 故必以時修治之也라 楊注非라

楊倞注 : 오물을 주워 깨끗하게 하는 일을 수행한다는 뜻이다. 採는 그 오물을 주워 버리는 것을 이르고 淸은 그 자리를 청결하게 하는 것을 이르니, 이는 모두 도로의 오물을 제거하는 것을 말한다. ≪周禮≫ 〈秋官 司寇〉에 "蜡氏는 부패한 시체를 처리하는 일을 관장한다. 일반적으로 나라에 큰 제사가 있을 때는 각 고을과 마을로 하여금 널려 있는 불결한 것들을 깨끗이 치우게 한다."라고 하였다.

○ 兪樾 : '採'는 곧 '埰'자의 잘못이다. ≪方言≫에 "塚(무덤)은 秦·晉 지방에서는 埰라고 말한다."라고 하였으니, 이것이 옳다. 淸은 ≪說文解字≫ 〈广部〉에 "廁은 淸이다."라 하고, ≪急就篇≫에 "屛廁淸溷 糞土壤(변소들이 있는 땅이 똥으로 더러워지면 부드러운 토양이 된다.)"이라 하였는데, 〈이 淸자가〉 '圊'으로 되어 있기도 한다. ≪玉篇≫ 〈口部〉에 "圊은 변소이다."라고 하였다. 대체로 묘지 사이와 변소가 있는 곳은 모두 오물이 쌓여 있는 곳이므로 반드시 수시로 정비하여야 한다. 楊氏의 주는 틀렸다.

9-190 易(이)道路하며

도로를 정비하며,

修而平之라

楊倞注 : 정비하여 고르게 하는 것이다.

9-191 謹盜賊하고

도적을 엄하게 단속하고

124) 採淸 : 관아의 변소를 말한다. 採는 '寀(관아)'자와 통용하고 淸은 '圊(변소)'자와 통용한다.

謹은 嚴禁也라 周禮野廬氏職曰 有相翔者誅之라하니라

楊倞注 : 謹은 엄하게 금지한다는 뜻이다. ≪周禮≫ 〈野廬氏職〉에 "주위를 엿보고 서성거리는 사람이 있으면 처벌을 가한다."라고 하였다.

9-192 平室律[125)]하며

무역 채권에 관한 법을 공정하게 관리하며,

平은 均布也라 室은 逆旅之室이라 平其室之法하여 皆不使容姦人하니 若今五家爲保也라 ○ 郝懿行曰 室律二字는 不成文理하니 疑律當爲肆字之譌라 室謂廬舍니 如市樓候館之屬是也라 肆謂廛肆니 如粟帛牛馬各有行列是也라 故下遂云 以時順修하여 使賓旅安而貨財通이 治市之事也라하니라 事見周禮地官이라

楊倞注 : 平은 널리 포고한다는 뜻이다. 室은 나그네가 묵는 客舍이다. 그 客舍를 운영하는 법을 널리 포고하여 모든 客舍에 간악한 사람을 수용하지 못하게 하는 것이니, 오늘날 매 다섯 가구를 1保로 정하는 경우와 같다.

○ 郝懿行 : '室律' 두 자는 문맥이 이뤄지지 않으니, 아마도 '律'은 분명히 '肆(저자)'자의 잘못일 것이다. 室은 주택이니, 저자거리의 누각이나 먼 곳을 전망하는 누각 등과 같은 것이다. 肆는 저자의 점포를 말하니, 곡물, 포백, 소, 말 〈등을 파는 점포 같은 것들이〉 각기 줄지어 있는 것이다. 그러므로 아래에서 마침내 "시기적절하게 처리함으로써 이동하는 상인을 안전하게 보호하고 재화를 유통시키는 것이 저자를 관리하는 관원의 직무이다."라고 하였다. 이에 관한 일은 ≪周禮≫ 〈地官〉에 보인다.

9-193 以時順修하여 使賓旅安而貨財通이

시기적절하게 처리함으로써 이동하는 상인을 안전하게 보호하고 재화를 유통시키는 것이

○ 王引之曰 賓客之事는 非治市者所掌이요 且與通貨財無涉이라 賓은 當爲賓니 字

125) 平室律 : 물가를 안정시킨다는 뜻이다. 室은 '質'자와 통용한다. 質은 質劑의 약칭으로, 무역할 때 사용하는 채권이다. 質로는 말이나 소 등을 구매하고, 劑로는 무기나 진기한 물건을 구매한다. ≪周禮 天官 小宰≫

之誤也라 說文에 賫은 行賈也라 從貝하고 商省聲이라하니 今通用商字라 考工記에 通四方之珍異以資之를 謂之商旅의 鄭注曰 商旅는 販賣之客也라하니라 月令曰 易關市하고 來商旅하며 納貨賄라하니라 故曰 使賫旅安而貨財通 治市之事也라하고 王霸篇에 商旅安하고 貨財通이 是其明證矣①라 今經傳以商代賫하여 商行而賫遂廢라 此賫字若不誤爲賓이면 則後人亦必改爲商矣리라

① 今本貨財通誤作貨通財라
지금 판본에는 '貨財通'이 '貨通財'로 잘못되어 있다.

○ 王引之 : 빈객에 관한 일은 저자를 다스리는 자가 관장하는 것이 아니고 또 재화를 유통시키는 일과도 무관하다. '賓'은 분명히 '賫'이 되어야 하니, 글자가 잘못된 것이다. ≪說文解字≫에 "賫은 행상이다. 貝는 形符가 되고 商의 필획이 생략되어(省) 聲符가 된다."라고 하였는데, 지금은 '商'자와 통용한다. ≪周禮≫ 〈考工記〉에 "사방의 진기한 물건을 유통시켜 사람들에게 이용하게 하는 것을 '商旅(이동하는 상인)'라 이른다."라고 한 곳의 鄭玄의 주에 "商旅는 물건을 판매하는 나그네이다."라고 하였다. ≪禮記≫ 〈月令〉에 "관문과 저자에서 징수하는 세금을 경감하고 외지의 商旅를 초치하며 각종 화물을 끌어들인다."라고 하였다. 그러므로 〈여기에서〉 "이동하는 상인을 안전하게 보호하고 재화를 유통시키는 것이 저자를 관리하는 관원의 직무이다."라 하고, 〈王霸篇〉에 "商旅安 貨財通(이동하는 상인이 안전하게 보호되고 재화가 유통된다.)"이라고 하였으니, 이것이 그 분명한 증거이다. 지금 經傳에는 '商'으로 '賫'을 갈음함으로써 '商'이 유통되고 '賫'은 마침내 사라졌다. 이 '賫'자가 만약 '賓'으로 잘못되지 않았더라면 뒷사람이 반드시 고쳐 '商'이 되었을 것이다.

9-194 治市之事也라

저자를 관리하는 관원의 직무이다.

此皆周禮野廬氏之職이라 今云治市는 蓋七國時設官不同이라 治市之官이 兼掌道路는 不必全依周禮制요 據當時職事言之也라

楊倞注 : 여기에 거론된 것들은 모두 ≪周禮≫ 〈野廬氏〉의 직관이다. 지금 '治市'라고 말한 것은 대체로 七國 때 설치한 관직으로서 〈≪周禮≫의 제도와는〉 다르다. 저자를 관리하는 관원이 도로까지 아울러 관장한다고 한 것은, 반드시 ≪周禮≫의 제도를 완전히 따른 것은 아니고 그 당시의 직무에 의거하여 말한 것이다.

9-195 抃急禁悍하며

교활한 백성을 제재하고 사나운 자를 금지하며

抃은 當爲析이요 急은 當爲愿이라 已解上也라 ○ 先謙案 抃은 當爲折이니 說見上이라

楊倞注 : '抃'은 마땅히 '析'이 되어야 하고, '急'은 마땅히 '愿'이 되어야 한다. 이미 위(9-92)에서 풀이하였다.

○ 先謙案 : '抃'은 마땅히 '折'이 되어야 하니, 이에 관한 설명은 위(9-92)에 보인다.

9-196 防淫除邪하여 戮之以五刑[126)]하여 使暴悍以變하여 姦邪不作이 司寇[127)]之事也라

음란한 것을 방지하고 사악한 것을 물리쳐 그들을 다섯 가지 형벌로 처벌함으로써 포악하고 사나운 사람이 이로 인해 달라져서 음란하고 사악한 일이 다시 일어나지 않게 하는 것이 司寇의 직무이다.

9-197 本政敎하여 正法則하고 兼聽而時稽之하며

정치와 교화를 근본으로 삼아 법률과 준칙을 바로 세우고 관리들이 보고한 일을 널리 청취하여 적기에 그들의 실적을 심사하며,

稽는 計也며 考也라 周禮太宰에 歲終엔 則令百官府各正其治하고 受其會[128)]하여 而詔王廢置하고 三歲엔 則大計也라하니라

楊倞注 : 稽는 헤아린다는 뜻이며 심사한다는 뜻이다. ≪周禮≫ 〈太宰〉에 "연말이 되면 모든 관아로 하여금 각자 그들의 실적에 관한 문서를 정리하게 하고 그들의 회계장부를 접수하여 〈그들이 보고한 일을 청취한 뒤에〉 천자를 도와 파면과 승진을 결정하며, 3년이 되면 대대적으로 모든 관리의 실적을 심사한다."라고 하였다.

---

126) 五刑 : 범죄의 경중에 따라 정해진 다섯 가지 형벌로, 얼굴에 刺字하는 墨刑, 코를 베는 劓刑, 발뒤꿈치를 자르는 剕刑, 생식기를 훼손하는 宮刑, 목을 자르는 大辟刑 등이다.

127) 司寇 : 周나라 때 六卿의 하나로, 사법을 주관하는 가장 높은 관직이다.

128) 受其會 : ≪周禮≫에는 이 문구 밑에 '聽其致事'가 있다. 이 문구를 번역문에 반영하여 보충하였다.

9-198 度(탁)其功勞하여 論其慶賞하되 以時(愼)〔順〕修[129)]하여 使百吏免盡하고 而衆庶不偸 冢宰[130)]之事也라

그들의 공로를 헤아려 그들에 대한 포상을 논의하되 시의적절하게 잘 정비함으로써 모든 관리가 있는 힘을 다하고 일반 백성이 태만하지 않도록 하는 것이 冢宰의 직무이다.

○ 盧文弨曰 自度其功勞下至末은 各本皆無注文하니 脫耳라 免盡之免은 與勉同이라 漢書薛宣傳의 宣因移書勞免之와 谷永傳의 閔免[131)]遁樂은 皆以免爲勉이라 王念孫曰 免盡은 當爲盡免이라 免與勉同하니 盡勉은 皆勉也라 勉與偸對文이라 君道篇曰 賞免罰偸라하니라 今本免譌作克하니 辯見君道라

○ 盧文弨 : '度其功勞'부터 그 아래 끝구까지는 각 판본에 모두 注의 내용이 없으니, 이는 빠졌을 뿐이다. '免盡'의 '免'은 '勉'과 같다. ≪漢書≫ 〈薛宣傳〉의 "宣因移書勞免之(薛宣이 문서를 보내 그들을 위로하고 격려하였다.)"와 〈谷永傳〉의 "閔免遁樂(온 힘을 다해 숨어서 쾌락을 추구한다.)"은 모두 '免'을 '勉'의 뜻으로 썼다.

王念孫 : '免盡'은 마땅히 '盡免'이 되어야 한다. 免은 勉과 같으니, 盡과 勉은 모두 힘쓴다는 뜻이다. '勉'과 '偸'는 대구이다. 〈君道篇〉에 "賞免罰偸(힘쓰는 자에겐 상을 주고 태만한 자에겐 벌을 준다.)"라 하였다. 지금 판본에는 '免'이 '克'으로 잘못되어 있으니, 이에 관한 변론은 〈君道篇〉에 보인다.

9-199 論禮樂하고 正身行하며 廣敎化하고 美風俗하며 兼覆而調一之 辟公[132)]之事也라

예법과 음악을 강구하고 자신의 행동을 바르게 하며, 교화를 넓히고 풍속을 아름답게 하며, 백성을 두루 감싸서 그들을 하나로 조화시키는 것이 제후의 직

129) (愼)〔順〕修 : 저본에는 '愼'으로 되어 있으나, 앞서 이와 같은 형식의 문구는 모두 '順修'로 되어 있으므로 이에 의거하여 '順'으로 바로잡았다.

130) 冢宰 : 六卿의 으뜸으로, 太宰라고도 한다. 나라를 다스리는 일을 주관하여 백관을 통솔하고 사해의 불평등을 조절한다.

131) 閔免 : 黽勉(힘쓰다)과 같다.

132) 辟公 : 諸侯를 말한다.

무이다.

9-200 全道德하고 致隆高하며 綦文理하여 一天下하고 振毫末하여

道와 德을 온전히 보전하고 나라를 다스리는 최상의 정책을 도출하며, 禮義의 제도가 완벽한 경지에 도달하게 하여 천하를 하나로 통일하고 미세한 일까지도 적발해냄으로써

○ 先謙案 言雖毫末之微라도 必振而起之라 正論篇云 一物失稱이면 亂之端也라하니 此荀子論治之要라

○ 先謙案 : 비록 털끝만 한 작은 일이라도 반드시 분발하여 제대로 챙기는 것을 말한다. 〈正論篇〉에 "한 가지 일이라도 정당하게 처리되지 않는다면 이것이 곧 화란의 시발점이다.〔一物失稱 亂之端也〕"라고 하였으니, 이것이 곧 荀子가 나라를 다스리는 도를 논하는 핵심이다.

9-201 使天下莫不順比從服이 天王之事也라 故政事亂이면 則冢宰之罪也요 國家失俗이면 則辟公之過也며 天下不一하고 諸侯俗[133]反이면 則天王非其人也니라

천하에 순종하여 가까이하고 복종하지 않는 자가 없게 하는 것이 천자의 직무이다. 그러므로 정사가 어지러워진다면 이는 冢宰의 죄이고 국가가 풍속이 무너진다면 이는 제후의 잘못이며, 천하가 통일되지 못하고 제후가 배반하려 한다면 이는 천자가 그만 한 인물이 아니기 때문이다.

9-202 具具[134]而王하고 具具而霸하며 具具而存하고 具具而亡이라

王者의 조건을 갖추면 王者가 될 수 있고 霸者의 조건을 갖추면 霸者가 될 수 있으며, 보존될 조건을 갖추면 보존될 수 있고 멸망할 조건을 갖추면 멸망한다.

---

133) 俗 : 欲과 통용한다. 〈解蔽篇〉에 "由俗謂之道(욕망의 측면에서 도를 말한다.)"라고 한 곳의 楊倞의 주에 "俗은 마땅히 '欲'이 되어야 한다."라 하였다.

134) 具具 : 앞의 具는 동사로 갖춘다는 뜻이고, 뒤의 具는 명사로 조건이다.

○ 先謙案 與上文知此三具者相應이라 具具者는 王霸存亡之具畢具也라 王霸篇云 然後養五綦之具具也 句義與此同이라

○ 先謙案 : 윗글(9-74)의 '知此三具者(이 세 가지 조건을 아는 자)'와 호응한다. 具具라는 것은 王者·霸者·보존·멸망의 조건을 다 갖추고 있다는 뜻이다. 〈王霸篇〉에 "然後養五綦之具具也(그런 뒤에 다섯 가지의 매우 누리기 좋은 것을 조성하는 조건이 갖춰진다.)"라는 문구의 뜻이 이곳과 같다.

9-203 用萬乘之國者 威彊之所以立也와 名聲之所以美也와 敵人之所以屈也와 國之所以安危臧否[135]也 制與在此하고 亡乎人하며

萬乘의 대국을 다스리는 사람이 그 위엄과 강대한 지위가 확립되는 까닭과 명성이 아름다운 까닭, 그리고 적수 되는 사람이 굴복하는 까닭과 나라가 안전하고 좋은 까닭을 〈따져볼 때〉 그 관건은 모두 나에게 있고 남에게 있지 않으며,

○ 王念孫曰 與는 讀爲擧①하니 擧는 皆也라 亡은 不在也②니 言其制皆在此而不在乎人也라 下文制與在我亡乎人同이라

① 說見經義述聞禮運이라
이에 관한 설명은 ≪經義述聞≫ 〈禮運〉에 보인다.
② 說見經義述聞穀梁傳僖三十一年이라
이에 관한 설명은 ≪經義述聞≫ 〈穀梁傳〉 僖公 31年에 보인다.

○ 王念孫 : 與는 '擧'로 읽어야 하니, 擧는 '皆'의 뜻이다. 亡은 있지 않다는 뜻이니, 그 관건은 모두 나에게 있고 남에게 있지 않다는 것을 말한다. 아래 글에 "制與在我 亡乎人(그 관건은 모두 나에게 있고 남에게 있지 않다.)"이라고 한 경우와 같다.

9-204 王霸安存이어나 危殆滅亡은 制與在我하고 亡乎人이라 夫威彊未足以殆隣敵也하고 名聲未足以縣[136]天下也면

王者가 되거나 霸者가 되거나 안존하거나 위태롭거나 멸망하는 관건은 모두 나

---

135) 安危臧否 : 본디 '안정과 위험, 좋고 나쁨'이라는 뜻이지만, 여기서는 '安'자와 '臧'자에 무게가 실리고 '危'와 '否'는 형식적으로 따라붙은 것에 불과하다.

136) 縣 : 懸자와 통용한다.

에게 있고 남에게 있지 않다. 대체로 한 나라의 위엄과 강대함이 자기의 힘과 대등한 이웃 나라에게 위험을 느끼게 하지 못하고 명성이 충분히 천하 사람들에게 우러러보게 하지 못한다면

○ 先謙案 縣天下는 言能縣衡天下하여 爲四海持平也라 說詳彊國篇이라

○ 先謙案 : 縣天下는 천하의 저울로서 사해의 표준이 될 수 있는 것을 말한다. 이에 관한 설명은 〈彊國篇〉에 자세히 보인다.

9-205 則是國未能獨立也니 豈渠[137]得免夫累乎아

이런 나라는 독립하여 존재할 수 없으니, 어찌 근심걱정을 면할 수 있겠는가.

○ 盧文弨曰 案渠與遽同이라

○ 盧文弨 : 살펴보건대, 渠는 '遽(갑자기)'와 같다.

9-206 天下脅於暴國에 而黨爲[138]吾所不欲於是者는 日與桀同事同行이라도 無害爲堯나

천하가 강포한 나라의 위협을 받을 적에 혹시 자기의 마음에 그렇게 하려고 하지 않은 자는 매일 저 桀王과 같은 폭군과 함께 일하고 함께 행동하더라도 堯와 같은 성군이 되는 데 장애가 될 것은 없으나

○ 先謙案 方言에 黨은 知也니 楚謂之黨이라하니라 吾所不欲은 卽謂脅於暴國也라 於是時而後에 知爲吾所不欲하여 與桀同事 而無害爲堯나 爲時晩矣라 功名安危所繫는 當在國家閒暇之日也라 擧堯桀者는 聖君暴君之極也라 議兵篇의 以桀詐堯와 天論篇의 不爲堯存하고 不爲桀亡과 正論篇의 有勢辱無害爲堯하고 有勢榮無害爲桀은 幷堯桀對擧라

○ 先謙案 : 《方言》에 "黨은 '知'의 뜻이니, 楚 지방에서는 아는 것을 '黨'이라 한다."라고 하였다. 吾所不欲은 곧 강포한 나라에게 협박을 당하는 것을 이른다. 이와 같은 시대

137) 豈渠 : 두 글자 모두 '어찌'의 뜻으로, 복합어이다.

138) 黨爲 : 倘是와 같다.

상황에 처한 뒤에, 자기 마음에는 원하지 않으면서 桀王과 같은 폭군과 함께 일을 하는 것이 堯와 같은 성군이 되는 데에 장애가 없을 것으로 알지만, 이미 때가 늦은 것이다. 공명과 안위가 매여 있는 것은 당연히 나라가 태평한 날에 있다. 堯와 桀을 거론한 이유는 이들이 성군과 폭군의 기준이기 때문이다. 〈議兵篇〉의 "以桀詐堯(桀이 堯를 속인다.)"와 〈天論篇〉의 "不爲堯存 不爲桀亡(堯로 인해 존재하지도 않고 桀로 인해 없어지지도 않는다.)"과 〈正論篇〉의 "有勢辱無害爲堯 有勢榮無害爲桀(권세가로 인해 치욕이 있더라도 堯와 같은 성군이 되는 데 장애가 될 것이 없고 권세가로 인해 영화가 있더라도 桀王 같은 폭군이 되는 데 장애가 될 것이 없다.)"은 모두 堯와 桀을 대를 맞춰 거론한 것들이다.

9-207 是非功名之所就也요 非存亡安危之所墮也라

이는 공명이 이뤄지는 것도 아니고 나라의 보존과 안정이 따라오는 것도 아니다.

○ 兪樾曰 墮字義不可通이라 當作隨니 字之誤也라 隨는 從也니 言非存亡安危之所從也라

○ 兪樾 : '墮'자는 뜻이 통해질 수 없다. 마땅히 '隨'로 되어야 하니, 글자가 잘못되었다. 隨는 따른다는 뜻이니, 보존과 안정이 따라오는 요인이 아니라는 것을 말한다.

9-208 功名之所就와 存亡安危之所墮는 必將於愉殷赤心[139]之所라

공명이 성취되는 것과 나라의 보존과 안정이 따라오는 것은 반드시 고생하고 근심하며 전일한 마음을 갖는 데에 달려 있다.

○ 郝懿行曰 殷者는 盛也라 言全盛之日이니 孟子所謂國家閒暇어든 及是時明政刑之日也라 下殷之日同이라 先謙案 釋詁에 愉는 樂也라하니 愉殷者는 當殷盛之時而愉樂이라 素問風論注에 赤者는 心色也라하니 赤心者는 本心不雜貳라 禮記檀弓疏에 所는 謂處所라하니 下同이라

○ 郝懿行 : 殷이란 '盛'의 뜻이다. 나라가 전성한 때를 말하니, ≪孟子≫ 〈公孫丑 上〉의 이른바 "나라가 한가하거든 이때에 미쳐서 정사와 형법을 밝힌다."라고 한 그때이다. 아

139) 愉殷赤心 : 愉는 '瘉(병이 중하다)'와 같은 글자로 고생스럽다는 뜻이고, 殷은 '慇(괴로워하다)'과 같은 글자로 근심한다는 뜻이다. 赤心은 전일한 마음이다.

래의 '殷之日'과 같다.

先謙案 : ≪爾雅≫ 〈釋詁〉에 "愉는 '樂'의 뜻이다."라고 하였으니, 愉殷이란 나라가 융성한 때를 당하여 즐거워한다는 것이다. ≪素問≫ 〈風論〉의 주에 "赤이란 심장의 색깔이다."라고 하였으니, 赤心이란 섞인 것이 없는 본심이다. ≪禮記≫ 〈檀弓〉의 疏에 "所는 처소를 이른다."라고 하였는데, 아래의 경우도 이와 같다.

9-209 **誠以其國爲王者之所**면 **亦王**이요 **以其國爲危殆滅亡之所**면 **亦危殆滅亡**이라

만약 자기 나라를 王道를 실행하는 지역으로 만든다면 王者가 될 것이고, 자기 나라를 위태롭고 멸망하는 지역으로 만든다면 그 또한 위태롭고 멸망하게 될 것이다.

9-210 **殷之日**에는 **案以中立**하여 **無有所偏**하고 **而爲縱橫**[140]**之事**하여 **偃然案兵無動**하고

나라가 부강할 때 중립적인 태도를 취해 어느 한쪽으로 치우치는 일이 없고 合縱連橫하는 일에 간여하지 않아 편안하게 군사행동을 자제하고

○ 郝懿行曰 此云案以하고 下云安以나 安案字亦同이라 荀書多用安案爲語助辭하니 如它書焉字於字之例라 唯案兵之案與按同이라 按者는 抑也며 止也라 縱橫은 當作從衡이니 古書皆然이라 荀書亦必作從衡이어늘 俗妄改之라 先謙案 殷之日은 與王霸篇濟之日句法一律이라

○ 郝懿行 : 여기서는 '案以'라 하고 아래에서는 '安以'라고 하였으나 '安'과 '案'자는 그 또한 같다. ≪荀子≫에 '安'과 '案'을 사용하여 어조사로 삼은 경우가 많으니, 이는 다른 서적에서 '焉'자와 '於'자를 사용한 사례와 같다. 오직 '案兵'의 '案'만 '按'과 같을 뿐이다.

140) 而爲縱橫 : 而는 巾箱本·題注本·遞脩本에는 모두 '無'자로 되어 있는데, 이렇게 할 경우 뒤의 '偃然案兵無動'과 밀접하게 이어져 앞 두 문구와 대를 형성하고 글 뜻이 더 분명해진다. 縱橫은 合縱連橫의 준말이다. 合縱은 전국 때 蘇秦이 齊·楚·燕·韓·趙·魏 등 여섯 제후국과 연합하여 秦나라에 저항하자고 유세한 것을 말하고, 連橫은 張儀가 그 여섯 제후국과 공동으로 秦나라를 섬기자고 유세한 것을 말한다.

按이란 누른다는 뜻이며 그친다는 뜻이다. 縱橫은 마땅히 '從衡'으로 되어야 하니, 옛 서적에는 모두 그렇게 되어 있다. ≪荀子≫에도 반드시 '從衡'으로 되어 있었을 것인데 세속에서 함부로 고쳤을 것이다.

先謙案 : '殷之日'은 〈王霸篇〉에 보이는 '濟之日'의 句法과 동일한 형식이다.

9-211 以觀夫暴國之相卒也[141)]하여

강포한 나라들끼리 서로 싸우는 것만 조용히 지켜보면서

○ 兪樾曰 卒은 當作捽이라 國語晉語에 戎夏交捽의 韋注曰 捽은 交對也라하니라 彼云交捽하고 此云相捽하니 義正同이라

○ 兪樾 : '卒'은 마땅히 '捽'로 되어야 한다. ≪國語≫ 〈晉語〉에 "戎夏交捽(오랑캐와 중화가 충돌한다.)"이라고 한 곳의 韋昭의 주에 "捽은 서로 대치한다는 뜻이다."라고 하였다. 그쪽에서는 '交捽'라 하고 여기서는 '相捽'이라 하였는데, 그 뜻은 정확히 동일하다.

9-212 案平政敎하고 審節奏하며 砥礪百姓이라 爲是之日엔 而兵剸天下勁矣리라

정치와 교화를 안정되게 처리하고 예절과 제도를 잘 살피며 백성을 단련시킨다고 하자, 이 일을 해냈을 때는 그의 군대가 천하에 최강이 될 것이다.

○ 先謙案 此句與下名聲剸天下之美矣相配爲文이니 勁上當有之字라 剸은 讀與專同이라

○ 先謙案 : 이 문구는 아래의 '名聲剸天下之美矣'와 서로 짝을 맞춰 글이 된 것이니, '勁' 위에 마땅히 '之'자가 있어야 한다. 剸은 '專'과 같은 글자로 읽어야 한다.

9-213 案然修仁義하고 伉隆高하며 正法則하고 選賢良하여 養百姓이라

〈그의 나라가〉 仁義를 실행하고 禮義를 존중하여 최상의 수준까지 끌어올리며

141) 以觀夫暴國之相卒也 : 이 문구의 형식이 아래의 경우와 같으므로 朝川鼎이 "이 문구 밑에 아마도 '爲是之日而權剸天下重矣(이 일을 해냈을 때는 그의 권세가 천하에 가장 클 것이다.)'라는 11자가 빠졌을 것이다."라고 하였는데, 王天海도 이에 동의하였다. 이럴 경우 相卒也의 '也'는 없는 것이 옳을 것이다. 번역에서는 저본대로 따랐다.

법령 제도를 바로잡고 덕과 재능이 있는 인재를 뽑아서 백성의 원기를 회복시킨다고 하자.

○ 兪樾曰 然은 衍字라 案은 乃語詞라 上文云 案平政教하고 審節奏하며 砥礪百姓이 與此文一律을 可證이라

○ 兪樾 : '然'은 잘못 덧붙여진 글자이다. '案'은 곧 어조사이다. 윗글에 '案平政教 審節奏 砥礪百姓'이라 한 것이 여기 글과 같은 형식임을 알 수 있다.

9-214 爲是之日엔 而名聲剸天下之美矣리라 權者[142]重之하고

이 일을 해냈을 때는 그의 명성이 천하에 가장 아름다울 것이다. 권세는 그 지위를 중요하게 하고

○ 先謙案 下兵勁名聲美는 皆承上言之나 此云權者重之는 上無所承하니 疑有奪文이라

○ 先謙案 : 아래의 '兵勁'과 '名聲美'는 모두 윗글을 이어받아 말한 것이나 여기에 '權者重之'라고 말한 것은 윗글에 이어받을 것이 없으니, 아마도 누락된 글이 있는 것 같다.

9-215 兵者勁之하며 名聲者美之라 夫堯舜者[143]一天下也도 不能加毫末於是矣리라

군대는 그 힘을 막강하게 하며 명성은 그 명예를 아름답게 해준다. 저 堯・舜이 천하를 통일한 것도 여기에 〈다른 무엇을〉 털끝만큼도 더 보탤 수 없을 것이다.

○ 先謙案 夫는 猶彼也라 言如此면 則彼堯舜所以一天下도 無以加之라

○ 先謙案 : '夫'는 '彼'와 같다. 이와 같이 한다면 저 堯・舜이 천하를 통일한 것도 여기에 무엇을 더 보탤 것이 없다는 것을 말한다.

9-216 權謀傾覆之人退면 則賢良知聖之士案自進矣리라 刑政平하고 百姓和하며

---

142) 者 : '則'자와 같다. 아래의 두 '者'자도 마찬가지이다.

143) 者 : 安積信은 마땅히 '之'자로 되어야 할 것 같다고 하였다. 번역은 그의 설을 따랐다.

國俗[144]**節**하면 **則兵勁城固**하여 **敵國案自詘矣**리라 **務本事**하고 **積財物**하여 **而勿(忘)〔妄〕**[145]**棲遲辥越也**라

權謀術數를 부려 남을 謀害하는 사람이 물러나면 덕과 재능이 있고 슬기롭고 성스러운 인물이 곧 저절로 진출할 것이다. 형법과 정령이 공평하고 백성들이 화합하며 나라의 욕심이 절제가 있으면 군대가 강해지고 城邑의 방어가 튼튼해져서 적국이 곧 저절로 굴복할 것이다. 농업에 힘쓰고 재물을 축적하여 함부로 버리거나 낭비하지 말아야 한다.

○ 盧文弨曰 辥越은 卽屑越이라 後同이라

○ 盧文弨 : '辥越'은 곧 '屑越(쉽게 버리다)'이다. 뒤의 경우도 같다.

9-217 **是使群臣百姓皆以制度行**이면 **則財物積**하고 **國家案自富矣**리라 **三者體此**면 **而天下服**하여 **暴國之君**도 **案自不能用其兵矣**리라 **何則**고 **彼無與至也**라 **彼其所與至者**는 **必其民也**로되 **其民之親我也 歡若父母**하고 **好我 芳若芝蘭**이나 **反顧其上**엔 **則若灼黥**하고 **若仇讎**라 **彼人之情性也 雖桀跖**이라도 **豈有肯爲其所惡**하여 **賊其所好者哉**아 **彼以奪矣**라

그리하여 뭇 신하와 백성들로 하여금 모두 제도에 따라 일을 처리하게 한다면 재물이 쌓이고 나라가 곧 저절로 넉넉해질 것이다. 이 세 가지를 이루어낸다면 천하가 우리에게 복종하여 강포한 나라의 군주도 곧 저절로 우리에게 무력을 사용하지 못할 것이다.

이것은 무슨 까닭인가? 저쪽이 함께 공격해올 사람이 없기 때문이다. 저쪽이 함께 공격해올 사람은 반드시 그의 백성일 것이다. 그런데 그 백성들이 나를 친근하게 여기는 것이 마치 부모를 반기듯이 하고 나를 좋아하는 것이 마치 난초의 향기를 좋아하듯이 하면서도, 그들의 군주를 돌아보는 것은 피부에 낙인이 찍히고 얼굴에 刺字한 죄인을 보듯이 하고 원수를 보듯이 한다. 그 나라 사람의 본성이

144) 俗 : '欲'자와 통용한다. 앞서의 '諸侯俗反'의 경우와 같다.

145) (忘)〔妄〕: 저본에는 '忘'으로 되어 있으나, 王天海의 설에 의거하여 '妄'으로 바로잡았다.

비록 夏桀이나 盜跖처럼 나쁘다 하더라도 어찌 그들이 증오하는 군주를 위해 그들이 좋아하는 사람을 해치려고 하겠는가. 저쪽은 그 백성을 이미 우리에게 빼앗긴 것이다.

○ 郭嵩燾曰 承上文王奪之人言이니 彼所有之人已爲我奪也라

○ 郭嵩燾 : 윗글(9-50)의 '王奪之人'을 이어받아 말한 것이니, 저쪽이 소유했던 백성을 이미 나에게 빼앗겼다는 것이다.

9-218 故古之人에 有以一國取天下者나 非往行之也라 脩政其所하여 莫不願하니 如是而可以誅暴禁悍矣라 故周公南征而北國怨하여 曰 何獨不來也오하고 東征而西國怨하여 曰 何獨後我也오하니 孰能有與是鬪者與아

그러므로 옛사람 가운데 한 나라를 가지고 온 천하를 취한 자가 있었지만 이는 다른 나라를 쳐들어가서 점령한 것이 아니다. 자기 국내에서 정치를 잘하여 그를 흠모하지 않는 사람이 없었으니, 이와 같이 함으로써 포악한 자를 제거하고 흉포한 자를 금할 수 있었던 것이다. 그러므로 周公이 남쪽을 향해 정벌할 때 북쪽 나라들이 원망하여 말하기를 "무엇 때문에 우리에게만 오지 않는가."라 하고, 동쪽을 향해 정벌할 때 서쪽 나라들이 원망하여 말하기를 "무엇 때문에 우리만 뒤로 하는가."라고 하였으니, 어느 누가 이런 사람과 싸울 수 있겠는가.

○ 謝本從盧校作就能이라 王引之曰 就字義不可通이니 當是孰字之誤라 孰就字相似라 又補校[146]云 呂本就正作孰이라하니라 先謙案 王說是니 今從呂本이라

○ 謝本은 盧校本에 따라 〈'孰能'이〉 '就能'으로 되어 있다.

王引之 : '就'자는 뜻이 통해질 수 없다. 분명히 '孰'자의 잘못일 것이다. '孰'과 '就'자는 서로 비슷하다. 또 ≪荀子補校≫에 "呂本에는 '就'가 바르게 '孰'으로 되어 있다."라고 하였다.

---

146) 補校 : 劉台拱(1751~1805)의 ≪荀子補校≫를 말하는데 ≪荀子補注≫로 불리기도 한다. 劉台拱은 淸 江蘇 寶應 사람으로, 자는 端臨이다. 天文・音樂・音韻・文字 등 학문에 두루 조예가 깊었으며, 王念孫・段玉裁・汪中과 매우 친하게 교제하였다. ≪荀子補校≫ 이외에 ≪國語補校≫, ≪淮南子補校≫, ≪方言補校≫ 등을 편찬하였다.

先謙案 : 王氏의 설이 옳다. 여기서는 呂本을 따랐다.

9-219 安以其國爲是者王이라 殷之日에 安以靜兵息民으로 慈愛百姓하며 辟田野하고 實倉廩하며 便備用하고 安謹募選하여 閱材伎之士라 然後漸賞慶以先之하고 嚴刑罰以防之하며 擇士之知事者하여 使相率貫[147]也라 是以厭然畜積修飾하여 而物用之足也라

곧 그의 나라를 이와 같이 다스리는 군주는 王者가 될 수 있다. 나라가 부강할 때 병력을 움직이지 않고 백성을 쉬게 하는 방법으로 백성들을 사랑하며, 들판을 개간하고 곡식창고를 채우며 기물을 정비하고 모집과 선발을 신중히 하여 재능과 기예가 출중한 인물을 받아들인다. 그런 다음 포상을 늘려 그들이 앞장서게 하고 형벌을 엄격히 하여 범죄를 예방하며, 인물들 중에서 직무를 관장할 만한 자를 가려 뽑아 서로 솔선하여 직무를 수행하게 한다. 이로 인해 그들이 넉넉하게 재물을 축적하고 기물을 수리하여 사용할 물자가 충분해지는 것이다.

○ 先謙案 厭然은 猶安然하니 說見儒效篇이라 之字衍이라

○ 先謙案 : 厭然은 安然과 같으니, 이에 관한 설명은 〈儒效篇〉에 보인다. '之'자는 잘못 덧붙여진 것이다.

9-220 兵革器械者를 彼將日日暴露毁折之中原이나

무기와 장비 등을 저쪽은 연일 들판에 방치하고 손상시키지만

○ 盧文弨曰 日日은 元刻作日月이라 下竝同이라

○ 盧文弨 : '日日'은 元刻本에 '日月'로 되어 있다. 아래의 경우도 모두 같다.

9-221 我今將脩飾之하고 拊循之하며 掩蓋之於府庫라 貨財粟米者를 彼將日日棲遲薛越之中野나 我今將畜積幷聚之於倉廩이라 材伎股肱健勇爪牙之士를 彼將日日挫頓竭之於仇敵이나 我今將來致之하고 (幷)〔簡〕[148]閱之하여 砥礪

147) 貫 : 행한다는 뜻이다.

之於朝廷이라 **如是**면 **則彼日積敝**하고 **我日積完**하며 **彼日積貧**하고 **我日積富**하며 **彼日積勞**하고 **我日積佚**이라 **君臣上下之間者**는 **彼將厲厲焉日日相離疾也**하며 **我今將頓頓焉日日相親愛也**라

우리는 지금 정비하고 쓰다듬으며 무기고에 소중히 간직한다. 재물과 양식 등을 저쪽은 연일 들판에 버리고 낭비하지만 우리는 지금 축적하여 창고 안에 모아 둔다. 재능과 기예를 지닌 大臣과 건장하고 용감한 武士를 저쪽은 연일 적에 의해 타격을 받게 하지만 우리는 지금 그들을 초치하고 그들을 뽑아 등용하여 조정에서 〈그 기량을〉 갈고닦는다.

이렇게 되면 저쪽은 날로 더욱 피폐해지고 우리는 날로 더욱 완전해지며, 저쪽은 날로 더욱 빈곤해지고 우리는 날로 더욱 부유해지며, 저쪽은 날로 더욱 고생하고 우리는 날로 더욱 편안해진다. 군신 상하의 관계는 저쪽은 매정하게 서로 연일 멀리하고 미워하며 우리는 지금 다정하게 서로 연일 친애한다.

○ **先謙案 莊子人間世釋文**에 **厲**는 **疾也**[149)]라하니 **重言之曰厲厲**라하니라 **頓**은 **讀曰敦**이라 **詩頓丘 爾雅釋丘作敦丘**하니 **是其證**이라 **禮樂記**에 **敦樂而無憂**의 **注**에 **敦**은 **厚也**라하니 **重言之曰敦敦**이라하니라 **頓頓**은 **猶敦敦**이니 **相親厚之意也**라

○ 先謙案 : ≪莊子≫ 〈人間世〉의 ≪經典釋文≫에 "厲는 '疾(미워하다)'의 뜻이다."라고 하였는데, 이것을 거듭 말하여 厲厲라 한 것이다. 頓은 '敦'으로 읽어야 한다. ≪詩經≫의 '頓丘'가 ≪爾雅≫ 〈釋丘〉에는 '敦丘'로 되어 있으니, 이것이 그 증거이다. ≪禮記≫ 〈樂記〉에 "敦樂而無憂(음악에 치중하되 근심하는 일이 없다.)"라고 한 곳의 주에 "敦은 '厚'의 뜻이다."라고 하였는데, 이것을 거듭 말하여 敦敦이라 한 것이다. 頓頓은 '敦敦'과 같으니, 서로 친애하고 후대하는 뜻이다.

9-222 **以是待其敝**라 **安以其國爲是者霸**라 **立身則從傭俗**하고 **事行則遵傭故**하고

148) (弁)〔簡〕: 저본에는 '弁'으로 되어 있으나, 朱起鳳의 설에 의거하여 '簡'으로 바로잡았다. 朱起鳳이 '簡'자의 초서 모양이 '弁'과 비슷하여 생긴 오류일 것이라고 하였고, 王天海도 이에 동의하였다.

149) 莊子人間世釋文 厲疾也 : 釋文은 唐나라 陸德明이 편찬한 ≪經典釋文≫의 약칭이다. 그러나 그 내용에는 '厲 疾也'가 없다. 王先謙이 전거를 잘못 인용한 것으로 보인다.

進退貴賤則擧傭士[150]하고

이렇게 그 상대가 피폐해지기를 기다린다. 곧 그의 나라를 이와 같이 다스리는 군주는 霸者가 될 수 있다. 처신하는 것은 일반적인 풍속을 따르고 일처리는 평범한 관례를 따르며, 임용되거나 승진하는 사람은 모두 평범한 선비들이고

○ 盧文弨曰 句라 郝懿行曰 傭與庸同이라 庸者는 常也라 詩云 昊天不傭 韓詩作庸하니 是庸傭通이라 下云則庸寬惠라하니 此庸訓用이라

○ 盧文弨 : 〈'進退貴賤則擧傭士'가〉 한 문구이다.

郝懿行 : 傭은 '庸'과 같다. 庸이란 평범하다는 뜻이다. ≪詩經≫ 〈節南山〉 '昊天不傭'의 〈'傭'이〉 ≪韓詩外傳≫에는 '庸'으로 되어 있으니, 이로 볼 때 '庸'과 '傭'은 통용한다. 아래에 '則庸寬惠'라 하였는데, 이 '庸'은 '用'의 뜻이다.

9-223 **之所以接下之人百姓**[151]**者**는 **則庸寬惠**라

그 아래의 백성을 대하는 태도는 관용과 은혜로 한다.

○ 先謙案 荀書多以之爲其라 富國篇에 以奪之財하고 以奪之食하며 以難其事라하여 二之字與其連文하니 亦訓爲其라 王霸篇之所與爲之者之人이라 以下二之字同이라

○ 先謙案 : ≪荀子≫에 '之'를 '其'의 뜻으로 사용한 경우가 많다. 〈富國篇〉에 "以奪之財 以奪之食 以難其事(그들의 재물을 빼앗고 그들의 양식을 빼앗으며 그들의 장사를 어렵게 하고 있다.)"라 하여 두 '之'자가 〈들어간 문구가〉 '其'가 〈들어간 문구〉와 글이 이어져 있으니, 이 또한 '其'의 뜻이다. 〈王霸篇〉에도 '之所與爲之者之人'이 있다. 아래 두 〈군데 '之所'의〉 '之'자도 같다.

9-224 **如是者則安存**이라

이와 같은 군주는 안전하고 생존할 수 있다.

---

150) 進退貴賤則擧傭士 : 進退貴賤은 '進'과 '貴'에만 뜻이 있는 복합어이다. 擧는 '皆'자와 통용하는 것으로 '모두'라는 뜻이다. 아래(9-225) 擧佞侻의 '擧'도 같다.

151) 人百姓 : 이 세 글자는 말이 되지 않으므로 '人'은 잘못 덧붙여진 글자로 의심된다. 아래의 경우도 같다.

○ 盧文弨曰 僅免於危亡而已라

○ 盧文弨 : 위험해지고 멸망하는 것만 겨우 모면할 뿐이다.

9-225 立身則輕楛하고 事行則(蠲)〔懸〕[152)]疑하며 進退貴賤則擧佞侻하고

처신은 경솔하면서 거칠고 일처리는 우물쭈물 결단을 내리지 못하며, 임용되거나 승진하는 사람은 모두 아첨하는 자들이고

○ 郝懿行曰 楛는 與苦同하니 謂脃惡也라 蠲者는 明也니 謂喜明察而好狐疑也라 侻은 與脫同하고 亦與悅同하니 謂喜近小人也라 修身篇에 有佞兌字하니 則侻與兌同일새 當訓爲悅이라 謂諞佞容悅也라 先謙案 侻은 蓋兌字니 後人加人旁耳라 說見修身篇이라

○ 郝懿行 : 楛는 '苦'와 같으니, 거친 것을 이른다. 蠲이란 밝다는 뜻이니, 똑똑히 살피기를 즐기고 의심하길 좋아하는 것을 이른다. 侻은 '脫'과 같고, 또 '悅'과도 같으니, 소인과 가까이하기를 좋아하는 것을 이른다. 〈修身篇〉에 '佞兌'라는 글자가 있으니, 侻은 '兌'와 같으므로 마땅히 기쁘다는 뜻이 되어야 할 것이다. 이는 양심을 속이고 아첨하는 것을 이른다.

先謙案 : 侻은 아마도 '兌'자일 것이니, 뒷사람이 '人' 변을 붙인 것일 뿐이다. 이에 관한 설명은 〈修身篇〉에 보인다.

9-226 之所以接下之人百姓者는 則好取[153)]侵奪이라

그 아래의 백성을 대하는 태도는 재물 거두기를 좋아하여 약탈을 자행한다.

○ 王念孫曰 呂本作好取侵奪하고 錢本無取字라 盧從呂本이라 案取與侵奪意複하고 且不詞하니 作好侵奪者是也라 上文云 之所以接下之人百姓者則庸寬惠라하여 句法正與此同이라 先謙案 富國篇云 雖好取侵奪이라도 猶將寡獲也라하니 可見荀書自有此語라 錢本無取字者는 亦疑爲不詞而刪之耳라 古書不當輒改라 謝本從盧校有取字하니 今仍之라

---

152) (蠲)〔懸〕 : 저본에는 '蠲'으로 되어 있으나, 王天海의 설에 의거하여 '懸'으로 바로잡았다.
153) 取 : '聚'자와 통용한다.

○ 王念孫 : 呂本에는 '好取侵奪'로 되어 있고 錢本에는 '取'자가 없다. 盧氏는 呂本을 따랐다. 살펴보건대, '取'와 '侵奪'은 뜻이 겹치고 또 말이 되지 않으니, '好侵奪'로 되어 있는 것이 옳다. 윗글에 '之所以接下之人百姓者則庸寬惠'라 하여 句法이 정확히 이것과 같다.

先謙案 : 〈富國篇〉에 "雖好取侵奪 猶將寡獲也(재물을 거두기를 좋아하여 약탈을 자행한다 하더라도 실제로 얻는 양은 적을 것이다.)"라 하였으니, ≪荀子≫에 본디 이와 같은 말이 있다는 것을 알 수 있다. 錢本에 '取'자가 없는 이유는 말이 되지 않는 것으로 의심하여 삭제한 것일 뿐이다. 옛글은 함부로 고쳐서는 안 된다. 謝本은 盧校本에 따라 '取'자가 있으니, 여기서는 그대로 따른다.

9-227 **如是者危殆**라 **立身則憍暴**하고 **事行則傾覆**하며 **進退貴賤則擧幽險詐故**요

이와 같은 군주는 위태로울 것이다. 처신은 교만하고 난폭하며 일처리는 뒤집어 무너뜨리며, 임용되거나 승진하는 사람은 모두 음험하고 간교한 자들이고,

○ **盧文弨曰 宋本有一人字**하니 **衍**이라 **元刻無**라 **先謙案 故**도 **亦詐也**라 **說見王霸篇**이라

○ 盧文弨 : 宋本에는 〈'進退貴賤則擧幽險詐故' 끝에〉 '人' 한 자가 있으니, 잘못 덧붙여진 것이다. 元刻本에는 없다.

先謙案 : 故도 거짓이란 뜻이다. 이에 관한 설명은 〈王霸篇〉에 보인다.

9-228 **之所以接下之人百姓者**는 **則好用其死力矣**로되 **而慢其功勞**하고 **好用其籍斂矣**로되 **而忘其本務**라 **如是者滅亡**이라 **此五等者**는 **不可不善擇也**니 **王霸安存**과 **危殆滅亡之具也**라 **善擇者制人**하고 **不善擇者人制之**하며 **善擇之者王**하고 **不善擇之者亡**이라 **夫王者之與亡者**와 **制人之與人制之也**는 **是其爲相縣也亦遠矣**라

그 아래의 백성을 대하는 태도는 그들이 死力을 다하길 좋아하면서도 그 공로를 중시하지 않으며, 세금을 과중하게 징수하길 좋아하면서도 그들이 종사하는 농업을 돌아보지 않는다. 이와 같은 군주는 멸망할 것이다. 이 다섯 가지 방법은 잘

선택하지 않으면 안 되니, 王者가 되거나 霸者가 되거나 보존되거나 위태롭거나 멸망되거나 하는 등의 조건이다. 잘 선택하는 자는 남을 제압하고 잘 선택하지 못하는 자는 남에게 제압당하며, 잘 선택하는 자는 王者가 되고 잘 선택하지 못하는 자는 멸망한다. 대체로 王者가 되는 자와 망하는 자, 남을 제압하는 자와 남에게 제압당하는 자는 그 상호간의 차이가 너무도 크다.

○ 盧文弨曰 篇末自具具而王至此는 文義淺雜하니 當是殘脫之餘라 故不注耳라

○ 盧文弨 : 이 편 말미의 '具具而王'부터 여기까지는 글 뜻이 너절하고 난잡하니, 분명히 훼손되거나 탈루되고 남은 글일 것이므로 楊氏가 주를 달지 않았을 것이다.

譯註者 略歷

宋基采

1949년 전남 고흥 출생
향리 龍岡齋에서 梧泉 朴壽烈 선생에게 한문 수학
蓬山 安鍾宣·海蓑 朴奎鉉 선생 師事
1980년 민족문화추진회 부설 국역연수원 수료
1985년 민족문화추진회 상임연구부 졸업
1985년~2006년 민족문화추진회 전문위원, 국역실장, 편찬실장, 교무처장 역임
2004년~2014년 한국고전번역원 교수
2008년~2013년 성균관대학교 번역대학원 겸임교수
2015년~현재 한국고전번역원 명예교수
2015년 국민훈장석류장 수훈

譯著書

譯書 ≪唐宋八大家文抄 曾鞏≫ ≪唐宋八大家文抄 柳宗元≫
≪寒岡集≫ ≪農山世獻≫ ≪荀子集解 1≫
共譯 ≪孝宗實錄≫ ≪中宗實錄≫ ≪正祖實錄≫ ≪仁祖實錄≫ ≪宣祖實錄≫
≪寒水齋集≫ ≪宋子大全≫ ≪惺所覆瓿藁≫ ≪象村集≫ ≪茶山詩文集≫
≪서울金石文大觀≫ ≪農巖集≫
編著 ≪古文選讀≫

업적

1994년 漢字 고속입력법 '宋碼法' 개발
1996년 동양고전검색시스템 개발 'CD-ROM 尙友千古' 제작
2007년~현재 11개 분야 동양고전자료 1,762종 6억 3천만 자 DB화
http://www.s-sangwoo.kr/로 웹서비스

東洋古典譯註叢書 87

譯註 荀子集解 2　　　　정가 33,000원

2016년 09월 30일 초판 발행
2024년 01월 10일 초판 4쇄

譯　註 宋基采
編　輯 東洋古典飜譯編輯委員會
發行人 郭成文

發行處 社團法人 傳統文化硏究會
서울시 종로구 삼일대로 428 낙원빌딩 411호
전화 : (02)762-8401　전송 : (02)747-0083
전자우편 : juntong@juntong.or.kr
홈페이지 : juntong.or.kr
사이버書堂 : cyberseodang.or.kr
온라인서점 : book.cyberseodang.or.kr
등록 : 1989. 7. 3. 제1-936호

인쇄처 : 한국법령정보주식회사(02-462-3860)
총　판 : 한국출판협동조합(070-7119-1750)

ISBN 979-11-5794-116-2 94150
978-89-85395-71-7(세트)

※ 이 책은 2016년도 교육부 고전문헌 국역지원사업 지원비에 의해 초판 간행.